JN324335

中世武士団

石井　進

講談社学術文庫

目次

中世武士団

中世武士団

中世武士団の性格と特色――はじめに

「乞食大将」後藤又兵衛

大佛《おさらぎ》次郎に『乞食大将《こじき》』という作品がある。太平洋戦争ももはや敗色歴然となった昭和一九年（一九四四）の一〇月から翌年三月まで、『朝日新聞』に連載された「大将でもあり乞食でもあった」織豊期《しよくほう》の勇将後藤又兵衛《またべえ》基次《もとつぐ》の一代記である。当時まだ少年だった私も、粗悪でペラペラの新聞紙のかたすみに小さくのせられていたこの小説をむさぼるように愛読した記憶があるが、敗戦後あらたに終末部を書き足して完結した一編を読みなおしてみると、いつもなにかふしぎにひきつけられるものを感ぜずにはいられない。

作者自身、のちになって「『乞食大将』は、私が舞台を過去に取った作品の中で、一番いいものではないか、と、ひそかに考えたことがあった。……大衆物の中から、これだけのものを出したと思ったら、自分が大衆文壇の沼の中に生い立ったのを、先ず多少の意義はあった、と自負した」と語っている。ひかえ目な著者には珍しい告白であり、それだけ自信作であることがうかがわれる。

豊臣秀吉の陣営にあって稀代《きだい》の軍師・智将として名をあげた黒田孝高《よしたか》（如水《じよすい》。はじめ小寺官兵衛）とその子長政《ながまさ》につかえ、数々の武勲《ぶくん》をあげた後藤又兵衛基次が、やがて主君長政と衝突して脱落し、天下の浪人となって、ついには大坂城にはいり、豊臣秀頼につかえ、大坂冬の陣・夏の陣に勇戦して一命をすてるまでの物語は、まことに波瀾《はらん》に富む。そのなかをつらぬいているのは強靱《きょうじん》でたくましい「武辺《ぶへん》の意地」、「おのれの一分《いちぶん》」を立て通そうとする又兵衛の骨太な精神であり、剛直な心と無骨《ぶこつ》で清潔な気質である。

中世武将の典型宇都宮鎮房

この作品で、主人公又兵衛とならんで重要な位置を占めているのは宇都宮中務少輔鎮房《なかつかさしょうゆうしげふさ》という武将である。鎮房は嶮岨《けんそ》な要害の地である豊前《ぶぜん》国城井谷《きいだに》（福岡県築上《ちくじょう》郡築上町）に鎌倉時代のはじめから土着してすでに一八代目、その土地に根をおろした生えぬきの武将らしい武将であり、正直で無骨な気性の持主である。六尺ゆたかの長身、肩も胸もあつく、膂力《ひりょく》にかけてもならぶもののない偉丈夫《いじょうぶ》、打物《うちもの》とっては万夫《ばんぷ》の勇ありといわれた猛将であった。

秀吉の勢力がここ九州の一角におよんできたとき、単純で正直な鎮房はこれに従うよりほかはないとみて秀吉に従った。しかし秀吉が城井谷の所領を取りあげ、かわりに伊予《いよ》国今治《いまばり》（愛媛県）に移れという朱印状をあたえると、鎮房はこれまた単純にきっぱりと朱印状を返上した。領土の多少が問題ではない。城井谷は先祖が頼朝公から拝領して以来、連綿と相続してきた所領である。これをすてるわけにはまいらぬ、という。「土の香のする頑固で不屈の面魂《つらだましい》が、ぬっと出たのである」。

とうぜん、秀吉は怒った。城井谷は新たに豊前国の六郡をあたえられた黒田孝高のものである。鎮房には新しい領地もあたえぬ、という決定がくだされた。こうして鎮房は新しい領主として中津城に入部してきた黒田氏に対し、城井谷に一歩も入れぬぞ、という気概で反抗をくわだてることになる。弓矢のてまえ、一歩もひけぬ意地である。武家の面目であり、代々この地にきずきあげてきた家名からの戦いである。豊前国内に蟠踞《ばんきょ》していた豪族たちもこれに応じて反黒田の火の手をあげる。いわゆる「国衆《くにしゅう》」の一揆《いっき》による反抗が国内にひろがった。天正《てんしょう》一五年（一五八七）のことである。

なかでも鎮房はもっとも強力に、頑強に抵抗した。血気にはやる黒田長政の正面攻撃は、二度にわたってみじめな敗北を喫した。「まともな戦となると、城井谷の実力は人が想像する以上に強烈である。こんな頑固で強い奴が世にもあったものか、と感嘆するくらいな敵だったのである」。しかし智将黒田孝高はさすがに一枚うわ手であった。宇都宮勢が大勝を博して油断していた夜、城井谷の入口を扼《やく》する出丸《でまる》の一つを急襲してこれを抜き、たちまちに強固な城塞《じょうさい》にかえてしまった。この城塞によって平野部と城井谷との連絡をたち、いわば経済的、軍事的な封鎖作戦によって、じりじりと宇都宮氏ののど首を絞めあげていったのである。

鎮房と又兵衛

こうした封鎖が約一年間つづき、宇都宮鎮房《しげふさ》はついに黒田孝高《よしたか》に屈服せざるをえないはめに追いこまれ、長男朝房《ともふさ》と娘の鶴姫を人質として中津城に送って降服した。しかしその後一年間、鎮房は一度たりとも黒田氏へのあいさつに出むかず、依然として自立の意志をあらわにしていた。黒田氏の側からみれば、これは無礼である。また秀吉のほうでも朱印状返上という大それた行為を行なった鎮房を生かしてはおけぬ、という意向とわかったので、黒田氏では鎮房を中津城にさそいだして謀殺するはかりごとをめぐらし、家中《かちゅう》で剛勇無双の後藤又兵衛に鎮房の不意をついて暗殺する役がふりあてられた。

又兵衛はかねて城井谷《きいだに》攻めのおりから、最高の敵とみた鎮房との一騎打を心底から念願してきたのであるが、相手をさそいだして謀殺せよとの長政の命令にはだんぜん抵抗し、きっぱりとこれを拒絶する。怒り心頭に発した長政との対立がつづいている最中、突如として百余騎の手勢をひきつれた鎮房が、自分から中津城内へ乗りこんでくる事件がおこった。長政との正面衝突、全員の斬り死にを覚悟して、累代《るいだい》の宇都宮氏の家臣が随従してきたのである。

家臣を玄関先にのこして一人だけ奥に通り、長政と面会した鎮房は、酒盃の応酬のひまをみて斬ってかかる長政らに応戦しつつ、家臣らと合体しようと廊下に出てくるところで、又兵衛と出会い、ついにその槍先にかかって倒れる。また家臣たち一同も物音を聞きつけて必死で戦うが、結局は全滅する。このようにして城井谷の宇都宮氏の家は滅亡していったのである。

『乞食《こじき》大将』の物語は、その後、又兵衛と主人長政の葛藤《かっとう》を軸として展開し、ついには又兵衛が「最早《もはや》、手前は、御用のない者で御座れば」といって一万六〇〇〇石取りで一城をあずかる身分を、さらりとすてるところまで進む。そして天下の諸大名からの仕官のさそいをことわって、浪人・乞食として日をおくる又兵衛に対し、なお怒りをすてきれぬ長政の執拗《しつよう》な追求がつづけられるが、一方にはまたかれを敵とつけねらうもう一人の人物があった。宇都宮氏一族滅亡のさい、とくに助命された鎮房の娘鶴姫である。

物語の最後に近く、洛西嵯峨《らくせいさが》の山里の庵《いおり》で、鶴姫と又兵衛はただ二人、向きあう。とつぜん、欠けわんをさしだしてもの乞いをする又兵衛の全身にみなぎっている、自由で楽々とした空気にのまれた鶴姫は、長年の間、親の敵《かたき》としてねらってきたこの人物に対して、ついに用意してあった懐剣を引きぬくことができず、ただ茫然《ぼうぜん》としてその去っていくのを見送るばかりなのであった。

この物語で、又兵衛と宇都宮鎮房の二人はちょうど瓜《うり》二つの武人、同質の人間として描かれており、それゆえにまた相互に好敵手として認めあった仲と設定されている。『乞食大将』の一編を読み終わったあとで、主人公又兵衛もさることながら、城井谷の土から生い立ったような武人鎮房のおもかげは、ことに鮮烈に印象づけられる。

二〇〇年あまりを一つの地方に領主として土着してきた宇都宮家の家の伝統を背負った鎮房の勇気と自信、強靭《きょうじん》な性格を中核として、遠く故郷の下野《しもつけ》国から随身してきた譜代《ふだい》の家来たちの子孫が身命をなげうつまでの絶対的な信頼をそそいで、その周囲をかためている。中心に立つ大黒柱のような鎮房のみずから負うところの強い、一途《いちず》で生一本《きいっぽん》な気性、素朴で涼しいひとみ、そして武勇にすぐれ、「山が動き出たように堂々とし」た態度、いずれも作者が力を入れて描いたところであり、読者にうったえるに十分である。

本書の課題

ほぼ一一、二世紀、平安時代の後期からはじまって、戦国時代の終わりにいたるまでとされる「日本の中世」という時代をになった、もっとも特徴的な主役が武士団であったことは論ずるまでもあるまい。その「中世武士団」を「社会集団」としてとりあつかい、かれらの実態と特色をうかびあがらせるのが、本書にあたえられた課題である。しかし武士団というならば、近世、江戸時代の支配層もまた、まちがいなく武士であった。この「近世武士団」と「中世武士団」を区別するものは、いったいどのような点であろうか。

江戸時代の学者・政治家として有名な藤田東湖《ふじたとうこ》は、当時の武士団を「鉢植《はちう》えの武士」と評したという。ひとたび、将軍の命令がくだれば、大名はそれまでの領地をはなれて新たな所領にと移らなければならない。いわゆる国替え、転封《てんぽう》である。家臣もまたこれに従って行かねばならないのだから、かれら「近世武士団」は、「土」から切りはなされた存在であり、まさしく「鉢植えの武士」といわねばならない。これは「土」とむすびついた、根生《ねお》いの武士団である「中世武士団」との大きな相違であった。

このような観点からみるとき、転封を拒否して、秀吉の朱印状返上という行為をあえてした『乞食大将《こじき》』の宇都宮鎮房は、まったく「中世武士団」の最後の典型ともいうべき人物であって、本書の巻頭でまずかれに登場してもらったのも、そうした理由からであった。

「中世武士団」の実態と特質を浮かびあがらせるために、本書では多少視角を限定して、いわば「土」から生い立ったような在地の支配者という側面に焦点を合わせて、解明の筆を進めていきたい。

それにしても中世末、戦国時代の武将をあつかった大佛次郎の創作だけにたよって「中世武士団」の特質をえがくことには疑問をもたれる方もあろうと思うので、つぎには「中世武士団」の黄金時代ともいうべき源平合戦の時代の武士のありかたを記しとどめている、おそらく鎌倉幕府の公的編修になる日記体の史書『吾妻鏡《あずまかがみ》』の一節をとりあげてみることにしよう。

鎌倉武士の特質（一）　河村義秀のばあい

平安時代末から鎌倉時代はじめを生きた相模《さがみ》国の西部出身の武士に河村義秀という人物があった。秦野《はだの》盆地を中心に繁栄した波多野氏の一族であり、弓馬の達人であった。源頼朝《よりとも》の挙兵当時、他の多くの武士と同様に平氏方に参加し、石橋山《いしばしやま》の合戦に頼朝を打ち破ったが、富士川の合戦ののちは頼朝に降服した。そこで、河村氏の名字《みょうじ》のおこった本領である河村郷を没収され、いったん、大庭景能《おおばかげよし》にお預けの身となったが、ついで斬罪《ざんざい》にするようにとの命令がくだされた。治承《じしょう》四年（一一八〇）一〇月、鎌倉幕府草創期のできごとであった。

ところがそれから一〇年ほどたった建久《けんきゅう》元年（一一九〇）八月、鎌倉の鶴岡《つるがおか》八幡宮の放生《ほうじょう》会《え》のときのことである。例によってはなばなしく行なわれるはずの流鏑馬《やぶさめ》の行事で、肝心の射手にとつぜん、欠員が生じた。人々がとまどっていると、大庭景能が頼朝の前に進み出て申しあげた。「じつは囚人としてお預かりしている河村三郎義秀は弓馬の芸の達人でありま す。治承四年のお旗あげのとき、敵方についた者のほとんどはすでにおゆるしを得ておりますので、義秀もこのさい、お召しだしになってはいかがでしょう」(建久元年八月一六日条)と。

頼朝はいったん、「あの男は斬罪にするよう命令しておいたのに、いまだに存命とははじめて聞いた、けしからぬことである」と怒ったものの、「めでたい神事のおりだから、とくにゆるしてやろう。早く召しだせ。ただしそれほどの腕前でなかったら、かえって重く処罰するぞ」といって、その機会をあたえた。義秀はまことにみごとな技倆《ぎりょう》をみせたので、見物人で感心しない者はなく、頼朝もすっかり機嫌をなおして、即座に義秀の罪をゆるしたという。

その半月ほどあと、また大庭景能が頼朝に申し出た。「例の河村義秀ですが、はやく斬罪にしていただきたいとぞんじます」(建久元年九月三日条)。頼朝はいう、「いったいなんたることだ、おまえの申し分はさっぱり筋が通らんぞ、以前処刑せよと命じたときには、ひそかに命を助けてやり、せっかく流鏑馬の芸に免じてゆるしてやったら、こんどは首を斬れという。どういうわけだ」。

景能は答える、「じつはそこでございます。義秀はこれまで囚人としてお預けの身でしたから、景能がほどこしをあたえ、それで生活してまいりました。ところがなまじっかおゆるしを得たあとには、一人前の武士としてまさかほどこしを受けるわけにはまいりません。そのため気の毒にも餓死《がし》しそうな状況です。こうなってはむしろ首を斬っていただいたほうが義秀のためになるかとぞんじます」。頼朝は、はたとひざを打っておおいに笑い、ただちに本領の河村郷を返しあたえるように命令をくだしたという。

『吾妻鏡』のこの挿話《エピソード》は当時の武士の性格、そのありかたについて多くのことがらを教えてくれる。まず河村義秀のように、一人前の武士として頼朝につかえる御家人《ごけにん》は、「本領」「名字《みょうじ》の地」などとよばれた所領を支配する領主でなければならなかった、ということである。所領をもたぬ武士は結局他の領主のほどこしを受け、その下に隷属するか、さもなければ「餓死」の道をえらぶほかはない。他の領主の下につかえるとは、いいかえれば、その主人の支配するイエの内部にはいることであり、そのイエ支配の下に服することである。将軍頼朝が斬るように命じた義秀を景能が一〇年間もかくまっておいても、将軍がそれを知らなかったという事実が端的にしめしているように、武士のイエは、ある意味で将軍から独立した一つの支配圏を構成していたのであった。

鎌倉武士の特質(二)　渋谷重国のばあい

いまひとつ、『吾妻鏡《あずまかがみ》』の一節を紹介しよう。佐々木太郎定綱《さだつな》・次郎経高《つねたか》・三郎盛綱《もりつな》・四郎高綱《たかつな》の佐々木家四兄弟は、宇治川の先陣争いなどで名高い武士だが、もともとは近江《おうみ》国の佐々木荘の領主佐々木秀義の子供たちである。秀義は源義朝《よしとも》の部下として平治の乱に参加し、勇敢に戦ったがついに敗北し、本領の佐々木荘は平家方の武士にうばわれてしまった。

所領を失って浪人した秀義は、子供たちをひきつれて、伯母の夫、奥州平泉《ひらいずみ》の藤原秀衡《ひでひら》をたよって東海道を東へとくだってくる途中、相模国《さがみ》の武士、「大名」とよばれた渋谷重国《しぶやしげくに》とめぐり会った。重国は武蔵《むさし》の豪族秩父《ちちぶ》氏の流れをくみ、畠山重忠《はたけやましげただ》とは同族である。渋谷荘は相模のほぼ中央部、相模川の東の台地の上、大庭《おおば》氏の本領大庭御厨《みくりや》の北方にひろがる荘園であった。重国は渋谷荘司《しょうじ》とよばれているから、この荘を中央の貴族か寺社に寄進し、みずから荘司の地位を確保した在地の豪族である。

陸奥《むつ》をめざして落ちてゆく秀義一家と知りあった重国は、一家の勇敢さにほれこみ、自分の家にとどめておいた。そして娘を秀義にめあわせ、佐々木五郎義清とよばれる子供も生まれた。以来二〇年、秀義一家はいつか渋谷重国の客分ともいうべき格となり、兄弟のうちで定綱・盛綱の二人は伊豆に流されていた頼朝《よりとも》のもとに出仕する身となった。

そこに勃発《ぼっぱつ》したのが治承《じしょう》四年（一一八〇）八月の頼朝の挙兵である。定綱らの兄弟四人はさっそく頼朝のもとに馳《は》せ参じて、緒戦から奮闘したが、一方、渋谷重国は外孫の佐々木義清をひきつれて平氏方の大庭景親《かげちか》の軍に参加し、義清は石橋山の合戦でさかんに頼朝にむかって矢を放ったという。ところで石橋山の合戦でいったん勝利を占めた大庭景親は、直後に重国の家まで行き、定綱ら兄弟は反逆者であるから、身柄を捕えるまでその妻子を囚人として拘禁《こうきん》する、すぐ引きわたすように、と申し入れた。重国は答えた。「定綱たちは約束で私が扶持《ふち》を加えているけれど、昔からのよしみで源氏の軍に参加するというかれらの意志は、だれも禁止できるものではない。私は貴殿の催促どおり外孫の義清をつれて石橋山の合戦に参加し、戦功をあげたのに、功績を無視して定綱ら兄弟の妻子をさしだせとは、いまさら筋の通らぬ話ではないか」（治承四年八月二六日条）と。景親もその返答はもっともだ、と引きさがった。

夜になって定綱らが重国の家にやってきたので、ひそかに倉庫のなかに招き入れてもてなしてやったが、兄弟でただ一人経高の姿がみえないので、身の上を案じ、ほうぼうに部下をやってゆくえを尋ねさせた。重国の情あるふるまいを聞いて感心せぬ人はなかった。

以上が渋谷重国と佐々木兄弟らの物語である。多少状況は異なっているが、ここでもまた本領を失った武士は浪人となり、しかるべき領主の扶持をうける身の上とならざるをえないこと、扶持を加えている主人は、外部からの身柄の引きわたし要求を拒否する権利をもっていること、つまり在地の武士のイエ支配権の独立性が社会的にも承認されていることが明瞭に語られていると思うのである。

西欧人のみた「殿の家」

鎌倉幕府によって編修された歴史書の語る、以上のような事実は、また戦国時代の日本に長く滞在した西欧人の証言によっても裏づけられる。

一六世紀の後半、三十余年にわたってキリスト教の布教に従事し、『日本史』をはじめ多くの著述を書きのこした日本通の宣教師ルイス・フロイスの著書に『日欧文化比較』がある。「男性の風貌と衣服に関すること」にはじまり、「ヨーロッパ人は何々であり、日本人は何々である」という式の両者の比較対照が数多くあつめられていて、まことにおもしろい読みものであるが、なかにはつぎのように記されているのである。

「われわれの間ではそれをおこなう権限や司法権をもっている人でなければ、人を殺すことはできない。日本ではだれでも自分の家で殺すことができる」

「われわれの間では、召使を譴責《けんせき》し、また従者を鞭《むち》で懲戒《ちょうかい》する。日本では首を斬ることが譴責と懲戒である」

「ヨーロッパでは既婚または未婚の女性が、何かたまたまおこったできごとのために、どこかの紳士の家に身を寄せたならば、そこで好意と援助をうけて、無事におかれる。日本ではどこかの殿の家に身を寄せたならば、その自由を失い、捕虜とされる」

「日本ではだれでも自分の家で殺すことができる」といわれているのは、「殿の家」すなわち領主の家のことであり、召使や従者をもつ主人のイエ支配権について語っているのであろう。いったん、そのイエに身を寄せた女性は、自由を失い、隷属者とされてしまうという。このフロイスの叙述に格好《かっこう》の実例が、鎌倉時代後期にも知られている。

『とはずがたり』の一節がそれである。高級貴族の娘に生まれ、かつては後深草院《ごふかくさ》の後宮で深い寵愛《ちょうあい》をうけたこともある主人公二条《にじょう》が、発心《ほっしん》して出家し、諸国遍歴の途中、船中で知りあった備後《びんご》の山間部、和智《わち》の村の地頭代《じとうだい》の家に逗留《とうりゅう》したときのことである。乞われるままについ障子《しょうじ》に絵をかいてやったりした彼女が、なんの気なしに近隣の江田の村の地頭代の兄の家に移ったところ、和智の地頭代がおおいに怒り、「長年召し使っていた下人《げにん》の女に逃げられてしまっていたのを、やっと見つけてとりもどしたばかりなのに、また江田の兄の家に誘《ゆう》拐《かい》されてしまったぞ。こんどこそうち殺してくれよう」といきまき、おおぜいで取り返そうとした、というのである。二条は幸いにもそのときに下向《げこう》してきた旧知の地頭の広沢与三《よそう》入道に救われたが、この事実は、二世紀ほどのちのフロイスの指摘と驚くほど一致しており、在地の武士のイエ支配権の強力さを物語っている。

　以上、鎌倉時代の『吾妻鏡《あずまかがみ》』と『とはずがたり』、戦国時代のフロイスの『日欧文化比較』という、かなり性格のちがう諸史料の陳述からして、われわれは「中世武士団」の特質である「士」とむすびついたイエ支配権の強力さ、その独立性の一面をかいまみることができた。

　つぎの章では『曾我《そが》物語』の世界を通じて、「中世武士団」の生活と意識のありかたをうかがい、さらにはこうした「敵討《かたきうち》とその周辺」をめぐりながら、上述してきたような「中世武士団」の特質をもっと掘りさげて考えてみよう。つづいて以下の章では一〇世紀の「初期の武士団」である「兵《つわもの》の館をたずねて」、その実体をうかがい、さらに「兵から鎌倉武士団へ」の発展の過程を追跡する。そして各地の寺院や路傍にいまも多くのこる「板碑《いたび》」の語ってくれる武士団の歴史に耳をかたむけたのち、「武士団とは何か」という根本的な問題をいまいちど考えなおしてみよう。

つぎの「小早川の流れ（一）（二）」と題する章では、中世を生きぬいていった一つの武士団として安芸《あき》国の小早川氏をとりあげ、鎌倉的武士団から南北朝・室町的武士団への変貌の経過や、武士団の支配下の荘園の様相などをできるだけ解明してゆきたい。それはたぶん、本書にとって一つの中心となる部分である。ついで「埋もれていた戦国の城下町」では、北陸の雄、朝倉氏の城下町越前一乗谷《いちじょうだに》を対象とし、とくに最近行なわれた考古学的発掘の成果をとり入れながら、戦国武士団の一面を描いてみよう。そして最終の章ではのこされた問題点をかえりみ、「中世武士団」から「近世武士団」への移行の意味を考えたい。以上が本書の構成の概略となるはずである。

曾我物語の世界

事件の発端

日本の三大敵討

源頼朝《よりとも》の寵臣《ちょうしん》 工藤祐経《くどうすけつね》によって父河津祐通《すけみち》（祐泰《すけやす》ともいう）を暗殺された幼い曾我《そが》兄弟が、その後十数年を経た建久《けんきゅう》四年（一一九三）五月、富士の裾野《すその》の巻狩《まきがり》のさい、ついに仇敵祐経を討ち取った事件は、日本三大敵討《かたきうち》の第一にかぞえられ、赤穂《あこう》四十七士の忠臣蔵や荒木又右衛門の伊賀《いが》上野《うえの》鍵屋《かぎや》の辻での敵討とともに、古来あまりにも有名である。この事件の発端から終幕までを描いた『曾我物語』もまた、日本文学史上独特の位置を占める作品で、流離の英雄源義経《よしつね》の一生を物語った『義経記《ぎけいき》』とともに、日本の中世の英雄譚《えいゆうたん》の双璧《そうへき》として、人々にながく愛読されてきた。江戸時代の歌舞伎界でも、曾我兄弟の敵討は芝居の背景となる物語としてもっとも愛好されたものの一つであり、正月の演目にはかならず曾我ものが出るのが慣例であった。

「曾我の対面」など今日でも上演されている演目は多いが、有名な歌舞伎十八番の『助六《すけろく》』

が曾我の世界に題材をとり、威勢のよい男伊達《おとこだて》花川戸《はなかわど》の助六、じつは曾我五郎時致《ときむね》という構想で描かれていることでも、その影響の大きさがうかがわれよう。

日本の代表的名山である富士山と箱根山を中心にした地域を舞台に、まだ二十歳《はたち》になるかならないかという若い兄弟がただ二人だけで、時の幕府の権臣工藤祐経を討ち取ってみずからも殺されるそのいさぎよさ、脇役として登場する鎌倉殿源頼朝と北条時政《ほうじょうときまさ》以下の鎌倉武士たち、そして兄弟の母や恋人大磯《おおいそ》宿《のしゅく》の虎御前《とらごぜん》らとの愛情と別離の悲しみ、若き日の頼朝をめぐるロマンスの数々までを織りまぜて語られるその内容は、たしかに興味ぶかく、人々の心をうつものがある。

瞽女の文学

すでに中世後期の『七十一番職人歌合《うたあわせ》』（二五番「女盲」）には、琵琶法師《びわほうし》と対《つい》になった盲目の旅芸人の瞽女《ごぜ》が、鼓《つづみ》を打ちながら「宇多天皇に十一代の後胤《こういん》伊東が嫡子《ちゃくし》に河津の三郎とて……」と、『曾我物語』の一節を語りだしている情景が描かれている。『平家物語』が琵琶法師の語りものとして成長していったとすれば、『曾我物語』のほうは瞽女の語りの文芸なのであった。

信濃《しなの》国の武士安田荘司友春《しょうじともはる》が従兄弟《いとこ》の望月秋長《もちづきあきなが》と口論のすえ、討ち殺されてから、友春の妻と一子花若は諸国を流浪《るろう》する身となり、たまたま近江国守山《もりやま》の宿で敵《かたき》の秋長と同宿する。友春の妻は、そのとき宿で流行の瞽女に身をやつし、花若に手を引かれて秋長の座敷に出、

『曾我物語』の一節をうたう。そしてかつては友春の家臣だった宿の亭主の助けをかりて花若は首尾よく秋長を討ち取った。これが謡曲『望月』のあら筋であるが、そのなかで友春の妻のうたう『曾我物語』の一節は現在の『物語』中にはみえぬ一段で、おそらく『物語』の古本の一部分かと推定されている。してみれば、この謡曲もまた『曾我』が瞽女の語りものであったことをしめすよい証拠となろう。

斎藤真一の著作『瞽女――盲目の旅芸人』（日本放送出版協会、一九七二）などで注目されているように、先ごろまで各地の村々をめぐり歩いた遍歴の芸能者である瞽女の役割は大きいものがあったが、中世における彼女らの主要なレパートリーは、まさに『曾我物語』だったのである。

十郎の恋人、『物語』のヒロインである大磯の虎は、兄弟の死後、菩提《ぼだい》をとむらうためひろく全国を巡礼してあるいたといい、いたるところに足跡をのこした女性であったが、柳田国男や折口信夫《おりくちしのぶ》によって、すでに早くから指摘されているように、彼女こそ『曾我物語』の語り手その人であり、みずから体験談として『物語』を語りあるき、それによっていちだんと哀切さを加えていった人の名なのであった。

鎌倉末期の成立

中世以来ひろく人々に親しまれ、また多くの興味ある問題をふくむ曾我兄弟の敵討《かたきうち》事件が、これまでは案外、専門の歴史家によってとりあげられていなかった。その理由の一つは、事件の内容や原因を知るための材料が、鎌倉幕府編修の歴史書『吾妻鏡《あずまかがみ》』の若干の記述以外は、ほとんど『曾我物語』にたよるほかなく、その成立は室町時代まで下降するうえ、物語としての虚構や潤色《じゅんしょく》が多いと判断されてきたためであろう。たしかに『曾我物語』の流布《るふ》本を読むとき、史実の誤りも多く見いだされ、史料としてあまり食欲をそそられるものではない。

しかし『曾我物語』には、流布本として普及した仮名《かな》本や仮名まじり本以外に、全文漢字を用い、日本風の変体漢文によってつづられた真字《まな》本とよばれる系統の古本が伝えられている。これまでの研究によれば、この真字本こそ原型をとどめる本で、南北朝時代の成立とされていたが、近年、国文学者角川源義《かどかわげんよし》は、内容の検討からその成立をさらにさかのぼらせて鎌倉末期の作と推定した（「参考文献」参照）。真字本を読むとき、流布本に多い史実の誤りはほとんどみられず、東国、ことに相模《さがみ》・伊豆地方の地理にも詳細で、正確な記述がなされていることに驚かざるをえない。内容上も頼朝や北条氏一門の繁栄を謳歌《おうか》する点がめだち、一方、南北朝時代の成立ならとうぜん出てきてもよいはずの場所で、足利《あしかが》氏や新田《にった》氏のことがとりあげられていない。このような点から考えて、私も角川の真字本鎌倉末期成立説に従いたいと思う。

だとすれば、歴史家の愛用する『吾妻鏡』とも、成立の時期はそれほどへだたっているわけではない。むろん歴史書であることを意識して書かれた書物ではないが、むしろそれだけに幕府上層部の立場からみた重要事件中心主義の『吾妻鏡』などにはみられない、武士たちの生きかた・考えかた、そして信仰などがいきいきと表現されている。その点でまことに興味のある作品なのである。

「中世武士団」の世界にわけ入っていく最初の窓口として、われわれはまず『曾我物語』をえらび、その真字本をひもといてみることにしよう（なおこれからあと、ただ『曾我物語』というときには真字本をさし、引用は読みくだし文にあらためてある）。

物語の発端

『曾我物語』の第一幕は、安元《あんげん》二年（一一七六）一〇月上旬、伊豆半島の中央にそびえたつ天城《あまぎ》山の北東斜面と山麓部、伊豆の奥野とよばれる原野に展開された、伊豆・駿河・相模・武蔵四ヵ国の武士たちの巻狩《まきがり》の場である。今日でも山の深い天城の山系は野獣の多く生息する、ハンターにとって指折りの猟場の一つとなっているが、これは中世においても同様だったはずである。

伊豆の奥野とは、ほぼ現在の伊東市の市域の西南部一帯の山地、大室《おおむろ》山や一碧《いっぺき》湖、伊豆シャボテン公園などで名高い付近のさらに奥の山野である。この猟場にあつまった武士たちは総勢五百余騎、伊東荘の豪族伊東祐親《すけちか》のもてなしをうけながら、七日間の大規模な巻狩を行なった。

さて七日目巻狩最終の日、紅葉の燃えるような山中で、武士たちはいまやなごりを惜しむ酒宴の真最中。年長の一人が、「詩歌・管絃・鞠《まり》遊び・小弓遊びは公家・仙洞《せんとう》の御遊び。馬

伊東氏の支配地域と『曾我物語』の関係地名

上・歩立《かちだ》ち・腕とり・おどりこえなどこそ武士のしわざじゃ。みなのかたがたも御相撲《おすもう》をなされよ」といいだし、野外で相撲がはじまる。

当時の相撲には、まだ土俵が発明されていない。とくに武士の相撲とは、一騎打の取っくみあいなど、実戦の訓練をも兼ねた実技であった。相手の首を打ち、取っくみあいで相手を押しすえ、あるいは投げ倒し、蹴倒したほうが勝ちという、荒っぽい勝負である。力じまんの武士たちはそれぞれに名のりをあげては組みあい、いどみあうが、やがて大力の聞こえの高い相模国の武士俣野《またの》五郎景久《かげひさ》にかなうものはいなくなった。

年長の相模の武士土肥《とひ》次郎実平《さねひら》が「いやみごとなお相撲ぶり、この実平も、いますこし若かったら……」といいかけると、勝ちほこった俣野は「いざ一番。相撲は年とは関係のないものです」と実平をだまらせ、「もうだれも組もうというものはいないのか」と満座を見まわし、ゆうゆうと引きあげようとする。

このとき、名のりをあげたのが、伊東祐親《すけちか》の嫡子《ちゃくし》河津《かわづ》三郎祐通《すけみち》である。俣野のあまりにも人もなげなふるまいに立腹し、また元服《げんぷく》のさい、烏帽子親《えぼしおや》となってくれた実平の恥をそそぐために、祐通はだんぜん、俣野に挑戦したのであった。『曾我物語』では祐通は、「穏便《おんびん》第一の者」で「弓矢の道」に達し、「容顔美麗にして、芸能は人に勝《すぐ》れたり、大力の豪の者、強弓の精兵《せいびょう》、矢つぎ早の手きき」で、年は当年とって三一歳、身長七尺の大男で、力も身長も俣野をしのぎ、しかも色白の美男だったということになっている。まさに当時の武士の理想像であり、万能選手だったわけである。

いよいよ両人の勝負がはじまると、河津はあなどってかかる俣野を、さっと投げ倒してしまう。ところが俣野側では倒木につまずいたのだといいはり、いま一度とりなおしを主張して、ついに二回目の対戦となる。河津は今回も俣野をどうと投げ飛ばし、武士たちのあっといい、はっと笑う声はしばし山や谷に響きわたった。

広言を吐いたあとだけに満座の笑いものとなった俣野は、この恥をそそごうと武器を手にとって打ちかかろうとする。あるいは俣野側に、あるいは河津側にと五百余騎の武士はサッと両方にわかれ、「昔の武士の習《ならい》」、たちまち甲冑《かっちゅう》をよろい、弓矢を身につけて戦闘態勢にはいり、両陣の間、二、三〇メートルほどをへだてて、三度までもときの声をつくった。こうして、あわや大乱闘がはじまろうとしたが、年長者である相模の大庭景能《おおばかげよし》と、土肥実平の二人のとりなしで、両軍はようやく「私の軍《いくさ》」を中止して和解をとげ、ここでめでたく巻狩は終わりとなった。

やがて夕日もかたむき、武士たちは帰途につく。その途中、奥野の入口で、赤沢山のふもと、八幡山と岩尾山の裾《すそ》の児倉追立《こがくらおつたて》といわれる難所にさしかかったとき、河津祐通はとつぜん、後方から矢を射かけられて落馬してしまう。あとにつづく父伊東祐親もまた矢をうけて負傷しながらもすぐにかけより、祐通を介抱する。しかし祐通は、まもなく絶命してしまった。燃えるような紅葉の山野のなかでの、あっというまもない惨劇であった。

工藤家の由来

この祐通暗殺の下手人《げしゅにん》こそ、天城山の北方の、大見荘の住人、大見小藤太と八幡三郎の二人であった。二人は伊東氏の一族工藤祐経《すけつね》の古くからの従者で、かねて祐通と父伊東祐親を亡きものとするよう、主人の祐経から命令され、その隙《すき》をつけねらっていたのであった。ではなにゆえに同じ一族の祐経が祐親・祐通を暗殺しようとしたのか。それは所領争いに敗北したもののうらみからであった。

祐親の祖父を工藤大夫祐隆《すけたか》（または家次）、入道して久須美《くすみ》入道寂心《じゃくしん》とよんだ。工藤氏は将門《まさかど》の反乱の当時、常陸《ひたち》の国司で将門と戦った藤原惟幾《これちか》の子孫と称している。惟幾の子の為憲《ためのり》は木工寮《もくりょう》の次官だった木工助《もくのすけ》に任命されたために、木工寮の「工」と藤原氏の「藤」をとって工藤大夫とよぶようになり、これが工藤氏のおこりになったという。以後、何代か、遠江《とおとうみ》・駿河《するが》などの国司に歴任されたものがあいつぎ、ついに駿河・伊豆などの東海道東部に土着する豪族となった、と系図には記されているが、真偽はたしかでない。

しかし中伊豆の狩野川流域の狩野荘を根拠地とし、伊豆の国衙《こくが》の有力な在庁官人を世襲して工藤介《くどうのすけ》、あるいは狩野介《かののすけ》などと通称された一族であったことはほぼ確実である。おそらく祐隆は工藤介の一族から出て、伊豆の東海岸一帯に進出し、新たに伊東氏の開祖となった人物なのであろう。その祖父が伊豆国の押領使《おうりようし》と伝えられることなどからも、当時の東国地方にひろくみられた、国衙と深い関係をもちつつ成長した有力武士団の一員だったと思われる。

伊東とは、伊豆の東海岸一帯を伊豆の東浦荘とよんだ、その略称だといい、あるいは単に伊豆の東を略したのだともいう。『曾我物語』によれば祐隆は、現在の伊東の町のあたりを中心とした伊東荘、その北部の宇佐美《うさみ》荘、南部の河津荘などを領有して、これらを久須美《くすみ》荘と総称し、その支配者となったと伝える。それはたぶん一二世紀の前半のことで、かれ祐隆は当時の各地方にすさまじい勢いで力をのばしていた開発《かいほつ》領主の一人であったろう。久須美も、宇佐美も、また河津も、いずれも『和名類聚抄《わみようるいじゆしよう》』には伊豆国の郷《ごう》として記されている。祐隆はおそらく伊豆の国府の在庁官人の一人として、これらの郷から年貢《ねんぐ》収納を請負う役目を果たしながら、新たに田地の開発と造成を指導しつつ、これらの地域を支配する領主の地歩をかためていったのであろう。

現在、伊東市の中心部を流れる松川の右岸、丘陵が南からせまってくる岡の付近には、『延喜式《えんぎしき》』の式内社とされる古社楠見《くすみ》神社がある。久須美入道と称した祐隆の本拠地の館《やかた》は、おそらくこの一帯のどこかにおかれていたのであろう。

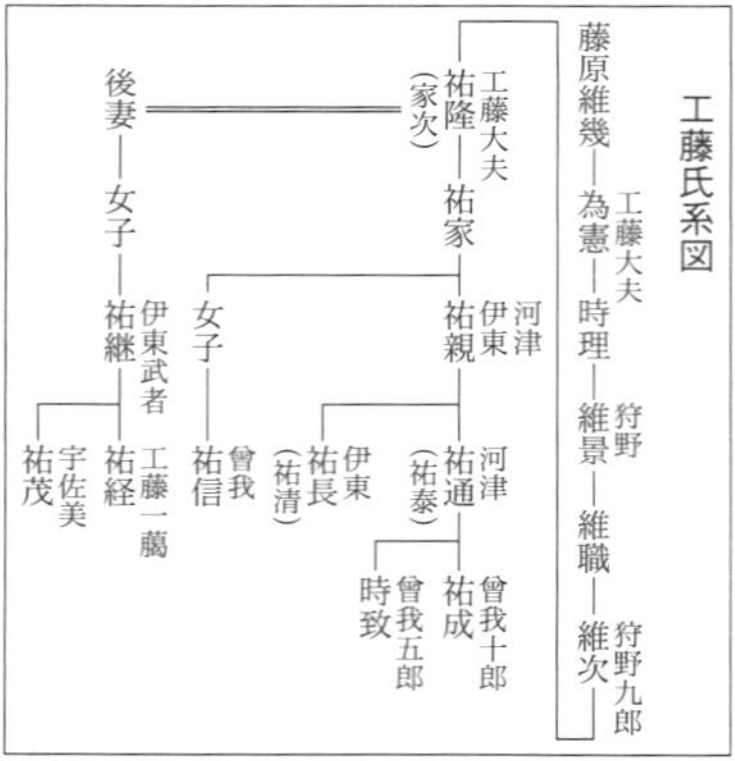

『尊卑分脈』『曾我物語』などによる

祐親と祐経

祐隆《すけたか》には何人もの子息があったが、みな、早死にをし、しかるべき後継者がいなかった。開発や支配の中心になるべき人物がなくては、その所領はまたたくうちに崩壊せざるをえない。祐隆はやむなく義理の娘の子を養子として伊東武者祐継《すけつぐ》と名のらせ、伊東や宇佐美など、荘の主要部分をゆずることにした。一方、まだ幼い嫡孫をも不憫《ふびん》に思って養子として次男に立て、河津次郎祐親《すけちか》と名のらせて荘の一部である河津をあたえた。

ある意味ではやむをえなかったこの処置は、しかし伊東一族のその後にとって、まことに大きなわざわいの種をまくことになった。もともと祐継は、祐隆が後妻の連れ子だった娘に生ませた、祐隆の実子である。しかし、その事実を知らない祐親は、成長するにともない、ほんらいの嫡孫である自分の地位が養子の祐継にうばわれたと考え、はなはだ不満であった。祐隆の死後、祐継と祐親の関係は、だんだんと微妙になっていった。

おり悪《あ》しく祐継は比較的年若くして重病にかかり、病床で和解した祐親に幼い嫡子の金石《かないし》

（のちの祐経）の後見を委託して不帰の客となった。祐親ははじめは祐継の遺言どおり、金石に自分の娘をめあわせ、元服させて宇佐美工藤祐経《すけつね》と名のらせてから、ともに上京し、久須美荘を支配する領家の平重盛《たいらのしげもり》に拝謁《はいえつ》させ、ついで荘の最高の領主である本家の大宮《おおみや》（皇太后、あるいは皇子を生んだ内親王の敬称。だれであるかは確定できない）に伺候《しこう》させて、ずっと都に住まわせておいた。

その間に本領の久須美荘は実質上、祐親の支配下におかれた状態で、祐親はついに伊東の館に移住して伊東次郎祐親と名字《みょうじ》をかえ、嫡子には河津の館をあたえて河津三郎祐通《すけみち》と名のらせてしまった。祐経には宇佐美と名のらせているから、荘内の宇佐美だけをあたえるつもりであったのだろう。しかしこうなっては祐経のほうでおさまらない。

数年間大宮につかえ、皇室関係の武者所《むしゃどころ》に奉仕して、その最上位の一﨟《いちろう》の地位にのぼって工藤一﨟とよばれるようになった祐経は、やがて本家・領家に訴え、ここに実の従兄弟《いとこ》どうしの所領相論《そうろん》がはじまった。

所領相論の発生

おそらくはじめは国衙《こくが》領であった久須美の地一帯は、いつかそれまでの間に中央の権門勢《せい》家《け》に寄進され、久須美荘と名をかえるようになっていた。いわゆる寄進地系荘園であるが、開発領主である伊東氏は名目上の支配権を中央に寄進しながらも、本家・領家の権威のもとに下司《げし》などの荘官となり、現地の支配権はより強固にみずからのものとしていったであろう。

『曾我物語』で祐継が中央の武者所に奉仕して伊東武者と称し、『吾妻鏡』（建久四年五月二八日条）では工藤滝口とよんで、かれが御所の滝口につかえる宮廷警固の武士であったと記している。このときにはすでに伊東氏と中央の皇室との奉仕関係が成立し、その所領も久須美荘として皇室御領となっていたのではなかろうか。

やがて平治《へいじ》の乱後の平氏の興隆にともなって、伊東氏は平氏とのむすびつきをもとめて運動し、久須美荘の領家は平重盛、本家は大宮という関係が成立する。それはおそらく祐経上京のころであろう。『吾妻鏡』（元暦元年四月二〇日条）もまた祐経がかつて平重盛の家につかえていたと記しているから、このときすでに伊東氏は平氏の家人《けにん》で、荘園関係でも平氏が支配者という体制ができあがっていたのだろう。

祐経と祐親との相論に対して、本家・領家は荘をそれぞれ半分ずつ支配するように裁定をくだしたが、祐経は納得せず、ついに実力を行使して祐親を討とうとした。祐親も怒って娘をとりかえし、相模国の武士土肥実平の嫡子早川遠平《とおひら》に再嫁させる一方、久須美荘全体を祐親の所領であると本家・領家に申告し、祐経の支配権を全面的に否認してしまった。

こうして祐経と祐親との対立はぬきさしならぬものとなり、祐経は祐親を自分の所領を押領《おうりょう》したうえ、夫婦の仲をも裂いた仇敵《きゅうてき》として敵視するようになった。近親のあいだがらであるだけに憎悪の念が燃えあがれば、ますますはげしさを加える。祐経はついに大見・八幡の二人の従者に祐親・祐通の暗殺を命ずるにいたったのである。

曾我の里

一万と箱王

祐通《すけみち》が暗殺されたとき、河津の館には五つになる一万《いちまん》と三つになる箱王《はこおう》の二人の遺児がのこされた。『曾我物語』は、父の姿をもとめる二人の遺児が、「父君はあの中に」と教えられて卒塔婆《そとば》のならび立つなかをさがしまわるありさまを描いて、読者の涙をさそい、父祐親《すけちか》も盛大な供養《くよう》をいとなみ、祐通のために一寺を建立《こんりゅう》したと記している。

現在、伊東駅のやや南の岡にある東林寺は、平安末期に祐親の建立した菩提《ぼだい》寺の後身であり、その東方約五〇〇メートルには祐親の墓と伝える五輪塔がある。本堂のすぐ東側、三〇メートルほどの岡の上には、祐通の墓といわれる五輪塔と、曾我兄弟の首塚とよばれる場所がある。付近からは石積みの塚も発見されており、またかつて発掘された経塚《きょうづか》からは、陶器の壺や鉢、青白磁《せいはくじ》の合子《ごうし》や水晶の数珠玉《じゅずだま》、それに平安最末期ごろとおぼしき和鏡六面が出土している。

『曾我物語』の叙述と照合するとき、東林寺や付近の経塚類が祐通の供養のため祐親によって造立《ぞうりゅう》された可能性は、かなり高い。

とつぜん夫にさきだたれた祐通の未亡人は、伊東氏の同族工藤介の一門で、狩野大介茂光の外孫であった。未亡人は祐通の忘れ形見である男子を生み落としたのち、舅《しゅうと》祐親の強いすすめで、涙ながらに相模国の武士曾我太郎祐信《すけのぶ》に再嫁することとなった。祐信は祐親の姉の子であり、また茂光の孫になるので、祐通未亡人とはちょうど従兄弟《いとこ》どうしにあたる。夫人にさきだたれたばかりの、同じ伊東の一族であったので、話がすぐにまとまったのである。一万と箱王の二人は、母とともに曾我に移り、生まれたばかりの幼児は祐通の弟伊東九郎祐長《すけなが》（または祐清《すけきよ》）の養子として、引きとられることになった。

曾我の里をたずねて

こうして物語の主人公である一万・箱王の兄弟の、曾我の里での生活がはじまる。現在、東海道新幹線を利用して東京へと急ぐ旅人は、小田原駅を発車して酒匂《さかわ》川の鉄橋をわたった列車が弁天《べんてん》山トンネルという小さなトンネルにはいるまでの短時間、前方左手につらなる高さ約三〇〇メートル強の丘陵地帯と、その山麓線に帯状に横たわる一群の集落をみとめることができる。

この丘陵が神奈川県中部の海岸ぞいにうずくまる余綾《よろぎ》丘陵の西端の最高点を形成する曾我山であり、村落は曾我の村である。その曾我の村々のほぼ中央部、JR御殿場《ごてんば》線下曾我駅のほど近くに曾我谷津《やつ》の集落がある。ここが一万・箱王兄弟の暮らした曾我の里で、兄弟の継父曾我祐信の居館の跡と推定されるところである。

梅はすでにさかりをすぎ、桜にはまだ早いある年の三月下旬の一日、私はこの曾我の里を訪れた。小田原駅前から下曾我駅行きのバスに乗り、終点で降りて駅前商店街のなか、爪先《つまさき》のぼりの道をしばらくもどると、「曾我兄弟の遺跡　城前寺《じょうぜん》」と記した大きな看板が目にはいる。これを目標に行けばまもなく城前寺に達する。曾我山の山麓へと高まっていく台地の、いわば尖端部《せんたん》にある寺への階段をのぼっていけば、早春とはいえ汗ばむくらいである。背面を東から北へと走る曾我山の稜線でさえぎられ、西と南には酒匂川のつくった平野がひろくひらけている。相模湾の海面の光も、それほどはるかではない。付近一帯は梅林が多く、また集落の近くから山頂にいたるまで、南むきの斜面はみかん園でおおわれている。いかにも明るい風景である。

城前寺本堂の背後には小高い土盛りの上に曾我兄弟と継父の祐信、それに満江《まんこう》とよばれる母の墓の四基の五輪塔がならび、兄弟の従者鬼王・丹三郎の記念碑もかたわらにたっている。本堂の内には兄弟や虎の木像がまつられ、また幼い一万が不動明王にささげて復仇《ふっきゅう》を誓ったという願文《がんもん》や、富士の裾野での敵討《かたきうち》ののちに弟の五郎時致《ときむね》が頼朝から助命されたという赦免状《しゃめんじょう》、あるいは虎御前《とらごぜん》の十郎あての別れの書状なども蔵されている。これらはいずれも曾我兄弟伝説の成長のあとを物語る材料の一つといえるだろう。

江戸時代の後期、天保《てんぽう》一二年（一八四一）に完成した地誌である『新編相模国風土記稿《ふどき》』には、つぎのように記されている。「曾我太郎祐信の屋敷跡は、城前寺の後方、約二、三町（一町は約一〇九メートル）四方にわたっている。四方とも道路を境界とし、土塁の形がまだのこっている部分もある。これが外郭で、いまは陸田をひらき、民家がある。中央部が約一町四方の内郭の跡で、四方に高さ八、九尺（一尺は約三〇センチ）の土塁がある。内部も畠で、曾我氏の子孫という旧家が居住している。内郭の東に高さ五尺、直径三、四間《けん》（一間は約一・八メートル）の物見塚があり、上に稲荷《いなり》の社《やしろ》、また熊野の社がある。祐信の勧請《かんじょう》したものだという」と。

城前寺を西南の尖端部として東西に約三〇〇メートル、南北もほぼ同じくらいの方形の台地の部分が現在も明らかにのこっており、その西側は背面の曾我山から流れてくる殿沢《とのさわ》という小川によってかぎられている。この一画は中世の武士団の館跡としていかにもふさわしい。殿沢の水は灌漑《かんがい》用水として用いられたといい、館跡の脇で小さな貯水池をつくっている。殿沢という名称自体、この館の主人の支配する川であることを物語っており、それは館の防衛のためにも重要だったと思われる。

さらにこの内部に、かつては土塁をめぐらした内郭の跡が存在したらしい。現在はすでにほとんど消滅しているが、城前寺本堂裏手の、曾我兄弟・祐信らの墓のある部分が、かつての南北に走る土塁の一部ではないだろうか。また以前の内郭にあたる部分の小字《こあざ》を「堀之内」とよんでいる。堀をめぐらした武士の館をしめす呼称としてはきわめて一般的なものである。付近には曾我氏の後裔《こうえい》といわれる家が何軒もあり、かつて昭和九年ごろ、兄弟の骨を葬ったと思われる骨壺が掘りだされたそうである。

堀之内のちょうど西側、城前寺の北側のあたりの小字を「御前田《おまえだ》」という。前田とは館のすぐ前にある田地の呼称として、多くみられる地名である。わざわざ「御」の敬称をつけているところに、この部分がかつては館の主人の直接支配する田地だったことがしめされている。また城前寺という寺号自体が、城の前にあることを物語っており、寺の東の、館跡外郭の南部の小字を「城横」とよんでいることも参考になる。

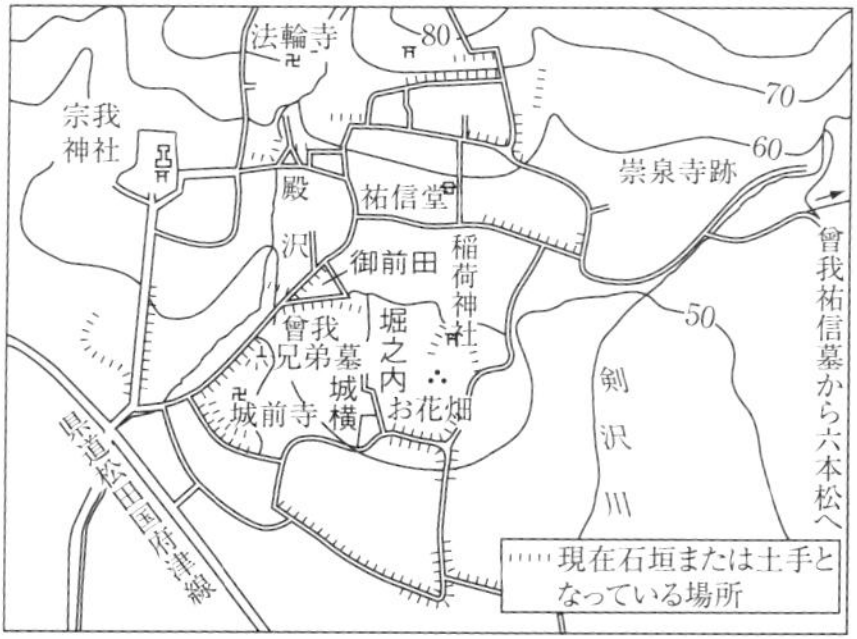

曾我荘の中心部

古社寺のありか

館跡の西北、殿沢をはさんだ対岸に鎮座するのが宗我《そが》神社である。かつて曾我六村の惣鎮《そうちん》守《じゅ》であった小沢明神社の後身で、曾我祐信《すけのぶ》が勧請《かんじょう》した鶴岡《つるがおか》八幡宮も合祀《ごうし》されていると伝えられている。この神社の存在は、曾我山麓につらなる曾我六村の中心地が、以前はこの付近にあったことを教えてくれる。同じく館跡の西北方には法輪寺という古寺がある。

ところで館跡の東一五〇メートルほどの付近を曾我山から発した剣沢《つるぎさわ》川が南方へと流れくだってゆくが、その川ぞい、館跡の東北方を小字「崇泉寺《すうせんじ》」という。いまはだいたいみかん畠になっているが、昔からしばしば五輪塔が掘りだされており、かつて崇泉寺という寺があったらしい。曾我祐信が兄弟の菩提《ぼだい》をとむらうために建立した寺であり、祐信の法名《ほうみょう》を崇泉院智嶽《ちがく》とよぶのもそのためだと伝えられる。

このように古い由緒をもち、あるいは曾我祐信との関係を物語る古社寺が、ちょうど館跡の東北か西北に分布していることはおおいに注意しなければならない。今日でもまだ東北の方角を鬼門《きもん》とよんで、万事に不吉な方角として避ける風習が行なわれている。これは陰陽道《おんみょうどう》からおこったことであるが、中世の武士の館跡でも、鬼門の方角や、あるいは西北の隅に社寺を建立する風習がひろく行なわれていた。

民俗学者によれば、古くから日本では西北の方角を重要視し、祖先の霊のいます方《かた》と考えて、信仰する風習があったという。そうだとすれば、西北方の隅こそむしろかえって以前からの聖なる方向であり、社寺の建立されるべき場所であったのかもしれない。だからこの曾我の館跡でも、宗我神社や崇泉寺・法輪寺などの社寺と、館の主であった武士との間には、やはり切っても切れない深い関係があったにちがいないのである。

山彦山の峠道

曾我《そが》の里の東北につらなる曾我山を遠望するとき、曾我谷津《やつ》の村のちょうど真東のあたりに一つの鞍部《あんぶ》を発見することができる。最高峰で三二七メートルを記録する曾我山が南へとようやく低まり、さらに二四六メートルをかぞえる高山の峰をおこそうとするその中間、曾我の里から中村荘へとこえる道は、この鞍部を通過する。かつて六本の古松があったので六本松峠《とうげ》とよばれるが、『曾我物語』では「山彦山の手向《とうげ》」すなわち山彦山の峠といっている。

いま、「曾我兄弟史跡めぐり」というハイキングコースが、城前寺を起点に館跡の西側、曾我五郎が力だめしに踏んだ足跡がのこっているという沓石《くついし》などの脇を通過してから東に、この山彦山の峠をこえていく。道は館跡の北側をぬけてから崇泉寺あとをすぎ、剣沢川をわたってからようやくのぼりにかかるが、峠までのほぼ中間、曾我山の尾根の一つをこえるところに、曾我祐信《すけのぶ》の墓と称される高さ一メートルあまりの宝篋印塔《ほうきょういんとう》がたっている。そこはちょうど曾我の村々を眼下に見おろす絶好の地であり、山彦山の峠から曾我の館跡、宗我神社へとたどるこの道が、古くから利用されていたことを物語っているのである。

城前寺付近の館跡をめぐって、小字《こあざ》などの地名や古い社寺、古道などから考えてきた。歴史家がもっともたよりにする古文書《こもんじょ》、記録、著述など同時代の文献は欠けているけれど、以上にあげたような諸事実からして、この館跡を中世の曾我氏の本拠地、その主要な屋敷の跡と考えることはまず動かない推定であろう。

母とともに曾我の里に移った一万・箱王兄弟の生活したのも、おそらくはこの地であったと思う。

曾我兄弟と東国の武士団

頼朝の前半生

伊豆奥野の狩で河津祐通《すけみち》が殺されて四年たたぬうちに源頼朝の挙兵が行なわれ、相模の鎌倉に軍事政権としての幕府が創立される。頼朝といえば、『曾我物語』では奥野の狩の参加者の一人として「流人兵衛佐殿《るにんひようえのすけ》は、伊豆国の住人に南条・深堀といふ二人の侍を御供《おとも》としておはしける」と、わずかに紹介される程度の一流人《るにん》であったが、一二世紀末葉の東国にうず巻く中央政権への不満の鬱積《うっせき》に点火して、ついに東国を基盤とする新政権の創立に成功したのである。だが幕府の形成というはげしい歴史の波立ちのさなかで、伊東氏一族の間には大きな運命の転回が生じた。

伊東祐親《すけちか》が所領久須美《くすみ》荘の領家平重盛とふかくむすびつくことによって祐経《すけつね》らの権利をうばったことはすでに見たとおりである。したがって頼朝の挙兵にさいして、祐親は相模の大庭《おおば》景親《かげちか》とともに関東の武士団中もっとも有力な平氏方であった。石橋山の合戦のさい、頼朝軍の背後をついてついに箱根山中に潰走《かいそう》させたのも祐親の軍であったことを忘れてはなるまい。

また祐親と頼朝の間には、祐親の娘をめぐるもつれた関係が存在していた。『曾我物語』によると、頼朝ははじめ祐親の三女をみそめて首尾《しゅび》よく思いをとげ、二人の間には千鶴御前《せんつるごぜん》とよばれる男児が誕生した。上京していた祐親は帰宅ののち、事実を知って平氏への聞こえをおそれ、千鶴を伊東の松川に沈めて殺してしまう。また三女を頼朝から引きはなして、伊豆の武士江馬《えま》次郎に嫁《とつ》がせ、さらには頼朝の居所に夜討《ようち》をかけて、かれを亡きものにしようとまで計画する。祐親の子の九郎祐長《すけなが》の急報をうけた頼朝は、伊東を脱出して北条時政《ほうじょうときまさ》のもとに逃れる。時はあたかも安元《あんげん》元年（一一七五）八月下旬、祐通が暗殺される前年であった。

頼朝はやがて時政の先妻の娘と深いちぎりをむすぶようになる。政子《まさこ》である。祐親と同様、京都の大番役をつとめに上京していた時政もこれを知って驚き、政子を頼朝から引きもどして、平氏の一門、伊豆の目代《もくだい》山木判官兼隆《ほうがんかねたか》に嫁がせてしまう。だが政子は断固これを拒否して兼隆の家をぬけだし、夜道を伊豆山密厳院《いずさんみつごんいん》に逃れ、頼朝もまもなく伊豆山に到着して、二人はふたたびむすばれる。これを聞いて攻撃をかけようとした兼隆も伊豆山にあつまる僧兵の武力を恐れて思いとどまった。以後頼朝と政子が伊豆山権現《ごんげん》に参籠《さんろう》して祈願をこめると、権現が示現《じげん》されたり、あるいは二人が将来、日本国を支配することをしめす霊夢を夢みるなどの物語がつづくのである。

伊東家の没落

これらの物語がはたしてすべて史実を伝えているかどうかは疑わしい。伊豆山権現の前で、二人の男女のロマンスがみのりをむすぶ話、あるいは「花咲《はなさか》じいさん」はじめ多くの民話で語られるような、善玉《ぜんだま》と悪玉《あくだま》の二人に北条と伊東の両氏をあてはめるような語り口などは、とくに警戒を要する点だろう。しかしはじめ流人《るにん》頼朝を預かっていた伊東祐親が、おそらくは娘との問題から頼朝を敵視するようになったこと、これに反して北条時政がだんぜん頼朝に賭《か》け、ついに挙兵にふみきったこと、これらはたぶん事実とみてよいと思う。とにかく所領問題からも、また娘の問題からも祐親《すけちか》は強固な反頼朝派だったのである。

『吾妻鏡』によれば、祐親は富士川の合戦の直前、平氏側の大将平維盛《これもり》の軍に加わろうとして、伊豆半島の南の鯉名《こいな》の港から舟にのりこもうとしていたところを生け捕られ、娘聟の三浦義澄《よしずみ》の嘆願で一命を助けられて、義澄に預けられること三年。政子の懐妊のさい、恩赦の命をうけたが、かえって自殺して果てたという。はじめ祐親が加わろうとした平氏軍の大将維盛は、かつての久須美荘の領家平重盛の嫡男であった。祐親と平氏との関係の強さを思わずにはいられない。一方、祐通の弟の祐長（『吾妻鏡』では祐清）の妻は頼朝の乳母《めのと》としておおいにつくした比企尼《ひきのあま》の娘だといい、また祐長は北条時政の烏帽子《えぼし》子でもあったという。

そういう関係からか、かつて父祐親の頼朝夜討の計画を頼朝に急報してその一命を救った。頼朝は祐長の行為を徳として重く用いようとしたが、かれは父祐親への孝を重んじて聞かず、上京して平氏の軍に加わり、のちに北陸道の合戦で源　義仲《みなもとのよしなか》の軍と戦って死んだといい、あるいはどうしても平氏の軍に加わりたいと主張して、ついに頼朝に殺されたとも伝える。いずれにせよ平安末期の動乱のさなかで、祐親一家はこうして滅亡の途《みち》をたどったのであった。

工藤祐経の人物

一方、それまで祐親一家に圧迫されていた祐経《すけつね》らにとっては一陽来復の春がおとずれた。祐経の弟で宇佐美を所領としていたらしい宇佐美三郎祐茂《すけしげ》は、頼朝挙兵以来いちはやくその軍勢の一員として参加しているが、工藤一﨟《いちろう》祐経の名が『吾妻鏡』に頼朝の側近としてあらわれてくるのはかなりにおそく、平氏の西走以後である。おそらく祐経は久しく京都にあり、皇室関係の武者所に奉仕しつつ天下の大勢をうかがい、頼朝の勝利が明らかとなった段階で関東に帰り、幕府につかえたのではないか。

しかし『吾妻鏡』にあらわれたところでは、長年中央にあって文化的教養を身につけたかれ祐経の存在は、頼朝の部下のなかでも異彩をはなっている。平重衡《しげひら》や静御前《しずかごぜん》など、京都からのとらわれ人であっても頼朝から歓待された人々の接待役として祐経は欠かせない人物であった。とくに鶴岡八幡宮の社前で「しづやしづ……」と静御前が舞ったときには、その伴奏者として鼓《つづみ》をうつ役をつとめるなど、関東武士のなかでは指折りの歌舞音曲《かぶおんぎょく》通であった。

その死後、京都からわざわざ招きくだした流行歌《はやりうた》や舞いの名手の芸を見物した頼朝が、「ああ、これで祐経が生きていたらなあ……」としきりに落涙したことを『吾妻鏡』（建久五年三月一五日条）が伝えているのは、その才能と、頼朝の祐経に対する愛情を語ってあますところがない。『曾我物語』ではかれのことを頼朝の「切り者」と評しているが、たしかに祐経は梶原景時《かじわらかげとき》とならぶほどの有力な頼朝の側近であった。その旧領であった久須美荘はもちろんのこと、ひろく諸国に多くの所領をあたえられ、一家は繁栄したのである。

曾我祐信の立場

祐親一家の没落と祐経一家の上昇、かつてと明暗はまったく逆転した。このなかで兄弟の継父となった曾我祐信はどのような道を歩んだであろうか。祐信は伊東氏の一門と同じ「祐」という一字を共有しており、父の名は不明なものの、祐親の親族であったことはたたしかである。はじめは平氏方の大庭景親に従って頼朝を攻撃しているが、のちに降服してその罪をゆるされ、御家人《ごけにん》として頼朝につかえた。武芸の達者、とくに弓射の名人であったらしく、しばしば神社の祭事などで射手をつとめたことが『吾妻鏡』に記されている。

しかし祐親一家の没落のあと、曾我祐信の勢力はけっして大きなものではなく、むしろ東国の一小御家人にしかすぎなかった。祐経のような頼朝の側近、有力御家人とはとても比較にならぬ身分であった。

『曾我物語』のなかで、九月十三夜の明月の下で庭に出た兄弟が、空飛ぶ雁《かり》の列をながめやりながら、「五羽ゆく雁の一羽は父、一羽は母、のこる三羽が子であろう。ものいわぬ鳥でもこうなのに、なぜにわれらには父がおわさぬのか。父さえあれば、われらも馬に鞍《くら》おき、弓矢をもつこともできたであろうに。われわれより幼くとも、世に重んぜられている人の子ならば、思うがままに物を射て歩くことのうらやましさよ」と語り合っている情景の背後には、以上のような事情があったのである。

曾我兄弟の成長は、ちょうど鎌倉幕府自体の成長とあいともなっている。守護・地頭が全国的に任命されるようになる文治《ぶんじ》元年（一一八五）の秋、兄の一万は一三歳で元服して一人前の成人となり、継父曾我祐信の名の一字をとって曾我十郎祐成《すけなり》と名のった。一方弟の箱王は僧侶となって父の後生《ごしょう》をとむらうために、まず稚児《ちご》として箱根権現の別当坊にのぼることとなった。

箱王の元服

いつしか月日がたって建久《けんきゅう》元年（一一九〇）九月上旬、奥州藤原氏征伐を終わった頼朝がはじめて、後白河《ごしらかわ》法皇と会見のため上京しようとしている直前、一七歳になった箱王は、いよいよ明日は剃髪《ていはつ》して出家の身となるように師匠の箱根山別当から告げられる。

祐経への敵意を燃やし、敵討《かたきうち》の機会をねらいつづけていた箱王は、ここでついに箱根権現をぬけだし、夜どおし山をくだって曾我の里に帰ってきてしまう。そして兄祐成にともなわれて北条時政の館をおとずれ、時政を烏帽子親《えぼしおや》とたのんで元服《げんぷく》し、時政の一字をあたえられ曾我五郎時致《ときむね》と名のるのである。

元服とは当時の成人式であり、幼児の垂髪《たれがみ》などの髪をあらためて、束《たば》ねて切りそろえ、烏帽子をいただく儀式である。年齢はだいたい一三歳から一六歳くらいまでがふつうで、現代の成人式よりは何年か早目であった。若者の髪をとりあげ、烏帽子をかむらせてくれるのは父親か、あるいは一族・近親者中の年長者、またはとくに依頼した有力者であり、これを烏帽子親とよんだ。元服によって、人ははじめて社会的に一人前と認められるのだから、烏帽子親とは、いわば社会的な親にあたるのである。

鎌倉幕府では、裁判にさいして当事者と一定の親族関係にたつ裁判官に対して、相手方はこれを忌避できたのであるが、幕府の法令（「追加法」七二）によると、その範囲はつぎのようになっていた。「祖父母・父母・養父母・子孫・養子孫・兄弟・姉妹・聟《むこ》（姉聟・妹聟・孫聟もふくむ）・舅《しゅうと》・相舅《あいやけ》（聟・嫁双方の親どうしをいう）、伯叔父《はくしゅくふ》・甥姪《おいめい》・従父兄弟・

小舅《こじゅうと》・夫（妻の訴訟のばあい）・烏帽子子」。これは当時の武士社会で公認されていた親族の範囲をしめしたものとしておもしろいが、そのなかにはちゃんと烏帽子子がふくまれていることに注意していただきたい。

さきに紹介した『曾我物語』の伊豆奥野の狩の場で、烏帽子親の土肥《と ひ》実平《さねひら》が侮辱されたとみた河津祐通《すけみち》が、断固として俣野《またの》景久《かげひさ》に相撲の勝負をいどんだのも、こうした烏帽子親・烏帽子子の関係の表現なのであった。

このように元服とはまさに社会人の誕生なのであり、その人の名前もここではじめて正式に定まるのである。それ以前のたとえば一万とか箱王の名は童名《どうみょう》・幼名《ようみょう》などといわれる家庭的なおよび名にすぎない。元服後の、曾我十郎祐成《すけなり》・五郎時致《ときむね》の名こそが公的な姓名なのである。このうち十郎・五郎とは仮名《けみょう》とよばれる通称であり、祐成・時致の名が実名とよばれる。実名にはその人の家に共通する通り字か、あるいは烏帽子親の実名の一字をもらうのが例である。祐成の「祐」は伊東氏一族の通り字であり、時致の「時」は烏帽子親時政の一字をあたえられたものである。

北条時政と曾我兄弟

曾我時致の元服が、北条時政の家で、時政を烏帽子親として行なわれたことは、なかなか重要な事実である。『吾妻鏡』（建久元年九月七日条）でも時政が親がわりとして五郎を元服させ、鹿毛《かげ》の馬一頭を祝いにあたえたと記し、その後に、この兄弟の祖父祐親《すけちか》は以前頼朝公を討とうとしたことがあるが、その子孫についてはもうゆるされている、兄の祐成は継父祐信に従って曾我荘にいるが、「不肖《ふしょう》」の身なので御家人として将軍家にはつかえず、いつも時政の家に出入りしている、だから今晩の五郎の元服もけっして他に遠慮する必要のないことなのだ、とわざわざ説明を加えている。

これはのちの兄弟の敵討を意識した文章であることは明らかで、北条氏一族が中心となって編修を推進した歴史書『吾妻鏡』の立場が、微妙な顔をのぞかせている部分である。だが兄の祐成が正式の御家人ではなく、つねに時政の家に出入りする武士であり、弟の時致が時政の烏帽子子であって、これももちろん御家人でなかったとすれば、曾我兄弟は実質上は北条時政の従者に近い存在であったと考えなければならない。

『曾我物語』のなかでは、時政が兄弟の父方の伯母聟であったと記している個所がある。この伝承を裏づける史料は他にまだ発見されていないけれど、もし正しいとすれば時政の妻は伊東祐親の実の娘か、あるいは義理の娘だったことになる。また『曾我物語』は兄弟の叔父伊東祐長が、時政の烏帽子子であったという。かつて伊豆の中央部と東岸付近にあいならび立っていた北条氏と伊東氏との間でなんらかの婚姻や親族関係がむすばれていたとしてもふしぎではないが、一家没落のあとになお兄弟が時政の庇護《ひご》をうけていたことは注目にあたいする。

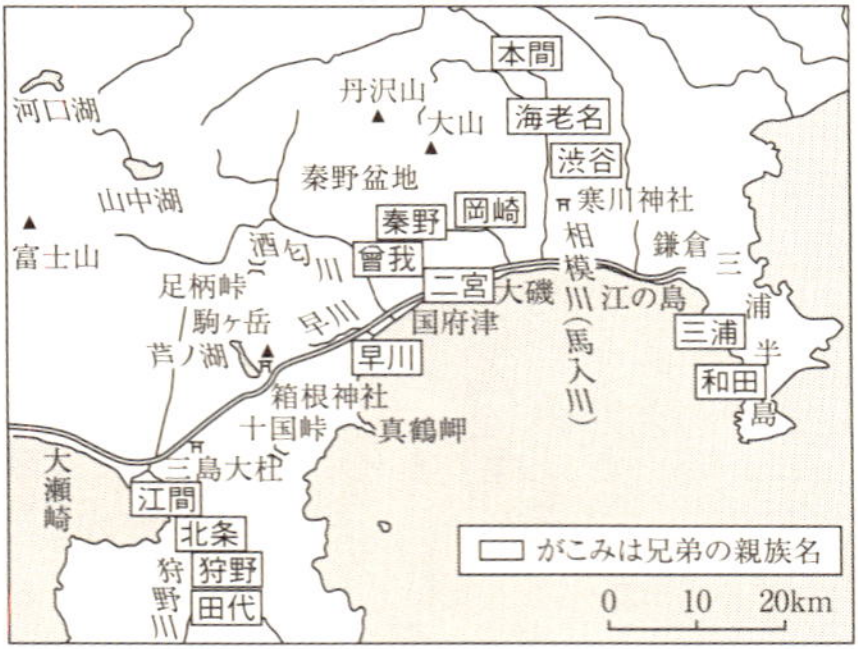

曾我兄弟の親族

兄弟をめぐる東国武士たち

母の命にそむいて箱根山をくだり、時政の烏帽子子として元服した五郎は勘当《かんどう》されてしまうが、なんといっても伊東氏一族は伊豆の豪族で、その一門・親類には有力者が多い。『曾我物語』では「三浦介義澄は伯母婿なれば、是《これ》にても五、六日は遊びにけり。和田左衛門義盛は母方の伯母聟なれば、是にても二、三日は遊びにけり。渋谷荘司重国は母方の従父《いとこ》聟なれば、是にても五、六日、本間《ほんま》・海老名《えびな》は母方について親しければ此等《これら》にても二、三日、渋美《しぶみ》（いまの二宮）は姉聟なれば、是にても十四、五日、早河（川）は父方の伯母聟なれば、是にても十四、五日。秦野権守《はたのごんのかみ》は父方の従父聟なれば、是にても五、六日、此にて遊び、彼にて笠懸《かさがけ》を射なんどせし程に、月の二月《ふたつき》、三月《みつき》は馳《は》せすぎぬ」と記しているが、相模一帯の有力武士団のほとんどは兄弟の親族であり、これらの家々をまわり歩いて生活をおくっていたらしい。ここに記されている滞在日数は、その親疎のバロメーターとしてみるとたいへんに興味ある数字であり、曾我の里に近い姉聟の二宮氏、伯母聟の土肥（早川）氏が最高をしめしている。

このころの武士団の婚姻関係は、じつはほとんど明らかにされていない。そのなかで『曾我物語』のなかでの伊東氏一門の親族関係についての記載はたいへん珍しい史料である。これを整理してみると五四・五五ページの系図のようになり、鎌倉幕府成立期に活躍する相模・伊豆の有力武士団のほとんど全部が、まるでキラ星のように居ならんでいるのはまことに壮観である。

曾我兄弟の母は伊豆の豪族狩野介茂光《かののすけしげみつ》の孫娘である。茂光は伊豆の国府の有力な在庁官人で、その勢力はおそらく北条時政よりもはるかに大きかったのではないかと思われる。頼朝の挙兵に参加して石橋山の合戦の敗北ののち自殺したが、九人の娘があり、それぞれ各地の豪族に嫁して、一門は多かったという。兄弟の母方の祖母もその一人であった。『曾我物語』によると兄弟の母は、はじめ当時の伊豆の知行《ちぎょう》国主源頼政《よりまさ》の嫡子《ちゃくし》伊豆守仲綱《なかつな》の乳母子《めのとご》で伊豆の目代《もくだい》であった左衛門尉《さえもんのじょう》仲成《なかしげ》と結婚して、一男一女を生んだが、仲成が目代をやめて上京したのちは、伊豆にとどまって祖父茂光に養われ、ついで河津祐通《すけみち》と再婚して兄弟を生んだのだと伝えられる。

この当時の地方社会では、在地の豪族が中央からくだってきた国司や目代に自分の娘をめあわせて子を生ませ、夫が任期みちて上京したあとも子孫は母とともに残留して母の一門に養われ、新たな在地の豪族となってゆく例が多い。同じ狩野介の一門でも、茂光の娘の一人が当時の伊豆の国守為綱《ためつな》との間に生んだ田代信綱《たしろのぶつな》が、茂光の家に育てられて狩野荘内田代郷の領主となり、武士として新たなイエをおこしていったことが『平家物語』にみえている。

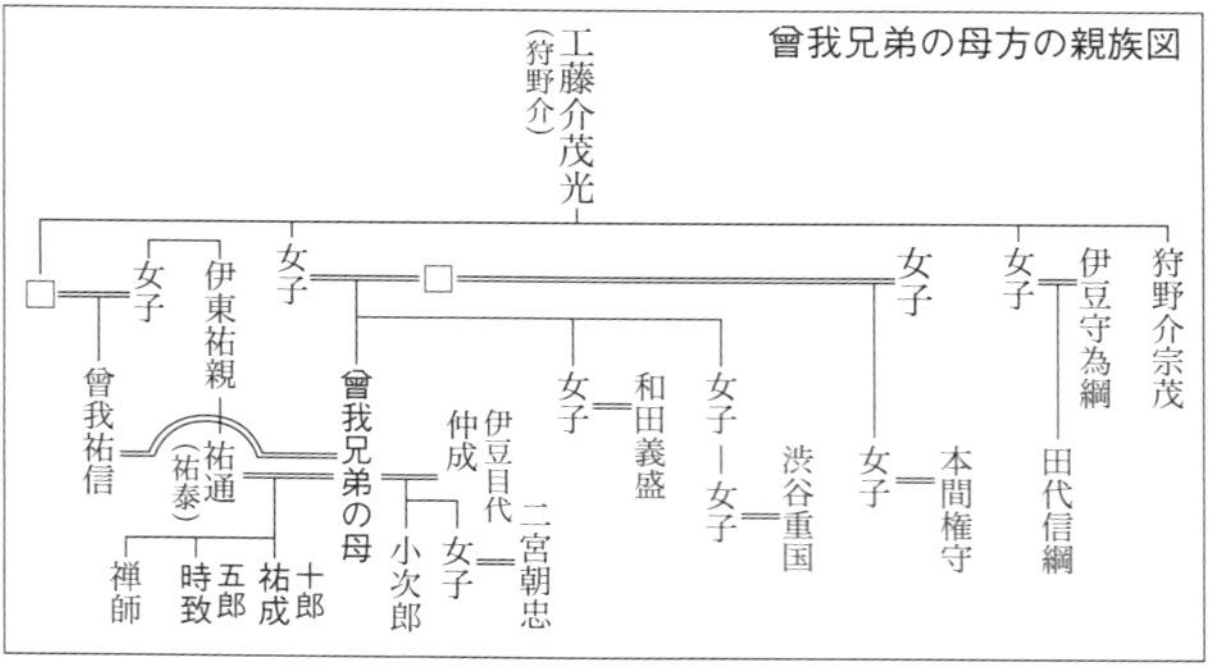

曾我兄弟の母方の親族図

曾我兄弟の母のばあい、知行国主源頼政の目代と結婚したというのは時期的にやや不自然と思われるが、だれか似たような身分の人物と第一の結婚をしたことは事実であろう。こうして生まれた兄弟にとって異父の兄や姉のうち、姉は相模の武士で中村・土肥氏一門、曾我の東、渋美の地頭の二宮朝忠《ともただ》にとついでいる。兄は京の小次郎と称して、のちには曾我で母と同居していた。

親族関係の役割

母の姉の娘は相模の大名渋谷重国の妻で、同じく腹ちがいの姉の一人も相模中部の豪族本間権守の妻となっている。三浦氏の一門で幕府初代の侍所《さむらいどころ》別当《べっとう》和田義盛《よしもり》も兄弟の母方の伯母聟というから、母の姉妹が義盛にとついでいるのだろう。また相模の国分寺近くの豪族海老名《えびな》氏も母方について親しい仲だという。母の姉妹には相模の武士たちの関係者が多いことが特色である。

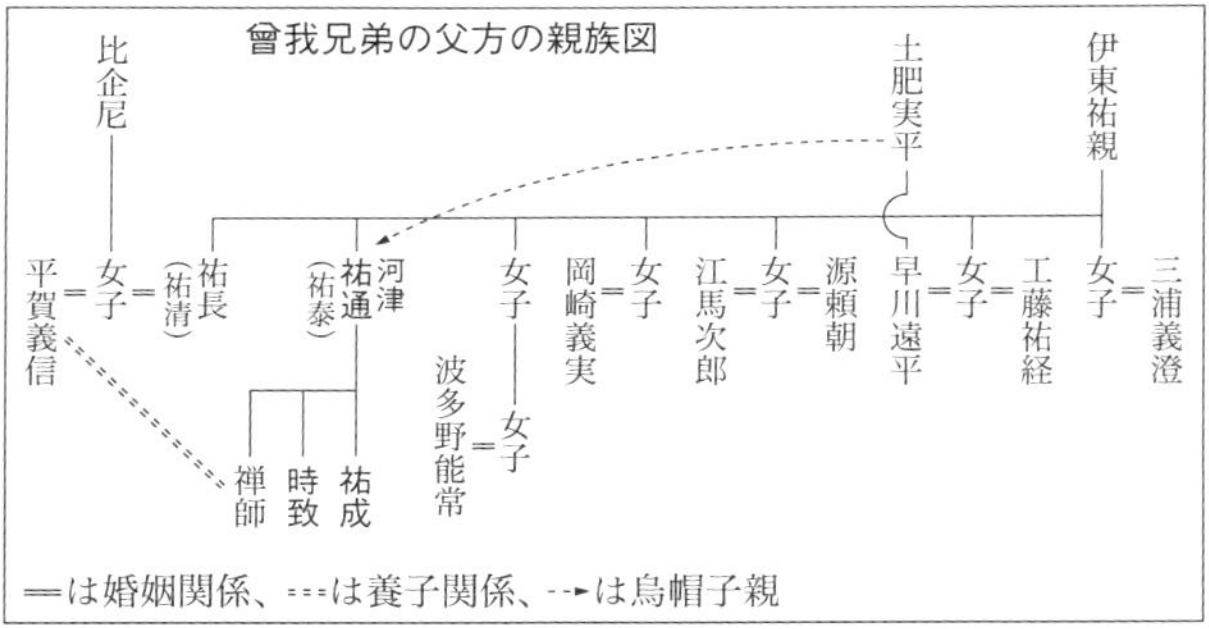

曾我兄弟の父方の親族図

兄弟の父方の伊東氏についてはすでに述べたとおりである。父祐通の弟の九郎祐長（または祐清）は、頼朝の乳母で武蔵国比企《ひき》郡の郡司《ぐんじ》比企掃部允《かもんのすけ》の妻の比企尼の三女をめとっており、流人《るにん》時代からの頼朝の側近安達盛長《あだちもりなが》とは相聟《あいむこ》のあいだがらであった。

祐通・祐長の姉妹のうち長姉は相模の豪族三浦氏の惣《そう》領《りょう》三浦介義澄《みうらのすけよしずみ》にとつぎ、次姉ははじめ工藤祐経に、のちに離別して相模の豪族土肥実平の長子早川遠平《とおひら》と再婚した。三番目がはじめ頼朝とのロマンスの相手となった女性で伊豆の武士江馬次郎と結婚したとされている。さらに北条時政の先妻は兄弟にとって伯母、また相模の大名岡崎義実《よしざね》も父方の伯母聟であったとされ、相模の秦野《はたの》盆地を根拠地としていた豪族の波多《はた》（秦）野権守能常《のごんのかみよしつね》も父方の従姉妹聟の一人らしい。

とにかく曾我兄弟の周辺には相模・伊豆の有力武士のほとんどが親族としてひかえていたのであった。これは当時の武士団の通婚圏のひろがりをしめす好例であろう。

しかしこのような近隣の武士団のほとんどが、なんらかの婚姻関係や親縁関係をむすんでいたとするならば、当時の東国社会で親族関係がつねに強力なきずなをかたちづくっていたとみるわけにはいかない。これらの武士団が頼朝挙兵以来、両派にわかれて戦い合ったことは、わざわざくりかえすまでもない事実である。

曾我兄弟のばあい、好意を寄せてくれる親族こそは多かったけれど、敵討《かたきうち》の実行となるとそう簡単にはゆかなかった。『曾我物語』では、姉聟《あねむこ》の二宮朝忠に助力をたのもうという兄の祐成に対し、弟の時致が「舅《しゅうと》と聟の間なればこそ敵討への協力もあり、舅の敵が聟をねらい、聟の敵が舅をもつけねらうということはあれ、小舅にそんなことはありえない。小舅の謀叛《むほん》に加担して、身をほろぼし、妻子を路頭に迷わせる姉聟など、この世にいるものか」と、これをしりぞける場面がある。

同腹の兄である京の小次郎さえ、敵討の計画をうちあけられて「いまは敵討などする時代ではない。怨恨《えんこん》や不満があるならば鎌倉殿に訴え出るか、京都の本所《ほんじょ》に申しあげて院宣《いんぜん》や宣旨《せんじ》を給わり、公の敵として処分してもらうべきだ」といってきかないくらいである。

富士の巻狩

敵討へのいでたち

成人した兄弟二人は、はげましあいつつ仇敵祐経《すけつね》をつけねらうが、その舞台となるのは、まず箱根山をこえて鎌倉にいたる東海道の宿々である。小田原・佐河（酒匂《さかわ》）・古宇津《こうづ》（国府津）・渋美（いまの二宮）・小磯・大磯・平塚などの宿々所々で、鎌倉と本拠の伊東荘を往復する祐経を討とうとする。その方便として、十郎祐成《すけなり》は宿々にたむろする遊女・白拍子《しらびょうし》たちをおとずれるうち、大磯宿の遊女虎御前《とらごぜん》とねんごろな仲となった。彼女は、平治の乱に連座して流浪の身となった京都出身の下級貴族と、宿の遊女との間に生まれた当年とって一七歳の美女と伝えられている。十郎と虎御前の哀れな恋のロマンスは『曾我物語』をいろどる花であり、さらに歌舞伎の世界にはいっては多くの趣向を生むことになる。

建久《けんきゅう》三年（一一九二）七月、後白河《ごしらかわ》法皇の死去にともない、かねて頼朝と協力関係にあった九条兼実《くじょうかねざね》が朝廷の実権をにぎるようになり、頼朝には念願の征夷大将軍《せいいたいしょうぐん》があたえられた。名実ともに将軍たるの地位を確保した頼朝は、法皇の一周忌のすぎるのを待ちかねたように、翌建久四年の三月から四月にかけては下野《しもつけ》の那須野《なすの》、信濃《しなの》の浅間《あさま》山麓の三原野《みはらの》、そして五月には富士の裾野《すその》にと大規模な巻狩《まきがり》を続行する。東海道の宿々で祐経をねらっては失敗していた曾我兄弟も、天のあたえた好機と勇みたって巻狩に参加する。物語はいよいよ最後の場面へと急速に高まってゆくのである。

まず那須野・三原野の巻狩に、とくべつの許可もなく、わずかに蓑笠《みのかさ》と兵粮米《ひょうろうまい》を用意した下人一、二人を召しつれ、自らも歩立《かちだち》で参加した兄弟は、機会あるごとに祐経に近づこうとするが、馬も、弓矢さえももたない状態ではとても望みはない。むなしく帰宅し、つぎの富士の裾野の巻狩を最後の機会と定め、決死の覚悟で出発しようとする。

その直前、親しい人々との別れの段も、『物語』中の哀切をきわめる部分である。富士の裾野への出立《しゅったつ》の朝、十郎と虎御前が曾我の里での後朝《きぬぎぬ》のさい、たがいに小袖を着かえてのちも別れるに別れられず、ついに十郎は曾我から東へ山彦山の峠をこえ、中村荘を通過する「中村通」をたどって大磯宿へと帰る虎を送って、峠まできてしまう。ここでまた愁嘆《しゅうたん》の場がくりひろげられるのである。

母との別れ

うしろをふり返りつつ急いで山をくだった十郎は、曾我の館で、ひさしく勘当《かんどう》されたままだった五郎を母にとりなして、ゆるしを得、三人で別れの酒をくみかわす。富士の巻狩のありさまを一目なりとも見物して、のちの思い出にしたいという兄弟に対し、母は「けっして人と喧嘩・口論するな。とくに大名の子供とはつきあうな。富んだ人は貧しい人をさげすんで、いやしいことばなど使うが、それを咎《とが》めるな。咎めればおこりっぽいといってにくみ、咎めなければ物を知らぬ人とそしりあうものだ。三浦・鎌倉・和田・畠山・本間・渋谷・中村・松田・河村・渋美・早河の人々とは親しい仲なのだから、行動をともにしなさい。心がはやるからと、狩の鹿などを射てはならない。まだ頼朝公の見参《げんざん》に入っていない身なのだから、弓矢をもたずにいなさい。謀叛人《むほんにん》伊東祐親《すけちか》の子孫がゆるしも得ずに将軍のお供をしたといって罰せられるかもしれない。くれぐれも事件をおこし給うなよ」と、一々教訓をあたえ、さらに兄弟の希望にまかせて小袖《こそで》を貸しあたえ、狩場から帰ったらかならず返すように

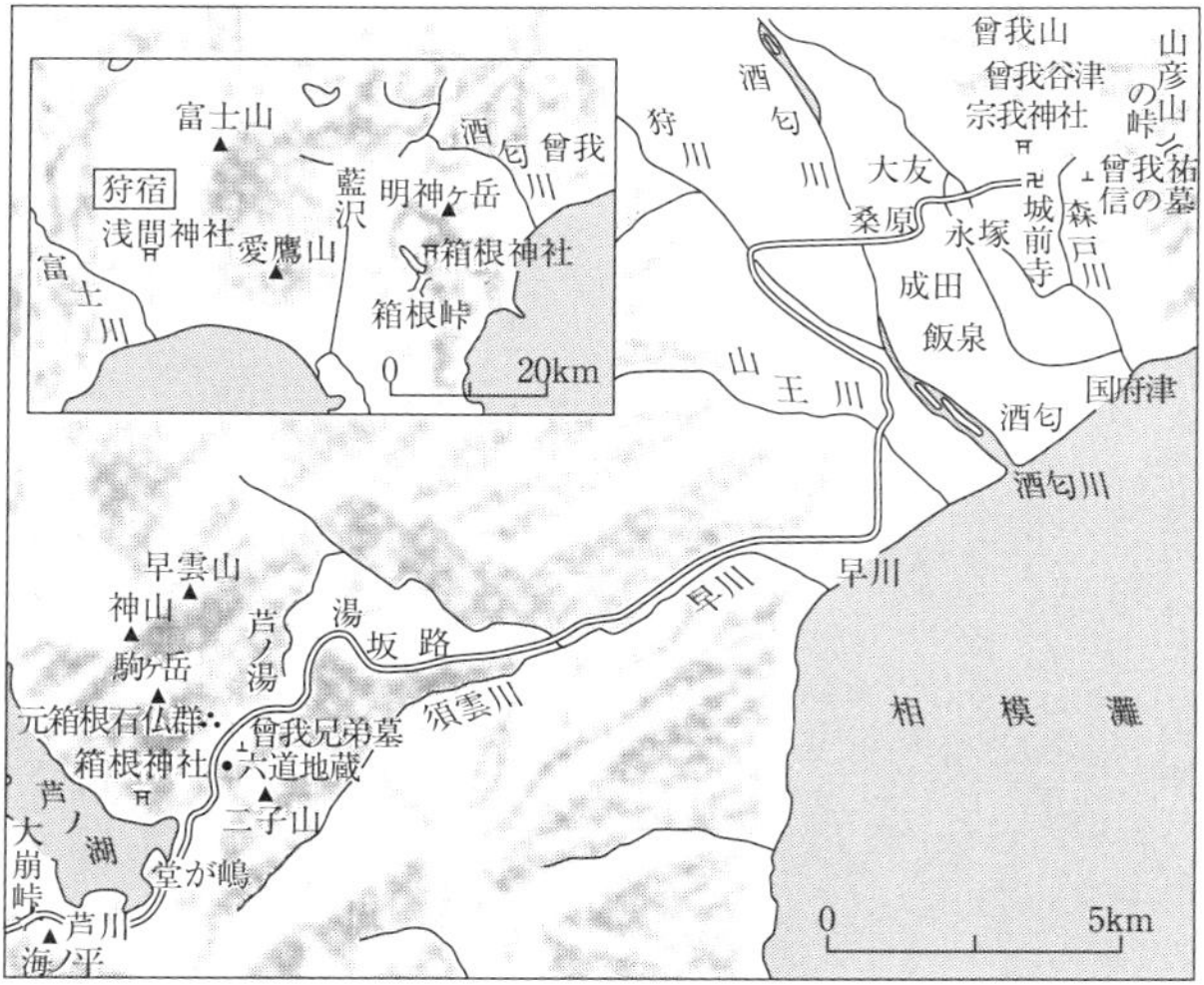

曾我から富士の狩場へ

と論《さと》す。すでに最後のわかれと心にきめている兄弟と、それと気づかぬ母親との対比が、よけいに読者の哀れをさそうのである。

兄弟は長年住みなれた館のそここ、庭の草木や花に別れを惜しみ、館の門口《かどぐち》からではなく、わざわざ厩《うまや》のうしろの垣根の破れ目から家を出る。死者の出棺のとき、遺族にわざわいのおよぶのを恐れて仮の門をつくり、そこをくぐらせる風習はひろく各地に分布しているが、兄弟はすでに自分たちを亡きものとして行動しているのである。

兄弟の供には丹三郎・鬼王丸という長年の従者、それに三人ほどの小《こ》者《もの》がつき、こんどは二人とも乗馬で西にむかう。曾我の里の西側は酒匂《さかわ》川が乱流してつくりだした低湿な氾濫原《はんらんげん》であるが、曾我から永塚・桑原《くわはら》などの村落を通り、富士道橋で酒匂川をわたる道はかなり古い道筋である。豊後《ぶんご》の大名となった大友氏の名字《みようじ》の発祥地であり、そもそもの本領であった大友の村は、すぐその北部にあり、小早川氏の一族が所領としていた成田《なりた》荘や飯泉《いいずみ》の村は、その南方に位置している。

『曾我物語』で兄弟は「桑原の田畝《たなほ》に打ち出《い》でて」故郷を見返り、和歌を詠じたのち、「田村大道」にかかったと記している。「田村大道」とは、足柄路・箱根路から鎌倉へと通ずる道路で、秦野《はだの》盆地をぬけ、いまの河口から約八キロほど上流の平塚市の田村で相模川をわたった古道であるが、兄弟もこの道をたどったというのである。

箱根ごえ

ここで十郎は右手の足柄をこえて一刻も早く富士の裾野に急ごうといい、五郎は箱根権現に参詣してからにしようといいはって結局は箱根路へとかかることになる。いつもわたりなれた酒匂川（丸子《まりこ》川ともいう。当時、現在の流路よりは西側を流れていたらしい）が、おりからの五月雨《さみだれ》に浅瀬もみえぬほど波だっているのを徒渉《としよう》し、早川から箱根へとこころざす。湯本《ゆもと》から湯坂《ゆさか》の登りにかかり、湯坂峠でうしろをふりかえると、曾我の里はまだ朝の煙も晴れやらず、酒匂川・国府津《こうづ》の宿から高麗寺山を望むにつけても思いだされるのは故郷のこと、そして大磯の虎のことであった。

心をはげまして歩みを進めると、大崩れの下の峠（箱根の大崩峠とは、芦ノ湖の西の外輪山を、海ノ平から山伏《やまぶし》峠の中間あたりでこえる大きな峠のこと。下の峠とはそのてまえ、湯坂から箱根権現につくまでの間の峠であろう）でゆくりなくも姉聟の二宮太郎朝忠《ともただ》と行きあった。二宮太郎は富士の巻狩から病気と称して帰宅するところで、兄弟のような痩馬《やせうま》ではとても狩への参加など思いもよらない、それよりいっしょに、渋美（二宮）で笠懸《かさがけ》でも射て遊ぼうではないか、とさそうが、兄弟は姉への伝言を頼んで別れる。

やがて矢立杉《やたてのすぎ》につく。ほうぼうの峠道や山の境などに立つ同名の杉と同じく、この杉もまた古くから武将や旅人が権現に上矢《うわや》（上《うわ》ざしの矢で、箙《えびら》の表にさしそえた鏑矢《かぶらや》か雁俣《かりまた》の矢）を奉った神木である。兄弟もまた矢立杉に上矢を射かけて箱根権現に参り、五郎のかつての師、箱根の別当に別れをつげ、芦ノ湖にうかぶ堂が嶋（いまは半島と化し公園となっている）の脇を通り、芦川宿をすぎ、巓七里《たけくれ》・山七里《やまくれ》・野七里《のくれ》といわれる大崩れの峠をこえてゆく。中世の箱根ごえの古道のありさまを知るうえにも貴重な記述である。富士の裾野へと急ぐ曾我兄弟にわざわざ箱根ごえをさせたのは、この『曾我物語』の語り手たちが、箱根権現と関係ぶかい盲目の女性たちであったことを物語っているのである。

富士の裾野の狩

伊豆の奥野の狩場で幕をあけた『曾我物語』は、いまようやく富士の裾野の巻狩の場でその総決算を果たそうとしている。その序幕と終幕がともに狩場であることは、単なる偶然ではあるまい。中世の武士はしばしば「弓矢取」「弓矢を取る者」とよばれ、馬にのっての弓術こそ、その最大の技能であった。そして実戦をぬきにすれば、狩猟こそは武士の技能のもっとも輝かしい見せ場であり、また戦闘訓練そのものであった。中世が日本狩猟史上の黄金時代と考えられているのもまた当然であった。そして建久四年（一一九三）のこの富士の裾野の巻狩こそは、中世の狩猟の第一に位する象徴的意義をになったのである。

今日でも「マタギ」「山立《やまだち》」などの狩猟民が、かれらの特権を保障した先祖伝来の書きものだとしてもち伝えてきた多くの書類のなかには、しばしばこの富士の巻狩への参加が特権の証明として誇らしげに書き加えられている。『曾我物語』でも全編のハイライトであるだけに、富士野の狩についての記述は驚くほど詳細であるが、ここではまず『吾妻鏡』（建久四年五月八日条以下）の記すところから紹介してみよう。

五月八日、頼朝は多くの将士を従えて駿河国富士野の藍沢《あいざわ》の夏狩に鎌倉を出発した。まだ先月の二八日、一月以上にわたる那須野・三原野の狩猟から帰宅したばかりなのに、なんとも熱心なことである。富士山が南東にゆるやかにその裾をひくところ、富士・愛鷹《あしたか》両山と箱根外輪山の間にひろがる原野が藍沢で、駿河・伊豆両国にわたる広大な狩場《かりば》であった。同一五日には藍沢の狩を終わり、おそらく富士と愛鷹との鞍部《あんぶ》をこえて、こんどは富士山の南西斜面、いまの富士宮市からその北部一帯の富士野の狩場へと移動した。

駿河国の守護人北条時政が伊豆国の在庁官人狩野介《かののすけ》と協力して用意した、柱間《はしらま》五間の仮屋《かりや》が南むきに建てられており、参加した御家人《ごけにん》たちの仮屋もまた付近に軒をならべる盛況であった。一五日は六斎日《ろくさいにち》として殺生《せっしょう》を忌《い》む日なので、狩は休み、近くの東海道の手越宿《てごしのしゅく》や黄瀬《きせ》川宿《がわ》などの遊女多勢を召しあつめて一日中酒宴に時をすごした。

頼家、鹿を射る

翌一六日から狩が再開される。この日、頼朝と政子の間に生まれた嫡子《ちゃくし》、数えで一二歳の頼家《よりいえ》が、みごとに鹿をしとめた。頼朝はおおいに喜び、その場にいてうまく事をはこんだとして相模の武士愛甲季隆《あいこうすえたか》を激賞し、この日の狩はただちに中止となった。夜になってから現場で頼家の獲物《えもの》に対して山の神に感謝する矢口祭《やのくちまつり》が行なわれた。頼朝と頼家は笹原《ささはら》に行縢《むかばき》を敷いてすわり、千葉介常胤《ちばのすけつねたね》・北条義時・三浦介義澄らのそうそうたる武士たちが多数陪席《ばいせき》した。

そのとき、おおいに功労があったとして、現場近くにいたしかるべき弓の名人、工藤荘司《しょうじ》景光《かげみつ》・愛甲季隆、それに兄弟の継父曾我祐信が呼びだされ、つぎつぎに北条義時が調進した黒・赤・白三色の矢口餅を山の神にささげ、三口、その餅を食ってから矢たけびの声をだした。頼朝も自分でこの神事に加わりたかったらしく、「どうぞ将軍御自身で」という答えを期待して、「三番目はだれであろうか」と祐信に問うたが、祐信が無言のままサッサと自分ですませてしまったのでひじょうに残念がったという。いかにもまじめいっぽうで機転のきかぬ弓の名人という祐信の性格がうかがわれる、おもしろい話である。頼朝は三人に賞として馬・鞍《くら》・直垂《ひたたれ》などをあたえ、三人も頼家に贈り物をした。つぎに酒宴となり、全員おおいに酔った。勢子《せこ》たちにもそれぞれ勢子餅があたえられた。

その意義

武士の子弟らが狩に参加してはじめて獲物をしとめることは、事実上の成人式であり、その武芸の証明であるとともに、またかれが山の神によって獲物をあたえられた、すなわち神によって祝福されたものであることのあかしと考えられたのであろう。頼家が鹿を射とめるや、その日の狩がたちまち中止されたということだけでもその重要性は明らかである。

また頼朝はただちに腹心の家臣梶原景高《かじわらかげたか》を鎌倉に急派し、政子に事の次第を報告させた。その喜びようはひとかたではない。しかし政子はきわめて冷淡であった。「武将の嫡子が原野の鹿や鳥をしとめるなどあたりまえのこと。その報告に急使をよこすなど粗忽《そこつ》にもほどがありますト」。さんざんのごきげんに景高は面目まるつぶれでふたたび富士野にひき返し、頼朝に復命したという。『吾妻鏡』はこれ以上は記していない。そしてこのエピソードは、これまでもっぱら頼朝の親バカさと対比して、のちの尼将軍政子の賢婦ぶりを浮き彫りにする素材とされてきたようである。だが、この報告をうけた頼朝は、おそらく心中「何もわかっておらんのだな」と慨嘆したのではなかったろうか。

『狩猟伝承研究』(「参考文献」参照) の著者千葉徳爾は、これら一連の、前後にその比をみないほどの大規模な巻狩が、頼朝によってなぜこの時期に挙行されたかという問題について、おおよそ以下のように説明した。

文治五年 (一一八九) の奥州征伐の成功、翌建久元年 (一一九〇) には入京してはじめて後白河法皇と会談し、右近衛大将《うこんえのたいしょう》に任命される。そして建久三年には法皇の死にともなって、長年念願の征夷大将軍の地位につく。こうして名実ともに全国的な軍事政権の首長となった頼朝は、ここで大規模な巻狩を行なって神をまつるとともに、統治者としての今後の資格を神に問う必要を感じたのではないか、と。

そう考えるならば、頼家がはじめて鹿を射とめたことは、まことに重大な意味をもっている。かれの年若い嫡子が軍事政権としての幕府の首長の地位をうけつぐ資格をもつものであることが、神によって認められたからである。頼朝がこの事件に対してしめしたあれほどの喜びようは、このようにみなければ解釈できまい。

そしてこの直後、義経《よしつね》が除かれてからは頼朝にとってただ一人その周囲にのこされていた肉親である範頼《のりより》が、ほとんどいいがかりとしか思われぬ理由で逮捕・幽閉され、やがて殺されてしまう。これまた後継者としての頼家の地位が確定したことの結果でなくてなんであろう。これらの巻狩に範頼が参加していないこと、いやむしろ参加を認められていないことに注意しなければなるまい。

以上が千葉の見解の一部を、私なりに要約してみたものである。この説が従来見のがされていた重要なポイントをついていることは明らかであり、とくにこの巻狩の政治的な意味を指摘したことは卓見だと思う。

老武者、山の神に会う

『吾妻鏡』は富士野の狩について、さらにつづける。五月二七日は、夜明けから勢子《せこ》たちを動員して終日狩を行なった。射手たちはそれぞれみごとな腕前をみせた。ここに無双の大鹿が頼朝の面前に走ってきた。腕ききの射手として名高い甲斐の豪族工藤荘司景光《かげみつ》が、この鹿は自分に射《い》させてくれ、と願って馬を走らせ、鹿を左手《ゆんで》にみながら一矢射た、ところがあたらなかった。さらに二、三の矢を射たがどれもはずれ、鹿はもとの山に逃げこんでしまった。景光は弓をすて、頼朝の前に手をついていった。

「私は一一の年から狩猟を業として七十余歳の今日まで、左側にみえた獲物《えもの》を逃《のが》したことは、かつてありませんでした。ところが今日は鹿にむかうと精神がボンヤリして、とうとうこんなしまつです。この鹿は山の神の化身《けしん》にちがいありません。私の運命はこれで尽きました。後日、みなさんもきっと思いあたられるでしょう」

そして夕方から景光はついに発病してしまった。頼朝はこの事件で狩を中止して鎌倉に帰ろうといいだしたが、老臣たちの意見で続行にきまった。

それまでしばしば『吾妻鏡』に登場してきた工藤景光は、以後パッタリとその名をみせなくなる。かれはおそらくこの事件がもとで亡くなったのであろう。『曾我物語』でもそうであるが、中世の書物で狩の情況を記すときに、「鹿の大王」「猪の大王」という表現があらわれることがある。巨大な鹿や猪のことであり、山の神ののり移ったものと考えられていたのだろう。この「無双の大鹿」もまたそうであり、老練な射手景光の話として伝えられているだけに、狩猟のもつ宗教的な性格がここにはよくしめされている。

巻狩の情景

一方『曾我物語』では、富士野の巻狩《まきがり》をどう描いているだろうか。三島大明神《みしまだいみょうじん》に祈りをこめた曾我兄弟は、はるか左手に生まれ故郷の伊豆の伊東・河津へつらなる山々をながめ、右手に高くそびえる富士の山頂をあおぎつつ裾野を西に進み、頼朝以下の狩場《かりば》に到着する。兄弟は狩場に立ちまじり、隙《すき》あらば敵《かたき》の祐経を射てとろうとねらう。

一度は、鹿を追う祐経とめぐり会うが、十郎が馬をまわして祐経の右側に出ようとしているとき、乗馬がつつじの根につまずいて敵を逃《のが》してしまう。弓は左手にもち、右手で弦《つる》を引いて矢を放つのだから、左方の標的が射やすい道理である。だから、さきの工藤景光も、「未《いま》だかつて、左手にみえた獲物を逃したことはない」と語ったのであった。狩猟でも実戦でも、これは同じことである。だがその日、兄弟はついに祐経を討つことができない。

翌日からは三日間、巻狩がもよおされる。巻狩とは多勢の勢子たちを入れ、上の山から野獣を追いおろし、ふもとの野に巻きこめながら思い思いに射てとることである。その日は頼朝の御前で、名のある射手四〇人をえらび、二人ずつを一組としてたがいにその腕をきそうこととなった。

左側の岡と右側の岡に陣どった射手は、ちょうどその中間に狩りだされてくる獲物をめがけて岡をかけおり、これを射てとろうとする。

『物語』では一番から二〇番にいたるまで、すべての組み合わせについて同様に、下には小袖、その上には直垂《ひたたれ》を着用し、下半身は鹿皮や熊皮の行縢《むかばき》をはき、竹笠をかぶり、弓をもち、馬にまたがるという狩場のいでたちが、装束《しょうぞく》の模様などにいたるまで一々くわしく描きだされ、いかにも色彩ゆたかな一幅《いっぷく》の画という感をあたえる。この描写とかれらの獲物の数々が、じつに二〇回にわたってくりかえし語られているところに、この巻狩への参加、とくに射手としてえらばれることが、武士にとっていかばかり大きな名誉であったかがうかがわれるであろう。

三日間の巻狩の最後の夕方になって、上の峰から「大鹿の大王二頭」が曾我兄弟の前にくだってきた。兄弟はみごとにこれをしとめようとする寸前、無益の殺生を避けて、わざと見のがしてやる。

そこへつづいて上の峰から二本の矢を射こまれた「猪の大王」が、猛《たけ》りに猛りながらあらわれ、頼朝の御前目がけて殺到しようとする。伊豆の御家人《ごけにん》仁田《にった》四郎忠常《ただつね》はこれをみると弓矢を投げすて、馬から猪の背中に飛びのり、三町ほど走らせながら腰刀を抜いて何回か刺し、ついにこの大猪をしとめてしまった。その日最高のみものであり、人々のどよめきの声はしばし静まらなかった。

大望成就と曾我物語の成立

敵討の成功

いよいよ五月二八日の夜がやってきた。富士の西麓、いまの白糸《しらいと》の滝の近く、かつての駿河国富士郡小林郷の井出の地に南むきに建てられた頼朝の仮屋形《かりやかた》を中心に、二重の柴垣《しばがき》がめぐらされ、四方に門がつくられている。その内側に諸国の武士たちがあるいは仮屋を建て、あるいは大幕を引きめぐらし、あるいは木の根、草の根を枕としてひしひしと警固の陣をかため、つき従った多くの下人や勢子たちもその周辺の所々に野宿している。ようすをうかがおうとして所々方々をめぐり歩くうちに十郎は敵祐経《かたき》に見とがめられ、屋形に招じ入れられるが、酒宴に加わって内部を見定めたうえ、ぬけだして五郎のもとに帰る。

兄弟はここで母親への最後の手紙を書き、これまでつき従ってきた丹三郎と鬼王丸という二人の下人を呼びよせて曾我の里へともたせて帰したのち、ついに小松明《たいまつ》をかざして祐経の屋形に討ち入り、祐経と、同宿していた備前国吉備津宮《きびつのみや》の神主王藤内《おうとうない》の二人を討ち取って、めでたく父の恨みを晴らしたのである。王藤内は平氏に協力したかどでひさしく鎌倉に拘禁されていたが、祐経の口ききでようやく赦免され、旧領を還付してもらった礼に、祐経と行動をともにしていたものであり、かれの権勢の大きさをしのばせる人物であった。

こうして死を決した兄弟は「遠くば音にも伝えて聞きつらむ、今は目にも見よ。曾我の冠者原《じゃばら》がただいま君の御屋形《おやかた》の陣内において親の敵《かたき》工藤左衛門尉《さえもんのじょう》祐経を討って罷《まか》り出《い》ずるなり。我と思わんほどの者どもは留《とど》めよや」と声をそろえて名のりをあげた。『吾妻鏡』によれば二八日の深夜は鼓《つづみ》をうつような雷雨で、物音を聞きつけて馳《は》せあつまった武士たちは多く兄弟のために傷つけられたり、殺されたりした。

しかし奮戦した兄弟も多勢《たぜい》に無勢《ぶぜい》、ようやく疲れの出たところを、十郎は伊豆の武士できほどは大猪をしとめたほど剛勇のほまれ高い仁田忠常《にたただつね》に討ち取られ、かぞえ年二二歳の生命を断たれた。五郎はなおも屈せず頼朝の屋形めがけて突進したが、ついに頼朝の厩《うまや》の小舎人童《こどねりわらわ》で大力の五郎丸以下に組みつかれ、生け捕りにされてしまう。

五郎と頼朝の問答

翌日の朝、五郎は頼朝の仮屋形の前庭に引きだされた。『吾妻鏡』は簡潔にその場の情景を伝えている。北条時政・千葉介常胤《ちばのすけつねたね》ら有力な御家人たちの居ならぶ前で、狩野介《かののすけ》らが夜討《ようち》の理由を尋問した。五郎はおおいに怒っていう、

「祖父祐親《すけちか》が殺されてから、子孫は没落して頼朝公へのお目通りがゆるされていない。しかし最後の所存を申しあげるのだから、おまえたちを通じてではなく、直接に言上《ごんじょう》しよう、早くそこを退《の》け」

と。そこで頼朝は考えるところあって、直接に一問一答を行なった。

「祐経を討った理由は」

「父の死骸のうけた恥をそそぐためだ。われわれ兄弟は幼少のおりから祐経への復讐の思いを一刻たりとも忘れなかった、いまようやくその恨みを果たした」
「では頼朝の宿所めがけて突進してきたのはなぜか」
「祐経は頼朝公の寵臣《ちょうしん》である。そればかりではなく祖父祐親は頼朝公に殺された。その恨みがあるから、面謁《めんえつ》したうえで自殺しようと思ったのだ」

このように悪びれもせず堂々と答えたので、見聞した人はみな、舌《した》を鳴らして感嘆した。頼朝はひじょうな勇士だからとして五郎をゆるそうと考えたが、祐経の遺児犬房丸《いぬぼうまる》が泣く泣く願ったので、ついに五郎の身柄は犬房丸に引きわたされ、鎮西《ちんぜい》の中太という男によって昼ごろに首を斬られた。時に年二〇歳であった。

仇敵祐経を討ち取ったあと、兄弟がさらに頼朝の宿所めがけて斬り入ろうとしたのはなぜか。だれしもがいだくこの疑問に対して、五郎の解答はまことに明快である。『吾妻鏡』の別の個所（寿永元年二月一四日条）では頼朝がゆるす、といったのに、かつての所業を恥じて自殺してしまったとされていた祖父伊東祐親であるが、ここではっきり頼朝に殺された、と記しており、この点では『曾我物語』と同じである。

五郎にとって祐経が父河津祐通《すけみち》の仇敵であるとすれば、頼朝はまさに祖父祐親の敵《かたき》である。直接頼朝に面会してうらみを述べたうえで自殺しようと思ったのだ、とはずいぶんにきわどい表現であり、あわよくば祐経とともに頼朝へも一太刀加えようとしたのだと考えてよい。まことに大胆不敵な発言である。それゆえにこそ、かつて『吾妻鏡』は北条時政が五郎元服のさいの烏帽子親《えぼしおや》となったことについて、あれほどまでにことわり書きをつけ加えなければならなかったのだろう。

敵討の後日譚

さて夜通し足柄路《あしがらじ》をこえて曾我の里についた丹三郎・鬼王丸の報告で、母親や一族ははじめて事の次第を知って驚き悲しむ。やがて頼朝の命によって兄弟の首も送りとどけられて、一族はいよいよ涙に沈んだ。頼朝は富士の裾野から鎌倉への帰途、東海道の酒匂《さかわ》宿で土肥遠平《とおひら》に命じて曾我祐信を呼びだし、祐信の罪をゆるすとともに兄弟の母親のため、以後は曾我荘の年貢を免除すると伝える。曾我荘はほんらい、どこの荘園かわからないが、このときは実質上頼朝が支配していたことがわかる。

こえて六月一三日、かつて祐通暗殺の直後に伊東で誕生した兄弟の弟で、のちに叔父伊東祐長の養子となり、祐長死後はその妻が源氏一族の有力武将武蔵守平賀義信《ひらがよしのぶ》と再婚したため、こんどは義信の養子として所領の越後国の九上《くがみ》山で出家していた伊藤禅師《ぜんじ》が、頼朝から呼びだしをうけ、出頭途中で自殺してしまった。頼朝は兄弟と共謀していたかどうかを問いただすだけのつもりだったので、自殺したと聞いておおいに残念がった。また兄弟には異父の兄、京の小次郎もまもなく頼朝の弟範頼《のりより》が粛清《しゆくせい》されたとき、これに巻きこまれて結局は殺されてしまう。

一方、十郎の死後、日々を泣き暮らしていた大磯の虎は、亡き人の百ヵ日の供養《くよう》を箱根権現でいとなむために、九月のはじめ、兄弟の母とともに箱根山をのぼってゆく。丹三郎らの下人《げにん》をつれ、兄弟の道行きそのままに丸子川をわたり、湯坂路をたどるたびごとに、かつての兄弟の足跡が思いだされて、いまさらに読者のあわれをさそう。

生年一九歳、まだ花もさかりの虎御前は、箱根権現の御前で出家をとげ、兄弟の母と別れてただ一人、山を西へとくだり、富士の裾野の現場をたずねる。虎はさらに都にのぼり、熊野山に参詣したのち、畿内《きない》各地の霊場を巡拝してふたたび曾我に帰り、一周忌の供養をいとなむ。丹三郎・鬼王丸二人の下人もこのときに出家し、以後は各地を遍歴して修行をつむ。やがて虎は兄弟の白骨を首にかけて、武蔵・上野《こうずけ》から東山道をくだり、信濃善光寺の曼陀羅《まんだら》堂に骨をおさめてから、ふたたび上野・下野《しもつけ》と、かつて兄弟が頼朝の狩のあとを追った地方をめぐり歩く。

兄弟の三周忌には、曾我の里でりっぱな法要がいとなまれた。これを機会に母も出家して、かねてつくられていた曾我大御堂《おおみどう》にひきこもり、祐信もまた所領をのこる三人の子にゆずりあたえて出家した。頼朝からも田地の寄進があり、大御堂は一二人の供僧《ぐそう》・一二人の尼を擁する六時不断念仏《ろくじふだんねんぶつ》の時衆《じしゅう》の寺院として、さかんになった。四一ページに述べた、曾我の館跡の東北方の崇泉寺《すうせんじ》が、おそらくこの曾我大御堂の跡なのであろう。やがて兄弟の母も、曾我祐信もあいついで大往生《だいおうじょう》をとげ、各地で修行をつんだ丹三郎・鬼王丸も兄弟十三年の年忌のころには同じく往生した。

いつか四十余年がすぎ、六四歳となった虎は、ある春の夕方、曾我大御堂の大門のところに立って、昔を思い、涙を流していたが、庭の桜の斜めにさがった枝を十郎の姿かと見まちがい、走り寄って取りつこうとするひょうしにころんで倒れ、それがもとでついに死んだ。長年の勤行《ごんぎょう》のかいあって、真にみごとな大往生であった。このように、『曾我物語』はその語りを終えるのである。

曾我物語の語り手たち

すでに述べたように、この後日譚《ごじつたん》に登場する人物たちこそ、じつは『曾我物語』の語り手であり、管理者たちの自画像にほかならなかった。柳田国男が明らかにしたように、虎御前が諸国をめぐり歩いたさいの記念だという虎が石（虎ご石）は、ひろく各地に分布しており、それにともなって曾我兄弟の墓と称せられるものもまた数多く存在している。これはとうてい一人の実在の女性の行動の軌跡とは考えられない。むしろトラと名のる盲目の女性であり、同時に巫女《みこ》であり、また語りびと、歌い手でもあった人々の集団的記念碑だったとみるのが正しいだろう。

曾我兄弟とゆかり深く、兄弟と虎御前の墓と称されるみごとな鎌倉期の五輪塔三基のたつ箱根山中二子山《ふたごやま》のふもと、精進池《しょうじんいけ》のほとりには、夏草にうずもれて八百比丘尼《はっぴゃくびくに》の墓がひっそりとたっている。八百比丘尼とは若狭《わかさ》国に生まれた女性で人魚の肉を食べたために、たぐいまれな長寿を得、仏門に入って八〇〇歳まで生きたといわれる。諸方を遍歴して虎と同様、各地にその遺跡をのこしており、つねに源平の争乱のありさまや、山伏《やまぶし》に身をやつした源義経一行が奥州にと落ちてゆく姿をみたと物語っていたという、驚くべき女性であった。『曾我物語』とならぶ中世の英雄物語は『義経記《ぎけいき》』であるが、すでに柳田国男がみごとに論証したように、その成立の背後には常陸房海尊《ひたちぼうかいそん》とよばれる不死の放浪者があった。義経の最期の戦となった衣川《ころもがわ》合戦のさい、現場から逃げのびた従者が何人かある。その一人が武蔵坊《むさしぼう》弁慶《べんけい》とならび称される、もと僧兵の海尊なのである。

かれは人魚の肉を食って不死の仙人となり、のちのちまでも各地を巡歴しては義経主従の生と死をはじめとする物語を、みずからの体験談として語り歩いていたという。まさにさまよえるユダヤ人、キリストにおけるユダであり、八百比丘尼の男性版であった。この海尊こそが、のちに『義経記』に結晶した義経伝説の語り手であり、管理者であったと考えられるが、『曾我物語』の虎御前もまた同様の役割を果たした人物であった。旅する盲目の御前は同時に聖なる巫女であり、芸能人である。彼女らの語りは神や仏への信仰を説く説経であり、歌であり、語りものであった。

御霊の鎮魂者

『曾我物語』の末尾に近く、兄弟の七周忌を経たのちに虎御前がふたたびまた富士の裾野の現場の跡をおとずれる話が出ている。駿河国小林郷のある森のなかに鳥居がたち、社《やしろ》が建てられているので、虎が村人に問うと「これこそ曾我の十郎殿と五郎殿が富士郡六十六郷の御《ご》霊神《りょうがみ》となられ、富士浅間《せんげん》大菩薩の客人《まろうど》宮とまつられているのです」との答えであった。御霊神とは、菅原道真《すがわらのみちざね》のように政治的に失脚したり、非業《ひごう》の死をとげた犠牲者の怨霊《おんりょう》のたたりを恐れて神にまつる信仰である。とくにまだ若くしてそうした運命におちいった人々の、はげしい怒りの念を恐れて御霊にまつることが多く行なわれていた。曾我兄弟はまさにその適例といえよう。

南北朝・室町期以後に成立した流布本《るふぼん》の『曾我物語』（巻一一「貧女が一燈の事」以下）では、兄弟が神にまつられるまでをつぎのように物語っている。

富士の裾野には、その後も兄弟の怒りや執着の心がのこったのか、「十郎祐成《すけなり》」「五郎時致《ときむね》」と名のりをあげては、戦いをいどむ声が昼夜絶えなかった。たまたま通りあわせたばかりにそれを見聞してたちまち死ぬものもあれば、兄弟の霊がとりついて狂人となるものも多い。そこで頼朝は時宗《じしゅう》の遊行上人《ゆぎょうしょうにん》という尊い聖《ひじり》を招いて、兄弟の弔《とむら》いを行ない、上人の意見にしたがって、兄弟を勝名荒人宮《しょうめいこうじんぐう》の神にまつり、社《やしろ》を建て、所領を寄進した。こうして上人が開山となってとくに五月二八日には盛大に兄弟をまつることとなってからは、亡霊の戦いもなくなった。この神社に参詣して「敵《かたき》を討たせてください」とお祈りすれば、かならずその願いがかなうということである。

一遍《いっぺん》にはじまる時宗の人々は、遍歴の僧徒としてひろく各地の「交通と流通にかかわる人々」の間を教化して歩き、大きな足跡をのこしていた。鎌倉初期の頼朝の時代、「遊行上人」の存在はありえないとしても、鎌倉後期にはすでに、時宗の系統をひく人々が、曾我兄弟の鎮魂と信仰へのすすめをふくむ説経を語って歩いていたとみてよいであろう。真字本《まなぼん》『曾我物語』の後日譚のなかにも、いたるところに時宗の痕跡がみとめられる。「曾我大御堂」自身が、時宗の寺院だったと考えられるのである。

歌比丘尼の物語

のちに歌比丘尼《うたびくに》、熊野比丘尼などとして知られるように、尼のようすをした歩き巫女《みこ》が、歌念仏をとなえ、地獄・極楽の絵をさしながら信仰を説き、琵琶《びわ》をひきながら諸国を巡回し、寄付をもとめて歩く風《ふう》は、すでに中世からさかんであった。彼女たちはまさしく「交通と流通にかかわる人々」の一員であり、八百比丘尼も、トラと名のる盲目の旅芸人たちもともに同種の人々なのであった。そしてじつは『吾妻鏡』（建久四年六月一八日条）のなかに記されている曾我十郎の愛人大磯の虎の出家姿も、それとそっくりなのである。すなわち、彼女は髪は切らないが、黒い袈裟《けさ》を付けている、と。いわば聖と俗の中間に立つ姿であって、ときに「毛坊主《けぼうず》」とよばれた俗聖《ぞくひじり》、古代以来の古い伝統をひく民間の広汎《こうはん》な宗教家たちの一員であったことをしめすのである。

彼女らのもちあるいた主要レパートリーの一つが曾我兄弟の物語であったことは、さきに述べた『七十一番職人歌合』や、謡曲の『望月《もちづき》』によってすでに明白である。トラという名は彼女らの通称の一つであり、それは同時に彼女らの語りあるく物語のヒロインの名でもあった。そして八百比丘尼や常陸房海尊と同じく、語り手はすなわち「現場を見た人」であり、物語はまた彼女の体験談そのものでもあった。語り手はこうして物語の女主人公自身に転化するのであった。

箱根山中の八百比丘尼の墓が暗示しているように、かつて箱根権現には多くの比丘尼たちがあつまり住んでいたという。『曾我物語』真字本《まなぼん》の内容が、とくに箱根権現の神威を説き、敵討《かたきうち》の成功を権現のたまものと強調していることは、すでに略述した内容だけからも十分に読みとられるであろう。それだけではない。真字本は箱根権現をはじめとして、伊豆山権現や三島明神などの寺社の縁起を語ることにはなはだ熱心である。通常の文学作品としては考えられないほど大量に、おびただしいまでにこれらの寺社の縁起が物語られるのである。しかもその内容は、代々仏教の教義をわかりやすく人々に説き聞かせる説経の名人を輩出した京都の安居院《あぐい》作と伝承されている、中世東国の寺社縁起の集大成である『神道集《しんとうしゅう》』に収められているものと、あまりにもよく一致するのである。これらの事実は、いまの真字本『曾我物語』が箱根権現と深いかかわりをもち、その信仰を説くために語りだされた物語の筆録ではないか、と思わせるに十分であろう。

さて聖なる巫女《みこ》は神の嫁であったから、それはやがて人々の嫁となり、ついには遊女の役割をも果たすようになった。東海道大磯宿の長者の養女虎御前という身分の設定も、じつはこうした物語の語り手自身の身もとの反映にほかならなかったのである。

鎌倉後期に成立した真字本からさらに進んで、南北朝・室町期以降に成長、展開していった流布本《るふぼん》『曾我物語』では、十郎のあい方の虎御前に匹敵する人物として五郎のあい方、鎌倉化粧坂《けわいざか》の遊女の少将という女性が登場するようになる。そして宿々での遊興のありさまや、虎や少将をめぐる曾我兄弟と和田義盛《よしもり》・朝比《あさひ》奈《な》義秀《よしひで》など名ある鎌倉武士たちとの恋の立て引きまでが書き加えられ、さながら近世の遊里の文学にも似た趣向さえあらわれてくる。歌舞伎の曾我ものの世界は、すぐそこまで来ているとの感が深い。

　工藤祐経の最期の夜、富士の裾野の旅館で枕頭にはべっていた駿河手越《たごし》の宿の少将、黄瀬《きせ》川《がわ》の宿の亀鶴など、東海道の名ある遊女たちの活躍の場もひろがってきて、少将は敵討の成功を知らせる急使を虎御前のもとに送ったり、ついに出家したのちは虎とともに法然上人《ほうねんしょうにん》の教えを聞いたりしたことになっている。これは宿々を根拠とする遊女たちの世界が、『曾我物語』の成長の基盤となったことを物語る事実であろう。

敵討の背後にあるもの

曾我兄弟と北条時政の陰謀

　これまで民俗学や国文学の世界に少々深入りしすぎたようである。この辺で少々歴史家らしい分野に立ちもどらねばなるまい。さきに、兄弟の敵討事件がこれまでほとんど専門の歴史家によってとりあげられてこなかった、と述べた。そのなかで、ただ一つの、しかもきわめてすぐれた例外は、日本の近代史学における中世史研究の開拓者三浦周行《ひろゆき》である。

大正四年（一九一五）、「曾我兄弟と北条時政」（『歴史と人物』〔東亜堂書房、一九一六〕、『日本史の研究』新輯二〔岩波書店、一九八二〕に収録）を起稿した三浦は、すでに五〇〜五一ページで述べた『吾妻鏡』の五郎時致《ときむね》の元服と時政弁護の記事を問題としてとりあげ、「兄弟の仇討《あだうち》の記事を見たゞけでは何処《どこ》にも時政に対する疑問は起らぬが、一度其建久元年九月七日の条を見ると、眉《まゆ》に唾《つば》したくなる。……我等はこれを読んで、時政自身の口から、兄弟の仇討には無関係であるとの態《わざ》とらしき申訳を聴くやうな気分がしてならぬ。彼《か》れにして果《はた》して中心疚《やま》しきところがなくば、何にもさう事々しく加冠《かかん》（元服）の斟酌《しんしやく》には及ばざる理由を説明せんでもよからうでないか」と疑問を投じ、「無邪気にして勇敢なる二青年を背後から操る」「一つの大きな黒影」としての時政の姿を大写しにした。

頼朝挙兵以来ひじょうな大功をたてながら、しかもあまり多くむくいられたとはみえない時政、義経をはじめとする頼朝の親族たちがつぎつぎと失脚していくのをながめていた時政は、一方では「極度の沈黙」をもって身の安全をはかるとともに、他方では「ある積極的手段」を講じたのではないか。それが、曾我兄弟を幇助《ほうじよ》し、使嗾《しそう》して頼朝の一命をねらわせることではなかったか、とする三浦周行の推理はまことにするどい。

三浦義澄《よしずみ》の願いを入れて伊東祐親《すけちか》の赦免《しやめん》を認めた頼朝に対して、時政がその孫である兄弟をとりなし、御家人《ごけにん》の列に加えることがそれほど困難であったとは思えない。また時政が兄弟を御家人となるだけの能力がないとするほど、人をみる目のなかった人物とはよけいに思われない。しかも時政はそうしなかった。「一筋縄で行かぬ時政は常人の意想以外に持前《もちまえ》の辛辣《しんらつ》の手を常に彼《か》れの宿所に出入《しゅつにゅう》した無垢《むく》の二青年に加へたらしく想はれる」。おそらく祐経が頼朝の寵愛によって権力をふるった事実を誇張して、時政は兄弟の憎悪の念をあおり、さらに兄弟のうらみを頼朝に転嫁しようとしたのであろう。

また兄弟がなお正式の御家人でなく、日かげ者の地位にあるのもまったく頼朝の、祐親に対する敵意からであるとも吹きこんだであろう、とする三浦の推測はまさしく的《まと》を射ていると思う。五郎が、祐親を自殺ではなく、頼朝に殺されたと考えていることも傍証になる。また富士野の狩の宿舎の設営が、駿河国の守護である時政によって行なわれたことも、兄弟の夜討《ようち》の成功と無関係ではあるまい。

曾我物語の背景——北条氏得宗政治

いま一つ注意しなければならないのは、富士の裾野の西南部の地域一帯をふくむ富士郡の地が、すでに鎌倉初期から北条時政の所領となっていたという事実である。弘安《こうあん》元年（一二七八）ごろ、富士郡下方《しもかた》の熱原《あつわら》の地で日蓮《にちれん》の信徒であった農民たちが、北条氏嫡流家の被官によるきびしい弾圧をうけたことがある。

「熱原法難」とよばれている。そこでは熱原のある富士郡下方が北条氏嫡流家の所領とされているが、私は上方をふくむ富士郡全部が北条氏の所領であり、しかもそれは兄弟の敵討《かたきうち》以前にさかのぼるものと考えている。そうすれば真字本《まなぼん》の伝えるように富士郡六十六郷全体の御霊神として兄弟をまつる、ということも、領主である北条氏の意思なしにはありえなかったであろう。むしろ北条氏自身が、その祭祀《さいし》をすすめたものと考えるべきであろう。

また注目すべきことは、曾我氏の子孫が、のちに北条氏嫡流家につかえる身分の御内人《みうちびと》となったらしい点である。鎌倉後期の北条氏嫡流による、いわゆる得宗《とくそう》専制政治の基盤となったのが御内人であるが、御家人《ごけにん》でありながら御内人をも兼ね、とくに北条氏の重要な所領の一つである陸奥《むつ》国津軽の所領支配の役にあたっていた曾我氏の一族があった。それはかなり早く、鎌倉の初期、和田合戦のややあとぐらいから北条氏嫡流家の家臣としてあらわれる家であり、直接の関係は証明できぬものの、おそらくは曾我祐信の一族か後裔《こうえい》と考えられるのである。

すでに『吾妻鏡』や『曾我物語』のなかで、曾我兄弟は将軍に直属する御家人ではなく、北条時政の家に出入りする従者、烏帽子子《えぼしご》として記されていることをみてきた。これらの事実は『物語』の語りだされた環境が、時政以来、北条氏嫡流家の勢力によって、あまりにも厚くとりかこまれていた事情を物語るに十分である。

真字本『曾我物語』が鎌倉末期までに成立していたことをしめす論拠として、角川源義は、『物語』のなかで頼朝の権威が絶対視されているだけでなく、尼将軍《あましょうぐん》北条政子が聖女のように象徴化され、北条氏の執権《しっけん》政治体制が礼讃《らいさん》されていると指摘している。それは単に真字本の成立が鎌倉末期にさかのぼるだけではなく、それを生みだした地盤が、何重にも北条氏嫡流家とむすばれていたことを考えるとき、いかにも容易に納得できる事実となろう。こう考えるなら、三浦周行がみごとにあばきだしたような、時政の頼朝暗殺という陰謀の、そのかけらさえもが『曾我物語』にあらわれていないとしても、しごく当然のことにすぎないであろう。

　また『曾我物語』のなかには、富裕な御家人《ごけにん》、鎌倉武士に対比して、没落した家の子供であり、正式の御家人身分と認められぬ曾我兄弟の嘆きが横溢《おういつ》している。たとえば五八ページにひいた兄弟への母の教訓一つをとっても明らかであろう。鎌倉後期の得宗専制の時代になれば実質はもちろん逆転するとしても、それまでには北条氏につかえる御内人は身分的に御家人より一段低く位置づけられており、事実、御家人身分からの没落者や、一族中で所領のない庶子などが御内人となった例が多い。

　私には『曾我物語』をつらぬいている、没落した貧家の子弟の嘆きと、御内人に吸収されていったような没落武士層のありかたとが、なにか奇妙にダブって感じられてならない。

　そしてまた、かれら御内人たちが一方ではまさに「交通と流通にかかわる人々」でもあり、全国的に商業や流通・交易の拠点をおさえていった人々でもあったという事実と、この『曾我物語』が瞽女をはじめとする旅ゆく宗教家・芸能人あるいは遊女らの語り歩きによって成長したこととの間にも、なにか一脈の連関があるように思われてならないのである。

敵討とその周辺

敵討の系譜

血の復讐と刑罰と

父を殺した相手を子が討ち取り、あるいは近親者が殺して復讐《ふくしゅう》する敵討《かたきうち》は、いうまでもなく私的制裁、リンチの一種である。ある犯罪に対する制裁が公的権力ではなく、私的な近親者によって行なわれる点で、それは現在のわれわれからみて野蛮な私刑にほかならない、といわれるであろう。

それなのに『曾我《そが》物語』に代表されるように敵討がひろく賞讃され、讃美されてきたのはいったいなにゆえであろうか。中世という時代に範囲をかぎったとしても、二種類の解答ができそうである。

第一の考えかたは明治三三年（一九〇〇）はじめアメリカで出版され、日本武士道論の古典的名著とされている新渡戸《にとべ》稲造《いなぞう》の『武士道――日本の魂』（The Leeds & Biddle Co., Philadelphia, 1900、『新渡戸稲造全集』一二〔教文館、一九六九〕に収録）にしめされている。そこではとくに「自殺（ハラキリ）および復仇（カタキウチ）の制度」の一章がもうけられて、自分の欲や邪念にうちかつ克己《こつき》の精神の極致として切腹をとりあげ、つぎにその姉妹として敵討が論じられている。まず「同様の制度、もしくは習慣は、すべての民族の間で行はれたのであり、かつ今日でもまつたくすたれてはいないことは、決闘や私刑の存在によつて証明される」といい、「刑事裁判所のない時代には、ただ被害者の縁故者がつけねらふ敵討のみが社会の秩序を維持したのである」、また「常識は武士道に対して、倫理的衡平《こうへい》裁判所の一種として敵討の制度を与へ、普通法によつて裁判されないやうな事件をここに出訴させたのである」とも新渡戸は説明する。

その間には古今東西の実例がちりばめられ、日本武士道を、とくに西欧文明との対比のなかでとらえようとした著者の視野のひろさはさすがと感じさせるものがある。

たしかに西欧や、他の多くの社会において、まずはじめに出現したのは血の復讐の慣習であり、ついでそれが公権力による刑罰へと制度化されていったのであろう。この見かたから日本の敵討を位置づけた人には、日本最初の法学博士として知られる穂積陳重《ほづみのぶしげ》があり、その著書『法律進化論叢《ろんそう》』の一冊『復讐と法律』（岩波書店、一九三一〔岩波文庫、一九八二〕に収録）は、新渡戸と相似た視点にたちながら、法学者らしくはるかにきめこまかい議論を展開している。

これに対して批判的な第二の考えかたが、石井良助（「参考文献」参照）に代表される現在の日本法制史の通説的見解である。いわば刑法進化論とも名づけるべき第一の見かたに対し、日本ではそれはあてはまらない、とするのである。敵討の事実自体は古代からいくつかみられるが、それが刑法にまで進化した事実はなく、法律上、敵討が公認されるのは、一、二の戦国大名の分国法にはじまり、じつに江戸幕府の法によって確立したものである、というのがその要旨である。

この第二の考えかたが『曾我物語』などの敵討ものがひろく世にむかえられた理由について、とくに言及しているわけではない。

だがあえて推測するならば、当時の社会では法律によって禁止されていた敵討ではあるが、死刑の危険をおかしてまでも、やむにやまれずそれを敢行しようとするところにむしろ人の心をうつものがあり、それが敵討ものの歓迎された理由なのだ、ということにでもなろうか。

敵討などは昔のはなし

以上の二つの考えかたのどちらが、より正しく事実を説明できるであろうか。これはなかなかの難問であるが、すでに『曾我《そが》物語』のなかで、曾我兄弟から敵討《かたきうち》の計画をうちあけられ、協力を依頼された異父の兄、京の小次郎はこういっている。

「今はそんな敵討など、自分で手をくだして敵をうちとるなどという時代ではない。うらみや不満があるならば、鎌倉殿か、京都の本所に訴え出て、公《おおやけ》の敵として処罰してもらえばよいのだ」

このことばのなかにはまさに私的復讐か、公権力の裁判による処罰か、という問題が正面からとりあげられ、私的復讐が否定されているのをよみとることができる。いわば第二の考えかた、日本法制史学の通説を裏づける好資料ということになろうか。

だが、ここで小次郎が「今は敵討などという時代ではない」という論法をとっていることに注目すると、昔は敵討の時代、今は公権力の裁判にまかせる時代ということになり、論理的には逆に第一の刑法進化論的な考えかたを支持する根拠とみることもできる。同時にまたわれわれはこの兄が京の小次郎とよばれて、曾我兄弟に代表される東国の武士とは区別されていること、『曾我物語』のなかで小次郎に対する評価は一貫して低く、兄弟の敵討の直後、源範頼《のりより》の従者の謀反事件に巻きこまれて鎌倉由比《ゆい》ケ浜で重傷を負い、ついに死亡した、とその最期を語ったのち、

これを聞くほどの人で小次郎をにくまぬ者はなかった。どうせ死ぬものなら、二人の弟たちにたのまれて三人ともに一つ所で討死すれば、どんなにかりっぱだったろう。

と酷評していることにも注意しなければならないだろう。

このようにみてくると、『曾我物語』には、私的復讐を否定して公的な裁判に従うべきだ

とする考えかたもあらわれてはいるものの、その比重はごく小さく、この物語のつくられた鎌倉後期以前には、私的復讐が正義であるとして、ひろく社会にうけいれられていたことが推定できそうである。

敵討と法然上人

つぎには敵討《かたきうち》に対する中世社会での考えかたをしめす材料を、もうすこしひろく調べてみよう。まず書名自体が「鏡もの」、すなわち教訓としての歴史書の一種であったことをしめしている『吾妻鏡《あずまかがみ》』をみよう。そこでは曽我《そが》兄弟の敵討一件がかなりくわしくとりあつかわれ、もっぱら兄弟の武勇が讃嘆され、その行為が肯定的に記述されている。これは『吾妻鏡』の編修が鎌倉幕府自身か、有力な北条氏一族によって進められたと推定される事実から考えても、注目すべき点である。

また『吾妻鏡』（建久元年正月六日条）では、頼朝《よりとも》によって攻めほろぼされた陸奥《むつ》・出《で》羽《わ》両国の雄、藤原泰衡《やすひら》の家臣大河兼任《かねとう》らが文治《ぶんじ》五年（一一八九）の暮に、反乱をおこしたとき、

「昔から今まで父母・兄弟・親子や、夫婦の怨敵《おんてき》にうらみを報ずるのはあたりまえのことだ。だが主人の敵を討ったためしは、いまだかつてない。兼任はその例をはじめるために鎌倉を攻撃するのだ」

と揚言《ようげん》したと記している。ここでは近親者のために復讐を行なうのは当然で、「尋常の事」だ、という意識が明らかに表現されている。

すでに平安時代中期から敵討の実例や、それに関する世人の意識を物語ってくれる材料は少なくない。いくつかの例をあげよう。

一つは鎌倉末期につくられた『法然上人絵伝《ほうねんしょうにんえでん》』の物語である。平安末期、美作《みまさか》国久米郡の押領使漆間時国《おうりょうしうるまときくに》と稲岡荘の預所《あずかりどころ》明石源内武者定明《さだあきら》との間に衝突がおこり、ある夜、定明は武者をひきいて時国の家を夜討にした。時国は重傷を負ったが、このとき、年九歳になった時国の子が物かげから小さな弓で定明を射て、両目の間に傷を負わせた。定明はこの傷のため下手人とわかると、時国の親類によって敵討にされることを恐れて逐電《ちくでん》し、以後ながく稲岡荘内に足をふみ入れなかったという。

この子供こそのちの法然上人その人であるが、父時国はまた、いまわのきわに「自分はとても助からないが、けっして敵をうらむな。復讐を考えるな」と遺言して絶命した、と『法然上人絵伝』は語るのである。かりに以上の挿話がどれも事実ではなかったとしても、在地の武士団の間にくりひろげられていた私闘と私的復讐の慣行が一般的であればこそ、上人伝の一節にこうした説話がとりこまれたのだ、と考えることができよう。

つぎの例も平安末期の康治《こうじ》元年（一一四二）、近江《おうみ》国でおこった事件（『平安遺文』二四六七）である。琵琶《びわ》湖の南、いまの近江八幡から安土《あづち》の付近に佐々木荘とよばれる荘園があり、佐々木氏と名のる武士団が土着していた。最初の章にもちょっと登場した佐々木秀義やその子の高綱ら兄弟の出た家である。このときたまたま一族間で紛争がおこり、何人もが夜討にあって殺されてしまった。おたがいに従兄弟《いとこ》どうしの源七郎道正《みちまさ》と新六郎友員《ともかず》が当事者で、まず友員が道正の弟や母を殺し、道正も報復に友員の兄二人と母とを殺害したが、結局は友員もまた殺されている。事件の原因などはわからないが、在地の武士団の間での私闘のすさまじさをよくしめしている。

私闘の世界

第三に、多少時代をさかのぼった平安中期の長久《ちょうきゅう》元年(一〇四〇)、京都のまん中で前肥《さきのひ》後守《ご》定任《さだとう》がある夜、武者に要撃され、ついに落命した事件(「春記」長久元年四月一一日条、同年一一月五日条)をとりあげてみよう。さっそく検非違使《けびいし》が活動を開始し、種々調査の結果、犯人は前大宰権帥《だざいごんのそち》藤原隆家《たかいえ》の第一の部下である肥後《ひご》国の豪族平正高《まさたか》(蔵隆・蔵高とも書く)ら一味らしいと判明した。

かつて定任が肥後守に在任中、大宰府の有力な在庁官人の府老某とその兄を殺害したことがあるが、正高はこの府老の近親であり、府老らの遺児たちもみな武勇の者で、復讐として定任を殺害したものらしい。そこで正高らに出頭命令をだしたが、数ヵ月ののちに大宰府からかれらがみな海路いずれかへ逃亡してしまったと報告がとどいただけで、結局真相は不明のままになってしまった。この事件もまた当時の北九州地方での武者・武勇の者の世界の私闘と、血の復讐の慣習のひろがりをしめすよい材料であろう。

　第四は平安末期の長寛《ちょうかん》二年（一一六四）六月、河内《かわち》での事件である。北河内に住み、主計《かずえの》允《じょう》と皇太后宮属《さかん》の地位にあった下級官人の惟宗忠行《これむねただゆき》という人物の書いた義絶状（『平安遺文』三二八六）が、たまたまいまに伝わっている。その内容にいう。

楠葉《くすは》河北牧《かわきたのまき》の下司《げし》清科行光《きよしなゆきみつ》は忠行の兄である。さる四月はじめ、行光の三男光貞《みつさだ》が酒に酔って、この牧の住人前武者所定康《さきのむしゃどころさだやす》の従者を刃傷《にんじょう》した。報復として定康は近親の左衛門尉《さえもんのじょう》光弘《みつひろ》とともに光貞や父行光をからめとり、二十日間あまり手足をしばって監禁するなど暴行をはたらき、そのうえこんどは忠行を殺そうと立札を立てておどかしている。忠行はまったくもって武勇を好まず、弓箭《きゅうせん》のあつかいかたも知らぬ身である。そこでやむをえず行光や光貞らを義絶し、戸籍から除くことにする。以後、光弘が行光や子息らを殺害することがあっても、忠行はこれを訴え出ることはしない。また行光の子息らが父の恥をそそぐべく復讐を行なうことがあっても、忠行はこれに協力しない。

　以上である。京都近くでの武士団の間での対立と私闘、復讐の世界の一面がはっきりとしめされており、私的復讐からのがれるために、兄や甥《おい》たちと義絶し、親族としての縁を切る、という趣旨は明白である。そうなると血の復讐の対象は、単に親子の間だけではなく、叔父甥にまでおよんでいたことになる。

「ぼろぼろ」の敵討

最後にひとつ、『徒然草《つれづれぐさ》』の一節（第一一五段）をあげよう。

東国の宿河原《しゅくがわら》という所に、「ぼろぼろ」とよばれる虚無僧《こむそう》が多くあつまって、九品《くほん》の念仏を唱えていた。そこへ「もしやこの御中に、いろをし房《ぼう》と申される方がおいでではありませんか」とたずねてきた虚無僧があった。「いろをしはここです。おたずねになるのはどなたか」と答えると、「私はしら梵字《ぼじ》と申す者。私の師匠が東国でいろをしという虚無僧に殺された、と聞いたので、その人に会ってうらみを晴らしたいと思っておたずねするのだ」という。いろをしは、「殊勝にもたずねあてられたものだ。たしかにそんなことがあった。ここでお相手をしては、道場をけがすことになろうから、いざ、前の河原でお立ちあいいたそう。みなさん、どうかどちらにも加勢なさるな」と話をきめ、それから二人は河原で立ちあい、心ゆくばかりに貫《つらぬ》きあって、ともに死んでしまった。

この話を書きとめた著者兼好法師はつづけて、

「ぼろぼろ」というものは昔にはいなかった。近ごろになって出てきた者だが、世をすてたようにみえて我執《がしゅう》が深く、仏道をねがうようにみえて闘諍《とうじょう》（闘争）を事とする。放逸無《ほういつむ》慙《ざん》（気ままかってで戒律を破ってもすこしも恥じない）の者どもだが、生死にこだわらぬところがいさぎよい。

と注釈を加えている。

のちには深編笠をかぶり、長髪、僧衣をつけずに尺八を吹いて物ごいをするのが常となった虚無僧の初期の姿である。かれらはまた『曾我《そが》物語』を語り歩いた瞽女《ごぜ》・歩きみこなどと同類の遍歴の宗教者、半僧半俗の聖者たちで、一遍《いっぺん》の教団とも深いかかわりがあったらしい。

東国の宿河原とは、おそらく多摩川の下流に面したところで、鎌倉へとむすばれる鎌倉街道の一つの渡河地点だったのであろう。こうした交通の要衝《ようしょう》の宿であり、河原である場所に「ぼろぼろ」の道場が建てられていたのである。鎌倉末期には『曾我物語』のにない手たちと同類の「ぼろぼろ」の間にも敵討《かたきうち》が行なわれていたことをしめす点で、この『徒然草』の一節もまたわれわれにつきない興味をあたえてくれるのである。

天道、みなゆるしたまう

このような実例のいくつかをみてきたうえで、『今昔《こんじゃく》物語集』におさめられているつぎの説話（巻二五第四）を読んでみよう。

今は昔、平貞盛の弟繁盛の子に、上総守兼忠《かずさのかみかねただ》という兵《つわもの》があった。上総守在任中に、その子の余五将軍維茂《よごのしょうぐんこれもち》が陸奥《むつ》国から久しぶりにあいさつにやってきた。維茂の第一の部下に太《た》郎介《ろうのすけ》とよぶ兵があった。その昔、維茂の前を乗馬のまま通りすぎようとした男の無礼をとがめて射殺したことがある。ところが太郎介に殺された男の子供は、成人してから小者《こもの》として兼忠の身近につかえていた。兼忠が太郎介を「あれがおまえの父親を殺した男だ」と教えると、小者は目に涙をうかべて立ちあがり、そのままいずれかへ行ってしまった。じつは台所で腰刀をといでから、ふところに入れ、父の敵を討ち取ろうと決心したのである。

夕方になって太郎介も宿所にさがった。九月の晦日《みそか》ごろで夜は暗いのに、庭にはほうぼうに柱松《ついまつ》が立てられ、まるで昼のようだ。寝所の周囲には大幕を二重に引きめぐらして外から矢を射こまれぬように用心をし、武装した郎党《ろうどう》たちが見まわっている。酒を飲み、物を食い終わった太郎介は、枕もとに太刀、脇には弓・やなぐい・鎧《よろい》・甲《かぶと》を用意したまま高枕で寝入ってしまった。こうした厳重な警戒のなかを、例の小者はひそかになかにまぎれこみ、夜半になってみごとに敵《かたき》を討ち果たすことに成功する。

翌朝、それが発見されて大さわぎになる。維茂は小者のしわざと見当をつけ、父兼忠にその引きわたしを要求する。しかし兼忠は「親の敵を討ち取るのは天道《てんどう》のゆるしたもうたことだ」とはっきり拒絶し、維茂もついにそれをうけ入れた。

この物語のなかでは「祖《おや》の敵を討つ事は、天道みな許し給ふことなり」という趣旨の文章が何回か、かたちをかえてくりかえされている。上にあげたいくつもの敵討《かたきうち》の実例とあわせて考えるなら、当時の社会で親の敵を討ち取るのは当然で、天道もゆるしたまうことと認められていたことがわかる。

『曾我《そが》物語』のなかで工藤祐経《くどうすけつね》を斬り殺した曾我兄弟が、一度その場から出たあと、ふたたび立ちもどって祐経の喉《のど》に刀を突き立て、「拳《こぶし》も刀も通れ通れ」とばかりに三刀ほどとどめをさした。それは「敵を討つ法」だからであり、後日実検のときにその法にはずれていれば、かげ口をきかれるだろうと案じたためだ、と記されている。敵討のさいの作法もまた、このように定着していたのである。

人妻を犯した蛇の話

敵討《かたきうち》とならび称せられるものが、妻《め》敵討・女《め》敵討である。妻と姦通《かんつう》した男、妻を寝取った男に対して、夫が行なう血の復讐である。たとえば江戸時代におこった実話をもとに劇化された近松門左《もんざ》衛門《えもん》の名作、『鑓《やり》の権三重帷子《ごんざかさねかたびら》』や『堀川波鼓《なみのつづみ》』などがよい例である。こうした妻敵討もまた上述した日本法制史学の通説的見解のように中世においては法律で禁止され、江戸時代にはいってはじめて制度化され、公認されたものなのであろうか。

『今昔《こんじゃく》物語集』や、鎌倉中期にできた『沙石集《しゃせきしゅう》』などの説話集には、その性質上、文書《もんじょ》史料のうえにはなかなかあらわれにくいこの種の問題が、当時実際にはどのように処理されていたかを教えてくれる興味ある説話がいくつもおさめられている。まず『沙石集』の一つの話（巻七「蛇ノ人ノ妻ヲ犯シタル事」）を読んでみよう。

遠江《とおとうみ》国のある山里での話である。夫の留守に妻が昼寝をしていたところ、五、六尺ほどの蛇がまつわりつき、口をさしつけて横たわっていた。帰宅した夫が蛇をみつけ、杖で打ち放していうには、「妻敵、親の敵は宿世《すくせ》の敵という。即座にたたき殺してやるべきだが、こんどだけはゆるしてやる。今後二度とするのではないぞ」と。さらに杖で何度か打ってから山にすてた。

その五、六日あと、幾千万匹とも知れぬ蛇が家を包囲し、頸《くび》をもちあげ、舌を動かして庭の際《きわ》までやってきたが、主人はすこしもさわがずに陳弁した。「各々方《おのおのがた》はなんでここにあつまられたのですか。じつは先日、かくかくの事件がありましたが、なにか私が非道なことをしたと誤解されたのではないでしょうか。人間でも畜類でも物の道理は同じはず、妻を犯されて恥かしい目にあい、慈悲をもってとくに相手の一命を助けたところ逆に殺されるなど、各々方はまさかそんな非道なことはなさいますまい」と弁舌さわやかに説きたてると、なかでひときわ大きい一丈二、三尺の大蛇をはじめとして、蛇たちは一度に頸をさげた。そして大蛇の脇にいた先日の蛇らしいのにつぎつぎとかみつき、かみ殺してからさっと山へ帰ってしまった。

人間と蛇の話になっているだけに、「妻敵、親の敵は宿世の敵」で、即座にうち殺すべきものだという観念があらわに物語られている。

夫婦交換の話

つぎにもう一つ、同じ『沙石集《しゃせきしゅう》』の話（巻九「友ニ義アリテ富ミタル事」）である。

西園寺家につかえる貧しい侍に刑部丞《ぎょうぶのじょう》という人があった。家の筋むかいに富裕な光寂坊《こうじゃくぼう》という経師《きょうじ》がおり、主人の留守に家にかよっては刑部丞の妻と密会を楽しんでいた。やがて世間の評判となったが刑部丞は知らぬふりをしておき、ある日、光寂坊がたしかに家にはいったのを見とどけてとつぜん帰宅した。すぐに近隣の在地の老名《おとな》（有力者）四、五人を呼んで酒宴をはじめ、隠れていた光寂坊をその場に呼びだすと、かれはふるえながらぬりごめ（納戸の一種）のなかからはいだしてきた。

そこで刑部丞がいうには、「今日は御相談があってみなさんにお集まりいただきました。じつはこの男が妻のもとにかよってくるという噂《うわさ》は聞いていましたが、今日こそついに現場をおさえましたぞ。宿世《すくせ》の敵《かたき》である以上、とうぜん恥かしい目にあわせてやるべきですが、相手は出家でもあり、しかるべき因縁もあったからこそ、妻のところにかよわれたのでしょう。ついては私の妻を光寂坊にさしあげたい。人の世には妻以上の宝はないのだから、ついでに私の家財・眷属《けんぞく》すべてをさしあげましょう。ところで私も恥かしい目にあつたうえ、一文なしの放浪者になっただけではたまらない。かわりに光寂坊の女房・家人から財産すべて、そっくり頂戴したい。いかがなものでしょう、この言い分は道理にあわぬこととお考えですか。私の提案の証人におなりください」。

これを聞いた老名一同、「いやいやおっしゃることはしごくごもっとも」といい、光寂坊はおしだまったまま。刑部丞はそこで「妻も家財も失い、何もかわりに得られないならば、恥をかいたうえに損をしたおろか者だとして、主人につかえることもできず、傍輩《ほうばい》にも合わす顔がない。ではもはやこれまで」と、すぐにも斬りつけんばかりに太刀に手をかける。光寂坊もついにふるえながら承諾したので、さっそくその場で老名たちを証人に契約書をとりかわし、以後刑部丞は富み栄える身となった。法師一人をうち殺してみたところで、罪ぶかい所業であり、たいした名誉になるわけではない、そのかわりに自分の才覚で、まことに賢明にふるまったものだ、とこれを聞いて感心せぬ人はなかった。

この話もまたはたして事実かどうかは問題である。だがそうであるだけにかえって、姦通の明白な証拠をにぎった夫は、間男《まおとこ》を「宿世の敵」としてその場で殺害すべきものだという慣習の存在が、このばあいにもまた明らかになってくる。

妻敵討の基盤

勝俣鎮夫は、これらの実例をひろく検討したうえで、中世の妻敵討《めがたきうち》についてのすぐれた研究（「参考文献」参照）を発表した。それによれば、すくなくとも平安後期から鎌倉時代にかけては、夫は姦通《かんつう》した男を殺害する血の復讐《ふくしゅう》を行なうべきものと考えられていたことは確実であり、とくにみずからの家のなかの、姦通の現場で相手の男を殺害することは当然と認められていたようである。

敵討とは異なって、妻敵討については夫が妻の家にかよう、いわゆるムコ入り婚から、妻が夫の家に入るヨメ入り婚へという婚姻形式の変化が大きな条件となってくる。したがって妻敵討については、その起源をただちに古く古代までさかのぼらせることには慎重でなければならないだろう。だがすくなくとも平安後期から以後の中世社会では、敵討とともに妻敵討もまたひろく承認された慣行であり、夫のとうぜんなすべき行為と考えられていたことが明らかである。すでに引用した「昔から父母・兄弟・親子や、夫婦の怨敵《おんてき》（すなわち妻敵）にうらみを報ずるのはあたりまえのこと」という『吾妻鏡《あずまかがみ》』の記述や、「妻敵、親の敵は宿《すく》世《せ》の敵《かたき》」という『沙石集』の説は、当時両者が同一視されていたことをよくしめしている。

とくに注目されるのは、夫の家のなかの、姦通の現場で妻敵討が行なわれたばあいには、なんらその行為に対する異論を生じないという事実である。これはまさしく妻敵討が中世武士団のイエ支配権の独立性と相通ずる原理に立っていることを示唆《しさ》している。そして敵討も妻敵討もひっくるめて、公的刑罰によってではなく私的な血の復讐の手段にうったえる慣習と、イエ支配権の自立性が社会的に承認されている状態との間に、一種共通した地盤の横たわっていることを予測させるのである。

中世法の考えかた

訴人なければ裁判なし

ところでわれわれは日本の中世が、幕府をはじめとする裁判制度のかなりの発達をみた社会であると知っている。一方、上に述べてきたような推論が正しければ、敵討《かたきうち》・妻《め》敵討のような私的復讐もまた、当時の一般的慣習であったと考えなければならない。では両者はいったいどのような関係に立つのであろうか。両者は矛盾し、裁判制度の発達という事実自体が、ただちに私的復讐の慣行の一般化という推論をくつがえすのであろうか。敵討・妻敵討の公認は近世社会ではじまったという学説の正しさが、これによっても裏付けられるとすべきであろうか。

だがそのまえに、中世における裁判とはいったい何であったかが、いま一度あらためて問われなくてはならない。刑事裁判のばあいから検討しよう。

南北朝時代に「世間の話」として「獄前の死人、訴《うつたえ》なくんば検断なし」ということわざがあった。牢獄の前で殺人事件がおこっても、訴人《そにん》がいなければ刑事事件にはならない、という意味である。たとえ警察権・刑事裁判権をもつ主人の家の直前で殺人行為があっても、訴訟《そしょう》が提起されないかぎり刑事裁判は行なわれない、ということであり、事実多くの例証は、このことわざが真実を伝えていることを証明している。しかも訴訟の提起はだれが犯人であるかを名ざさなければならず、単なる被害事実の申告のみでは裁判所が受理しなかったのである。

すでに、日本法制史学の開拓者として著名な中田薫（「古法制雑筆」〔『国家学会雑誌』三四―七〕、『法制史論集』三〔岩波書店、一九四三〕に収録）によって明らかにされたこの事実は、当時の裁判制度が、いかにわれわれの想像から遠いものであったかを十分に物語っている。

しかもこうした特色は、なにも中世の日本だけのものではなかった。中田のいうように、中世のドイツでもほとんど同様な、「訴人なければ裁判官なし」というたぐいの法的ことわざが数多くあり、ある意味でこれは、東西の中世社会の基本的性格に深く根ざした特色と考えられるのである。

ある面で発達をみせた裁判制度も、その基本的特質が以上のようなものであったとすれば、敵討・妻敵討のような血の復讐の慣行となんら矛盾するものではない。公的裁判に解決をゆだねるか、みずからの実力による復讐をえらぶかは当事者の意志にまかされていた、と考えればよいからである。

弾劾主義と当事者主義

つぎに当時の社会ではもっとも重要視された不動産関係の訴訟《そしょう》、武士団にとってはその権力の基礎であった所領の支配をめぐる訴訟事件についてみよう。その制度的完備とモットーとしての「道理」にもとづく公正な解決、また御家人《ごけにん》たちの権利意識の発達・高揚によって中世における裁判所の典型と考えられている、鎌倉幕府の裁判を材料として考えてみよう。

幕府の不動産訴訟の進行の手続きをみるとき、もっとも注意されるのは当事者である原告・被告双方の果たす役割がひじょうに大きいことである。まず原告から訴状がだされ、裁判所がこれを受理すれば、「誰々が、何々のことについて訴え出ている。その訴状を送るから陳弁せよ」との命令が文書でだされる。これを問状とよぶが、それを被告のもとにとどけるのは裁判所ではなくて、原告の任務である。これに対して被告が回答書を提出すれば、原告はまたそれに応戦して再度の訴状をだし、被告もまた再度の陳弁を行なう。文書による問答は往復三回までくりかえされるが、これを三問三答とよぶ。書面審理の段階である。このさい書類を往復させるのは原告・被告双方の任務であった。裁判所はこれを仲介するだけだといってもよい。

つぎの段階が裁判所での両者の対決、口頭弁論であり、そのあと判決がくだされるのだが、そのさい裁判所は当事者の申し立てた事項についてのみ判断をくだし、それ以外の問題をとりあげることはなかった。また当事者の提出した証拠のみにもとづいて判決をくだすのであって、裁判所が職権を利用して独自の証拠をあつめることも、原則的には行なわれなかった。

提出された証拠に対しても、相手方がそれを偽文書《ぎもんじょ》だと主張しないかぎり、裁判所はこれはあやしい、これはにせものだと独自に調査することはなかった。まして一方の側にきわめて有利な法令がすでにだされていたとしても、当事者がそれを指摘し、法令の写しをそえて提出しなければ、裁判所がその法令を無視するおそれはきわめて大きいというのが、当時の裁判の実態なのであった。

このような原告・被告中心の訴訟の進行の手続きを、法制史学者はふつう当事者主義とよんでいる。さきに刑事裁判に関してみた「獄前の死人、訴なくんば検断なし」ということわざに象徴される基本的態度を、かつて中田は弾劾《だんがい》主義と名づけたのであるが、この弾劾主義も当事者主義もともに本質は同一であり、両者は同じ根から生いたったものであることはいまや明らかであろう。

イエの独立性

また鎌倉時代の不動産訴訟《そしょう》では、訴訟の進行中にしばしば当事者どうしの間で示談《じだん》による和解が成立し、これを和与《わよ》とよんでいた。幕府自身、この方法による解決を奨励して、和与が成立すると裁判所が判決状とほとんど同じ形式でこれを確認する文書をあたえるのが常であった。これによって和与は裁判所の判決と同様の効力を獲得するのであるが、それは当時の裁判もまた、本質上和与と同類のものにすぎなかったことをしめす事実とみることができよう。

当事者どうしの直接の交渉・譲歩によって相論《そうろん》を解決する和与の方法と、当事者の武力対決によって決着をつける敵討《かたきうち》・妻《め》敵討の慣習とは、ちょうど相対応する位置に立つものであった。当時の裁判制度はこのような私的復讐の慣習と併存しあうだけではなく、さらに両者とも本質的に似かよう側面をもっていたがゆえにこそ、相補いあってその機能を果たしていたのだと考えることができよう。

その基礎に横たわっているのは、当事者たちそれぞれが一個のイエの支配者であり、小なりとはいえ一つの小宇宙の、あるいは小国家の君主でもあったと表現できるような中世社会の特質であった。鎌倉幕府では原則として主人と従者との対立する相論はうけつけない、という基本的態度を守っていた。当時のことばでいう「主従対論《しゅじゅうたいろん》」は幕府の裁判所ではとりあげない、ということである。

かつての通説では、これを根拠にして当時の主従関係は主人側が圧倒的に強い力をもち、従者はそれに一方的に服従する、いわば絶対随順の関係にあったのだ、と説明を加えてきた。だが「主従対論」の禁止とは、幕府と御家人《ごけにん》との関係で御家人側の自主性を認め、主人である御家人の従者に対するイエ支配権を承認したものとみるほうが正確であって、将軍と御家人との関係についていうかぎり、その主従関係はけっして絶対服従ではなくむしろ逆の関係と考えるほうがあたっているように思われる。

いわば御家人のイエの内部問題に対して、幕府は干渉できないのである。本書のはじめに述べた源平合戦時代の武士河村義秀や大庭《おおば》景能《かげよし》、渋谷《しぶや》重国《しげくに》や大庭景親《かげちか》らのばあいを思いだしていただきたい。また鎌倉武士のかがみと後世にたたえられた武蔵《むさし》の畠山重忠《はたけやましげただ》を例にして考えてもよい。頼朝《よりとも》に対して忠誠無比といわれた重忠でさえ、『吾妻鏡』の一節（文治三年一一月二一日条）では、「謀反《むほん》の噂《うわさ》をたてられるのは、武士としてかえって名誉というべきだ」といっているのである。鎌倉武士のイエの独立性・自立性をみるべきである。

また幕府の制度上でみれば親からの所領の譲与と、幕府からの相続の安堵《あんど》（承認・保証）との関係が問題になる。御家人が親からゆずりうけた所領に対しては、幕府からの安堵が行なわれるのが例である。ところで一方、幕府法は親がいったん子にゆずった所領に関して、その譲与を取り消してまた新たにゆずりなおすことを「悔《く》い返し」と呼んで承認していた。そしてすでに幕府からの相続安堵をうけた所領であっても、「悔い返し」は有効であった。これもまた幕府が御家人のイエの独立性を認め、その内部問題に干渉しなかったことのあらわれであろう。

「下手人」の引きわたし

いま一度、『曾我《そが》物語』にもどってみよう。富士の裾野で首尾よく敵《かたき》祐経《すけつね》を討ち取ったあと、さらに祖父の敵ともいうべき頼朝《よりとも》の宿所めがけて突進した五郎はついに捕えられ、頼朝の前に引きだされる。頼朝は五郎の勇敢さに感心してかれをゆるそうとするが、祐経の遺児犬房丸が泣いてうったえたので、とうとう五郎は工藤家に引きわたされ、結局は斬殺されてしまうのである。

敵討《かたきうち》の成功後、当人が相手方の手に引きわたされて殺されるという結末は、九三ページ以下に引いた『今昔《こんじゃく》物語集』の一説話で、敵討にあって殺された太郎介の主人維茂《これもち》が、下手人とみた小者《こもの》の引きわたしを、その主人である父の兼忠に要求してあっさりと拒絶されてしまう、というばあいとくらべて異なってはいるものの、事件の決着を当事者どうしでつけさせるという点では、いままでにみてきたような当時の社会の構造、裁判制度のありかたとまったく一致している。

ここで思いだされることがある。室町幕府のはじめ、二頭政治と評されるように幕政を分担してきた将軍の足利尊氏《あしかがたかうじ》と弟の直義《ただよし》との間で、ついに血で血を洗うような悽惨《せいさん》な闘争が生じた。その発端は政務を委任されていた直義が、尊氏に直属する代々の足利家の被官高師直《こうのもろなお》・師泰《もろやす》兄弟と対立し、師直を暗殺しようとしたことにはじまる、と『太平記《たいへいき》』（巻二七「御所囲事」）は伝える。そうと知った師直・師泰は大軍を動員して直義を討とうとし、直義は死中に活をもとめて兄尊氏の館に逃げこみ、師直らがそれを厳重に包囲するという状況となった。

このとき、師直らは直義の執事で側近の第一、反師直派の筆頭である上杉重能《うえすぎしげよし》と畠山直宗《はたけやまなおむね》の二人の身柄の引きわたしを要求し、尊氏はこれを聞いて、「累代《るいだい》の従者らの軍勢に包囲されたうえ、『下手人《げしゅにん》』を要求されておめおめと引きわたす例がいったい世間のどこにあるか。よしよしそれなら天下のあざけりをうけるよりもみずから討死するまでだ」と、いったん激怒してみせ、結局は上杉・畠山の二人を師直らに引きわたし、直義を政務から引退させることで事態を収拾した。

ここで出てくる「下手人」とはいったい何であろうか。中世ではなまってゲシニンとよび、「解死人」という字をあてることも多いが、もともとは「下手人」、すなわち直接手をくだした加害者の意味で、殺人などの犯罪が行なわれたとき、加害者の身柄を被害者側に引きわたし、その処分を一任することによって事態を解決する方法であった。

のちには直接の加害者でなくとも、謝罪のために代理の人間をさしだすこともあり、相手方はその「下手人」を斬ることも自由であったが、そのまま釈放するばあいもあったという。いずれにもせよ、中世にさかんに行なわれたこうした「下手人」「解死人」の制度は、それぞれが相互に自立したイエ集団の間での衝突・紛争の解決法であったことは明らかであろう。

さきの例にかえると、師直方に引きわたされた上杉重能・畠山直宗の二人は越前国に流罪《るざい》とされ、まもなく師直の命令で討手《うって》をさしむけられ、ともに殺されてしまう。すでに京都を出たころから、越前までの道の途中で殺されるとの噂《うわさ》がしきりで、形式は流罪であっても、その処分は「下手人」としてあたえられた師直方の自由にまかされていたと解釈すべきであろう。

だがその翌々年、尊氏・師直軍が摂津《せっつ》の打出浜《うちでのはま》で直義軍と戦って大敗すると、状況は一変する。尊氏は自分一人で、ひそかに直義と話をつけて和睦《わぼく》し、上京する。師直・師泰らもおくれてはならじと出家の身となり、尊氏に随行するが、ただちに上杉重能の養子能憲《よしのり》の一隊がかれらを襲撃して、またたくまに師直・師泰らをみな殺しにしてしまうのである。これまた尊氏和睦のおり、一種の「下手人」として直義方に身柄をあたえられたものであり、さればこそ上杉氏の側で先年の復讐を実行したと考えられるのである。

罪人を下人にする

こうした「下手人」の慣行とも関連しておもしろい例がある。

鎌倉時代はじめの正治《しょうじ》元年（一一九九）ごろ、大和《やまと》国の西の山間部の伊奈津《いなづ》荘を支配していた源為賢《ためかた》と名のる人物があった。かれは従者をこの荘園の定使《じょうし》に任命していたが、為清と名のる男が荘の年貢《ねんぐ》の掠奪《りゃくだつ》などの悪行をかさねたすえ、「凶徒」をかたらって定使の家に夜討をかけ、あげくには一家八人をみな殺しにしてしまったという。おそらく荘内の豪族であろう。そこで為賢は為清の一族七人をからめとり、処罰しようとしたところ、為清がいうには、

「私の罪は明白であり、罪科をのがれるわけにはまいりません。しかし降参した敵に罪をゆるしてやるのは古今の例でございます。一族七人、われとわが身をあなたさまの従者の身分とする誓約書の『引文《ひきぶみ》』をさしあげますから、どうかこんどばかりは罪をお見のがしください」

こういうのでそれ以来数十年間（あるいは十数年間の書き誤りかもしれない）、為賢は主人として為清一族七名を召しつかってきた。

これはその後、為清の娘聟《むすめむこ》で南山城和束杣《わつかのそま》の原山の住人源太《げんた》定尚《さだひさ》という男が手引きをして、為清一族七人を和束杣に脱走させたとして為賢が訴え出た訴状（『鎌倉遺文』二〇二五）の一節である。田中稔が仁和《にんな》寺所蔵の文書の裏から発見したもので（「仁和寺所蔵本『尊随法不同事等』紙背文書」〔『奈良国立文化財研究所年報』一九六四〕）、まことに興味ぶかい内容である。事実がこのとおりだったとすれば、これまた自分自身を「下手人」として被害者側にさしだして罪をつぐない、みずから相手のイエ支配権の下に身をおくことによって、寛大な処分をねがったということになろうか。

「降参半分の法」

これまでにながめてきたようなもろもろの事実は、いずれも底流において通いあうものをもっている。それを私は中世におけるイエの独立性、また不可侵性（あるいは小国家性とよんでもよい）という基底から流れだした諸現象だと考えている。冒頭に述べたような宇都宮鎮房《しげふさ》の「転封《てんぽう》」「国替え」の拒否という行動は、まさしくそうした特質の発露であった。それはすなわち「中世武士団」と「近世武士団」とを分かつ指標でもあった。

「転封」「国替え」の考えられない「中世」という時代には、それとは逆に慣習がむしろ支配的であった。たとえば南北朝時代には、「降参半分の法」とよばれる法があった。これは降服者には所領の半分、あるいは三分の一を没収しただけでこれをゆるす、という慣行を立法化したものである。敵対者であっても、降参してくればこれを完全に打倒し、全所領を没収することはできなかったのである。

また罪をおかしたりして所領を没収されたとき、とくにことわりがきをつけて「渇命《かつみよう》分《ぶん》」、あるいは「堀内分《ほりのうちぶん》」は除くと定めているばあいも、中世にはしばしば見うけられる。「渇命分」とは命をつなぐための分という意味であり、「堀内分」とは、すでに曾我《そが》の里の叙述でもふれ、のちにもくわしくみるように武士の所領の中核となる館・屋敷を意味する。所領全体の完全な没収、イエ支配権の全面的否定が困難であればこそ、こうしたかたちでそれまでの領主の支配権の残存を認めざるをえなかったのであろう。

そしていったん没収された所領は「闕所《けつしよ》」とよばれたが、それに対してはまず没収された者の同じ一族がその再給付を要求する権利をもっており、それがないばあいにはさらにそれ以前の領主や、その一族など関係者が給付を要求できる、というのが中世を通じて根づよく存在した一般的習慣であった。これもまた上のような特質とからみあい、同じ根から派生してきた慣行であったろう。

重代相伝の名字の地

『曾我《そが》物語』の主人公たちに即していえば、伊東祐親《すけちか》・河津祐通《すけみち》・曾我祐信、これらの武士の名字《みようじ》(のちに苗字とも書いた)である伊東・河津・曾我などはいずれもかれらの本領であり、その屋敷の所在地の地名であった。こうした土地のことをふつう「名字の地」とよぶ。先祖以来重代相伝の本領であり、その家の名字のおこった地に対する武士の執着心はまことに強いものがあった。あるいは中世武士のみずから記した古文書《こもんじょ》のなかに、あるいは軍記物語の一節のなかに、重代相伝の名字の地を失うことは武士の名折れであるとか、あるいは先祖以来の本領の堀の内を敵兵の駒のひづめに駆け散らされてたまるものか、というたぐいの表現は数多く見いだされる。

『曾我物語』の流布本《るふぼん》（巻二「伊東がきらるゝ事」）では、曾我兄弟の祖父伊東祐親《すけちか》が武運つたなく生け捕られ、頼朝《よりとも》の命令によってついに斬られる情景をつぎのように描いている。「最後の十念にもおよばず、西方浄土《さいほうじょうど》をもねがはず、先祖相伝の所領伊東・河津の方《かた》を見やりて、執心ふかげに思ひやるこそ無慙《むざん》なれ」と。いまわのきわに念仏も唱えず、極楽浄土への往生もねがわず、ただはるかかなたの先祖相伝の所領、名字の地の方角を「執心ふかげに思ひやる」という姿のなかに、中世武士のありかたが象徴されているように思われる。

まさにこの名字の地こそは、その居館・屋敷を中心として、「土」に根ざした武士の在地支配の展開したところであった。そこには先祖をまつる墓があり、父祖代々の霊魂のやどる場があり、その家を守護する氏神があり、氏寺があった。空間的にも時間的にも、実体上からも観念上でも、それは武士団の支配権の中核を構成する部分であった、といってよい。

武士のイエ支配権の図式化

読者は承久《じょうきゅう》の新補地頭《しんぽじとう》についてごぞんじであろう。承久の乱に勝利をおさめた鎌倉幕府は、新たに没収した西国を中心とする各地域におおぜいの御家人《ごけにん》武士を地頭として送りこんだが、かれらの収益・報酬は前任者のそれを継承するのが原則となっており、ただそれがあまりにも少ないか、継承すべき前例がないばあいにだけ一定額の基準が適用された。この基準の適用をうける地頭を「新補率法《しんぽりつぽう》の地頭」、略して「新補地頭」とよんだのである。

その基準とは、

(1) 田畠一一町ごとに一町ずつ、地頭に免田《めんでん》(免税地)をあたえる。

(2) その他の田畠に対しては、地頭が一反あたり五升ずつの加徴米《かちようまい》をかける。

(3) 山野や河・海の産物については、領家《りようけ》・国司側と地頭とで半分ずつうけとる。

この三ヵ条がおもなものである。その制定の経過からみて、地頭の収益としてもっとも標準的な水準をしめしたものであることは明らかであるから、地頭に代表されるような当時の武士団の所領支配のありかたをみるためにも、絶好の手がかりをあたえてくれる。

ではつぎにこの「新補の率法」を参考に、中世武士団の所領支配の構造を図式化してみよう。いま、コンパスを使って三つの同心円を描いてみる。そして、そのもっとも内側の円を武士の館《やかた》・家・屋敷とする。あとでくわしくみるように、実際には四角形のばあいが多いけれど、説明のつごう上、円で代表させておこう。周囲には土塁をめぐらし、堀でとりかこむのがふつうなので、土居《どい》(土塁のこと)とか、堀の内とよばれる。ここが武士の所領支配の中核をなす部分で、同時にイエの主人の支配権が貫徹しているところである。

その外側の円は、武士の居館のすぐ周辺部にひろがっている直営の田畠を意味している。当時は佃《つくだ》・正作《しょうさく》・御手作《おてづくり》などともよんでいるが、主人に従属する度合の強い下人《げにん》や所従などの隷属民たちを使役して耕作させており、荘園領主や国司に対しては租税が免除されているのがふつうだった。

館のすぐ門前にあるところから、門田《かどた》、門畠《かどはた》とよばれることも多く、「堀の内については検注のとき、かつて馬の鼻を向けられたことがない」、すなわち検注使の立ち入らぬ検注免除の地とされていた。また地方では門田の大小がその領主の身分の差をあらわしているとも考えられていた。「新補の率法」で一一町ごとに一町の割合で認められている地頭免田とは、ちょうどこの第二の円の内部に相当する部分であった。

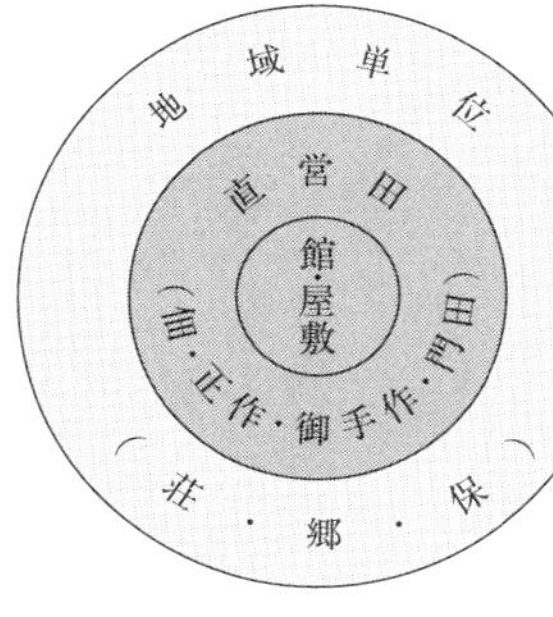

中世武士の所領支配の構造

さて第三のもっとも外側の円が、荘や郷・保《ほう》などとよばれ、地頭の設置されている地域単位をさしている。「新補の率法」でいえば、田畠から反あたり五升ずつの加徴米《かちょうまい》を徴収できる地域である。加徴米とは加えて徴する米の意味であって、地頭の職務として荘・郷などの年貢をあつめるのに付随した収入を意味している。この一定領域内には多くの農民がおり、さらに小なりとはいえ同様な同心円的支配を行なっている別の武士団も存在する。このイエの主人にとってはもっとも支配権の薄弱な部分であって、さればこそ地頭などの職権にもとづいてかれらの支配を補強しようとしているのである。

以上が図式化されたイエの支配圏の同心円的なありかたである。中核には館・家・屋敷があって、その支配権はつねにそこから流れだすものと考えられている。いわば第一の部分の拡大・発展、第三の外円全部の吸収が、武士のイエ支配の展開の極致であるといってもよい。事実、ほんらいは第一の館のみを意味したはずの「堀の内」の語が、第二の部分の直営地の名称に転じているばあいは多いのである。そしてさらには第三の外円すべてをふくめて、その武士団の先祖相伝の屋敷地であり、居城であると称しているばあいでさえ、けっして少なくないのである。

本書のはじめ以来、私が武士のイエ支配権とくりかえしていたものの実態は、図式化すればまずこんなものであった。それぞれの時代と場所によって、それがどのような形をとってあらわれてくるか、それを以下の章ごとにながめてゆきたい。

「兵」の館をたずねて

余五将軍平維茂と平将門

「兵」と「中世武士団」

安田元久（「参考文献」参照）は武士団の発生について、ほぼ以下のような説明を加えている。

「戦闘のための武力集団を一般に『武士団』とよぶならば、それは平将門《たいらのまさかど》の乱の例をみるまでもなく、すでに一〇世紀には成立していた」。しかし、当時「兵《つわもの》」とよばれていたかれらの武力は、まだたぶんに古代的武力としての特徴をそなえていた。その兵力の大部分は同時に農民であったし、兵がさらに他の兵を従者として従えるという重層的な階層関係は、成立していなかったからである。

しかし一二世紀以後にみられる戦闘組織ははるかに発展しており、その構成員の大部分は戦闘の専従者となり、首長の下に従う従者としての「郎等《ろうどう》（郎党）」が、さらにその下に従者をもつという階層的関係が成立していた。しかもかれらは各地に所領をもつ在地領主であって、その所領の支配を媒介とするヒエラルヒー（階層的支配関係）を基軸に、強い団結をもった戦闘組織が生まれていた。

「これが中世的武士団の成立にほかならない。こうして武士団とは、『中世社会の担《にな》い手となる在地領主層を中核とする戦闘的権力組織で、その内部構造としては、主従制的な階層関係が存在するもの』と規定できるのである」と。

このように「古代的戦闘集団」としての一〇世紀の「兵《つわもの》」たちと、一二世紀以後の「中世的武士団」とをはっきり区別するのが今日の学界ではふつうの考えかたである。

通説への疑問

しかし本書の執筆を準備するなかで、私にはこうした通説に対する若干の疑問が生まれてきた。われわれが「武士団」というときにまず思いうかべるのは、騎馬にまたがり、弓矢・太刀で戦うという姿であろう。いわば弓射騎兵隊ともよぶべきその基本的特色は、すでに、一〇世紀の「兵《つわもの》」たちのなかに明らかにみとめられる。かれらの軍事力がまだ農業と分離せず、また組織化が不十分であって、いったん戦が敗北となればアッというまに算を乱して潰走《かいそう》してしまうとか、主従の間で「御恩」としてあたえられるものが土地ではなく現物給与であったとか、『将門記《しょうもんき》』のなかにはたしかにそのような特色がよく表現されている。

しかし、だからといって、「兵」たちの軍事組織と、一二世紀以後の武士団とをまったく異質の存在だとしてしまってよいのだろうか。なるほど御恩《ごおん》と奉公《ほうこう》でむすばれる主人と従者の関係は、まだ未熟であったかもしれない。しかしかれらの軍事組織を基本的に動かしていたものは、やはり一種の主従制としか考えられないだろう。主従関係が単純であるか、複雑な重層的関係であるかという点は、たしかにその進化の度合をはかるさいの一つの問題点である。それにしても、まずそれが主従制そのものであったことは、おさえておかなくてはなるまい。

また兵力が農業から分離していたかどうかの問題であるが、太閤検地《たいこうけんち》によって兵・農が分離する以前の中世社会にあっては、一二世紀以前でも以後でも、ある意味では程度の差であって、それほど大きなちがいがあるとも思われない。私はむしろ弓射騎兵隊という戦闘様式や装備の共通性のほうを重要視して、一〇世紀の「兵」たちを「中世武士団」の先駆、その初期の形態としてとらえることにしたい。もちろんそれは、一〇世紀の武士団が一二世紀のそれとまったく同一であったと主張するものではない。むしろ両者の間に差があったことを認めながら、しかもそれは「武士団」という共通の土台の上でのちがいである、と考えたいのである。社会集団としての中世武士団をあつかおうとする本書の課題にも、そのほうがふさわしいと思うのである。

荒野の決闘

ではさっそく、一〇世紀の「兵《つわもの》」の世界を訪れてみることにしよう。

利根川や荒川などの大河の流れる坂東の荒野の一角、ひろびろとした原野に、ある日の午前、それぞれ五、六〇〇人ずつの軍勢が、一町ばかりの距離をへだてて楯をつきならべ、相対峙《たいじ》していた。まさに合戦のはじまろうとする寸前である。やがて両軍から一騎ずつの兵が出て、開戦の旨を記した「牒《ちょう》」という文書を交換する。それを手にした二人がたがいに背をむけて自陣にとってかえそうとするや、これを合図に両軍から矢が射かけられる。さすがおおぜいのなかから選抜された勇士だけあって、そのときすこしも騒がず、馬上しずかに歩ませて、後をもふりむかずに自陣にとむかうが、これこそ「猛《たけ》き兵《つわもの》」の見本である。

いよいよ戦闘開始。両軍はじりじりと楯を前進させながら間隔をせばめ、いまや弓射戦から全面衝突へと展開しようとする。さて今日の合戦の一方の大将は東国にその人ありと知られた「兵」の村岡五郎良文《よしぶみ》、他方の大将もまたならびない「兵」の箕田源二充《みのだげんじみつる》である。良文は将門《まさかど》の乱で有名な平氏の一族で、高望《たかもち》王の子、国香《くにか》・良持《よしもち》・良兼《よしかね》らの兄弟、そして将門や貞盛《さだもり》の叔父にあたる。武蔵《むさし》国の北部、いまの熊谷《くまがや》市の南、村岡を根拠地に土着した豪族である。充は武蔵国の権介《ごんのすけ》であった源任《つかう》（仕）の子、いまのJR高崎線、鴻巣《こうのす》駅と吹《ふき》上《あげ》駅の中間付近の箕田の地を中心に勢力を張った豪族である。

両人ともに東国に知らぬ人のない「兵」で、たがいに我こそは第一の「兵」と自負しているうちに中傷する者が出てきて、ついに合戦で勝負をつけることになり、日時を定めてこの原野に両軍対峙するにいたったのである。

しかしいよいよ全面的開戦となる直前、良文はいった。「そもそも今日の戦いは、君とわれとの『兵』の手並の優劣をはっきりさせるためのもの。二人だけで力のかぎり戦い、勝負をつけようではないか」と。充も大賛成で二人はそれぞれ軍勢をひかえさせ、両軍の楯の谷間に一騎ずつ進み出た。たがいに鴈股《かりまた》の矢をつがえ、馬を走らせてすれちがいざまに相手を射落とそうとねらいうち、あるいは馬から落ちるような姿勢をとっては矢をそらせる。走りすぎてはまたとって返す一騎打の戦いが何度かつづけられ、双方秘術をつくしたがついに勝負がつかない。

とうとう良文も充も、「おたがいに手のうちはよくわかった。先祖以来の累代《るいだい》の敵どうしというわけでもない。もうやめて引き返そう」と、戦いをやめた。そして以後はたがいに仲よく、分けへだてなくすごしたという。

『今昔物語集《こんじゃく》』巻二五におさめられた「兵」の説話のなかの一つ（第三）である。広大な坂東の原野のなかでの、「兵の道」を争う両人の一騎打、かれらの心ばえの美しさを描いてあますところがない。

史書（「扶桑略記」延喜一九年五月二三日条）によれば充の父、前《さきの》武蔵権介源任は、延喜《えんぎ》一九年（九一九）武蔵の国府を襲撃して官舎を焼き打ちし、蓄積されていた官物《かんもつ》を掠奪《りゃくだつ》したうえ、国司を殺そうとしたという。将門の反乱より二〇年もまえであった。だからこの充と良文の一騎打が行なわれたとすれば、一〇世紀のなかばごろであり、『今昔物語集』の書かれた一二世紀初頭からはほぼ一世紀半も以前のこととなる。しかし物語の末尾に「昔の兵はかくありける」と記されているところから、それを一時代昔の「兵」の理想像としてうけとることは十分に可能であろう。

平維茂の武勇譚

つぎに、同じ『今昔物語集』の伝える坂東の「兵」たちの武勇譚《ぶゆうたん》（巻二五第五）を読んでみよう。

今は昔、陸奥《むつ》国に平維茂《これもち》という「兵」があった。平貞盛の甥《おい》である。貞盛は甥や甥の子などをみな取りあつめて養子にしたが、維茂はなかでも年少だったので一五番目の「余五《よご》君《きみ》」とよばれた。一方、同じ国内に田原藤太《たわらとうだ》秀郷《ひでさと》の孫、藤原諸任《もろとう》という「兵」がいて、維茂と田畠の争いをおこしていた。二人は国司に訴えたが、ともに有力者なので国司も判決をくだせないでいるうちに、とうとう対立は重大な局面をむかえ、合戦で決着をつけることになった。双方とも軍勢をあつめ、いつ、どこの野で戦おう、と約束したが、維茂側は兵三千をあつめたのに、諸任方は千余人にしかならない。とうとう諸任は、「この戦はやめだ」と宣言して常陸《ひたち》国へ退去してしまった。維茂もやがて軍勢をそれぞれ故郷へと引きとらせた。

ところがしばらくたったある深夜、諸任は軍勢をひきいて維茂の館《やかた》を急襲する。館の前の大きな池の水鳥たちが騒ぎだしたので夜襲と察知した維茂は、すぐに「男どもは起きて武装せよ。馬に鞍《くら》おけ。やぐらに人のぼれ」と命令し、必死で戦うが多勢に無勢、館は焼きはらわれ、ついに全滅する。ただ最後になって維茂一人はひそかに抜けだして、館のすぐ西側の流れの葦《あし》のなかに身をひそめる。

翌朝勝ちどきの声をあげて諸任軍が立ち去ったあと、付近からあつまってきた維茂の部下たちが嘆き悲しんでいると、姿をあらわした維茂は、「今夜はよほどうしろの山に隠れようかと思案したが、逃げたという汚名を後世にのこさないように一戦したのだ。すぐに奴を追っかけろ。おれの健在ぶりを知らせ、もう一合戦するのだ。そうでなければ子孫までの恥になるぞ」とさけぶ。はじめ「敵は四、五百、味方はわずか五、六十。とても勝負にはなりません」としりごみしていた従者たちも、率先して馬にまたがってとびだした維茂につづいて、追撃にうつる。

諸任は帰り道、妻の兄で通称「大君」という豪族の館をたずね、手柄顔に一件を報告するが、大君は、「たしかに維茂の首を取ってこないかぎりは、いつかれが追撃してくるかわからぬ。まきぞえはごめんだから、早く出ていってくれ」という。「大君」の臆病ぶりを笑いながら、諸任の軍勢は近くの野山の小川のほとりで休息し、戦勝を祝う酒もりをはじめ、ついに全軍、人馬ともに寝てしまう。

これでは勝敗ははじめからきまっている。維茂は「大君」の館の前で、使者に「ただいまより敵諸任の追撃にまいる」とあいさつさせ、やがて諸任軍を捕捉し、馬場で笠懸《かさがけ》でも射るような調子でみな殺しに討ち取ってしまう。さらに諸任の館におしかけて火をかけ、男はかたはしから射殺し、「女には手をかけるな」と諸任の妻をつれだし、「大君」の館まで安全に送りとどけてやった。以後、維茂は坂東八ヵ国にならびのない兵としての名をあげた、ということである。

以上のような「兵」たちの物語は、明らかにその戦闘様式が弓射騎兵戦を主としていたことをしめしており、さらに相互の対立と闘争の世界のなかで、武勇の名を第一と心がけ、後世にのこる名誉を重んじ、しかも思慮分別を重視し、女性をいたわる精神などをもっていたかれらの実像をいきいきと描きだしている。『今昔物語集《こんじやく》』の成立がかりに一二世紀までくだるとしても、そこに登場する「兵」たちはみな、一時代前の戦士たちの風貌を伝えているものと信じられるのである。

筑波山のふもとで

つぎにはこれらの「兵」のうち、常陸平氏《ひたちへいし》一族をとりあげてややくわしくその実態をさぐってみることにしよう。広大な関東平野の中央部の東よりにそびえ立つ筑波《つくば》山は、標高九〇〇メートルにも足らぬ山とは思えないほどの堂々たる山容をしめすが、その山麓、とくに西・南方の一帯には、海抜二〇〜四〇メートル程度の関東ローム層のつくりだした常総台地が一面にひろがっている。その間を鬼怒《きぬ》川・小貝《こかい》川・桜川やその支流など何本もの河川が南方へと流れ、台地を開析《かいせき》して沿岸に長い低地帯を形づくっている。その多くは沼沢地や湿地帯となって、末は霞《かすみ》ケ浦《うら》や現在の利根《とね》川の流れにつらなっていく。

一〇世紀の平将門《まさかど》の反乱はちょうどこの地域を舞台にくりひろげられた。そして最終的に将門をうち破った従兄弟《いとこ》の平貞盛らの子孫が、その後、有力な豪族としてこの付近に繁栄し、常陸平氏とよばれる多くの武士団を発生させるのである。以下、この地域をおもな対象としながら、武士団の成立と発展の道筋をたどってみよう。そのさいにはまず冒頭の章や「敵討《かたきうち》とその周辺」の章で述べたようなイエ支配権の中核として、重要な役割をになった豪族たちの屋敷や館《やかた》のありかたを中心にすえながら、かれらの実態を明らかにしてゆきたい。

筑波の山頂から真西に山をくだりきり、桜川の対岸の常総台地の端に、いま東石田の村がある。この付近が将門に攻め殺されたその伯父、高望《たかもち》王の長子で一族の族長の地位にあった平国香《くにか》の根拠地、石田の「宅」のおかれていた場所である。東石田から南方へ進むこと約三キロ弱で水守《みもり》の村がある。ここも台地の縁《ふち》から台地面にかけて集落がつくられているが、台地の縁に接した北東部を本田、台地面上の南西部を新田とよんでいるところからみて、もともとの村は、桜川ぞいの低湿な水田地帯に接する付近にあったのだろう。

ちょうど台地の末端、低地との境目あたりに何ヵ所かの湧水点があり、用水池など

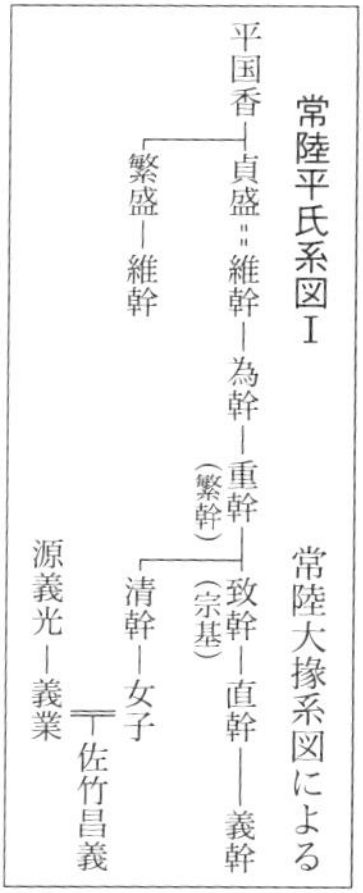

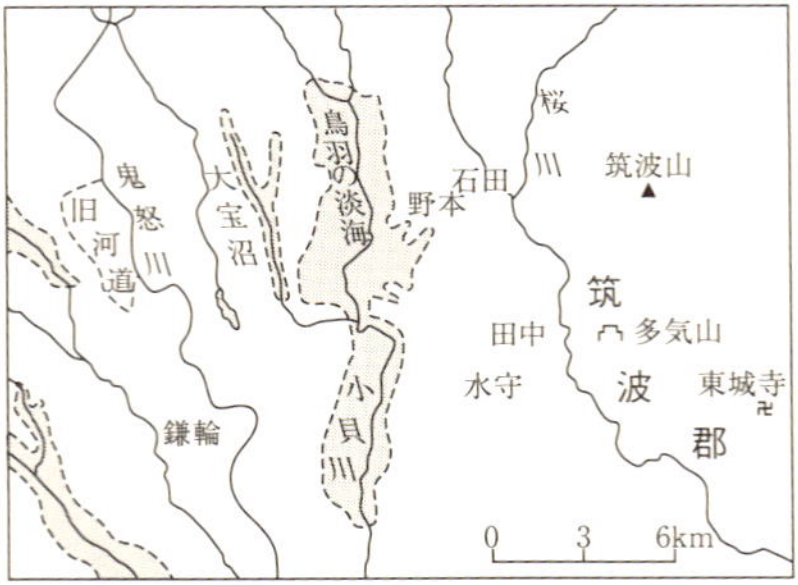

筑波山のふもと

として今日も利用されている。その一つはタリカハとよばれ、日本武尊《やまとたけるのみこと》の飲まれた水といい伝えられており、また尊が水の番人をおいたので水守とよぶようになったとも伝えられている。水守はまた「水漏」とも書くが、これらの湧水から村の名が生じたことには疑いがない。

水守城跡をたずねて

村の東北に、台地の端がもっとも突きだしたところ、平地からほぼ一五メートルほどの高みに水守城跡がある。直径ほぼ三〇〇メートルの円に近い形である。台地に接する部分は「館堀《たてぼり》」という小字《こあざ》のしめすように空堀《からぼり》によって掘り切られ、「館《たて》ノ内《うち》」という小字名の部分が外側に突きだしている。ここはちょうど物見台とよばれる数メートルの築山《つきやま》状の高みになっているが、おそらくは空堀を掘ったときの残土によってきずかれたものだろう。堀の外側、すぐ南に「殿坪」という小字があり、その西側は「打出《うちで》」という。この付近が大手口であろう。平坦《へいたん》な台地上で遠くを見わたすために物見台をきずく必要があり、それが南方へ突出しているのは大手口を横合いから防禦《ぼうぎょ》するためであったと思う。

館の内部は平坦で、いちばん北の部分には南の物見台に相対してまた小高い部分がある。

これはおそらく古墳に手を加え物見台としたものであろう。北東の部分、下の低地へと傾斜していくあたりは小字を「狭間《はざま》」という。矢や弾丸などを発射するために城壁にもうけた穴のことを狭間とよぶから、そうした防禦施設があったのであろう。その下の低地を「館《たて》ノ下」という。読んで字のとおりの場所である。

将門《まさかど》の反乱の顚末《てんまつ》を描いた『将門記《しょうもんき》』のなかには「水守の営所」の名があらわれている。「営所」とは将門の根拠地の一つ「石井《いわい》の営所」が内部に「兵具ノ置キドコロ」「将門ガ夜ノ遁《のが》レドコロ」「東西ノ馬打（馬場）」「南北ノ出入リ」をそなえ、従者たちが交代で宿直《とのい》する場所もととのっていたように、まず軍事的拠点であり、城塞《じょうさい》であった。『将門記』によれば、国香《くにか》亡きあとの平氏一族の族長ともいうべき平良兼は、根拠地の下総《しもうさ》国から「流海《ながれうみ》」をわたって常陸《ひたち》国に上陸し、「水守の営所」で弟の良正、甥の貞盛らをあつめて将門と戦う策をねったという。おそらくかつて国香のもっていた「営所」の一つなのであろう。

水守の村の付近で城や館《やかた》をきずくとすれば、低地のほうへもっとも突出しているいまの水守城跡の地点がまず第一の候補地であることにはまちがいはあるまい。もちろん中世の城や館には同一の地点で長期間、継続して利用されたものが多いから、その原初的なかたちを知ることは、なかなかにむずかしい。

水守城跡の遺構もまた中世後期の改変をへたものと判断されるけれど、自然的な地形にあまり大きな手を加えず、比較的単純なプランのもとに構築されている点では、かなり古い形式をのこしているように思われる。このような理由から私はここが将門の反乱当時の「水守の営所」の跡であり、基本的にはそれほど大きな変化をうけてはいないだろう、と判断している。平坦部分に小学校や保育園が建設されたとはいえ、いまもなおありありと中世の館の跡をのこしているこの遺構は、たいへんに貴重なものである。とくに将門の乱の関係地としてはもっとも古態をとどめた地点であるだけに、ぜひともこれ以上の破壊を避けてほしいとねがうのは、おそらく私一人だけではあるまい。

「水守の営所」の主

水守《みもり》城跡の一角に立てば東北方に筑波《つくば》の峰がみごとな形姿をみせ、その手前、桜川の流れをこえたところに多気《たけ》山の丘陵がうずくまり、ふもとには筑波北条の町並がつづいているのが望まれる。その付近一帯は南にむいて傾斜した台地の末端で、かつての筑波郡の中心であった郡家《ぐうけ》と推定される所や、奈良時代の古寺の跡もあり、古代以来の豪族の根拠地としていかにもよい条件をそなえている。多気山の上には、鎌倉時代のはじめ、常陸平氏の嫡流がたてこもった山城の跡がある。この水守とならぶ常陸平氏嫡流家の根拠地なのである。

北から西にかけては、中世の田中荘の中心地となった広大な水田地帯がひろがっている。ちょうど水守の村のすぐ北側あたり、田の一枚一枚の形がほぼ一反ごとにくぎられて、明らかに条里制《じょうりせい》的な形態をしめしている。この付近の水田の開発がかなり古いことを物語っている。城跡の北端には古墳があり、また城跡の内の畑地には土師《はじ》器の破片が散らばっている。近くには泉が湧き、水田に好適な低地帯がひろがっているこの台地の縁《ふち》が、古代からの居住の適地であったことはいうまでもない。

「水守の営所」の「営所」とは、「私営田経営《しえいでんけいえい》」、すなわち豪族が直接に采配《さいはい》をふるって農業経営を行なうさいの拠点を意味する。一一世紀前半から中葉にかけての伊賀《いが》国の「猛者」藤原実遠《さねとお》は、国内の各郡に所領をもち、所々に「田屋《たや》」を建てて経営にあたり、国内の人民はみなその従者として服従したと伝えられているが、その「田屋」がこの「営所」に相当するのだろう。農民を使役して田畠を耕作させ、直接経営を行なってゆくためには、「種子・農料」とよばれた、播種《はしゅ》のための種子や食料・手間賃などを用意しなければならない。「営所」には、とうぜんそれらの物資がたくわえられていたはずで、何棟もの倉庫も建ちならんでいたと思われる。水守城跡のすぐ下にひろがる、水田地帯こそは、そうした直営田にちがいあるまい。

貴族のみた「兵」

都から姫をつれ去った男

平国香《くにか》・貞盛のあとをついでこの「水守《みもり》の営所」の主人となったのは、貞盛の弟繁盛の子の維幹《これもと》であった。貞盛は一族の甥や甥の子などまでを取りあつめてみな養子とし、十数人に達したといわれるが、維幹もその一人で、貞盛が上京して朝廷につかえ、畿内近国を地盤とする武士団の首長に転換していったあと、国香以来の常陸《ひたち》国の勢力圏をうけついだのである。かれは五位の位を手に入れて、水守大夫《みもりのたゆう》もしくは多気大夫《たけのたゆう》と通称された。「水守の営所」や多気《たけ》の城の山麓部分あたりにあったと思われる館が、その根拠地だったことがわかる。

その維幹について、『古本説話集』（巻上「伯母事」）や『宇治拾遺物語《うじしゅういものがたり》』などにはつぎのような説話をのせている。『古本説話集』とは『今昔物語集《こんじゃくものがたりしゅう》』の成立と相前後して一二世紀の前半、院政期にできあがった説話集の一つで、敗戦後ひろく公開されて有名になった作品である。

今は昔、常陸国の住人多気大夫という者が、訴訟《そしょう》のため都にのぼっていた。その宿所の向いに越前守《えちぜんのかみ》高階成順《たかしなのなりのぶ》の家があった。成順の妻は歌人として有名な伊勢大輔《いせのたいふ》である。二人の間には、のちに神祇伯《じんぎはく》康資王《やすすけ》を生み、「伯《はく》の母」という名で知られた歌人をはじめ、多くの姫君たちがあった。

成順の家で法会《ほうえ》が行なわれたとき、多気大夫はつれづれなるままに説法の聴聞《ちょうもん》に出かけ、御簾《みす》を風が吹き上げたとき、紅の単《ひとえ》がさねを着たこの世のものとは思われぬほど美しい娘を見そめてしまった。これが成順と伊勢大輔の長女大姫である。多気大夫はなんとか大姫を妻にしたいと、側仕《そばづか》えの女童《めのわらわ》や乳母《めのと》を口説き、金百両で買収してついに姫をぬすみだし、乳母ともども常陸に帰国してしまった。

やがて歳月がすぎて、伯の母は常陸守の妻となり、夫とともに国にくだったが、すでに大姫はこの世を去ったあとだった。ただ大姫の遺児の二人の娘が、それを聞いて国府にやってきた。田舎の娘とはみえぬすばらしい美人であった。伯の母が亡き母上にそっくりだといって、二人はたいへんに泣いて帰ったが、その後国司の任期の四年間というもの、叔母の夫が国司だからといって、とくにそれを誇るでもなく、いろいろな頼みごともしてはこなかった。任期が終わろうとするとき、常陸守が「なんとも言ってこないなんて、まったく非常識な連中だなあ。せめて帰京する旨を伝えてやれ」というので、連絡すると、帰京の前々日に二人の娘がやってきた。一疋《ぴき》でもたいへんな財宝になるこのうえない名馬を一〇疋ずつ、また、財宝をつめた皮子《かわご》（革ばりの行李）を背負った馬も一〇〇疋ずつ、それぞれ二人で進物《しんもつ》にし、なにごともないような顔で帰っていった。

これをみた常陸守は「過去四年間、国司として得た富など、これにくらべればなんでもない。それにしてもなんとまあすばらしく心のひろい連中だなあ」と感嘆したということだ。

この説話の筆者は中央貴族の立場から、大姫君が東路のはての常陸国で「田舎人」としての生を終えてしまったことを嘆きつつ、しかも彼女を妻としてつれ去った多気大夫維幹《これもと》の富豪ぶりに羨望の念をみせているのである。「水守の営所」の主人維幹とは、このような人物なのであった。

五位の位を買いとった男

この話、説話集中の一編でどこまで事実を伝えているか保証のかぎりでない、といわれるかもしれない。そこでつぎに歴史家のもっとも重要視する古文書や古記録（日記類）、なかでも摂関《せっかん》時代の貴重な史料として有名な藤原実資《さねすけ》の日記『小右記《しょうゆうき》』（長保元年一二月九日条、同月一一日条）をひらいてみよう。そのなかに維幹《これもと》の名が出てくるだけでなく、五位の位を買いとったという富豪ぶりまでが記されているのである。

長保《ちょうほう》元年（九九九）一二月、花山《かざん》上皇分の爵位《しゃくい》の売買にさいして、常陸介《ひたちのすけ》の平維叙《これのぶ》（貞盛の長子）の斡旋《あっせん》をうけた平維幹が、それまでの進納だけでは不足の分として絹二六疋《ぴき》と、自分の名簿《みょうぶ》を京都に送ってきた。維幹はもともと実資に奉仕する「僕《しもべ》」であり、実資にも馬三疋を献上した。それで実資が仲介の労をとり、花山上皇からは来年の分で維幹に五位をあたえる旨の連絡があった、というのである。

律令制度のうえからは三位以上が貴《き》、四位・五位が通貴《つうき》とよばれて、五位以上が種々の特権をもつ身分であった。この時代の豪族にとっても位階官職は大きな魅力であったが、当時の武士や「兵《つわもの》」のなかには、何々大夫と名のって五位の位を誇示する者が多い。多気大夫《たけのたゆう》つまり水守《みもり》大夫維幹がその一人となれた経過が、『小右記』という有名な日記で確証されたことはたいへんに貴重である。

かれが五位を獲得するのに必要な条件の第一は、まず富であった。これは売位・売官に応ずる以上当然のことで、維幹はまさにその適格者だった。つぎに中央朝廷との特殊な関係、いわゆる「コネ」であるが、当時、藤原氏一門中の有力な一家小野宮《おののみや》家をついでいた実資に奉仕し、実資から「余の僕」であるといわれていたことで、その点でも合格である。例の将門《まさかど》が少年の日に太政大臣藤原忠平《ただひら》に名簿をささげて臣従して以来、かれを「私君」としていた事実は『将門記《しょうもんき》』に記されているが、維幹の実父繁盛も、忠平の子、九条右大臣師輔《もろすけ》に奉仕した身であった。中央朝廷の権勢家である藤原氏一門に私的に奉仕して従者となることは、この時代の東国の豪族層にとってむしろ一般的だったのである。

さらに注目すべきは、維幹に近い一族に諸国の国司、とくに東国の国司を歴任した者の多いことである。維叙《これのぶ》の上野《こうずけ》・常陸《ひたち》両国の介・陸奥《むつ》の守、維将《これまさ》は常陸介、維敏は上野・常陸両国の介、維衡《これひら》は常陸・上野両国の介と、伊勢《いせ》・陸奥・出羽《でわ》・伊豆《いず》・下野《しもつけ》・佐渡《さど》諸国の守に、というように貞盛の四人の子たちの経歴をみれば、それははっきりしている。当時、常陸・上野・上総《かずさ》の三国は、親王任国と定められ、親王が守に任命されても俸給をうけとるだけで政務は行なわず、次官である介が現地で政治を行なうことになっていた。だから、この三国では介が実質上の国守だったわけである。

ところで維幹の従兄弟《いとこ》、あるいは義理の兄弟にあたる貞盛の四人の子息たちが、いずれも一度は常陸の国守に任じられていることは重要である。かれらが父貞盛以来の本国である常陸の国守として、一族の勢力拡張に努力したのは当然であろうし、維幹もまた十二分にその成果を享受したであろう。五位の獲得にあたって常陸介維叙の斡旋をうけたのもその一例であるが、国内での所領の経営・拡大にさいしても国司の力を利用することは多かったはずであり、また維幹自身、国衙《こくが》の政庁内部になんらかの地盤をきずいていたと思われる。かれの富豪ぶりも、また妻の妹聟《いもうとむこ》にあたる常陸の国守へも一種の独立性をもった対しかたをしている事実も、そのような条件のうえで可能となったものであろう。

「兵」たちの館

維幹《これもと》のように「兵《つわもの》」であり、また富豪でもあった初期の武士団の実態をいますこし明らかにしよう。素材としてはちょうどその祖父の世代におこった将門《まさかど》の反乱をえがいた『将門《しょうもん》記《き》』を中心に、まえに一部を紹介した『今昔《こんじゃく》物語集』をふくめてあつかいたい。

『将門記』の叙述はかなり詳細で、かつ相当程度信用できるものである。その冒頭に出てくる将門と伯父国香《くにか》、その姻族《いんぞく》である前常陸大掾《さきのひたちだいじょう》源護《まもる》一族との合戦記で、勝利をおさめた将門は、敵方の「野本・石田・大串・取木等ノ宅ヨリ始メテ、与力《よりき》ノ人々ノ小宅ニ至ルマデ、皆悉《ことごと》ク焼キ巡リヌ。（中略）又筑波《つくば》・真壁《まかべ》・新治《にいばり》三箇郡ノ伴類《ばんるい》ノ舎宅五百余家、員《かず》ノ如ク焼キ掃《はら》フ」と記されている。

国香・源護一族の勢力圏の中核をなしているのが、第一に四ヵ所にわたる「宅」であり（野本・取木は所在地不明だが、石田と大串は直線距離でほぼ八キロをへだてている）、第二にその周辺部分にある「与力《よりき》ノ人々」の「小宅」であり、そして第三に三つの郡内にひろく散在する「伴類」の「舎宅」五百余家であったことが明瞭に語られている。いわば「宅」「小宅」「舎宅」の三重構造が、かれら豪族たちの勢力圏の基本を形づくっていたのである。

その中核をなした「宅」とは、『将門記』ではまた「営所」とよばれ、「宿」とも記されている。すでに「水守《みもり》の営所」「石井《いわい》の営所」についてみたように広壮な屋敷であり、城塞であり、農業経営の基地であり、交通や商業活動のセンターでもあった。さきに紹介した『今昔物語集』の維茂《これもち》の武勇譚《ぶゆうたん》では、その館は、山をうしろに、沼沢地を前にし、西側には深い川が流れていた自然の要害であった。こうした地形を利用して、さらに堀が掘られ、土塁がきずかれていたであろう。「大君」の館でも門にはかたい扉がつけられ、櫓《やぐら》があって物見の武士が警戒にあたっていたと語られている。

維茂の館が夜襲されたとき、武装した戦闘要員は全部で二〇人程度だったというが、女・子供を逃がしたあと、その館でほとんどみな殺しにされた死者は合計八〇人あまりだったという。家のなかで使役されている下男・下女など非戦闘員をふくめて、これらの館の日常的住人の数のおおよそがわかる。

館の周辺から付近一帯にかけて、従者の家が散在していた。『将門記』にいう「与力ノ人々」の「小宅」、さらに「三箇郡」の「伴類ノ舎宅」に相当するのが、維茂の説話では夜襲の直後に近在から馳《は》せあつまってきた五、六〇人の郎党《ろうどう》たちであり、さらにより遠距離の地域に散らばっている従者たちであろう。

「芋粥」の物語

芥川《あくたがわ》龍之介の小説『芋粥《いもがゆ》』の原拠となったことで有名な『今昔《こんじゃく》物語集』の一説話（巻二六

第一七）がここで思いだされる。時の関白藤原基経《もとつね》につかえる五位の侍某が「芋粥を腹いっぱい食いたい」という希望をもらしたところ、越前《えちぜん》国の敦賀《つるが》の「勢徳《せいとく》ノ者」有仁《ありひと》の聟《むこ》で、同じく基経の家の侍であった藤原利仁《としひと》が、敦賀の館までつれていってくれる。一行が到着した夜ふけ、五位は、あたりにひびきわたる「此の辺《ほとり》の下人《げにん》承《うけたま》はれ。明くる朝の卯《う》の時（午前五時から七時くらいまで）に、切口三寸、長さ五尺の山芋《やまのいも》、各一筋づつ持《も》て参れ」という大声を聞く。

翌朝になってみると、庭に敷いた長むしろ四、五枚の上に、つぎつぎと人々が一本ずつの山芋を積みかさねていき、ついには家の屋根ほどの高さになった。「夜前叫びしは、早う、其の辺に有る下人《げにん》の限りに、物云ひ聞かする人呼《ひとよび》の岳《おか》とて有る塚の上にして、云ふなりけり。只、その音《こえ》の及ぶ限りの下人共の持来《もてきた》るだに、さばかり多かり。何《いか》に況《いわ》んや、去りたる（館からはなれた場所にいる）従者《とものもの》どもの多さ思ひ遣《や》るべし」という物語である。

もちろん誇張もあろうが、主人の館の近くに、近在の従者たちに命令を伝え、招集をかけるための「人呼びの岳」とよばれる塚があったというのはおもしろい。だいぶ以前のことになるが、私はかつて多摩川の上流、東京都のもっとも西の奥の山間部、いまは小河内《おごうち》ダムの湖底に沈んだ山村で、老人から山姥《やまんば》の昔話を聞いたことがある。

「昔、小河内村は南の檜原《ひのはら》村にある役所の支配下にあり、檜原へと奉仕に行く『檜原公事《くじ》』の役が割当てられていた。その催促のときには、檜原村と小河内村との間、小河内村を眼下に見おろす山の頂に立って、その旨を呼ばわるのが常であった。あるとき、山姥がそのまねをして、山頂から『新三郎に権三郎《ごんざぶろう》、檜原公事だぞー』とどなった」というのが、たしかその昔話の発端だったとおぼえている。高地にのぼって、大声をだし、かなりの距離の場所にまでその命令を伝える方法が、かつてはかなりひろく用いられていたことを教えてくれる話である。

利仁《としひと》の敦賀《つるが》の館では、こうした「人呼びの岳」からの呼び声では聞こえぬほどの遠距離にも、多数の従者が存在していた。これらの上に立つ舅《しゅうと》有仁《ありひと》や利仁の勢力の大きさは、この「芋粥」の物語によく表現されており、一月ほど敦賀の館に滞在した五位の侍は「万《よろず》楽しきこと限りなし」。そして都に帰るときには、平常着や晴着の装束を数多くととのえ、また綾《あや》・絹・綿などを多数の皮子《かわご》につめてみやげとし、名馬に鞍をおいて引出物《ひきでもの》としたといい、「年来、在地に土着して、人からも認められている者は、おのずからこうした勢威をもつようになるものだ」と筆者は、在地豪族の豪勢な生活ぶりに讃嘆のことばを惜しまないのである。

藤原利仁は一〇世紀のはじめごろ、上野《こうずけ》・上総《かずさ》などの国守を歴任したうえ、鎮守府将軍となり、東国の群党の蜂起《ほうき》を鎮圧したと伝えられている人物である。ある意味では将門《まさかど》らを生んだ平氏一族と同様な豪族であろう。かれの根拠地は北陸道、とくに越前国付近におかれていたようで、系図類によれば、のちの斎藤別当実盛《さねもり》らを生んだ斎藤氏、安宅《あたか》の関守《せきもり》などで有名な富樫《とがし》氏をはじめ、この地域の有力武士団はいずれも利仁の子孫から出たことになっている。

芋粥の話の内容がすべて事実であったかどうかはさておき、その成立した院政期よりも一時代以前の地方豪族の生活の一面を、みごとに形象化した作品であることは否定できないであろう。一一世紀の常陸《ひたち》の水守大夫維幹《みもりたゆうこれもと》もまた、これとほぼ似たような生活をおくっていたとみて、まちがいあるまい。

土豪の往復書簡

『将門記《しょうもんき》』のなかの合戦の記事をみると、勝者はつねに相手方の「宅」「小宅」「舎宅」を焼き打ちする。それが敵の支配力や権力の根源であり、中核体だからである。「千年ノ貯《たくわえ》、一時ノ炎《ほのお》ニ伴」うと記述されているように、そこには膨大な富が蓄積されていたが、その主要部分は直接経営のために投下され、収穫物はふたたび豪族の館のなかの倉庫にと、ためこまれていったのである。

「謹言　農料に用いるために、稲三〇〇束（米にして一五石）を拝借いたしたく、謹んでお願いします。恩借できますならば、米でなく稲が好都合です。この秋には五〇パーセントから一〇〇パーセントまでの間で、そちらの御指定どおりの利息をつけて、たしかに御返却申しあげます。謹言」

「謹言　御用命の件、たしかに承りました。お申しこしの稲は早速にも御用だてすべきでありますが、去年は経営した田数《でんすう》がいつもより少なく、収穫も減少しております。年貢を弁済したあと、のこされた自家用も乏しく、わずかにのこった分量は一〇〇〇束（米にして五〇石）足らずしかありません。しかも御要望をうかがう以前に、一両人の駈使《くし》の者と、私の管轄地域内である所部《しょぶ》の下人《げにん》どもにすでに分けあたえてしまいましたので、せっかくですがどうにもなりません。どうか事情を御諒察《りょうさつ》ください。けっして物惜しみで申すのではありません。謹言」

この往復書簡は、往来ものとよばれて平安後期からさかんに著作された書簡の例文集、兼一種の教科書のうち現存する最古のもの、一一世紀初頭ころにつくられた『高山寺本古往来《こうざんじぼんこおうらい》』の一節（第三・第四文書）である。地域的には畿内《きない》近国地方の農村の状況をモデルにしているのではないかと思われるが、往来ものの性格からしてその内容にはかなりの普遍性があると考えられ、史料としては高い価値をもつものである。

内容を読んでみると、みずから農業経営を行なっている二人の豪族の間で、ある年の春さき、経営のために必要な「農料」として稲の貸し借りの交渉がなされたときの手紙である。一人は不足の「農料」を補うために稲三〇〇〇束を年利五〇～一〇〇パーセント程度で借りたい、といい、他の一人が昨年は不作で自家用にのこった米が一〇〇〇束に足りない、しかもすでに支配下の農民に分けあたえてしまったので、とこれをことわっている。こちらでも同様に「種子」や「農料」として分配したのであろう。とくに米ではなく、穂についたままの稲がよい、と注文がついているのは、種子として使用するさい、その種類もはっきりして便利だからという理由からである。
当時の直接経営の「種子・農料」としては、一町あたりほぼ一〇〇束が標準だったらしいから、もし一〇〇〇束全部をこれに投入したとしても、最大限一〇町歩程度の経営であったとみられるが、それにしてもこの往復書簡は珍しいものである。

国司と豪族の問答

つぎにもう一つ、同じ『高山寺《こうざんじ》本《ぼん》古往来』に収める往復書簡（第一四・第一五文書）をとりあげてみよう。こちらは国司と在地の豪族とでとりかわした手紙らしく、まず豪族側で預かっている年貢米の未進に関する言いわけからはじまる。

「謹言　お預かりしております年貢米の精算書と、たびたびの御命令とを取りそろえ、謹んでお送りいたします。御検討くだされば幸いです。私が年来、お預かりしている稲や米については、これまでほんのわずかでも損失を生じたことはありませんでした。ところが今回は二五石あまりの損失を生じました。じつは去年の春、秋には利息をつけて返却する約束で出挙《すいこ》米《まい》に貸しだしましたところ、逃亡したり、死亡したり、あるいは貧乏のため返せないという者が多く出たためであります。君におつかえする以上は、なんとか奔走して私がはっきりけりをつける所存ですが、くわしくは明朝おうかがいして申しあげたいと存じます。謹言」

これに対する返答――

「謹言　書類と貴下の書面の内容とは、たしかに殿に申しあげたところ、つぎのように仰せられました。『精算書類を公文所《くもんじょ》（公文書をとりあつかう専門の部署）にくだして検討させたところ、誤りが多く、とくに去年度の年貢米が大量になくなっていることが判明した。これはおまえの政治がよくないためだ。ことに下人らの申すところを聞けば、おまえは囲碁《いご》や双六《すごろく》にうつつをぬかし、負けたときにしょいこんだ借財のかたに女房・子供・従者から、はては乗馬にいたるまでをつぎこみ、さらには預かっている官物《かんもつ》まで手をつけたというではないか。まことによろしくないが、これまでの奉公を思い、今回はとくに大目にみておく。しかし、年貢の未進をするならば、さっそく、おまえを解任してしまうぞ』ということであります。忩々不具《そうそうふぐ》　謹言」

身分の差を反映して国司の側では自身の書状ではなく、書記か秘書役の記した手紙となっている。相手の豪族が年貢未進をすれば、すぐに解任するという部分を、原文では「早く件《くだん》の職を替へ放つ可《べ》し」といっているが、『古往来』ではこれとならぶ往復書簡が国司《こくし》と郡司《ぐんじ》のそれであるところからみて、この在地豪族もまた郡司か、それと類似した地位にあったものらしい。

里倉負名

いわば国衙《こくが》領の一部分の支配権を預けられた地位にあった豪族が、その支配下の農民から取りたてた年貢米を国司に上納するかわりに、みずからの「宅」の内の倉庫に保管しておき、春さきにはこれを出挙《すいこ》米として農民に貸しつけ、秋には利息をつけて返納させ、国司には精算書を送って報告を行なっていたことが、この手紙から判読される。

年利一〇〇パーセントにおよぶ高利貸しつけの私出挙《しすいこ》が、豪族層の重要な経済的基盤をなしていたのだが、このばあい、その元本はじつは国司に納めるべき年貢、すなわち官物《かんもつ》そのものなのであった。公私混淆《こんこう》もよいところであるが、かれら豪族は国衙の下級官人で、その「宅」の倉はじつは国家の倉庫の一種であり、事実、国司の側ではそれを「里倉《りそう》」とよび、その状態を「里倉宅納《たくのう》」「里倉負名《ふみょう》」（「負名」とは、自分の名で引き受けること）といっていたのであるから、この出挙はまた公出挙《くすいこ》でもある。私出挙と公出挙はここで一体化し、豪族から国司に公出挙分の利潤が上納される。こういうシステムができあがっているのである。

さきに引用した「農料」貸し借りの一件の手紙にも「所部《しょぶ》の下人」という表現がみえている。「所部」とはもともと官庁の管轄地域をいうことばである。両方を考え合わせると、最初の往復書簡の農業経営者もまた郡司か、それに近い国衙の下級官人の地位にあった豪族であろう。

かれらは一定地域からの年貢などの徴収を請負い、その「宅」の倉庫が年貢類の収納の場所となり、一種の国家的倉庫としてそれを保存する場となる。倉庫に蓄積された稲や米は、まずかれらが直接経営する田地の「種子・農料」として利用され、直営田からの収穫はまた倉庫を豊かにする。また稲や米は、かれらの管轄地域内の農民に半強制的な高利で貸しつけられ、秋には利息を徴収する。これを支払えない者は、直営田での無償労働で負債を返済する。こうした方法によっても、直営田を耕作する労働力が調達される。

さらに考えなくてはならぬのが、かれら豪族の農民支配において、租税徴収の果たした役割である。豪族は農民たちの未進している租税を私的に立替えて進納し、その分はまた高利の利子として農民たちを使役する方法をとる。また当時の租税体系のなかでは、かつての調《ちよう》や庸《よう》の系統をひく現物納の品目があり、絹や織物などの手工業品が要求されるばあいも多かったが、農民から納入されるのは稲や米であって、これを手工業製品と交換するのは豪族の役割であった。かれらの「宅」がまた「宿」であり、商業や手工業生産のセンターでもあったことは、こうした側面からみてもきわめて有利であった。

「兵」たちの本拠地

「僦馬の党」と豪族

九世紀の末から一〇世紀はじめにかけて、坂東《ばんどう》諸国には「僦馬《しゆうば》（やとい馬）の党」とよばれる群盗が活躍していた。政府の禁令によれば、この地方の「富豪」たちが駿馬《しゆんめ》を利用する大商人団・運輸業者となり、南は足柄峠《あしがらとうげ》をこえる東海道、北は碓氷峠《うすい》をこえる東山道の両幹線道路をまたにかけて活動し、東山道の荷物を掠奪《りゃくだつ》しては東海道ではこび、東海道の馬をうばっては東山道で行動する、というありさま。ついに機動力に富み、武力を有する群盗と化した、というのである。しかし『将門記《しょうもんき》』を読むとき、将門《まさかど》はじめ貞盛、あるいは藤原秀郷《ひでさと》などの主要人物らもまた、じつはこれら「僦馬の党」と同類ではなかったか、と思われてならない。

将門自身が駿馬を利しての合戦を得意とする「兵《つわもの》」であったことは随所にうかがわれる。かれの根拠地である下総国《しもうさ》豊田《とよた》郡の内には「常羽御厩《いくわのみうまや》」があり、将門が敗北したとき、敵軍によって焼き打ちされている。将門の部下で「一人当千之名」を得ている「兵」、「陣頭」とよばれる先鋒《せんぽう》の任についていた勇士多治経明《たじひのつねあきら》は、まさしくこの御厩の管理人の「別当」の地位にある人物だった。

また常陸国の豪族で将門のもとにころがりこみ、ついに将門の常陸国府攻撃の原因をつくり、かれの国家への公然たる反乱のきっかけとなった藤原玄明《はるあき》について、『将門記』は「トコシナヘニ往還ノ物ヲ奪ヒテハ妻子ノ稔《にぎわ》ヒトナシ、ツネニ人民ノ財ヲ掠《かす》メテ従類ノ栄エトナス」といい、「国ノ乱人、民ノ毒害」とすっかり悪人あつかいであるが、国司に追捕《ついぶ》されそうになると妻子とともに逃亡する途中、行きがけの駄賃に行方《なめかた》・河内《かわち》の郡の倉庫を襲撃して、収納されていた米穀を掠奪するなど、機動力に富んだその行為は「僦馬の党」そっくりである。

しかし玄明は一方では「農節ヲ望ンデハ則《すなわ》チ町満ノ歩数ヲ貪《むさぼ》リ、官物ニ至リテハ則チ束把《そくは》ノ弁済ナシ」とされ、春さきには大量の田地の耕作・納税を請負いながら、秋になるとすこしも税を納入しない、と記されている。これは玄明が上述したような国司への納税請負人であり、また商業や交易に深くかかわっていたことをしめすものである。

武士団と牧場の跡をたずねて

こうした活動のさい、馬がきわめて重要な役割を果たすことはいうまでもない。中世武士団の特色は、弓馬を代表的な戦術として戦う集団であるところにあったが、平安中期の「兵《つわもの》」はすでにその特質をそなえていたわけである。その馬はどこから供給されるのか。将門《まさかど》支配下の常羽御厩《いくわのみうまや》がそうであったように、水田化された低地帯とは異なって開発のまだおくれていた関東平野をおおう台地面、ここが馬を放牧する絶好の牧場となっていたのである。

『延喜式《えんぎしき》』によると、軍用の牛馬の養成を主目的として諸国に設置された国牧《くにのまき》（諸国牧）は、兵部省《ひょうぶ》の兵馬司の管轄で、関東地方と九州地方にとくに多く分布していたが、これは関東の広漠としたなお未開の原野が、牧場として好適な条件をそなえていたことを物語っている。また左・右の馬寮《めのつかさ》に所属する御牧《みまき》（勅旨牧《ちょくし》）は、皇室用の馬を養成する牧場であるが、それは信濃《しなの》・上野《こうずけ》・甲斐《かい》・武蔵《むさし》の四ヵ国に合計三二ヵ所が分布していた。関東地方や信濃などが当時の有力な馬の特産地であったことがよくわかる。

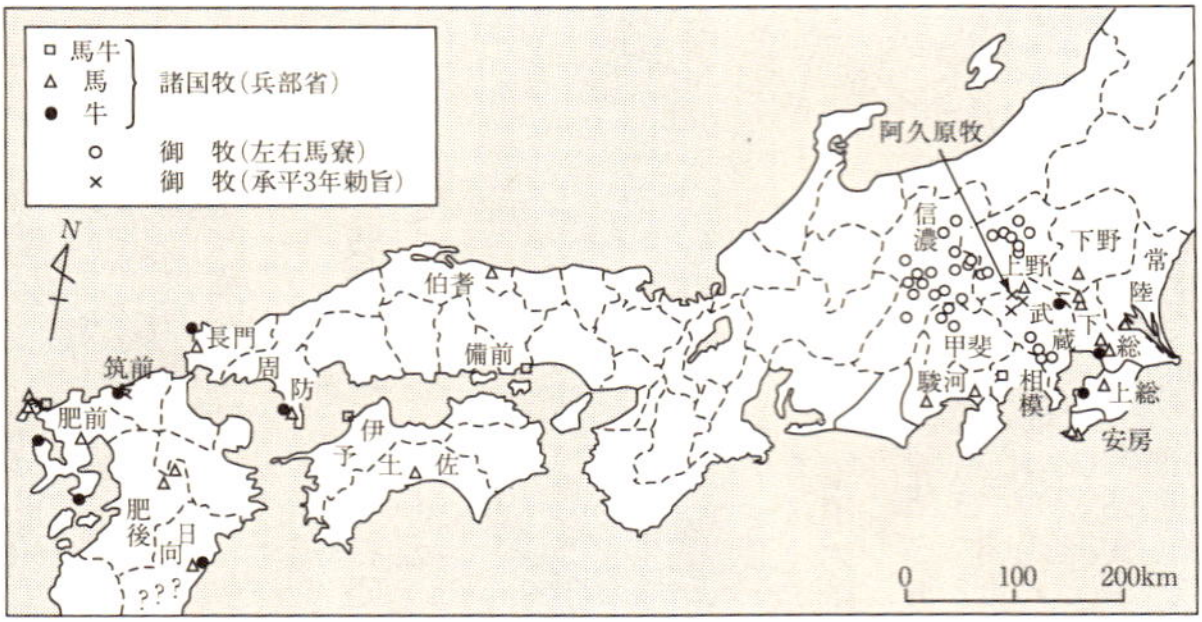

諸国の牧　『延喜式』による

しかしその後の台地面の開拓の進行にともなって、かつての牧場の多くは消滅してしまった。ただ関東地方のなかでも山よりの地帯には、まだ多少なりとも過去の牧場としての痕跡を伝えているものがある。

つぎにその一つ、かつての御牧であった武蔵国の阿《あ》久《ぐ》原《はら》牧の跡、現在の埼玉県児玉郡神泉《かみいずみ》村（現神川町）をたずねてみよう。信濃・上野・武蔵三ヵ国の境にあたる三国《みくに》山に流れを発した神流《かんな》川は、山間の峡谷《きょうこく》をつくってようやく関東平野の一角に出、ついには利根《とね》川にそそぐ。庭石として有名な三波《さんば》石の産地、鬼石《おにし》の町（現藤岡市）は、ちょうど平野部と峡谷との接点にあたるが、神流川の清流をはさんだ対岸、神泉村の秩父《ちちぶ》瀬《せ》では毎年一一月一九日には裸祭りが行なわれる。

一一月のなかばすぎ、晴れていても北関東は寒い。二〇戸に足らぬ秩父瀬の村人たちは、朝から当番制でえらばれたトウヤ（頭屋・頭家）さんの家にあつまり、やがて御神体をささげたトウヤさんを先頭に、村はずれにある有氏《あるじ》のモリとよばれる神域、有氏神社の境内《けいだい》へと行進する。平生は人影も稀《まれ》な神社の境内やまわりには、このときすでにおおぜいの参拝者がつめかけている。とくのお腹《なか》の大きい婦人や子供たちの姿が目につく。

やがて一行は神社に到着し、御神体をおまつりし、お神酒《みき》・赤飯・シトギの餅などをお供えする。三キロほどはなれた金鑽《かなさな》神社の神主さんによる、お祓《はら》いや祝詞《のりと》の奏上などが終わると、一行十余人はそろって服を脱ぎ、焚火《たきび》にあたりながら白ふんどし一本の姿にかわる。そして社殿の前にすえられた盤台《ばんだい》のまわりにあつまり、柏手ののち、それを高々ともち上げながら、「上げろ、下げろ」のかけ声もろとも、もみ合い、かけまわる。盤台のなかに盛られた赤飯に手をのばし、まわりながらも四方に投げ散らす。赤飯のかたまりは、粒々となって参拝者の上に降ってくる。これをうければ、その年の災厄をのがれるといわれ、オミゴク（御神供）とよばれている。ほぼ一〇分間もたたぬうちに祭りは終わるが、とくに安産のお祭りだとして婦人の参拝者が多い。

やがてトウヤさんの家で祭りのあとの会食＝ナオライがはじまり、神社の境内はふたたびもとの静けさにもどるが、その一隅には明治二六年（一八九三）、宮本百合子《ゆりこ》の祖父にあたる中条政恒《ちゅうじょうまさつね》の記した「有氏神祠碑」と題する石碑がたっていて、この神社と裸祭りの由来を明らかにしてくれる。

有氏神社と阿久原の牧

「有氏《あるじ》」とは「有道氏《ありみち》」の略で、武蔵《むさし》七党の一つとして有名な武士団児玉党の先祖となった有道維行《これゆき》らをまつったのが、この有氏神社であるという。維行の父維能《これよし》は藤原氏の一族、道長と張り合ってついに敗れた伊周《これちか》につかえたとも、その子ともいい、のちに武蔵介となって下向《げこう》し、児玉郡に土着して豪族となった。維行は父のあとをついで、この秩父瀬《ちちぶせ》をふくむ山間の小盆地にひらかれていた阿久原牧《あぐはらのまき》の管理にあたり、また武蔵守にも任ぜられ、有貫主《ありかんじゅ》と称されたという。

死没の年は、延久《えんきゅう》元年（一〇六九）と伝えられる。以後、子孫はこの児玉郡を中心に、つぎつぎと所領を拡張して、一種の共和的な武士集団としての児玉党をつくりあげていった。そのばあい、武士化の基礎にあった条件の一つが、阿久原牧の管理者として、良馬を自由にできるという点にあったことは疑いあるまい。

秩父瀬をふくむ神泉《かみいずみ》村の北半部一帯はもと阿久原村とよばれ、かつての御牧《みまき》阿久原牧のおかれていたところである。将門《まさかど》の乱がはじまろうとする直前の承平《じょうへい》三年（九三三）、秩父郡の秩父牧・石田牧と一セットにして御牧（勅旨牧）に指定され、毎年合計して二〇疋の御馬を朝廷に献上するように定められた牧場であった。

西と北を神流《かんな》川の清流でくぎられ、東と南を三〇〇から五〇〇メートル級の山々によってかこまれたこの地は、北むきの緩傾斜地からなっており、水も豊富で牧草もよく成長するという。また神流川の川原に出れば、馬に水をやるにも、その体を洗うにも便利である。

南側の山々の山腹には、飯盛《いいもり》山（大臣山）とよばれる海抜二〇〇メートルほどの形のすぐれてめだった峰が突出しており、そのふもとには牧の守護神としての駒形明神社《こまがたみょうじんしゃ》がまつられている。かつてはいまよりももっと大きな社殿だったといわれ、御神体は紅・白に塗られた駒である。

　このあたりに立って北方の神流川へと低まっていく景観をながめていると、川原と山々によって自然の境界線で画されたこの地域が、古代以来の牧場であったことをいかにもとうなずきたい気持になってくる。付近には馬場・馬出などの小字《こあざ》ものこっており、昔は飯盛山の上から馬を追い落として、よい馬、わるい馬をえりわけたとも伝えられている。伝承によれば比較的傾斜のゆるい東側の山頂には木柵をめぐらし、北部と西部には馬の脱出をふせぐ見張り所がおかれていたという。また牧の東部の山のふもとには、駒形稲荷社もまつられている。

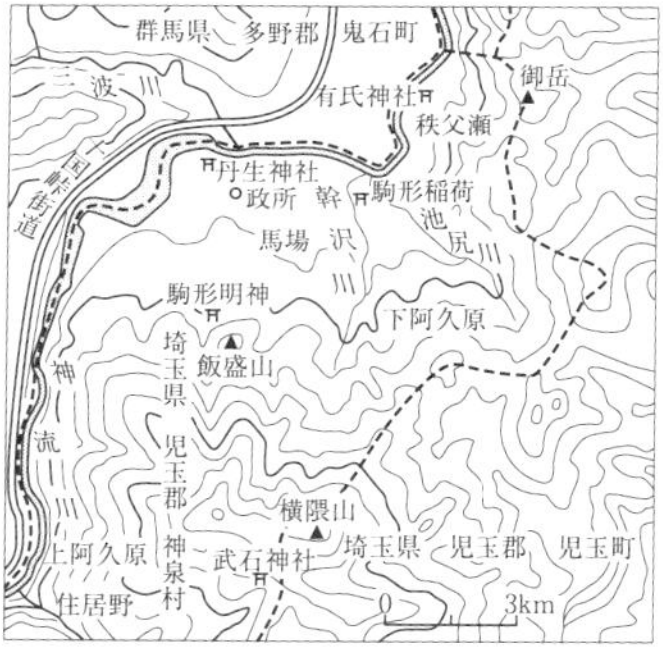

阿久原の牧とその付近

　牧の主要な部分を占める下阿久原の奥、神流川にそって南へ進むと上阿久原の村々が山間に点在する。そのなかには、南側の斜面にややゆるい傾斜地があり、住居野《すまいの》という村がある。このあたりは南むきになるので冬は馬たちをここにあつめて飼ったものだろうと説明されている。ともかくもこの阿久原牧がかつての牧場の跡の、よい標本であることにはまちがいあるまい。

　牧の北端、平坦部のなかほどに、いまもマンドコロ（政所）の家号をもつ家がある。ほぼ八〇メートルから九〇メートルの方形の屋敷地で、東西には堀の跡があり、北方の屋敷の裏手には土塁がのこっている。明らかに中世の武士の館跡とみられる。その西北の方角に村の鎮守の丹生《たんしょう》神社がある。児玉党とならぶ武蔵七党の一つ、丹《たん》党と深い関係をもつ神社である。

政所とはいうまでもなく政庁、役所のことである。ちょうど飯盛山の真北にあたるこのあたりは、まさに阿久原牧の中心部にあたっている。この政所こそ牧の管理者であった別当の館、政庁の所在した跡にちがいない。おそらく児玉党の先祖となった有道氏の居館の一つでもあったはずである。

神南備種松の館

一〇世紀のなかばから後半にかけてつくられた物語文学の大作『宇津保《うつぼ》物語』（「吹上」上）のなかには、紀伊《きい》国の南部の牟婁《むろ》郡に住む長者で、「限りなき宝の王」であり、国司の三等官にあたる掾《じょう》の地位についていた豪族の神南備種松《かんなびのたねまつ》の住居を、以下のように描写している。ここは『宇津保物語』のなかでも「絵解《えとき》」とよばれて、物語の挿絵《さしえ》に作者自身が説明をつけたと考えられているところだけに、あたかも格好の案内人、解説者つきで種松の豪勢な屋敷を一巡したようなおもむきがあり、きわめて具体的に豪族の家のありかたを教えてくれる好史料である。見本として少々引用してみよう。

種松の家は方二町ずつで合計八町の築地《ついじ》にとりかこまれ、周囲には田二〇町ばかりを、男どもが牛に犂《からすき》をひかせて耕作している。家のなかには一六〇の倉があり、綾《あや》・錦・絹・綿・糸などがいっぱいつまっている。

これは政所。家政をつかさどる家司《けいし》たちが三〇人ばかり勤務し、各地におかれた「宅」の経営をあずかる人も一〇〇人ほどあつまって、今年一年の耕作や養蚕《ようさん》などの仕事の手順を相談している。炭焼・木こり・鵜飼《うかい》・鷹飼《たかがい》・網結《あみすき》たちが製作品や獲物《えもの》を持参してきている。

御厩《みうまや》は東西に一つずつあり、おのおの名馬二〇疋《ぴき》を飼い、牛屋には一五疋のよい牛がいる。

これは炊事場の大炊殿《おおいどの》。大量に米を精白し、飯をたいている。家の内の所々の雑仕女《ぞうしめ》たちが飯を分けてもらうためにあつまっている。

酒殿《さかどの》では一〇石入りのかめ二〇ほどをならべて酒をつくっている。酢《す》やつけもの、もつくる。魚・鳥などを納めておくのは贄殿《にえどの》である。

これは作物所《つくもどころ》。細工《さいく》の職人三〇人ばかりで、沈《じん》・蘇芳《すおう》・紫檀《したん》などの破子《わりご》・折敷《おしき》・机などを製造している。またろくろひきが食器をつくっている。

これは鋳物師《いもじ》の仕事場。たたらを使って銀・黄金などから、さまざまのものを鋳《い》だしている。

ここは鍛冶屋《かじや》。銀・黄金の鍛冶が二〇人あまりで、多くのものをつくりだしている。

ここは織物の所。機《はた》を立てならべ、二〇人ばかりの織手《おりて》が種々の品を織りだしている。

ここは染殿《そめどの》。男の子一〇人、女の子二〇人ばかりが染草を煮、たらいで布を染めている。

ここは絹の光沢をだすためにきぬたで打つ擣物《うちもの》の所。男の子五〇人、女の子三〇人ばかりが打った絹布を巻き、堂々としたからうすを踏んでいる。

これは張物《はりもの》の所。日光がよくあたるように周囲には雨戸がなく、なかでは二〇人ばかりの女がいろいろの布を板に張っている。

これは縫物の所。三〇人ばかりの若い子たちが、いろいろのものを縫っている。

これは糸の所。働き手が二〇人ばかりで、てんでに糸をくりあわせたり、練ったりして竿《さお》ごとに掛けている。唐風《からふう》・新羅《しらぎ》風・日本風と、いろいろである。

これは家内の所々の管理人たちが居ならんで、それぞれの分担の仕事を申しあげているところである。

豪族の館の理想像

物語では種松は、「宝は天の下の国に無き所なし。新羅《しらぎ》・高麗《こうらい》・常世《とこよ》の国まで積み収むる財宝の王なり」とされ、娘は宮中につかえて天皇の皇子を生んだということになっている。したがってこれは地方豪族の邸宅としてはたいへんな豪華版で、誇張され、理想化された姿とみなければならないだろう。しかしそれだけに、当時の地方豪族の「宅」のもっとも発展した形態を考えるための、このうえない好材料である。

ここに描かれているのは種松の「宅」のなかでもいちばん重要な牟婁《むろ》郡の家であり、これを中核として国内の各所にはいくつもの「宅」が存在したはずである。この牟婁の家の周囲には二〇町余の直営田がつくられているが、それは種松の経営する田地の一部にすぎない。

広大な田地の経営とともに重要なのは養蚕《ようさん》である。炭焼・木こり・鵜飼《うかい》・鷹飼《たかがい》・網結《あみすき》などの原始産業も、種松の経営のなかに組みこまれている。酒・酢をはじめとする飲食物もつくられている。糸の所・織物の所・染殿・擣物《うちもの》の所・張物の所・縫物の所などは、養蚕と深い関連をもつ一連の手工業であり、作物所《つくもどころ》・鋳物師《いもじ》の仕事場・鍛冶《かじ》屋などもまた手工業の重要な側面をなしている。これらの作業に従事している人々の数は、明記されているものだけ合計しても全部で六百五十余人にのぼる。

種松の家は、農業・原始産業・手工業の経営のむすびついた産業のセンターであって、これを管理するのが家政をつかさどる家司《けいし》と各地に散在する「家」の預《あずか》りとよばれる管理者たちであり、されにこれを統括するのは種松その人であった。

「兵」と「下人」

これまでに関東平野から紀州の南まで、『将門記《しょうもんき》』から『宇津保《うつぼ》物語』までかなり多くの地方豪族の館をながめてきた。『宇津保』の神南備種松《かんなびのたねまつ》は「兵《つわもの》」とよばれてはいないけれど、それが一〇世紀後半ごろの地方豪族層のもっとも発展した理想像であることは明らかである。平維幹《これもと》の水守《みもり》の館など「兵」たちの館が、それと比較してまだはるかに小規模で、素朴な段階にとどまっていたことはいうまでもない。だが「兵」たちの館もまた軍事的要塞であり、農業経営・商業・手工業・交通のセンターの役割を果たす「宅」「営所」「宿」であり、武士団の支配力の根源をなす場所なのであった。

「敵討《かたきうち》とその周辺」の章の末尾の部分で図式化したような、武士のイエ支配の同心円的な構造を思いだしてみよう。その中核にある館、周辺部にひろがる直営田、外縁部をなしている徴税範囲。「兵」たちのばあいも基本的には一致している。もっとも中心的な根拠地となる館の周辺部には、さらにいくつかのより小さな館が配置され、神南備種松家のように「政所《まんどころ》」などとよばれる機関が全体の管理を行なう。

こうしたかたちはもっとも発展したばあいであろうが、『将門記』の叙述からうかがえるような「宅」「小宅」「舎宅」の三重構造もまた似たような形式をしめしている。それぞれがみな「宅」であり、同心円的な構造をもっていた「小宅」「舎宅」が、中心的な「宅」の支配のもとに組みこまれ、それ自体が大きなイエ支配圏の一部分を構成するようになっていたのであった。

さきに紹介した『高山寺本《こうざんじぼん》古往来』中の、「農料」貸し借りの一件をめぐる在地豪族間の往復書簡では、支配下の農民が、一、二人の「駈使《くし》」と「所部の下人《しょぶのげにん》」とに分けられていた。「駈使」とは読んで字のごとく、主人の思いどおりにこき使われる隷属者であり、主人の家の内に同居しているものが多い。「所部」とはすでにみたように、もともと官庁の管轄地域を意味するから、「所部の下人」とは、主人の管轄地域内の「下人」ということになる。

平安末期以後の、とくに鎌倉時代の武士の譲状《ゆずりじょう》のなかには、所領や重代の鎧《よろい》・冑《かぶと》などとならんで、「下人」もいっしょにゆずりわたされている例が多い。いわば主人にとって物であり、財産の一つと考えられている隷属性の強い人々が、このばあいの「下人」であった。しかし「下人」とは一般に、もうすこしひろい意味をもっていて、もともとは目下の者、しもじもの者をさすことばである。このばあいはどうであろうか。

同じ『高山寺本古往来』のいま一つの往復書簡では国司が「下人らの申すところを聞けば……」と書いている。このばあいはどうも「しもじもの者」という程度に解釈するのがよさそうだ。また「下人」のあたまに「所部」、つまり役人としての管轄地域の、という形容詞がついているところをみても、主人の強い支配下に属する隷属民とはどうも考えにくいように思う。単に目下の、しもじもの者、というだけではないとしても、隷属の度合はのちの「下人」ほどではなかったと考えられるのである。

「所部」とは、さきのイエ支配の図式からいえばそのもっとも外縁部をなす徴税範囲に相当する。すでに述べたように、当時の豪族はこの範囲内の人民から年貢をとりたてるだけでなく、稲や米の高利貸しつけ（出挙《すいこ》）を行ない、未納者を直営田の耕作にかりたてるという形式で、その支配圏を拡大、強化していた。だから「所部の下人」は、まだ全体としては主人への隷属は弱く、人格的支配をうけるまでにはいたっていなかったとみるほうが、たぶん正しいだろうと思う。「兵」の段階と「中世武士団」の段階のちがいは、こんなところにも現われているのである。

「兵」から鎌倉武士団へ

史料としての系図

系図と名のり

すでにみたように『曾我《そが》物語』を語り歩いたのは瞽女《ごぜ》たちの群であったが、『七十一番職人歌合』では彼女が鼓を打ちながら「宇多天皇に十一代の後胤《こういん》伊東が嫡子《ちゃくし》に河津の三郎とて……」と語りだす場面をはっきりと描いている。これはおそらく『曾我』の語りだしの部分であろうが、それが曾我兄弟の父河津三郎の系譜からはじまっているところが注意をひく。いまのこる『曾我物語』も、まずはじめに「それ日域秋津島《にちいきあきつしま》と申すは、国常立尊《くにとこたちのみこと》よりこのかた天神七代・地神五代すべて十二代は神代とてさておきぬ……」と日本国の由来、ついで平氏と源氏の代々の系譜を詳細に物語っている。これはともに中世社会、とくに武士の世界で「系図」の占めていた重大な位置を象徴する事実だと思う。

中世の軍記物語には、合戦の場でまずおたがいに大音声《だいおんじょう》で名のりをあげ、みずからの住国・姓名、先祖以来の系譜や武勲の数々を説きたてる一節が、かならずふくまれている。たとえば保元《ほうげん》の乱を描いた『保元物語』をとってみよう。

「桓武《かんむ》天皇十二代の後胤《こういん》、平将軍貞盛が末葉、刑部卿《ぎょうぶきょう》忠盛が孫、安芸守《あきのかみ》清盛が嫡子、中務《なかつかさ》少輔《しょうゆう》重盛、生年十九歳、軍《いくさ》はこれこそはじめなれ」（巻中「白河殿へ義朝夜討ちに寄せらる事」）とか、あるいは、「御先祖八幡殿の後三年《ごさんねん》の合戦に鳥海の城おとされし時、生年十六歳にて、右の眼を射させて、その矢をぬかずして、答の矢を射て敵をうち、名を後代にあげ、今は神と祝はれたる鎌倉の権五郎《ごんごろう》景政《かげまさ》が四代の末葉、大庭《おおば》の庄司《しょうじ》景房が子、相模《さがみ》国の住人大庭平太景能《かげよし》・同三郎景親《かげちか》とはわが事に候」（巻中「白河殿攻め落す事」）というたぐいである。この名のりのことを別に「氏文《うじぶみ》よみ」ともよんでいた事実のなかに、武士がその祖先以来の系譜をきわめて重要視していたことがよくしめされている。

鎌倉時代のなかばごろ、豊後《ぶんご》国の守護で、国内に多くの所領をもっていた大友氏一族の間で相論がおこったとき、初代能直《よしなお》の未亡人で尼となっていた深妙《じんみょう》は、子供たちの間を仲裁し、今後とも仲よくすべきことをさとしたあと、こうつけ加えている（『鎌倉遺文』七八七七）。「祖先なき下郎どもの中候はん事につきて、仲など悪《あ》しくおはしまし候はん事は、内外ともに悪しく候なり」。祖先ももたぬような下々《しもじも》の者にまどわされて、仲たがいをするな、というのである。

まことに誇り高き老母の教訓という感が深いが、ここで「祖先なき下郎ども」といいきっているところは注目にあたいしよう。能直未亡人にとって大友氏一族のような武士の身分と、それに使われる「下郎」、下人たちとの差はまさに「祖先」の有無にもとめられていたのである。

ここで思いおこされるのは、中世では一般の庶民（凡下《ぼんげ》とよばれた）や隷属者は名字《みょうじ》を名のることができず、名字の有無が武士身分とそれ以下を区別する一つの目じるしになってぃた、という事実である。名字の有無と「祖先」の有無とは、おそらく相対応する現象であろう。さらにいえば、一一〇ページ以下に述べた武士のイエ支配権の中核の所領が、「名字の地」とよばれて重要視されていたことも、これとむすびつく事実であろう。このようにみてくると、武士の戦場での名のりがつねにその家の系譜からはじまり、多くの武士の家では、重代相伝の文書とともに家の系図をかならず相伝してきたのも、当然のことと納得がゆくのである。

ある武士の置文

武蔵《むさし》七党の一つである児玉党のわかれに小代氏《しょうだい》という家があった。いまは埼玉県の中央部の東松山市内、東武鉄道東上線高坂《たかさか》駅の近くに正代というところがある。この付近一帯が中世には小代郷（勝代郷とも書く）といわれていたが、小代氏はこの郷を名字の地とした武士団であった。

平安末から鎌倉時代のはじめ、一族に小代八郎行平という武士があらわれて源頼朝《よりとも》につかえ、一ノ谷合戦や奥州藤原氏攻めなどにも参加したことが『吾妻鏡《あずまかがみ》』に記されている。行平は重代の本領である小代郷の地頭に任命されただけでなく、越後に二ヵ所、安芸《あき》に一ヵ所の荘や保《ほう》の地頭をあたえられているから、まず鎌倉幕府の御家人《ごけにん》としては中堅どころであろう。

行平からかぞえて四代目の孫に小代伊重《これしげ》という武士があった。祖父重俊の代から肥後国の北部の野原荘の地頭となっていたが、おそらくは鎌倉後期のいつか、所領を没収されるはめにおちいった。史料はのこされていないが、北条氏の得宗《とくそう》専制政治の犠牲になったのかもしれない。その晩年、七三歳という老齢のかれは、懸命の努力をはらって、それまで聞き伝えてきたことを一巻の文書（「小代文書補遺」一〔『熊本史学』四二〕）に書き記した。文書形式としては、子孫にむけての教訓などを記した置文《おきぶみ》とよばれる種類である。

児玉党の支配地域　小代伊重の置文による

児玉党の先祖の次第《しだい》と系図、それに先祖小代八郎に関する条々の記録の書きつけのこと。所領を召しあげられて身のおきどころもないが、わが身にはなんの誤りもないのだから、かならずや立ちなおれることであろう。これまでものを書かせていた従者はみな立ち去ってしまい、文字を書かせる人もいない。先祖のお名ごりに御名字ばかりでものこしとどめたい志のせつなるあまり、気力もおとろえ、筆の立つところも見わけられぬまま、無理に書き進めたので、書き損じも多く、切りつぎ切りつぎしてある。のちになって、能筆の人によい紙で清書させるべきである。

まさに小代家の危機にのぞんで、老いた伊重は児玉党の先祖以来の次第と系図、それに家の直接の祖である小代八郎行平の行状の数々を想起し、慣れぬ筆をとりながらも、のちの子孫のために書き進めたのである。書き損じのため切りつぎが多い、というのももっともと思われる。

児玉党の歴史と絵巻

つぎに本文に移って児玉党の先祖以来の歴史を述べている部分をみよう。有道遠峯《ありみちとおみね》の子、行平の曾祖父の有大夫弘行については、さらにつぎのように語られている。

副将軍となられて絵図にものせられたこと。八幡太郎義家朝臣《よしいえあそん》の奥州征伐ののちに、有大夫弘行と弟の有三別当経行《つねゆき》は武州児玉郡を屋敷として居住された。児玉党の先祖代々が君のために忠勤をはげんだことは諸家の記録にものせられ、世にかくれもない。また鎌倉のはじめに平賀朝雅《ともまさ》が京都六波羅の館に駐在していたとき、蓮華王院《れんげおういん》の宝蔵に秘蔵されている絵などを拝見したことがあった。奥州後三年の合戦の次第を描かれたなかで、坂東八カ国の人々はみな大庭に敷皮をしいて居ならび、大将軍義家朝臣が屋形においでになるのを、その対《たい》の座に副将軍として弘行朝臣が赤革《あかがわ》の烏帽子《えぼし》かけをしてすわっておいでになる。同席した一門の倉賀野《くらがの》八郎公行がたしかに拝見したということだ。ところがその後、秘密のはかりごとをめぐらして、絵図の有大夫弘行という銘を消し、まったく別人の名に書きかえてしまった者があるという。今後児玉一門のなかで蓮華王院宝蔵の絵を拝見した者は、よくよく確かめ、もし書きかえられていたならば申しあげて、もとのように有大夫弘行の名になおしていただくべきものである。

児玉一門の伝承では弘行は児玉郡一郡を「屋敷」とした豪族であり（一一四ページで述べたような「所領」を家の拡大としてとらえる観念の表現である）、八幡太郎義家とならぶ副将軍なのであった。

その証明が後白河《ごしらかわ》上皇によって発願《ほつがん》された蓮華王院（京都の三十三間堂）の宝蔵に秘蔵されていた奥州後三年合戦《おうしゅうごさんねんかっせん》の絵図であることはなかなかおもしろい。他のたしかな記録によると、平安末、後白河上皇の命によって『後三年合戦絵巻』が作成され、蓮華王院の宝蔵に保存されていた、という。小代《しょうだい》家の伝承とまったく一致しており、ここでいう「絵図」が『後三年合戦絵巻』であることはまずまちがいない。

この『後三年合戦絵巻』はすでにほろび去っていて、もはや小代家の伝承の真偽を確かめるすべはないが、それにしても絵巻の画面に記入された注を他の武士が自分の先祖の名に書きかえてしまった、というのはいかにもありそうなことである。蒙古襲来合戦の状況を描いた絵巻として名高い『竹崎季長絵詞《たけざきすえながえことば》』の画面にも、奮戦する武士たちそれぞれの名が書きこまれているが、なかには明らかに名前のすり消しを行なっているところがあり、また他と異なる筆跡で絵巻の旧蔵者の先祖の名が大きく書きこまれていたりしている。当時の武士たちが祖先の武勲とその証拠品を重要視し、細心の注意をはらっていた事実をしめす一例であろう。

頼朝伝説　さて伊重《これしげ》は小代《しょうだい》家の祖先である行平については、頼朝《よりとも》公が伊豆山参詣のさい、随行した行平の肩をおさえて「おまえを心安き者と思うぞ」とおっしゃったなどの話を記したあと、つぎのようにいう。

建久四年《けんきゅう》、鎌倉右大将頼朝公が信濃国三原の狩をごらんになるため、武蔵国大蔵の宿につかれ、「小代八郎行平は参っておるか」とおたずねがあった。梶原景時が、「行平は御堂を造立《ぞうりゅう》して明日がその供養の日にあたりますので、遅参する由です」と申しあげたところ、「では近隣の者はみな行平の御堂供養に参列してから供をせよ」とおっしゃって、そのうえ黒の御馬までくだしたまわった。そこで御命令どおり行平や近隣の者は御堂供養をすませてから、上野《こうずけ》国の山名の宿で一行に追いついた。後日さらに頼朝公から免田として一二町をあてたまわり、いよいよ面目をほどこした。

建久四年（一一九三）、信濃三原野の狩といえば、まさしく『曾我《そが》物語』中の重要な一節であった。さきの章では紹介を割愛したが、物語では鎌倉出発以来三原野にいたるまでの宿々で頼朝を警固したその近辺のしかるべき武士たちの名が、一々列挙されているくらいである。なかで武蔵大蔵宿には、畠山・平山・猪俣《いのまた》などのそうそうたる武士の名が書きあげられてはいるが、小代氏の名は見あたらない。この伝承は、まるでその理由を弁解するために用意されたもののようにさえ思われるのである。

現存する行平の譲状《ゆずりじょう》（『鎌倉遺文』一八三二）にみえる「阿弥陀堂《あみだ》一宇」がおそらくこの「御堂」であり、これまた曾我氏のばあいと同じような武士の氏寺の一例であろう。

ところで伊重《これしげ》は、このときの御使梶原宗家《むねいえ》の「その日の装束《しょうぞく》は、薄布、村濃《むらご》の水干《すいかん》なり」と、いかにも詳細に記している。『曾我物語』が、宿々の警固の武士の名の一々、あるいは狩猟の場でのかれらの服装から獲物の数々までをくりかえし物語っていたことが、ここに思いあわされるであろう。在地の武士たちにとって、遍歴の芸術家の語る物語のなかに父祖たちの名や勲功を見いだすことは、あたかも絵巻物のなかに先祖の活躍のあとを発見するのと同じように大きな喜びであり、誇りであったに相違ない。『曾我物語』だけでなく多くの中世の軍記物語の成長の背後には、家の名誉、祖先の武勲の証拠として、その一々に耳をかたむけて歓迎した、敏感な聞き手である各地の武士団の存在を忘れてはならないが、この置文《おきぶみ》からもその辺の事情を読みとることができる。

つぎに伊重が記すのは、小代の村の御霊《ごりょう》の神についてである。

小代の岡の屋敷は源氏の大将軍義朝《よしとも》殿の御嫡子、頼朝公の御兄である悪源太《あくげんた》義平《よしひら》殿が、大蔵の館で伯父帯刀先生《たてわきせんじょう》殿（義賢。義仲の父）を討ちたてまつられたとき、屋形をつくられておわしました所である。だから悪源太殿を御霊の神としておまつりしてある。のちのちも小代郷を知行《ちぎょう》しようという人は、惣領主であれ、庶子《しょし》であれ、怠りなく信心して崇敬すべきものである。

武勇にすぐれ、若くしてうらみをのんで死んだ悪源太義平もまた、曾我兄弟と同じように御霊の神にまつられていたのであり、この神社はいまでも御霊社として正代《しょうだい》の村にのこっている。

行平が鎌倉の右大将頼朝公からたまわった数通の御下文《おんくだしぶみ》や御教書《みきょうじょ》などは、妻の河越《かわごえ》の尼御前《あまごぜん》（源義経の正妻の父として名高い河越重頼の妹にあたる）に預けおかれたところ、あとをついだ行平の兄の子の小次郎俊平には、ついにわたされなかった。これら頼朝公の御下文・御教書・御状などは、なんとかさがしもとめて小代家でもつべきである。なぜならば御下文・御教書は、その所領をいまは知行《ちぎょう》していなくとも、将来恩賞にあずかるときに由来を申し述べて請求する材料となるからである。またいろいろの御状は、重代の奉公の名誉を明らかにするために、ぜひ将軍のお目にかけたいからである。

この一段は中世武士たちが、家に伝わる重代相伝の古文書を尊重した理由をよく物語っている。現にその家が支配している所領の由来をしめす文書《もんじょ》はもちろん、小代家のように支配権を失ってしまったばあいでも、古文書には大きな効用があったのである。将来恩賞にあずかるときに望み申すためというのは、一一〇ページに述べたような闕所《けっしょ》に関する慣習と関連している。そうでなくても、「重代奉公の名誉」のこのうえない証明書だったのである。

小代家の文書のなかには一巻の古系図がある。これは伊重《これしげ》が記しておいた「児玉の先祖の次第と系図」そのものではないようだが、内容からみて室町中期をくだらぬころの系図と考えられる。

系図の史料批判

武士の家で系図が尊重されたことは、さきにみたとおりであるが、それだけに系図には偽《ぎ》作《さく》や作為が多い。もっとも大がかりな例では徳川氏がみずからの支配を正当化するために、清和源氏新田《にった》氏の一族、得川《とくがわ》氏の後裔《こうえい》という系図をつくりあげたばあいなどが有名である。しかし、だからといって系図をすべてうそや偽りだというわけにはいかない。むしろそのな

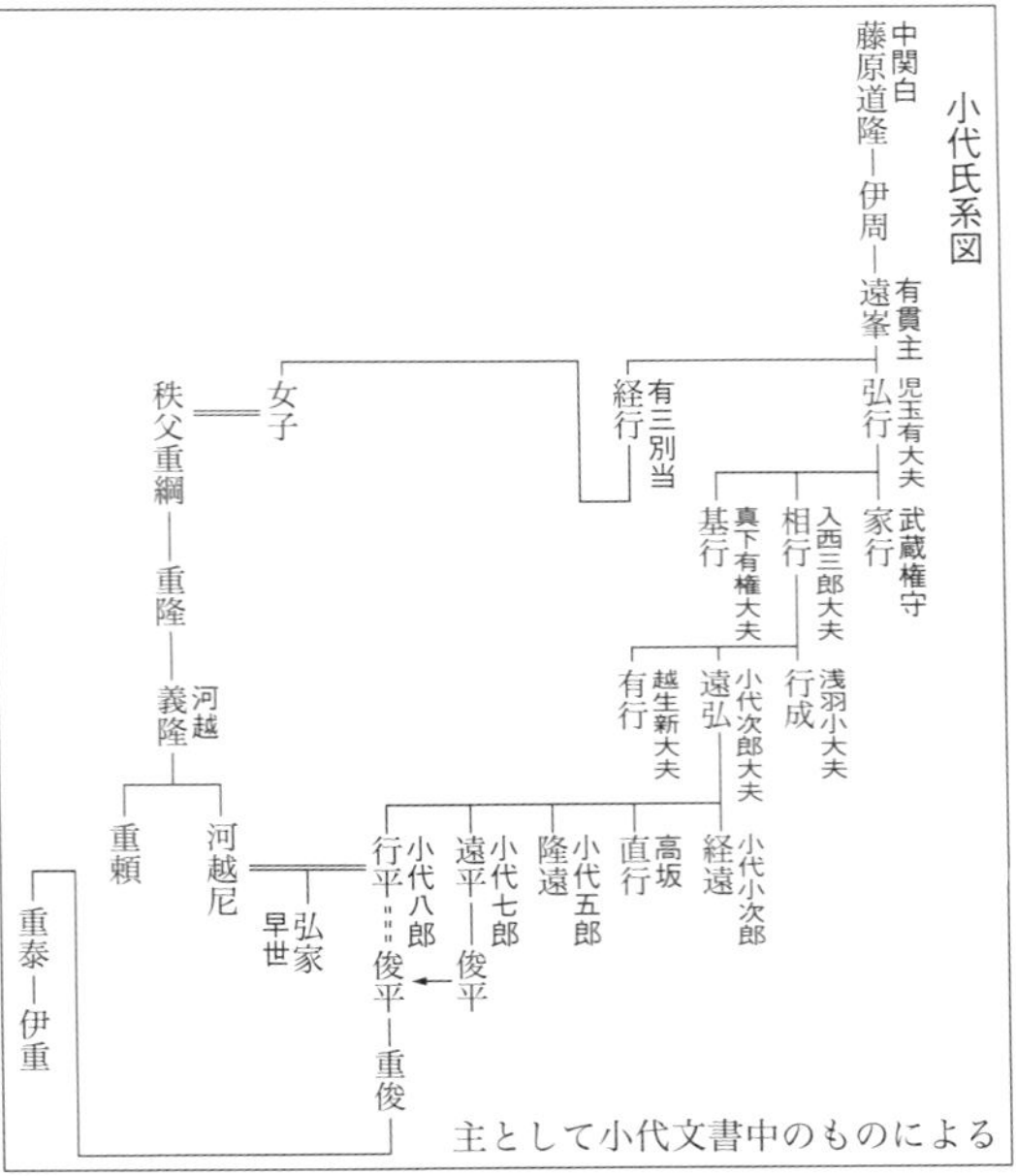

かには深い真実がふくまれており、作為自身がかえって貴重な事実を伝えているばあいがある。

目を転じて中世武士の家の系図の一例として菊池氏系図をとりあげ、その内容を検討してみよう。「兵《つわもの》」から武士団へと転化していった西国の豪族の一つとして、常陸《ひたち》平氏のばあいと比較する興味も深いうえに、系図研究の例としておもしろいからである。

多くの系図に共通する問題点はまずなんといってもその家のもっとも古い先祖、初期の家系が不明確だという点にある。これは常識的に考えても当然であろうが、武士団の起源や発生の過程を考えようとするときには、系図の史料的限界としてつねに問題となるのである。菊池氏のばあいもまた例外ではない。

南北朝時代末の弘和《こうわ》四年（一三八四）、南朝方として奮戦した菊池氏の当主武朝《たけとも》は、祖先以来代々の朝廷への忠勤の数々を列挙した申状《もうしじょう》（『南北朝遺文　九州編』五八二六）をさしだした。そのはじめに「謹んで当家忠貞《ちゅうてい》の由来を検するに、中関白道隆《なかのかんぱくみちたか》四代の後胤《こういん》、太祖大夫将監則隆《しょうげんのりたか》、後三条院の御宇《ぎょう》延久年中、始めて菊池郡に下向してより以降……」といっている。まさしく一種の「氏文《うじぶみ》」であり、武士の名のりの一種とみられるが、当時すでに菊池氏自身が藤原道隆の子孫の出と主張していたことを明らかにしている。しかし現在世上に流布《るふ》している系図類は、この道隆から則隆にいたるまでを種々の親子関係によって表示しており、その間には統一がない。それを大別すればほぼ左の三種となる。

平泉澄《ひらいずみきよし》は、その著『菊池勤王史』のなかで、（乙）・（丙）はともに信頼に値いせずとして（甲）を採用、伊周《これちか》の弟で大宰権帥《だざいごんのそち》として令名をとどろかせた隆家の子孫が、肥後に土着したのが菊池氏であることは疑いのない事実だと結論づけたのであった。

（甲）道隆─隆家─経輔┬文時
　　　　　　　　　　　└政則─則隆

（乙）道隆─隆家┬経輔─文時
　　　　　　　　└政則─則隆

（丙）道隆─隆家─経輔─文時─政則─則隆

ところがこうした通説的見解に対してそれ以前、すでにするどい批判を投げかけた学者があった。『姓氏《せいし》家系大辞典』の編者太田亮《あきら》である。太田はいう。『尊卑《そんぴ》分脈《ぶんみゃく》』などの有力な藤原系図のどれをみても道隆・隆家、あるいはその子経輔《つねすけ》の子孫に政則・則隆などの名はあらわれない。まして当時の記録・歴史書には、それらしい人物の片影さえも見いだせない。権威赫々《かくかく》たる関白の孫・曾孫としては、とても考えられぬ事実ではないか。菊池氏の系図はその出自《しゅつじ》についてあまりにも混乱しており、とにかく一致するのは道隆の後裔《こうえい》で、また藤原文時から出たという肥前国の豪族高木氏と同族だということだけである。要するに菊池氏は、もともとは家の紋を共通にする高木氏と同族で、道隆の後裔中関白家《なかのかんぱく》に奉仕をかさねているうちに、いつかみずからもその子孫だと主張して系図をととのえるようになったものであろう、と。

ながく姓氏や系譜の研究に打ちこんだだけに、太田の通説批判のほこさきはまことにするどい。しかしかれの主張が多く菊池氏以外の諸氏の系図や家伝からの類推によっているため、いまひとつ説得力に乏しいうらみのあることもまた否定できない。

太平洋戦争後あらためてこの問題に、みごとな解決をもたらしたのは志《し》方正和《かたまさかず》（「菊池氏の起源について」〔『熊本史学』一五・一六合併号〕）であった。かれは当時の記録のなかに、菊池氏の先祖といわれる政則・則隆、さらにその子政隆の名を発見してその身もとをたしかめ、同時にかれらが肥後の「住人」で道隆・隆家の後裔でないことを疑問の余地なく明らかにしたのである。

一一世紀はじめに高麗《こうらい》北方の女真《じょしん》族が対馬《つしま》・壱岐《いき》・北九州を襲った、刀伊《とい》の入寇《にゅうこう》といわれる事件がおこった。このとき奮戦して女真族を撃退した主力は、大《だ》宰府《ざいふ》の下級官人で諸国の在庁官人にあたる府官たちであった。その第一は四年前、府官からとくにえらばれて次官である少弐《しょうに》に任命された藤原蔵規という人物であり、刀伊の入寇後、賞として対馬守に任命された武勇の士である。志方は「蔵」の字はマサとも読むところから、蔵規すなわちマサノリで政則と同一人と推定した。種々の点からみてその推定は正しいと思う。かれはまた藤原実《さね》資《すけ》の家領だった筑前の高田牧の牧司《ぼくし》をつとめ、実資にしばしば物を贈っているだけでなく、道長に孔雀《くじゃく》を献上したこともある。ひじょうな勢力家であるが、道隆や隆家の子とはとうてい考えられないのである。

政則の子則隆、その子政隆については、じつは本書九〇ページにすでに紹介しておいた。「敵討《かたきうち》の系譜」の一例としてあげた前肥後守藤原定任《さだとう》暗殺事件の有力な容疑者平正高（蔵隆とも書くが、これも同じくマサタカと読む）とその父則隆が、志方によればまさにこの二人にあたるのである。父子ともに時の権帥《ごんのそち》藤原隆家の第一の郎等《ろうどう》の、武勇の者である。その一族近親には大宰府《だざいふ》付近の有力者がおり、しかもかれらもみな武勇の者がそろっていた。菊池氏の先祖には、まことにふさわしい人物である。

源氏物語に描かれた「兵」の像

『源氏物語』玉かづらの巻は、かつての源氏の恋人夕顔の忘れ形見玉かづらが、乳母の夫の大宰少弐《だざいのしょうに》にともなわれて遠く大宰府《だざいふ》の地で成長し、少弐の病死後も肥前国に住んでいたときの物語からはじまっている。内大臣と夕顔の間に生まれた彼女は、成人にともなってますます清らかな美女となって、結婚をのぞむ男性がひきもきらない。なかでも大宰府の役人で三等官にあたる監《げん》の地位にあり、五位の位をもつ一人の「兵《つわもの》」がもっとも熱心であった。かれは肥後国の有力な豪族の出で、その地方で威勢も強く声望も高い人物。かねてから天下の美女をわがものにしたいという願望をいだいていたので、種々の手段でなんとか玉かづらに言いよろうと試みる。作者はこの求婚者を冷やかな眼でつぎのように描写している。

年のころは三十ばかり。背は高く、どっしりとふとっていて、それほどわるくはないが、荒々しい振舞いなど見るもいやらしい。自分は世間の声望の高い身だと自負していて、中国からの輸入品の上等の色紙をこうばしい香にしめながら、こぎれいな筆づかいで恋文を書きあげ、たいへんな田舎なまりで「うむ、われながらでかした」とひとりごと。

しかしかれは同時に「肥後国内の仏も神も、自分にはすべてお従いになるのだ」と広言できる人物であり、その怒りを買えば世間もせまくなり、いったいどんな仕返しをされるかわからない、と恐れられている「兵」なのであった。

われらはこのように田舎くさいという世評こそあれ、けっしてつまらぬ人間ではござらぬ。都の人だとていかほどのことがあろうか。われらをあなどってお考えなさるな。

というかれのことばは、直接の文脈のなかでは和歌の道について言われているとしても、含意《がんい》はさらに一般化しうるものであり、当時の「兵」たちのいつわらぬ心情を吐露したものといえるであろう。

これは紫《むらさき》式部《しきぶ》の創作である。しかし式部の夫藤原宣孝《のぶたか》はすこしまえ大宰少弐になったこともあり、作者は当時の大宰府一帯の情勢について十分な知識をもっていたはずである。肥後を本拠とする有力豪族で五位の位をもち、大宰府の府官として監《げん》に任命され、肥前にも勢力をのばしていた「兵」といえば、モデルは菊池氏としか考えられない。すでに紹介してきたようなかれらの実際の行動とひきあわせてみるとき、紫式部の筆によって、当時の「兵」の一面がまことにみごとにとらえられていることに感心せざるをえない。

初期の菊池氏と肥前国（佐賀県）との関係の深さや、筑後国（福岡県南部）の生葉《いくは》郡にも政則の所領があったことから考えると、「肥後国住人」と称されてはいても、菊池氏の勢力圏は北九州にかなりひろがっていたようである。大宰府といえば九州の諸国を統括する上級官庁であり、その三等官の地位について大宰府の実務を左右する力をもっていたのだから、勢力範囲が広大だったとしても、すこしもふしぎではない。前肥後守暗殺事件の有力容疑者として出頭命令がだされても結局はうやむやに終わってしまったのも、こうみてくれば当然であろう。

政則以前の菊池氏の家系は不明である。おそらく古代以来の肥後の有力豪族が大宰府に出仕して、その実権をにぎる府官となり、さらに北九州一帯に勢力を拡大して「兵」となったものと推定されるのである。

主従関係から親子関係へ

菊池氏のばあいには中関白道隆《なかのかんぱくみちたか》の後裔《こうえい》という系図は作為であって、じつは在地の豪族が大《だ》宰権帥《ざいごんのそち》隆家の従者となったものであることが判明した。よく親分・子分というように、主従関係はしばしば親子関係のようにとりあつかわれることが多い。菊池氏がのちに道隆・隆家の子孫と称し、系図もそのようにつくりあげたのもけっして理由のないことではなかった。身分上の主従関係が、観念上、形式上は血縁関係に擬制されて表現されているのである。

小代氏《しょうだい》の系図にかえると、ここでも『尊卑分脈《そんぴぶんみゃく》』などの有力な藤原氏系図のどれにも、伊《これ》周《ちか》の子に維能《これよし》や遠峯という人名を発見することができない。両者のむすびつきについては、隆家と菊池氏のばあいほどの説明すらもない。鎌倉時代の古文書で小代氏はみずから有道氏《ありみち》であるとは記しているが、藤原氏とは称しておらず、まして伊周の子孫とはいっていない。小代氏のばあい、道隆・伊周の後裔でないことはまず明白である。ただ一説には維能が伊周につかえたともいうように、菊池氏のばあいと同様、北武蔵《むさし》の豪族で牧の管理にもたずさわっていた有道氏が、中央の有力者である伊周に臣従し、のちに系図上でその後裔と主張した、ということならばおおいにありそうな事実である。

じつは中世武士団の家の系図には、菊池氏・小代氏のばあいと同じような問題点がふくまれていることが多いのである。『曾《そ》我《が》物語』にみえる伊豆の豪族工藤・伊東氏のばあいも、通常説かれている藤原維幾《これちか》の後裔という説以外に、『七十一番職人歌合《うたあわせ》』のような宇多天皇の後胤説もとなえられていたらしい。だから系図上は中世武士団のほとんどが中央貴族の後裔や落胤《らくいん》が地方にくだって豪族となり、武士となったように記しているからといって、それをすぐに客観的事実だと速断はできないのである。むしろその多くは菊池氏系図と同様に虚構であり、旧来の在地豪族が中央の有力貴族と主従関係をむすんだ事実の反映であるにすぎなかったのではなかろうか。

簇生する常陸平氏の分流

平維幹の子孫たち

前章の主題とした常陸《ひたち》平氏のその後をとりあげよう。『将門記《しょうもんき》』などほぼ同時代の史料の陳述によっても、この一族が桓武《かんむ》平氏で高望王《たかもちおう》の子孫だという事実は動かないようであり、中世につくられたものをふくむ数種の系図のどれにも、それほどの差異はない。維幹《これもと》以後、一族がひろく国内に繁栄して常陸平氏とよばれる武士団をつくりあげるまでの経過を、系図の助けをかりながら概観してみよう。

平安末期までの維幹の子孫については、諸系図いずれもほとんど一致している。約一八〇年間に六代で、一世代約三〇年として、それほど無理ではない。また六人のうち五人までは同時代の記録や金石文にその名をのこしているから、実在の人物であることはたしかである。ただ為幹《ためもと》と重幹《しげもと》の間はやや年代がはなれすぎるので、あるいはこの間にもう一代はいるのかもしれない。

維幹の子為幹もまた女性問題に関係して中央貴族の日記（『左経記』寛仁四年閏一二月二六日条）に登場してくるのは、妙といえば妙である。藤原道長の全盛期の、寛仁《かんにん》四年（一〇二〇）、常陸介《ひたちのすけ》の藤原惟通《これみち》が任地で亡くなったあと、その妻が在地の住人に強姦されたと惟通の母が朝廷に訴える事件がおこった。その相手こそ為幹であり、さっそく京都に召喚され、検非違使《けびいし》庁に出頭を命じられたけれど、病気と称してぐずぐずしているうちに、大赦が行なわれているので、たぶん、かれもただちに放免されたものと思われる。

それにしても都からくだってきた国司の妻に目をつけ、未亡人となるやさっそく彼女をうばい取ったという為幹の行動は、かつて高階成順《たかしななりのぶ》の長女大姫君を、掠奪《りやくだつ》結婚ともいうべきやりかたで常陸までつれ帰った父維幹のそれと、どこか相通ずるものがある。美しい女性を見そめたら、なんとしてでもわがものにせずにはおかない、という荒々しい東国の豪族の気風の一面を物語っているかのようである。『源氏物語』の玉かづらに言いよった北九州の「兵《つわもの》」とくらべてもさらに行動的のようだ。

系図上は為幹の子にあたる重幹《しげもと》は、白河院政下の嘉承《かじよう》元年（一一〇六）、こんどは常陸で合戦をおこしたことで中央貴族の日記（『永昌記』嘉承元年六月一〇日条）にのせられている。武家の棟梁として知られる清和源氏の源義家の弟、新羅《しんら》三郎義光《よしみつ》はかつて常陸介になったことがあり、そこで常陸平氏一族と親密な関係をむすんだのであろう。義光の子義業《よしなり》は重幹の孫娘の腹に佐竹《さたけ》冠者昌義《かじやまさよし》という子供をもうけ、昌義はいまの常陸太田市近くの佐竹郷を根拠地として土着し、ついに常陸国の北半分を支配する豪族、佐竹氏の先祖となるのである。重幹はこのとき、義光と連合して同じ清和源氏の一流で甥にあたり、のちに新田《にった》・足利《あしかが》両氏の祖となった義国《よしくに》と戦ったのである。父祖以来の伝統をつぐ武力集団の長としての重幹の姿がうかがえる。

その子致幹《むねもと》のばあいには、筑波《つくば》の連山の最南端の山の端に建立《こんりゅう》された東城寺《とうじょうじ》から出土した保安《ほうあん》三年（一一二二）と天治《てんじ》元年（一一二四）の二つの経筒《きょうづつ》の銘文に「大檀越《だいだんおつ》」や「大檀那《おおだんな》」としてその名が記されている。かれが比叡《ひえい》山延暦《えんりゃく》寺の系統の僧侶や行者を保護していたこと、その信仰ぶりを物語るよい材料である。

また致幹は清和源氏の嫡流の源頼義にも服従したようである。『奥州後三年記』によると、頼義が前九年の役の安倍貞任《さだとう》攻撃に下向する途中、旅の「かり屋」で常陸国の「猛者《もさ》」の多気権守《たけごんのかみ》致幹の娘に出あい、彼女に娘を生ませた。祖父の致幹はその孫娘をだいじに養って育てたという。旅人を歓待するため娘に夜のとぎをさせる風習はひろく行なわれていたが、これはその一例であり、またすでにふれたような、地方豪族の娘が中央貴族の子を身ごもり、それが新たな地方豪族の家をつくってゆくという点では、さきの佐竹氏のばあいとも同一であろう。

致幹の孫の義幹《よしもと》については平安時代の最末期の安元二年（一一七六）、貴族の日記（「吉記」安元二年六月一八日条）に気になることが書かれている。召し返された流人《るにん》らのなかに父母を殺害した者があり、それは常陸国司が訴えた能幹《よしもと》のことかというのである。

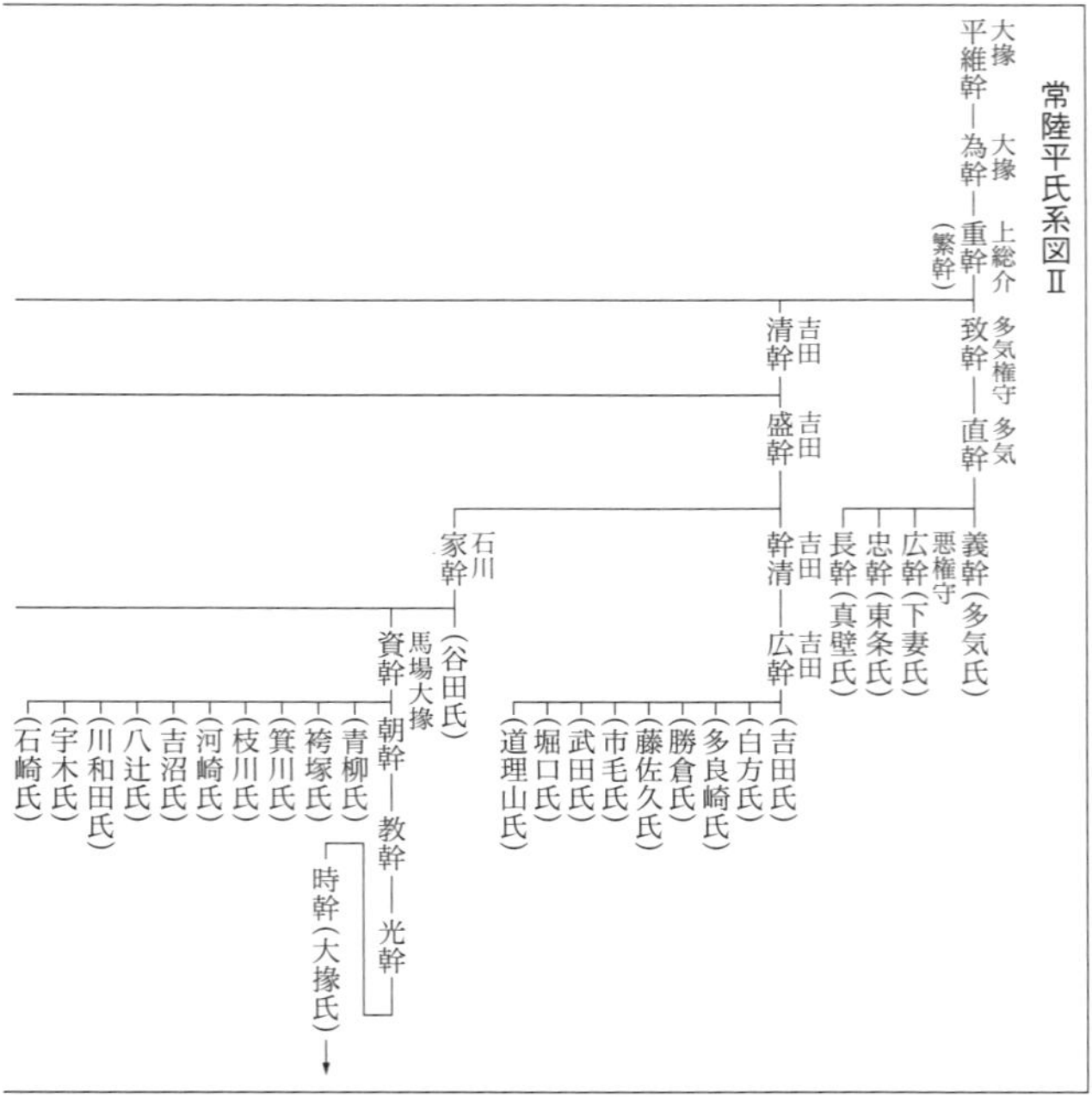

常陸平氏系図Ⅱ

能幹も義幹もよみは同じだから同一人物の可能性が強い。もし事実だとしたら、常陸平氏一族の行動は、まことに血なまぐさいものでもあったことになろう。義幹の弟の広幹《ひろもと》はそのすこしまえに下妻《しもつま》荘の下司《げし》として、隣国下総《しもうさ》国の荘園に「乱行」をはたらいたと訴えられている。系図では「悪権守」と記されているが、悪源太義平《よしひら》などと同様に、勇猛な武士だったのであろう。

以上、系図と他の史料とをつき合わせながら維

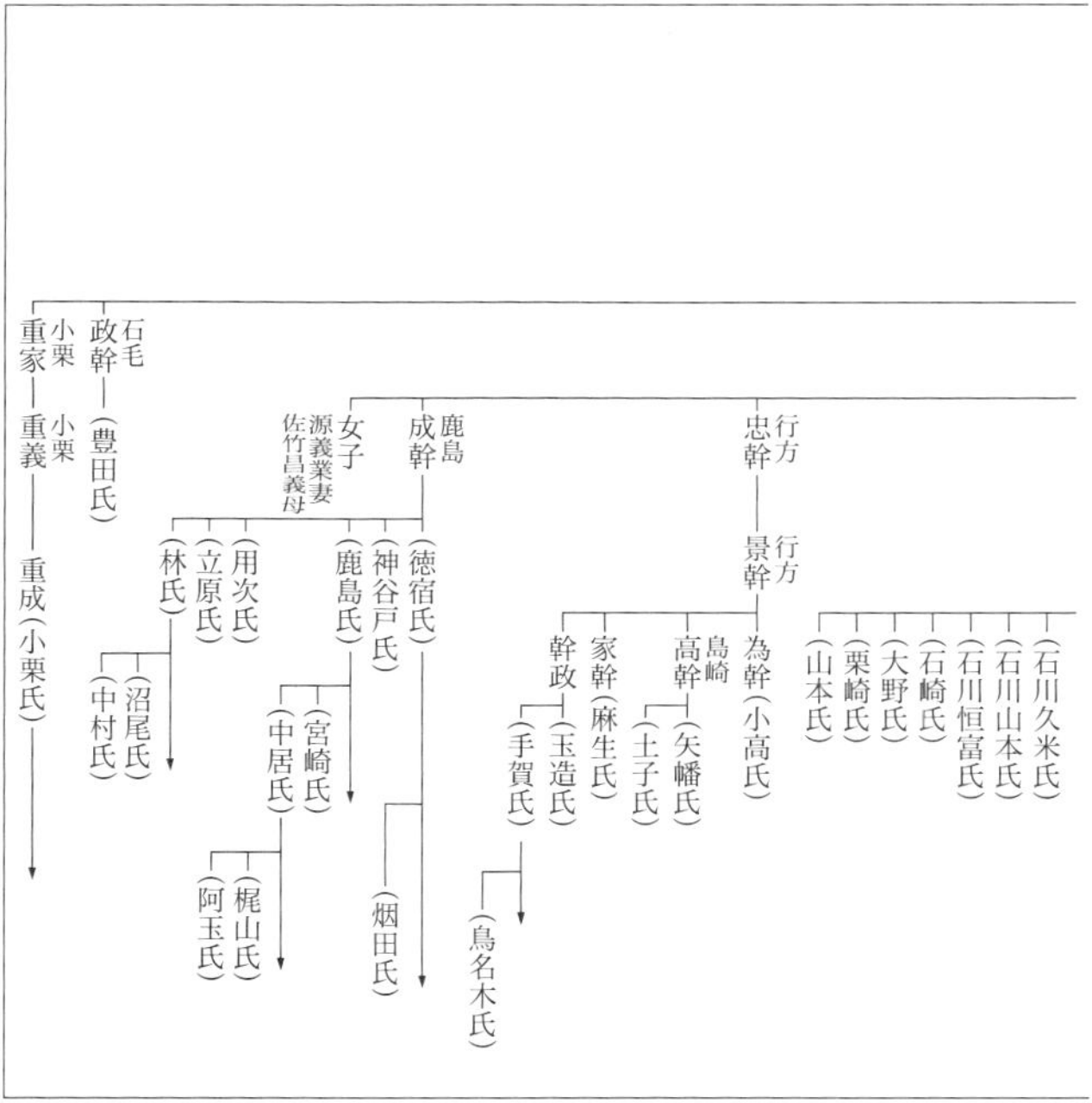

幹以後の常陸平氏の行動をみてきた。これによって在地で合戦や「乱行」を事とし、「猛者」や「悪」とよばれて血みどろの戦いをくりひろげながら、信仰心もあつい一豪族の姿をかいまみるとともに、系図の記事もほぼ信頼できることを確かめたように思う。

常陸平氏の系図から

つぎにこの系図を手がかりとして、常陸《ひたち》平氏一族がどのように国内の主要な部分を支配する豪族武士団に展開してゆくかをしらべてみよう。ほぼ一二世紀はじめごろ、重幹《しげもと》の子供たち四人はそれぞれ多気《たけ》・吉田・石毛《いしげ》・小栗《おぐり》の姓を名のっている。

嫡流の太郎致幹《むねもと》は多気・水守《みもり》などの根拠地を中心に筑波《つくば》山の西麓から南麓におよぶ広大な地域をうけつぎ、次男の次郎清幹《きよもと》は吉田郡を中心に久慈《くじ》川より南の常陸国の東部一帯を支配する。つぎに四郎政幹《まさもと》は鬼怒《きぬ》川をこえた西岸、隣国下総《しもうさ》の石毛を中心に勢力をのばすが、系図ではかれを「石毛ノ荒四郎」とよび、「荒人神トナル、号赤四郎将軍」と記している。いわくありげな記事であるが、曾我《そが》兄弟や悪源太義平と同じくかれもまた武勇にすぐれた荒武者で、霊威のすぐれた神にまつられたのだろう。そして最後の五郎重家は下野《しもつけ》に接した伊勢神宮領の小栗保《おぐりのほう》を支配する家をおこしたのである。

大きく四つにわかれた常陸平氏はさらにその子、孫たちの世代にかけて、あたかも細胞分裂をくりかえすように、つぎつぎ分家を分出していく。そのありさまは壮観としかいいようがない。嫡流の多気氏では致幹の孫の代に太郎義幹が多気氏をつぎ、四郎広幹は下妻《しもつま》と称して国の東部にある広大な荘園下妻荘などの下司となり、五郎忠幹《たけもと》は東条を名のって霞ケ浦の南部信太《しだ》郡の東半分、東条の地域を支配する。そして六郎長幹は真壁《まかべ》郡一帯をゆずられて真壁氏をおこす。

これら嫡流家からの分家が名字《みようじ》の地としているのは、かつての郡か、あるいはそれを二、三に分割した程度の広大な領域であることが特徴的である。嫡流家につぐ吉田の家でも、まず最初に分出したのは、行方《なめかた》郡・鹿島《かしま》郡という郡の名を名字とする行方・鹿島氏である。こ

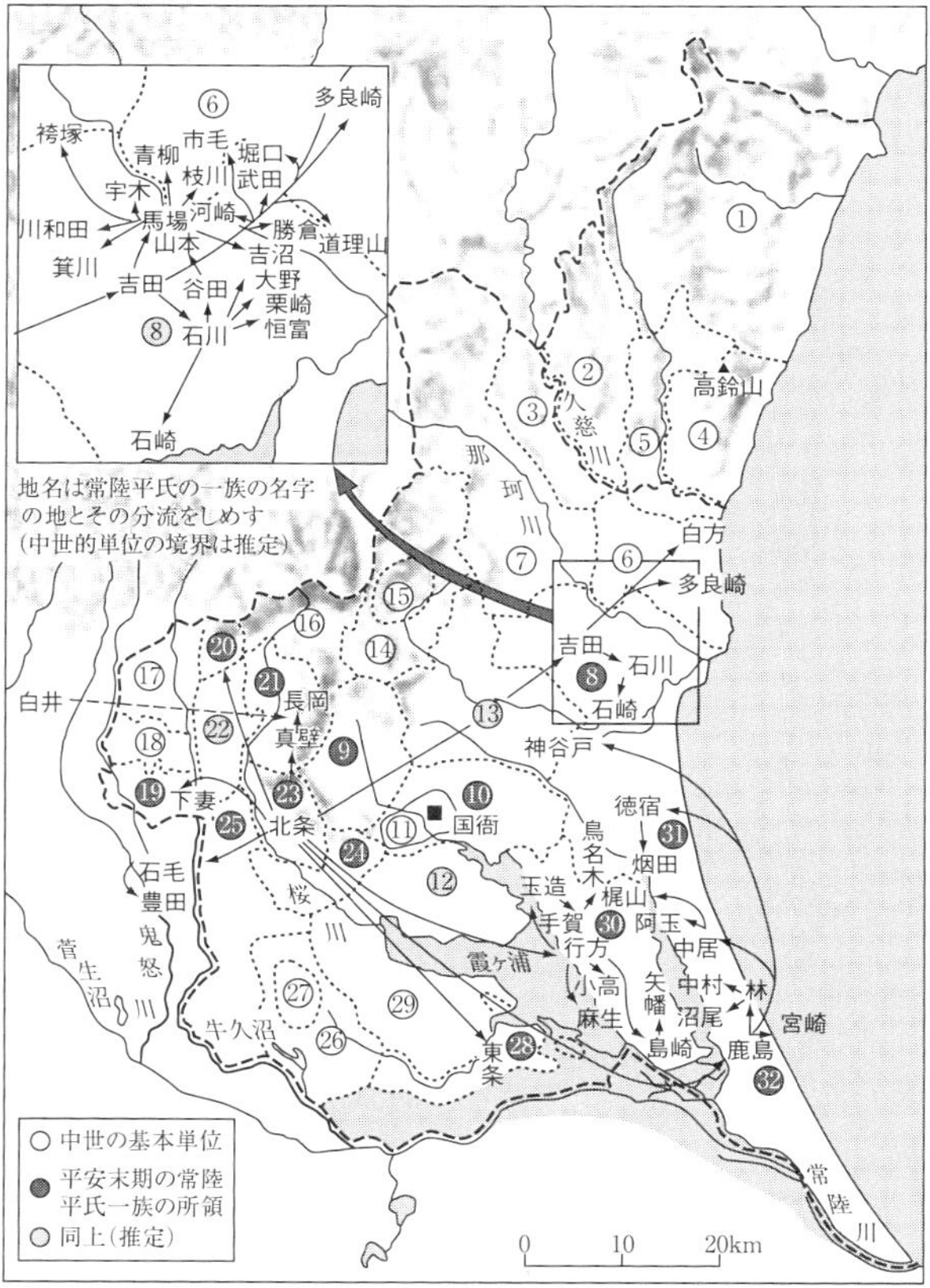

平安末期の常陸の国と常陸平氏の一族　地図内の数字は179ページの表の郡の所在地をしめす

うした分出はだいたい一二世紀のなかばの平安時代末期、源平の争乱の前夜には完了していたらしい。

つぎにほぼ鎌倉時代の初期から第二次・第三次の分出がはじまり、たとえば行方氏は郡内の主要な郷名の小高・島崎・麻生《あそう》・玉造《たまつくり》などを名のる四家に、鹿島氏もまた同様に郷の名を名のる六家にとわかれ、さらにそれが分出をくりかえしてゆく。よりくわしくは系図をごらんいただきたいが、これら常陸平氏の大きな集団がかぎりなく分化していくようにみえて、しかもなお一族としての共通の意識にむすばれていたことは、かれらの実名のほとんど全部が、先祖維幹《これもと》以来の「幹」という一字を共通にしている事実で十分に証明されているといってよい。

中世的な郡と郷

一族が分出していくときに名のる姓は、同時にかれらの中核的な所領の所在地の名であり、そこがいわゆる名字《みょうじ》の地、本領なのであった。それがはじめは郡程度の広大な地域の呼称であり、やがてその下部の郷の名にかわってゆくことが確かめられた。郡も郷もかつての律令国家以来の地方行政機構の一つである。しかし当時のその内容は、けっして律令体制下のそれと同一ではない。むしろ中世的な郡・郷というべきものであった。ここで常陸《ひたち》国についていて、古代から中世への展開につれ、この郡・郷のしくみがどのように変化してきたかをながめておきたい。

奈良時代には『常陸国風土記《ふどき》』、平安初期には『和名類聚抄《わみょうるいじゅしょう》』、そして鎌倉後期には、国内の荘園や国衙《こくが》領の基本単位ごとの面積を記した弘安《こうあん》二年（一二七九）と嘉元《かげん》四年（一三〇六）の「大田文《おおたぶみ》」（『鎌倉遺文』一三八二四・二二六九六）というように、この国には一国全

和名抄	大田文		面積**		
多珂郡（8郷）	1 多珂郡	奥七郡	153町	4反	300歩
久慈郡（20郷）	2 久慈東郡	奥七郡	380	2	180
	3 久慈西郡	奥七郡	133	5	240
	4 佐都東郡（9）*	奥七郡	289	8	300
	5 佐都西郡（12）	奥七郡	256	3	120
那珂郡（22郷）	6 那珂東郡（8）	奥七郡	145	7	300
	7 那珂西郡	奥七郡	152	5	120
	8 吉田郡（12）		223	1	
茨城郡（18郷）	9 北郡（22～23）		272	4	60
	10 南郡(府郡)(19～20)		292	7	240
	11〔在庁名〕（16）		154	4	300
	12 南野牧（南荘）		650		
	13 小鶴荘		400		
新治郡（12郷）	14 東郡（4～6）		37		
	15〔大蔵省保〕（4）		66	5	
	16 中郡荘		283	1	120
	17 西郡北条(伊佐郡)		99	1	60
	18 西郡南条（関郡）		108	5	300
	19 下妻荘		370		
	20 小栗保		320		
真壁郡（7郷）	21 真壁郡（21～26）		417	0	180
	22 村田荘		260		
筑波郡（9郷）	23 筑波北条（7）		323	4	120
	24 南条方穂荘		64	4	180
	25 田中荘		500		
河内郡（7郷）	26 河内郡（10）		260		
	27 大井荘		72	1	
信太郡（14郷）	28 信太東（東条）		207	2	240
	29 信太荘		620		
行方郡（17郷）	30 行方郡（17）		330	8	300
鹿島郡（18郷）	31 北条（9）		288	9	240
	32 南条		350		

常陸国の郡・郷と中世の基本単位の面積

＊　大田文の基本単位のつぎのカッコ内の数字は、郷や名などが記されている場合に限ってその数を記入した。また（22～23）のようにしてあるのは、弘安の大田文と嘉元の大田文でその数に差のあるものである

＊＊　中世の基本単位の面積は、嘉元の大田文による

体の大勢をつかむための好史料が比較的多くのこされている。またすでに高田実や網野善彦らがすぐれた研究を発表しているので、それらを私なりにまとめなおしてみよう。『和名抄』にみられる常陸国の郡・郷と、「大田文」にみられる中世の基本単位をくらべてみると表(前ページ参照)のようになる。まず北のほうでは『和名抄』の多珂《たか》・久慈《くじ》・那珂《なか》三郡がいくつかに分割され、新たに「奥七郡」として一括されている。那珂《なか》川以北で陸奥《むつ》国へとつらなるこの地域は、国府からみてもまちがいなく「奥」の地であり、一二世紀初頭以来、常陸平氏と婚姻関係をむすんだ清和源氏の義光の後裔《こうえい》佐竹氏が、圧倒的な勢力をふるった一帯であった。

『和名抄』の那珂郡の南部、いまの水戸市付近だけは、すでに一〇世紀ごろから吉田郡として別に分離していた。この地域を支配していたのが常陸平氏の一族、源氏と婚姻をむすんだ吉田氏である。そしてこれ以南の常陸国の大部分は常陸平氏一族の勢力圏であった。その中世の基本単位のよびかたをみると、北郡《ほくぐん》・南郡・東郡・西郡あるいは中郡《ちゅうぐん》、または北条・南条・東条・西条など、郡や条を方角でよびわけ、あるいは郡と条を併用したものが多い。これは律令体制のもとでの郡を情勢に応じて新たに細分化していったとき、全国的にもひろく用いられた方式であった。

新たな郡・郷と開発領主

私の考えるところでは、律令国家の支配体制も、その地方行政機構としての郡や郷の制度も、国造《くにのみやつこ》や郡司などに代表されるような旧来からの豪族たちの在地支配におんぶしたかたちで、ようやく成立していたものだ、とみるのが真相に近いように思われる。そして旧来の豪族支配、在地の政治秩序がようやく変質してくるのにともなって、国家の支配体系は、在地の地域社会の内部まで浸透し、支配組織もより細分化されるようになってゆくのだと思う。

ほぼ一〇世紀ごろを一つの画期として、国家の支配原理は人的支配の原理から土地支配の原理にかわってゆく。郡の基礎単位だった郷は五〇戸を一郷とする人的団体であったが、いまや一定の領域をもつ地域的単位に変化していった。かつての郡は倉庫を単位とした徴税の単位として新たに細分化され、再編されるようになる。郡を東・西・南・北にわけたり、条とよんだりするのが新たな単位であり、そこからの徴税を請負うのが郡司などの役人であった。かれらの多くは地方の豪族であり、やがてこれらの基本単位全体をみずからの所領として支配するようになってゆく。それが名目上、中央の大貴族らの所領に寄進され、荘園となっていったとき、常陸では中郡荘、南条方穂《かたほ》荘など、郡や条の名をのこしたままの荘園となるのであった。

大筋だけを述べたが、こうした地方組織の変化、寄進地系荘園の成立は、同時に耕地の開発と増大、新たな村落の発生の過程であった。このような新天地の開拓を主導し、組織していったものこそ、「開発領主《かいほつりょうしゅ》」とよばれる地方の有力者であって、常陸《ひたち》平氏一族もまさにその一例であった。「大田文《おおたぶみ》」をみると、郡や条の単位のもとに数多くの新しい郷が、国衙《こくが》領の基礎的単位としてあらわれている。その郷名は、現在の集落名に一致するものが多く、かつての『和名抄《わみようしよう》』の郷名と同一のものは少ない。こうした新しい郷こそが、とくに平安中・後期以降にくりひろげられた、開発の舞台だったのである。

　常陸平氏一族から分出した家々の名のる名字《みようじ》が最初はまず郡・条などの単位であり、やがてその下の新しい郷名と一致するようになってゆくのは、一族子弟らに分割してゆく所領の単位がだんだんと小規模になるというばかりではなく、開拓の進められている新天地がつぎつぎと一族らに分与され、かれらがまたそれぞれその地で「開発領主」となってゆくことをも意味していたのである。つぎにその過程を一二世紀後半に分出した一族の真壁《まかべ》氏についてながめておこう。

	西暦	おもな事件
承平五年	九三五	平将門、平国香・源護一族と戦う。
天慶三	九四〇	将門、敗死す（承平・天慶の乱）。
長保元	九九九	平維幹、五位となる。
長和元 以前	一〇一二 以前	平維幹、常陸守源頼信の平忠常討伐に協力。
寛仁三	一〇一九	○刀伊（女真族）の襲来。
寛仁四	一〇二〇	平為幹、常陸守藤原惟通の妻の強姦事件をおこす。
長元元	一〇二八	○平忠常の反乱が始まる（三一まで）。
永承六	一〇五一	○前九年の役の開始（五七まで）。
永保三	一〇八三	○後三年の役の開始（八七まで）。
嘉承元	一一〇六	平重幹・源義光と源義国の合戦。
保安三 天治元	一一二二 一一二四	平致幹、東城寺に写経供養を行ない、経塚をきずく。
承安二	一一七二	平長幹、真壁城をきずくと伝う。
承安四	一一七四	下総国松岡荘、下妻荘下司平広幹の乱行を訴う。
承安五 以前	一一七五 以前	平義幹、父母を殺害（？）。
治承四	一一八〇	源頼朝挙兵し、佐竹氏を討伐。
寿永二	一一八三	志田義広、頼朝に反乱して失敗。

真壁氏と長岡氏

真壁氏の発生

筑波《つくば》山から加波《かば》山へとつらなる山々の西麓が真壁《まかべ》郡（現桜川市・筑西市）である。『和名抄』によると律令《りつりょう》体制下では七つの郷からなりたっていた。そのうちで真壁・大苑《おおその》（大曾根《おおそね》か）・伊讃《いさ》（伊佐々《いささ》か）の三郷は山脈の西麓、桜川ぞいにいまも地名をのこしているが、他の四郷は所在不明である。しかし鎌倉時代の「大田文《おおたぶみ》」になると、真壁郡を構成する二十数個の郷や名のほとんどが、現在の集落名と一致してくる。当時の郡内の田地は登録面積四百十数町あまりで、なかには一一二町もの大面積をもつ郷もあるが、多くは平均一五、六町程度の面積となっている。

　地図をみると、とくに山すその部分に点々とつらなる集落のほとんどすべてと、桜川をへだてた西側にひろがる常総《じょうそう》台地のへりの付近を中心に、中世の真壁郡の村々が存在していたことがわかる。ほぼその中央に位置するのがいまの真壁町である。町の中心部の東側の台地

文治五	一一八九	八田知家、常陸守護となる。
建久四以前	一一九三以前	○曾我兄弟の敵討事件。多気義幹が失脚し、下妻広幹が殺される。馬場資幹が大掾となる。
弘安二	一二七九	大田文ができる。
永仁五	一二九七	手賀ちゃうあ、子息政幹に鳥名木の地をゆずる（最古の鳥名木文書）。
嘉元四	一三〇六	大田文ができる。
元応元	一三一九	常陸国在庁官人らが連署状を記す。
天正一八	一五九〇	大掾清幹、佐竹氏にほろぼさる。
天正一九	一五九一	鹿島・行方氏一族ら、佐竹氏に謀殺さる。

常陸平氏一族関係年表

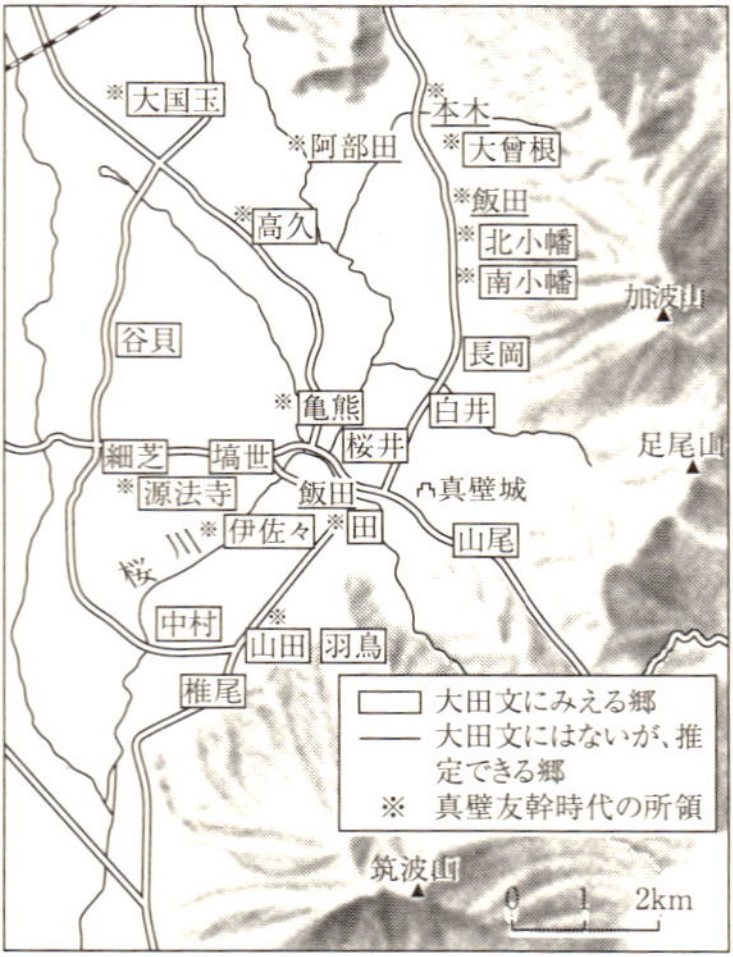

鎌倉時代の真壁郡

の上には三重の堀の跡にかこまれた真壁城跡がひろがっている。本丸の跡には、樹齢七〇〇年といわれる大けやきや、小さな神社がたっている。南北三〇〇メートルから東西一キロにもおよぼうという大規模なこの城跡こそ、常陸平氏の一族、真壁氏の平安末期以来の居城であり、江戸初期には、五万石の大名浅野氏の城として使用されたところであった。かつてこの付近は、真壁郡の郡衙《ぐんが》のおかれた地であったとも推定され、郡の中心としていかにもふさわしい場所である。

　真壁氏初代の長幹《たけもと》は平安末期の承安《じょうあん》二年（一一七二）、この城をきずいたと伝えられるが、常陸《ひたち》平氏の本流から真壁氏が分出したのはほぼこのころであろう。のちに一族の長岡氏はその所領を「国香《くにか》以来重代相伝の私領」、真壁郡「惣郡は国香以来数代相伝」だと主張している（「真壁長岡古宇田文書」五・二一〔『真壁町史料』中世編二〕）。平国香の居館は郡内南部の石田にあったから、真壁氏にとって所領を開発して領主となり、一家の先祖の地位についていたのは国香その人で、長幹はそれを継承して一家をたてた人と考えられていたのだろう。

真壁氏は長幹以来、御家人《ごけにん》として幕府につかえ、譲状《ゆずりじょう》によると孫時幹《ときもと》のときには郡内の一五郷ほどの地頭職《じとうしき》を所有していた。郡内の大半を所領としていたわけで、ここにあらわれてこない郷はそれ以前すでに一族に分割して譲与され、その郷を名字の地とする分家を発生させていたものと考えられる。

長岡氏の館

その一例となるのが郡内の長岡郷を所領として分出した長岡氏のばあいである。真壁町の中心部から北東へ約二キロほど、道をたどるとまもなく長岡にはいる。道はさらに海抜七〇九メートルの加波《かば》山頂へと達している。山岳信仰の本場、修験《しゆげん》道の道場としても有名な山であり、また明治一七年（一八八四）、自由党激派が決起し、山上に「革命」「自由」「圧制政府顚覆《てんぷく》」の旗をかかげて戦い、ついに惨敗した加波山事件の舞台でもある。いまはハイキングコースにもなっているが、まず山麓の長岡に現在もありありとその姿をとどめている、中世武士の館の跡の見学からはじめよう。

長岡の村の東より、標高五〇メートル程度をきざむ台地の端、周囲より多少は小高くなったあたりの小字《こあざ》を堀の内とよぶ。東西約二〇〇メートル、南北一二〇メートル程度でややゆがんだ長方形をなしているこの部分が、かつて長岡氏が根拠地としていた館の跡である。いまは小さな溝をみとめることができるだけであるが、かつては周囲に堀をめぐらしていたにちがいない。

その西北方、道をへだてて臨済宗《りんざいしゅう》の安楽寺《あんらくじ》という寺院がある。鎌倉中期の弘安《こうあん》元年（一二七八）、蘭渓道隆《らんけいどうりゅう》の開創といわれるが、長岡氏の後裔《こうえい》に伝わった古文書をみると、すでに文《ぶん》永《えい》七年（一二七〇）から長岡氏の菩提《ぼだい》寺ともいうべき禅宗寺院の存在していたことがわかるから、それがこの安楽寺にあたるのだろう。すでに曽我《そが》の里のばあいについて、武士の館とそれをめぐる古社寺の位置をながめてきた。ここ長岡でもまた館の西北に位置する、武士の家の菩提寺を発見できるのである。

さらに寺の周囲三方をめぐって、馬のひづめのような形をした同一番地の土地がつづいている。おそらくはかつての堀の内と同様に堀か土塁がきずかれていた名ごりであろう。

長岡家の古文書によると、鎌倉末から南北朝にかけてこの村には、如来堂や地蔵堂、加波山の別当《べっとう》寺であったらしい円鏡《えんきょう》寺などがあり、また権現《ごんげん》もまつられていた。こうした寺や堂と長岡氏との関係、村との関係がわかると興味ぶかいのだが、残念ながらそれ以上ははっきりしない。

堀の内と水田の開発

堀の内のちょうど南側、水田となっている一画の小字《こあざ》を前田という。館のすぐ前面にひろがる田だからであろう。曽我《そが》氏の館のすぐ周辺に御前田《おまえだ》という小字のあったことも思いださされる。昔、私がはじめてこの地を訪れたときに、この付近が現在でも長岡では最良の水田であることを教えられた。堀の内の北側一帯の小字を北田という。これも居館を中心としたよび名であるが、小山靖憲《こやまやすのり》の研究（「鎌倉時代の東国農村と在地領主制」〔『日本史研究』九九〕、『中世村落と荘園絵図』〔東京大学出版会、一九八七〕に収録）によると、江戸時代、元禄一〇年（一六九七）の調査では、上田はちょうどこの北田と前田の部分に集中している。

すでに述べたように、中世武士の支配の中核をなす館とその周囲にひろがる直営田の地域とは、そのもっとも強力な支配の領域、同心円的なイエ支配の構造の中心的な部分であった。長岡氏の古文書にも鎌倉末期に御手作の田地が一町三反、竹《たけ》の内《うち》（館の内、堀の内と同じ。武士の館の周囲には、矢の原料として竹を植えることも多かった）の田地が三町一反あったと記されている。中世でもそこは地味のよく肥えた最良の田地であったにちがいない。以前京都近くの山中の、平安時代から荘園となっていた村で、旧家の所有する村内で最良の田地がショウジとよばれていることを聞いた。かつての荘司の直営田にちがいない。このような例は多くみとめられ、長岡のばあいもその一つと考えられるのである。

加波《かば》山から流れだす何本かの谷川の流れは、現在でもみな堀の内の付近にあつまってくる。長岡の村の水田は基本的にはこの流れによって灌漑《かんがい》されているが、堀の内は、これらの流水をひきこんで冷たい水をあたためるため、水量を調節する役割も果たしたであろう。ただ館を防禦《ぼうぎょ》するためだけでなく、堀は農業上にも大きな意味をもっていたのであり、その周辺部の直営田が、最良の田地となったのも当然なことであろう。

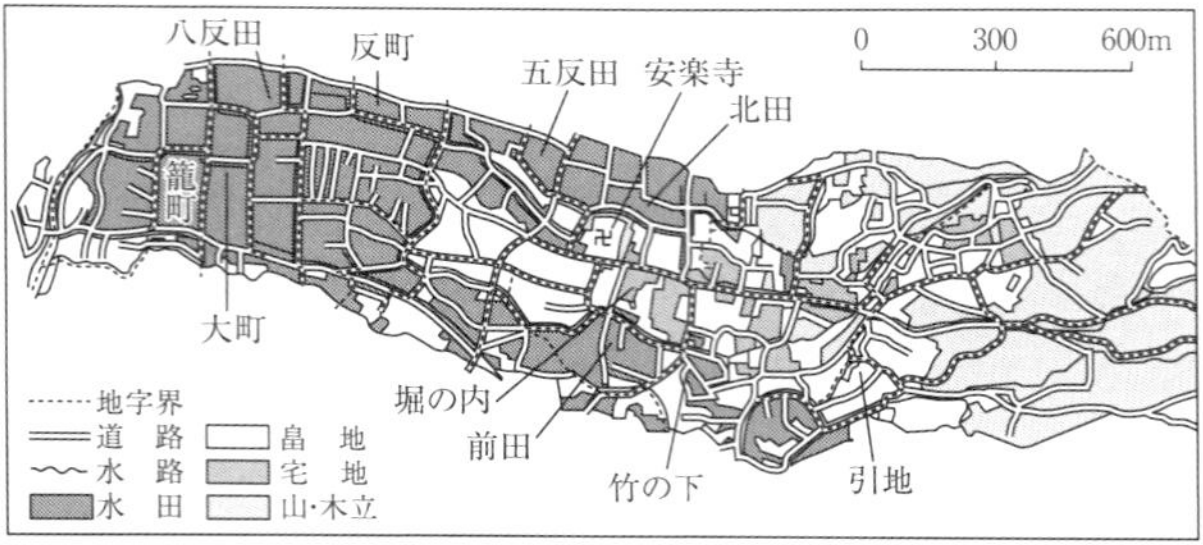

長岡の耕地と集落　小山靖憲氏が明治初年の長岡地籍図より作成したもの

現在の長岡の水田は、堀の内付近からさらに西側の桜川にそった低地帯一帯にも分布している。鎌倉末から南北朝期の古文書によると、大町《おおまち》・籠町《かごまち》・八反田《はったんだ》・反町《そりまち》など、いまもこの付近の小字としてのこる場所に田地があったことがわかる。小山のつくった長岡の地図によると、この付近一帯には条里制の地割の跡がたしかにみとめられ、古代以来の水田地帯だった。

長岡の村は、鎌倉時代の大田文《おおたぶみ》では国衙《こくが》領で真壁《まかべ》郡長岡郷とよばれ、公式の面積は公田が一五町二反六〇歩と登録されていて、郡内の郷としてはほぼ平均的な規模をしめしていたが実際には二〇町二反以上あったらしい。江戸中期の田数は三一町七反九畝《せ》余で、中世と近世とでは一町あたりの基準面積の比が六対五だから、換算すると鎌倉後期の二四町二反四畝から江戸中期の三一町七反余に増加したことになる。中世の長岡郷と近世の長岡村とを機械的に対応させるわけにもいかないが、この村では中世にかなりの程度まで開拓が進んでいたことがわかる。

しかし桜川ぞいの低地、条里制の地割ののこる部分などがすべて、当時、全面的に水田地帯として耕作されていただろうか。江戸中期の調査でもこの付近一帯の田地の等級はかなり低く、上田はすこしもみられない。中世ではおそらく事態はもっと悪かったであろう。八反田・五反田・三反田などの地名は、それぞれ八反・五反・三反ずつの水田が散在、点在しているような情景があればこそのよび名ではなかったろうか。

「かたあらし」の開発

条里制水田と考えられる場所でも、とくに中世はじめごろにはすべてを全面的に安定した耕地とみるわけにはいかない。

早苗《さなえ》とる　やすのわたりの　かたあらし　昨年《こぞ》の刈田《かりた》は　さびしかりけり（慈円「拾玉集」）

と詠まれたように、他の田が早苗を植え、耕作をはじめるときになっても、まだ昨年秋の刈田のままで放置されている「かたあらし」（片荒し）とよばれる田がかなり存在したのである。これは戸田芳実《よしみ》が明らかにしたように、年ごとに耕作と休耕をくりかえす「半荒地」、安定した耕地と未開の荒野の中間的なかたちであって、平安時代の農村にはかなりひろく存在していた。このようななかで中世武士が支配を確立させていくためには、半荒地を安定した耕地にかえ、耕作を発展させていくことが必要であった。長岡のばあいには、堀の内にあつめられた用水の配分や水路の保持などを通じて、課題は果たされていったにちがいない。これもまた当時の「開発」であり、それを遂行しえたからこそ、かれらは「開発領《かいほつりょう》主」として支配をおしすすめることができたのである。

長岡の堀の内の主人長岡氏は真壁《まかべ》氏から分家した一族であり、屋敷や直営田を中心としながら、例のイエ支配圏のもっとも外側の円にあたる郷全体を支配していた。支配下にあった農民たちについては、当時の東国でひろくみられるように田一町と在家《ざいけ》（または「家」「内」とも書く。住居をさす）一軒をセットにして支配や売買のさいの単位としていることがわかるだけであるが、その住居はおそらく堀の内周辺の台地付近にあり、桜川ぞいの低湿地にひろがる不安定な水田を耕作していただろうと推定される。

長岡氏は真壁氏の一族・分家として本家に協力し、その武士団の構成部分をなしていた。鎌倉末期に長岡氏の家の譲《ゆずりじょう》状・置文《おきぶみ》には惣領《そうりょう》である真壁氏の当主が承認の花押《かおう》（サインの一種）を書き加えたうえ、これを預かっているところをみると、本宗家である惣領の支配下に従属していることがわかる。長岡氏はその後も中世を通じて真壁氏に従い、その武士団の一員として行動したようであるが、慶長七年（一六〇二）、佐竹氏の秋田への国替えとともに、佐竹氏の家臣となっていた真壁氏が移動したさいには、とくに在地にとどまって農民身分となる道をえらんだらしく、真壁氏一族の分家のなかではただ一人中世の古文書を伝え、また堀の内の遺構をよくのこしてきたのであった。

常陸平氏の本宗――大掾家と国衙

常陸大掾の家

つぎに常陸平氏《ひたちへいし》の本宗家《ほんそうけ》のその後の歴史をかえりみよう。頼朝《よりとも》挙兵以後の東国の大動乱のなかで、かれら一族がどのような動きをしめしたか、『吾妻鏡《あずまかがみ》』などはほとんど語るところがない。常陸北半をおさえていた豪族佐竹氏と連合して、一族の一部が頼朝攻撃の動きをみせたこともあったらしいが、結局は不発に終わって、頼朝による佐竹氏一族の討滅のさいにも、めだった動きはしめしていない。しかし寿永《じゅえい》二年（一一八三）、ながく霞ケ浦西岸の信太《しだ》荘付近に勢力をやしなっていた頼朝の叔父、志田三郎先生《せんじょう》義広（義憲）が頼朝に反対したつにおよんで、下妻広幹《しもつまひろもと》らはこれに参加し、所領を没収された。以後、常陸平氏一族は幕府の御家人《ごけにん》として、頼朝のもとに服属することになるのである。

常陸平氏の本宗家をふつう常陸大掾《だいじょう》氏という。大掾とは国司の三等官であるが、常陸では通常は親王が守《かみ》で、実際の国守は次官の介《すけ》がその任にあたっているから、大掾といえば実質上は国の次官である。

系図では常陸平氏の始祖維幹《これもと》、その子為幹《ためもと》が大掾であったというが、他の文献で裏づけることはできない。すくなくとも鎌倉時代のはじめからあと、本宗家の当主は代々大掾の地位につき、これを世襲していたようである。千葉介、常胤《つねたね》・上総《かずさ》介広常・三浦介、義澄などの鎌倉幕府草創期の重臣たちの「介」と同じく、その国の国衙《こくが》を支配する有力な在庁官人としての地位をしめていたのである。

常陸国中でもっとも肥沃《ひよく》な土地の一つといわれる筑波《つくば》南麓地帯一帯から国府《こくふ》周辺、その北部へ、また南部へと、常陸の南半部一帯を完全におさえるようなかたちでの一族の発展ぶりをみると、大掾の地位そのものであったかどうかは別として（「権守」と称する一族も何人かいることに注意）、すくなくとも平安末期には常陸国衙を、この一族が支配していたことは確実だと考えざるをえない。

国府をたずねて

常陸《ひたち》の国府は現在の石岡市（茨城県）にある。真壁《まかべ》郡や筑波郡一帯とは筑波《つくば》の連山をへだててちょうど反対側、霞ケ浦にそそぐ恋瀬《こいせ》川の流れにのぞむ台地の上である。いかにも旧国府の所在地らしい、静かな町並の西部、いまの石岡小学校の構内の付近が、国府の跡と認められている。国分寺や国分尼寺の跡も種々の礎石などが比較的よくのこされているし、かつての常陸一国の中心地にふさわしく、市内にはいろいろの伝説や古い寺社、地名などが伝わっている。そのなかには、かつての国府（コフとも読んだ）の名を伝える「鴻《こう》の宮」と書く小さな社や、駅鈴をまつったのではないかと考えられている鈴の宮などの由緒ある神社もあるが、なんといっても国衙《こくが》にもっとも関係ぶかいのは惣社《そうじゃ》であろう。

惣社といえば一宮・二宮・三宮などとならんで平安中期以降に出現した新しい神社制度で

ある。一宮などがすでに存在した国内の神社のうち、もっとも有力なものを国司が選定して祭祀《さいし》や保護の序列を定めたものであるとすれば、惣社は国内の諸社の神霊を国衙のごく近くに合祀《ごうし》して国司がこれをまつるものであった。いまも惣社の御神体はその国内の神社の名を列記した国の神名帳であったり、あるいは惣社の祭りにさいして、わざわざ国内の神社から神にお出ましをねがうのだとされている例がある。惣社の発生はまさしく神社制度上での国衙支配の進行、在庁組織の形成に対応した現象であった。

中世の国衙の実態

国府跡のすぐ南方に接して立つ常陸惣社宮《ひたちそうじゃのみや》には、現在も中世古文書五〇通近くが所蔵されている。それによって国府の歴史や在庁の組織、常陸平氏一族の歴史を解明できる点は多いのであるが、ここでは鎌倉末期の元応《げんおう》元年（一三一九）、全部で六一名ほどの在庁官人が連署して、ある土地相論にさいして在庁の一人を支持すると宣言した文書（『鎌倉遺文』二七二九三）をとりあげよう。これは当時の常陸国衙《こくが》に勤務する在庁たちのほとんど全員と思われ、他に例のない貴重な文書である。

最初に国舎人《くにとねり》・国雑色《くにぞうしき》・国掌《こくしょう》などの下級の役人がならんでいる。おおぜいの人間が連署するとき、下段ではまず位の低い者から、だんだんと奥にいくにしたがって高位の者が署名するのが原則であるし、四人・二人・八人というように複数で記して個人名を書かないことからも、かれらがもっとも下級の在庁官人であることがわかるだろう。つぎに「一分《いちぶ》」と肩書きしたグループがある。公解稲《くがいとう》の配分の割合から史生《ししょう》のことをさす。これも下級の官人である。つぎに書生・中座《ちゅうざ》という二つのグループがあり、そのあとには「掾官《じょうかん》」と称して八人が一グループをつくっている。掾とは国司の三等官の連中である。もっとも奥に署名している大掾平時幹《ときもと》こそ、当時の常陸平氏本宗家の当主その人で、かれがこのときの常陸国在庁官人たちのトップに立っていたことをしめしているのである。

国衙には出挙《すいこ》や正税《しょうぜい》などの事務をあつかう税所《さいしょ》、調《ちょう》をあつかう調所《ずしょ》、田地の検注などをあつかう田所《たどころ》、健児《こんでい》のことをあつかう健児所《こにしょ》、警察事務をあつかう検非違所《けびいしょ》等々というぐあいに、「何々所」とよばれる多くの分課の役所ができあがっていた。この文書では大掾のつぎの順位の左衛門尉《さえもんのじょう》平氏幹《うじもと》は、これまた常陸平氏の一族で、たぶん税所の長をつとめていた人物らしい。その他はあまりはっきりわからないが、在庁官人のトップ・グループである「掾官」や、第二のグループの「中座」などにランクされている人々は、おそらくみな、なんらかの「所」の長であり、またそれに相応した在庁名《ざいちょうみょう》という所領を所有していたと思われる。「常陸国大田文《おおたぶみ》」では、国衙の近くに合計百五十余町にのぼる在庁名が記載され、大きなものは三十数町から二十数町の田積をもっていた。その一つの稲久名《いなひさ》は税所の長の所有らしく、その他それぞれに「所」の長の所領として相伝されている。在庁名だけでなく、「所」の長の地位そのものも代々相伝され、一種の利権、世襲財産化し、ついにその家の名字となったのである。常陸大掾氏自身がそうであり、税所氏、健児所氏がそうであった。中世末、常陸大掾氏が佐竹氏にほろぼされてのちも、税所氏・健児所氏の両家は長く石岡の旧家として、国府の跡に接して立つ青屋神社の神事を奉仕していたという。

供僧も在庁のうち

少々横道にはいったので、在庁官人連署状の後半部の説明にもどろう。ここには「庁供《ちょうぐ》僧《そう》」「惣社供僧並びに最勝講衆《そうじゃ》」「同社最勝講衆」の三グループにわけて僧侶たちが署名している。厳密にいえば在庁官人そのものではないが、しかし国庁や惣社に供奉《ぐぶ》し、または最勝講をつとめる僧たちである。じつは「掾官《じょうかん》」グループの一人清原師幸《きよはらもろゆき》は惣社の神主職《かんぬししき》・物申《ものもうし》職《しき》などを所有する有力在庁であった。それなら惣社の供奉僧もまた在庁官人の一種であっておかしくはない。国衙《こくが》の政庁に奉仕する供奉僧はもちろん在庁のうちである。惣社の成立自身が神社制度・宗教面における在庁組織の成立を意味したのである。

またこれらの僧侶の多くは在庁官人の家の出身者であったと推定できるので、在庁自身が平・清原・大中臣《おおなかとみ》・藤原などの同族からなりたっていたこととあわせて、かれら在庁・供僧たちは氏族的にも深い関係にむすばれた一団だったと考えられる。その内部は、「掾官―中《ちゅう》座《ざ》―書生―史生《ししょう》―国舎人《くにとねり》・国雑色《くにぞうしき》ら」というタテの階層と、「何々所」というヨコの分課によって組織づけられ、常陸大掾氏はその頂点に立って国衙と在庁組織を支配していたと思われるのである。

これは鎌倉後期、常陸大掾氏の支配もすでに確立し、在庁組織も十分に固まった段階の例である。ここにいたるまでには多くの事件があり、争いもくりかえされたにちがいない。大掾氏の支配は、けっして当初から安定していたわけではなかったであろう。それにしても、これが中世の国衙在庁の内部組織を知るうえに、他に類例のない貴重な史料であることにはかわりはない。

多気義幹の滅亡

さきにあげた常陸平氏《ひたちへいし》の系図でお気づきかと思うのだが、維幹《これもと》以来の嫡流《ちゃくりゅう》は鎌倉初期の義幹《よしもと》で断絶している。

それはつぎのような事情からであった。そもそも常陸平氏一族は、すでにあげた三浦・千葉両氏、あるいは上総介《かずさのすけ》らと同様な有力在庁の家でありながら、頼朝の挙兵以来はもっぱら日和見《ひよりみ》主義に徹し、あるいは反抗さえくわだてたために、けっしてそのおぼえのよい部類ではなかった。にわかにこれを滅亡させることは困難であったが、他の諸国の有力在庁武士たちがそれぞれに国の守護に任命され、国内の軍事警察権をにぎり、御家人《ごけにん》の統率権を認められたのに反し、常陸国は、かえって隣国下野《しもつけ》の豪族、頼朝とは関係も深いという八田知家《はったともいえ》が守護に任命されたのである。

以後守護八田氏と常陸平氏との間には、とかく衝突が絶えなかったようであるが、それが爆発したのが建久《けんきゅう》四年（一一九三）の曾我《そが》兄弟の敵討《かたきうち》をきっかけとしてであった。『吾妻鏡《あずまかがみ》』（建久四年六月五日条以下）によれば、つぎのようである。曾我兄弟の敵討の一件がいちはやく諸国に伝わり、各地からの御家人が参上しようとしたとき、八田知家は一計を案じてひそかに義幹のもとに下男をつかわし、「八田知家があなたを討伐するために兵をあつめております」といわせた。驚いた義幹は多気山城《たけさんじょう》にたてこもって防戦するために、一族らを召集して戦備をかためていたところ、ふたたび知家から正式の使者がやってきて鎌倉への同道をすすめたが、義幹はもちろんこれをことわった。知家はさっそく義幹が謀反《むほん》をたくらんだと訴え、義幹はついに所領を没収され、その旧領は一族の馬場資幹《すけもと》にあたえられたのである、と。

どこまで真実が語られているのか疑わしいが、曾我兄弟の敵討事件がたちまち諸国に伝わり、武士たちの間にかなりの動揺がおこったことは察知される。それをきっかけに常陸ではかねてからの守護八田氏と常陸平氏との争いに火がつき、こうした結末となったのであろう。さらに義幹の弟でなお幕府内に勢力をもっていたらしい下妻広幹《しもつまひろもと》も、これに連坐して殺されている。馬場資幹が義幹の旧領の一部をあたえられ、以後も国衙《こくが》を中心とした支配地域を確保したことは事実であるが、始祖維幹以来の所領である肥沃な筑波《つくば》の南麓一帯は、ついに八田氏の所領とされ、八田氏は多気のすぐ南の小田《おだ》を本拠として、のちには小田氏と称するようになる。

こうして鎌倉時代を通じて常陸平氏の一族は国府を中心として那珂《なか》川の南、鹿島《かしま》・行方《なめかた》・信太《しだ》・東条の一帯を依然として確保はしたものの、その勢力はかつてほどのものではなくなってしまう。

いまも多気《たけ》の城山のふもと、筑波北条の町並の西のはずれに、義幹の墓といわれる五輪塔がたっており、その下を裏堀とよばれる用水が流れている。この裏堀は上流約四キロほどの地点で桜川から分水してくる人工の水路で、義幹が開いたといわれ、付近一帯の用水源として使用されている。地もとでは、この裏堀を掘るために人夫をあつめたのを讒言《ざんげん》されて、義幹が滅亡したのだと伝えられており、いまも義幹の命日七月七日に、その冥福を祈って多気太郎万灯が行なわれる。

「筑波」の郷土史研究にくわしい鈴木暁仁《あきひと》氏は、義幹の墓地の付近でちょうど裏堀が方形に屈曲しているところから、この付近を多気の館の跡とみている。西南の水守《みもり》の館の跡と相対して、いかにもそれにふさわしい場所であり、裏堀は、館の防衛と農業用水の役を兼ねそなえていたわけである。開発《かいほつ》領主としての常陸平氏一族の跡をのこすよい記念ということができよう。

常陸平氏の末裔

「夜刀の神」の舞台

常陸平氏の跡をたずねる最後として、その一族行方《なめかた》氏から分出した、「行方四頭」の一家玉造《たまつくり》家の分家のまた分家にあたる玉造町（現行方市）手賀の鳥名木《となぎ》家を訪れてみよう。

『常陸国風土記《ひたちのくにふどき》』に「夜刀《やと》の神」にまつわる谷田《やとだ》の開墾の話がある。この説話の舞台は、行方郡衙《ぐんが》の西とだけ記されているが、この付近には「谷《やと》の神」の化身《けしん》である蛇の妨害をおしきって谷間の葦原を水田化し、あるいは堤をきずいて池をつくったというのにふさわしい谷田がいまもいくつもある。そのうちの一つの谷、いまの玉造町の泉（原新田）にまつられている愛宕《あたご》神社はまた、夜刀神社ともよばれ、『常陸国風土記』の「夜刀の神」をまつった社の後身といわれている。そのすぐ下には、よい清水がコンコンとわきだしていて、神社のみたらしとなっている。「夜刀の神」の説話の舞台として、いかにもふさわしい場所である。ちょうどその谷の下流、谷の入口から奥にほぼ五〇〇メートル進んだあたり、台地の尖端《せんたん》がこんもりとした森をつくっている付近が、鳥名木の村で、そのもっとも奥まったあたり、台地へとのぼっていく斜面に立っているのが、鳥名木氏の家である。

私がはじめてそのお宅を訪れたのは昭和四七年の一二月はじめ、大学の学生諸君の古文書の見学旅行のときのことであった。ご主人が用意してくださった鎌倉後期以来の中世古文書を拝見してまず印象的だったのは、ご主人の文書に対するあつかいかたがまことにていねいであり、拝見しているわれわれの一挙手一投足に対するまなざしがきわめて真剣であることだった。私は古文書のあつかいかたにすこしでも不注意があってはならないと緊張するとともに、これだけの心くばりがあってこそ、中世文書がほぼ原型のままで今日まで伝えられてきたのだ、ということをひしひしと実感できたのである。

鳥名木家の館と歴史

鳥名木《となぎ》家に伝わる最古の永仁《えいにん》五年（一二九七）の譲 状《ゆずりじょう》などをみると、玉造《たまつくり》家から分出し

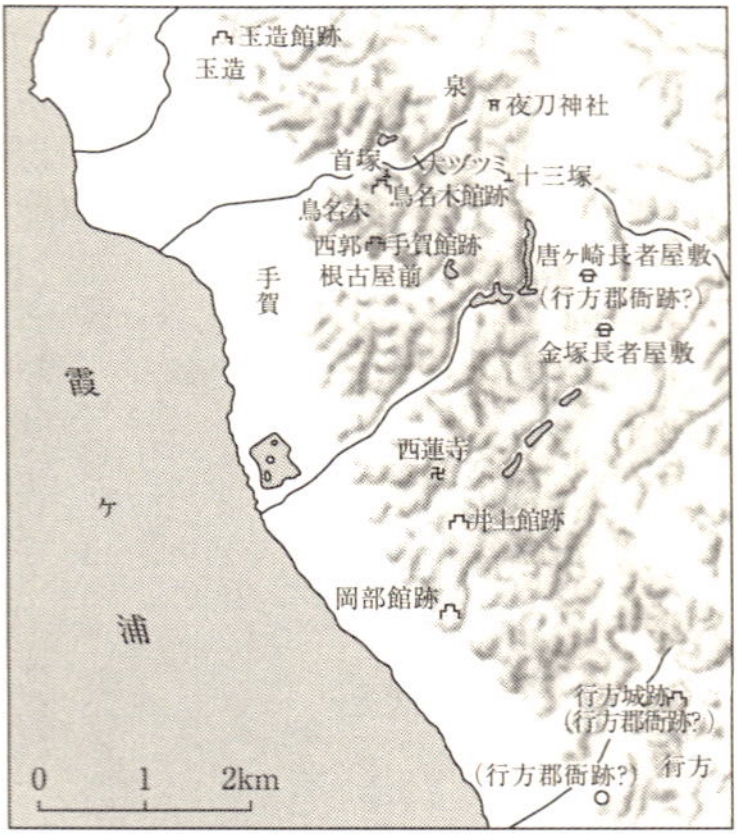

鳥名木とその付近

た手賀《てが》家の、そのまた分家が鳥名木氏であるらしい。行方《なめかた》郡の荒原《あらはら》郷は大田文《おおたぶみ》では登録田数六町四反余にすぎず、真壁《まかべ》の長岡郷の半分以下であるが、鳥名木氏の名字《みょうじ》の地は、その荒原郷内の「となぎの村」と記されている。まさに常陸平氏《ひたちへいし》一族の分出のなかでも最後の時期に属する一三世紀最末期の分家にふさわしく、郷のまた下の村が名字の地とされている。

鳥名木家の所領は屋敷・堀の内、それに田三町程度が基本の財産であって、規模のうえからいえばたしかに小さい。しかしそれでもイエ支配権の基本的要素をそなえていることに注意しておこう。鳥名木氏の居館の跡はいまの鳥名木家のちょうど裏山、台地の端が舌状につきだした尖端部にある。台地の側にはかつて二重の堀が掘り切られていたが、いまは埋められて畠となった。しかしホリバタケという名はのこっている。本郭《ほんぐるわ》にあたる部分はややゆがんだ方形をなし、二辺は土塁でくぎられ、あとは急な斜面となって谷に落ちこんでいる。樹齢何百年になるのだろうか、大人で五人がかえという松の大木がそそり立ち、斜面はこんもりとした森になっている。

行方郡でも台地の尖端、こうした地形の場所にはいくつもの中世武士の居館の跡がのこっている。鳥名木の南方五〇〇メートル余、同じような舌状台地の尖端部、小字《こあざ》を西郭《にしくるわ》とよび、付近に根古屋前《ねごやまえ》（根小屋とは城のつけ根の小屋、小さな城下町を意味する）の地名ものこるところがある。鳥名木氏の本家であった手賀氏の居館跡であり、さすがに大規模である。

さて手賀氏の名字の地は手賀郷であり、大田文の登録面積は八町であるから、これだけをとってみれば手賀氏自身もけっして大きな武士ではない。最古の譲《ゆずりじょう》状以来、御公事《みくうじ》とよばれる上部への負担をつとめるさいには、手賀氏と鳥名木氏は一〇〇対一の割合で分担することになっており、それは室町中期までたしかに守られている。鳥名木氏はかれ自身で独立した武士団というよりは、本家手賀氏の下にその武士団の一員として行動していたのである。ちょうど真壁氏と長岡氏のように。一〇〇対一という割合がはたして所領面積の正確な対比をしめすものかどうかはさておき、ここでは本宗家と分家との力が圧倒的に本宗家の側にかたむいていることを注意しておこう。

鎌倉はじめに分出したらしい玉造氏と手賀氏の間には、これほどの力の差はみとめられず、かえって両者は対立的だったようである。鳥名木氏はむしろ玉造氏に対する手賀氏の北方のおさえとしての役割を期待されて、分家した家なのであろう。

なお鳥名木家には一つの伝説が伝えられている。むかし鳥名木家の姫が、泉の夜刀《やと》神社の下の泉からわく水をせきとめた、館のすぐ下の谷の池の堤（いまも大ヅツミの地名がのこっている）に草つみに出かけたところ、池にすむ大きな八つ目うなぎに呑まれてしまった。主人はこれをみて館から一〇人ばりの弓をひきしぼり、みごとに大うなぎを射とめ、鋸《のこぎり》でやっと切りわけ、首塚と十三塚にわけて埋めた。また、このときに大うなぎがあばれまわったため、池の堤がくずれ、池はなくなってしまった、と。八つ目うなぎとは蛇と同じく、『常陸国風土記《ふどき》』以来の池は『風土記』の「谷《やと》の神」の後身であり、この伝説は中世の開発領主《かいほつりょうしゅ》の武力による「谷の神」との新たな戦いの記録であるといえるのかもしれない。

鳥名木の岡に立って

鳥名木《となぎ》家の床の間には甲冑《かっちゅう》をおさめた大きな箱があり、そのなかには軍旗や旗指物《はたさしもの》・風呂敷・軍陣長じゅばんなど、戦闘に出陣するさいの使用品一式がいまもおさめられている。風呂敷は戦闘のさいに討ちとった敵の首をつつむためのもの、軍陣長じゅばんは甲冑の下に着るものだと説明されたあと、「なにか事がおこったときにこの箱だけは持って出るように、なかには武士として必要な最低のものをそろえてあるのだ、と聞かされてきた」とご主人が語られたのを私はいまでも記憶している。大佛《おさらぎ》次郎の『乞食《こじき》大将』のなかで黒田家を立ちのいた後藤又兵衛が、天下の浪人として諸所を放浪しているとき、甲冑を入れたこもづつみを背負っていた姿が描写されているが、それを思いおこさせる事実であった。

じつは鳥名木家の古文書は、この甲冑を入れる大箱のなかに、ちょうどぴったりと納まるようにつくられた文書箱のなかに保存されてきたのである。それは家伝の古文書と鳥名木家の系図をふくんでいるが、武士として必要最低限の武具一式とともに古文書・系図が一括され、「いざというときにもこれだけあれば……」といわれてきた事実のなかには、本章で述べてきた中世武士の系図や古文書尊重の、もっともみごとな実例を認めることができる。私はこの大箱から古文書箱の取りだされるのを拝見したときほど、武士にとっての古文書・系図の重要性を実感したことはなかった。

さて同じ大箱のなかにおさめられていた軍陣長じゅばんには、その前面と背面の縫い目に「八幡大菩薩《はちまんだいぼさつ》・鹿島大明神・加茂《かも》大明神・木船（貴船）大明神・稲荷《いなり》大明神・南無天満天神」と六つの神名が記されている。武神から文神・農業神までを網羅した神々とともに、武士は戦場にいでたったわけである。

ちょうど鳥名木家の裏山、居館跡近くの台地の上には、いまも椎《しい》の木などを主体とする二カ所のこんもりとした樹叢《じゆそう》がある。いわくありげなこの森のなかには、賀茂神社・伏峯《ふしみね》稲荷・貴船神社・天満天神が鳥名木家のウチガミとしてまつられているが、これはちょうど鳥名木家の主人がその加護を期待して戦陣に参加した、さきの六つの神々のうちの四つに相当する。まさに鳥名木氏の名字の地、居館の守護神であり、戦陣の守り神だったわけであり、いかにも中世武士にふさわしい事実であるといえよう。

すでに南北朝期の鳥名木氏の譲状《ゆずりじょう》（「鳥名木文書」二〔『茨城県史料』中世編一〕）のなかに、「いまかもの御前の馬場」あるいは「いまかもの御後」などの表現がみとめられる。これはたぶん賀茂神社をさしており、このころからすでに鳥名木家で賀茂社をまつっていたことをしめしている。また譲状には「笠懸《かさがけ》の馬場」と「いまかもの御前の馬場」の二つの馬場が記され、居館の近くの台地面にいくつかの馬場がつくられていたこともしめされていて、鳥名木家付近の景観が中世にさかのぼるであろうことを物語ってくれる。

天正《てんしょう》一九年（一五九一）、佐竹氏によって行方《なめかた》・鹿島両郡の常陸平氏《ひたちへいし》一族はほとんどみな殺しの運命にあったが、鳥名木氏だけはなぜかその厄をまぬがれたようである。そして慶長《けいちょう》七年（一六〇二）、佐竹氏の秋田への国替えののち、新庄《しんじょう》氏が三万三〇〇石の大名として行方郡の麻生《あそう》に封ぜられるや、鳥名木氏は七〇〇石どりの家臣としてつかえ、大坂冬の陣・夏の陣にも従軍したらしい。いまものこる軍旗や旗指物類はたぶんそのときのものと思われる。のち一〇〇石に加増され、三万石の家中にあっては相当の地位を占めて、麻生と鳥名木に屋敷をもっていたが、明治以後はこの地に帰住した。だいたい以上が鳥名木家の略史であり、いまなお中世のなごりを、いくぶんなりとも実感できる理由でもある。

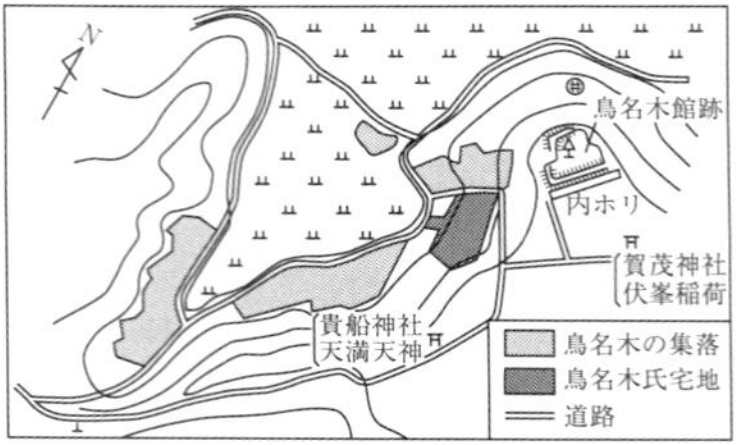

鳥名木館跡　地籍図から作成

昭和四八年一二月、私はまた鳥名木家を訪れ、ふたたび背面の城館の跡に立ってみた。ちょうど一年前、われわれはご主人のあとについて裏山の急斜面をよじのぼり、夕やみのせまってきた居館の跡を見学した。冷たい風の吹きさらす台地の上からは、夕あかりのなかにそびえ立つ紺色の筑波山と、暮れなずんでいる霞ケ浦の湖面が印象的だったが、その景色はこんどもかわらなかった。

ただたいへん悲しいことに、かつて私たちを親切にむかえてくださったご主人はその三月、不慮の交通事故ですでにこの世を去られたあとであった。あのとき、ご主人が歯切れよく批判しておられた霞ケ浦の埋立計画は、その後も反対を押しきって強行されていった。鹿島工業地帯をはじめとする地域開発は数々のひずみをあらわしながらもますますおし進められ、乱開発の荒波はいずれこの地域をも呑みこんでしまうだろう。

この居館の跡も、ウチガミの樹叢も、周辺の景観も、いったいいつまで現状をとどめていられるだろうか。一年まえに熱っぽく鹿島開発の問題性を語り、教育問題を語っておられたご主人ともう永久に語りあう機会が得られないのかと思うと、ほんとうに残念でならない。いまはただ若くして世を去られたご主人のご冥福を祈るのみである。胸をしめつけられるような思いをいだきつつ、私は鳥名木の岡をあとにした。

板碑は語る

史料としての板碑

小代の板碑

すでに一五六ページで紹介した武蔵《むさし》七党の小代《しょうだい》氏の名字《みょうじ》の地、小代郷の名をいまに伝えるのは、埼玉県東松山市の正代《しょうだい》である。荒川の支流高麗《こま》川（越辺《おっぺ》川）と都幾《とき》川の合流点に近く、西の丘陵から尾をひいた台地の先が舌のように東へと突きだした尖端《せんたん》部、台地の上にあるのが正代である。そこには小代伊重《これしげ》の置文《おきぶみ》にみえる、悪源太義平を神とまつった御霊《ごりょう》神社とならんで青蓮寺《しょうれんじ》があり、その庭さきには写真（次ページ参照）のような一枚の板碑《いたび》がたっている。

すぐ脇の柱に記されているように、板碑は板石塔婆《いたいしとうば》ともまたは青石塔婆《あおいしとうば》ともよばれる。石の板でつくられた卒塔婆《そとば》、すなわち供養《くよう》のための塔を意味するからであり、関東地方のばあいその材料が青色をした緑泥片岩《りょくでいへんがん》、つまり青石だからである。板のように薄くはがれやすく、細工のしやすい緑泥片岩は、武蔵野の西北部一帯の秩父《ちちぶ》山地の特産品であり、これを材料とした板碑はかなりひろく分布している。

高さ二メートル二〇センチ、幅五九センチ、厚さ六センチ余の青石でつくられたこの板碑は、当時としては大型に属するほうである。「三角帽子に鉢巻しめて」といわれるが、頭部は三角形にとがり、その下には横に深く二条の切れこみが走っているのが板碑の大きな特色である。さらにその下には蓮《はす》の花の台座に大きく梵字《ぼんじ》で阿弥陀如来《あみだにょらい》をしめすキリークの字が彫りこまれている。これまた板碑の大きな特徴であって、このほか仏の図像を彫りだしたものもあるが、梵字で主尊をしめすのが一般的であり、とくに阿弥陀をしめすキリークが多い。その点でこの板碑は代表的なものの一つといえよう。

青蓮寺の板碑　緑泥片岩製で武蔵型板碑の特色をしめしている（東松山市教育委員会提供）

写真をみると梵字の周囲はなんとなく荒れた感じであるが、じつはこの梵字がやげんぼりで深くみごとに彫りこまれていたので、かつてこの部分から上が折れて破損したことがあり、そのため最近になって背後をコンクリートでかためてつぎ合わせてあるのだ。さてその下には和風漢文で六行百十余字にわたる銘文が記されている。その内容についてはあとでみることにして、ここでは板碑の、形のうえでの特色をまとめておこう。

この青蓮寺の板碑がよくその特色をしめしているような、武蔵一帯を中心として関東地方東部一帯にひろく分布するこの種の板碑のことを武蔵型板碑、あるいは青石塔婆という。(1)三角形の頭部の下に、(2)二本の横線の切れこみをもち、(3)その下に梵字あるいは図像で主尊をしめし、(4)さらにつくられた年月日やその趣旨、設立者等々をあらわす銘文を、(5)うすい緑泥片岩の面に彫りだしたもの、以上がだいたいの特徴づけとなろうか。

板碑とはかならずしも武蔵型板碑だけとはかぎらない。石材の質によってはかなり変化した形をしめしており、なかには自然石に若干の加工をした程度にすぎないものも多い。だが北は北海道から南は九州南端にいたるまでひろく全国的に分布し、時代的には鎌倉前期の一三世紀前半にはじまり戦国時代の末にいたるまでつくられた、いかにも中世らしい仏教的記念物なのである。

初期の板碑は現在の埼玉県の北部から中部、秩父山地の東のふもとにもっとも濃密に分布しているので、付近がその発祥の地ではないかと推定されている。そこはちょうど武蔵七党とよばれる中小武士団の群がりおこった地域であり、鎌倉前期といえば、幕府の設立に参加したかれらの地位の急速に高まった時期である。そこで生みだされた武蔵型板碑が、板碑のなかでももっとも代表的な特色をそなえているのはたいへん興味ぶかい事実である。

板碑の背景

ところで青蓮寺《しょうれん》の板碑《いたび》に記されている銘文は、かなり読みにくい。大意をとると弘安《こうあん》四年

（一二八二）七月一日、「撫民《ぶみん》の徳」が深く、「仁恵の情」に厚かった「聖霊」の「前右金吾《うきんご》禅門《ぜんもん》」のため、また「累代《るいだい》の幽魂」のために、関係の深かった「一列諸衆」が協力してこの「毘盧《びる》の廟石《びょうせき》」を建立《こんりゅう》した、と記されている。

「右金吾」とは右衛門府の官人のことで、「撫民」「仁恵」の徳をたたえられているところからみれば、まさしくこの地の支配者であった武士の一人、おそらくは小代氏の一族にちがいあるまい。

小代氏の家に伝わる古文書や系図をみると、ちょうどこのころ、さきの行平《ゆきひら》の孫、小代氏の惣領《そうりょう》に平内右衛門尉《うえもんのじょう》重俊という人がある。「前右金吾」とよばれるにはもっともふさわしい。だからこの板碑は重俊の親族や関係者たちが、重俊や先祖代々の霊魂のために建立したものであろう。さきに紹介した小代伊重《これしげ》は系図では重俊の孫にあたる。あるいはかれもまたこの板碑の造立《ぞうりゅう》者の一人だったかもしれない。

重俊は宝治《ほうじ》元年（一二四七）、北条氏が三浦氏一族を滅亡させた宝治合戦のとき、子の重泰が勲功をたてたという理由で、肥後国北部の野原《のはら》荘の地頭職をあたえられた。そして文永《ぶんえい》八年（一二七一）、幕府はさし迫った蒙古襲来にそなえるため、また領内の「悪党」を鎮圧するために九州の所領に下向するように、と重俊の子供らに命じている。板碑がたてられたのはその一〇年後で、重俊の子供らはすでに肥後に下向したあとであったが、本領の小代郷にのこっていた一族も多かったはずである。一族の九州移住という小代氏にとっては大きな試練のなかで、さきの惣領重俊をはじめ先祖の亡霊をとむらい、一族の団結を強化する目的

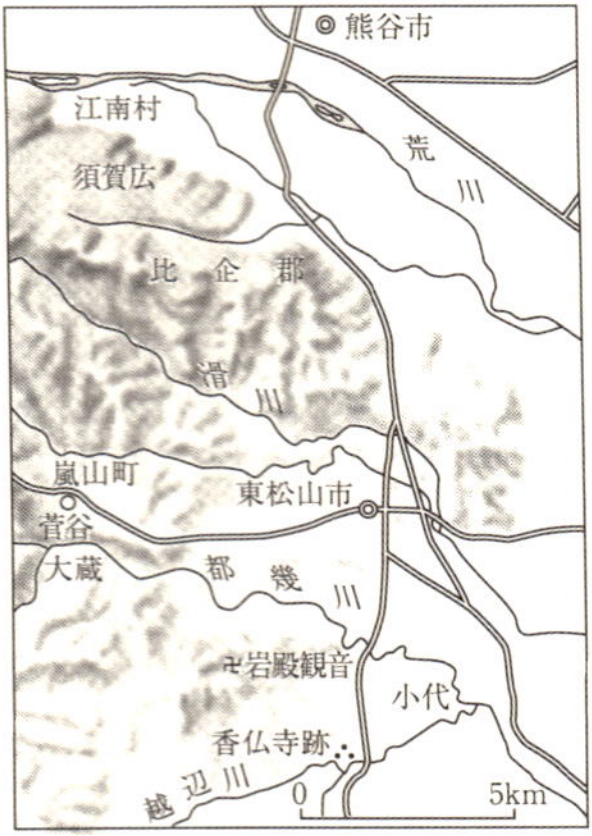

小代とその周辺

でつくられたのがこの板碑なのであった。

　正代の村はちょうど台地の尖端部の南側、伊重の置文では「岡の屋敷」とよばれる一族の居館のあった場所にあたる。小代郷の遺称がとくにここにのこったのもおそらく偶然ではあるまい。現地で小代氏の歴史を研究する千代田将男《ちよだまさお》氏は、村内にのこる遺構や明治はじめの地図から、ほぼいまの集落をかこむようにつらなる堀や土塁の跡を発見した。

　板碑は現在、堀の内部、台地の南のへりにたっているが、じつはもとからここにあったものではない。ほんらいは二重の堀の外側、台地の北のへりにあたる大日山《だいにちさん》という場所にたっていたものだと千代田氏はいう。そこは平野部を見おろして北方はるかに日光の連峰や赤城山をのぞむことのできる所で、小代氏の「岡の屋敷」の北方にあたっていた。板碑のたてられる場所としていかにもふさわしいように思われる。

　すでに記したように、行平の譲状《ゆずりじょう》には一族の持仏堂・墓堂とおぼしき阿弥陀《あみだ》堂が譲与の対象として書きあげられている。伊重の置文で行平が造立したという「御堂」の興仏寺がたぶんそれであろうが、小代氏が阿弥陀仏を信仰していたことは明らかである。

この板碑が阿弥陀を主尊としながら、みずから「毘盧《びる》の廟石《びょうせき》」と呼んでいることにも注意する必要がある。「毘盧」とは毘盧舎那仏《びるしゃな》（大日如来）の略で、真言密教では大日を阿弥陀と同体の異名と考えていたのだから、この板碑はやはり小代氏一族が真言密教系の阿弥陀信仰をもっていたことをしめしているのであろう。以前板碑のたっていた場所が大日山とよばれていたのも、あるいはこれと関係があるかもしれない。

なお興仏寺の跡は、いまの東武東上線《とうじょう》が高麗《こま》川をわたるすぐ北、正代の村の西南約二キロの付近に小字《こあざ》「香仏寺」としてのこっており、かつてそこから十数基の板碑が出土したという。そのうちの五基ほどを拝見したが、みな梵字《ぼんじ》のキリークをきざんだ南北朝から室町前期の板碑であって、これもまた阿弥陀信仰をしめしている。

ところでこの小代郷一帯とその付近には一三世紀前半の発生期の板碑が九基ほど発見されており、最近では初期の板碑の発祥地の一つではないか、とさえ考えられるようになってきた。とくにこの付近の初期の板碑には阿弥陀三尊の図像を彫りだしたものの多いことが、特色の一つとなっている。

小代の仏師

正代《しょうだい》の村から西へ六キロ強、都幾《とき》川の清流にそってさかのぼると、関東では武蔵嵐山《むさしらんざん》として名高いところである。そのすこし手まえ、川の北岸には鎌倉武士の一人として有名な畠山《はたけやま》重忠《しげただ》の居館跡の一つとされている菅谷《すがや》館が、戦国時代まで使用されていたらしい壮大な遺構をのこしている。久寿《きゅうじゅ》二年（一一五五）、重忠の一族河越重頼《かわごえしげより》の祖父にあたる秩父《ちちぶ》重隆《しげたか》に擁せられていた源氏一族の義賢《よしかた》（義仲の父）が、悪源太義平《よしひら》に攻められてついに殺されたという大蔵《おおくら》館の跡は、ちょうど都幾川をはさんでその南岸にある。菅谷館の西側の林のなかには鎌倉街道の跡をしめす碑がたっているが、ここはちょうど鎌倉から上野《こうずけ》・信濃へとむかう古道の通過する地点であった。だからこそ菅谷館・大蔵館のような武士の居館もつくられたのであろうし、また信濃三原野の狩場へといそぐ頼朝一行も、大蔵館近くの大蔵宿に一泊したのであろう。

　大蔵にはいま、時宗《じしゅう》の向徳《こうとく》寺がある。古くは大蔵道場とよばれていたらしい。鎌倉街道ぞいの宿場にある時宗の道場とは、いかにもよくその特色をしめしており、ここにもまた鎌倉末期以来の板碑《いたび》が二〇基ほどある。ながく秘仏であった向徳寺の本尊阿弥陀如来の胎内仏《たいないぶつ》は善光寺式の阿弥陀三尊で、この種のものとしては古く、素朴ながらすぐれた東国の金銅仏《こんどうぶつ》である。その台座の銘文には宝治《ほうじ》三年（一二四九）、父母・息子の三人の檀那《だんな》のために「武州小代」で鋳《い》られた、と明記されている。また場所はややはなれており、時代もややくだるが、八王子市内の宇津木《うつぎ》にある文和《ぶんな》二年（一三五三）の板碑は、一〇〇人にものぼる時宗の信者の追善供養のためにつくられたものである。その造立者として小代に住む仏師の名がみえているから、この時代の小代郷には時宗と関係ふかい仏師がいたことがわかる。

　小代郷西部のなだらかな丘陵地帯の上には、古い霊場の岩殿《いわどの》観音があり、ここはちょうどその登山口にあたっている。仏師の住所としては好適な場所である。この付近が初期の板碑の発祥地の一つかと想定され、しかも図像を彫りだしたものが多いというのは、小代仏師の存在と切りはなしては考えられまい。秩父《ちちぶ》山地原産の緑泥片岩《りょくでいへんがん》という好個の石材とこれを加工する技術、背景として武蔵《むさし》七党の武士、これらが板碑を発生させた諸条件の一部になるのではなかろうか。

最古の板碑

初期の板碑《いたび》といえば、現在のところ最古とされている嘉禄《かろく》三年（一二二七）の板碑にふれないわけにはいかない。荒川の流れをはさんで熊谷の町の西南にあたる、埼玉県大里《おおさと》郡江南《こうなん》町（現熊谷市）の大沼公園のなかの弁天島にたっているのがこの板碑である。一説にはかつて近くの小川の橋として使われていて、かけかえのときはじめて板碑とわかったのだという。まったくあぶない橋をわたって今日まで生きのびてきたものである。昭和一〇年、千葉の平野元三郎の『考古学雑誌』への報告（「嘉禄の陽刻板碑」〔同誌二五—一二〕）によってはじめてひろく学界に知られるようになり、以後、これより古い板碑はまだ発見されていない。

現在の高さは一メートル一四センチほどだが、かつては一メートル五〇センチ以上あったと推定されている。幅は四九センチ、厚さ八センチの堂々たるものである。碑面を彫りくぼめて阿弥陀三尊が浮彫りにされ、その下にかすかに年号と「諸教讃《たた》ふる所、多く弥陀にあり。故に西方《さいほう》を以て一准（かならずそうなるという意味）となす」という偈《げ》がきざまれている。

これは天台系の浄土教経典からの引用といわれ、古い板碑には時々みかけるものである。阿弥陀三尊の浮彫りといい、偈といい、この板碑が浄土信仰にもとづいてたてられた卒塔婆《そとば》であることをよくしめしている。

ただまことに残念なことに、上部が闕失《けっしつ》している。発見当時の写真によれば、その部分は二つの破片となってのこっていたが、その後いつか左半分が失われ、右半分も昭和四九年九月、私が訪れたときにはその場に見あたらなかった。板碑の特色の一つである頭部の二条の切れこみをのこしていた重要な部分が行方不明となったことは、この最古の板碑にとってまったく悲しむべき事態といわねばならない。その再発見を祈ること切なるものがある。

長年板碑の研究に尽力した千々和實《ちぢわみのる》の調査（「参考文献」参照）によれば、付近一帯は初期の板碑の集中しているところであり、板碑発生の中心地の一つでもあるという。

近くの江南南小学校に保管されている寛喜《かんぎ》二年（一二三〇）の板碑も古さでは二、三位をあらそう有名なものであり、その他見学すべき板碑が多いが、今回はさきを急ぐことにしよう。

板碑の起源

板碑《いたび》の起源は今日もなお謎《なぞ》につつまれている。とくにその独特な形がどうしてつくりだされたかについては種々の説がとなえられている。第一は五輪塔起源説で、平安後期に日本で発生した五輪塔の一つの変種としての長足塔婆《とうば》からしだいに形をかえて板碑が成立したというものである。多少の飛躍は感じさせるとしても三角頭に二条の切れこみという板碑の独特な形態をもっとも簡潔に説明できるので、多くの研究者に支持されている。もっともこの説の主唱者で大著『板碑概説』（「参考文献」参照）の著者服部清道は、その後、板碑の発生の経過は単純でなく、武蔵型板碑以外の不整形の板碑には平安末期の板状の石仏（服部はこれを板塔婆としている）から転化したものもあるとして、若干の修正を加えている。

第二には山伏《やまぶし》などの修験者《しゆげんじや》が峰入りのさいにたてる木製の塔婆の碑伝《ひで》を板碑の源流とする説である。たしかに碑伝と板碑の形は似ているばあいが多いけれど、初期の碑伝はかならずしもそれほど似ているとはいえない。むしろ板碑の形が他の石塔類にも影響をあたえたのちに、両者の類似があらわれたのではないかとしてこれに疑念をしめす考えかたもある。

第三には、初期の板碑にしばしば上部の額にあたる部分が前に突出したものがみられるのを笠塔婆《かさとうば》の名ごりとみたり、上部が三角でなく水平に切断された板碑を、笠をのせたものとみて、笠塔婆を板碑の源流の一つとする説もだされている。このほかに板碑の源流についてはなおいくつかの説があるが、それぞれ長短があってまだ完全な定説とまではいかないようである。ただ、さきに述べたように武蔵型板碑の発生の時期は、ちょうど武蔵七党などの武士勢力の伸長期であったから、両者の間には深い関係があるにちがいない。武士団の歴史を解明しようとするためには、板碑はけっして無視できない重要な資料なのである。

急激に都市化しつつあるこの地域では、多くの板碑が日々失われている。そうでなくても野外に放置されている板碑は、薄くはがれやすいという緑泥片岩《りよくでいへんがん》の特性から徐々に剝離《はくり》されていき、銘文を読みとることも困難になっていく。小代の青蓮寺《しょうれん》の板碑も、最古の嘉禄の板碑もそうである。

こうした危機的状況のなかで、千々和實《ちぢわみのる》を団長とする東国板碑調査団の諸氏による全面的調査がなされたが、その成果によれば武蔵型板碑の数は二万基をくだるまいという。おどろくべき多数であり、歴史家がもっともたよりにしている古文書の、同時期・同地域での残存数とくらべ、まったくケタちがいに多い。中世人の宗教生活・信仰生活の実態をさぐるためにはもちろん、中世武士団のありかたを知るうえにも、板碑がたいへん重要な資料となることは明らかだろう。

板碑が語る、加治氏の歴史

加治氏の歴史

つぎに一つの実例として、武蔵《むさし》七党の一つ丹《たん》党の加治《かじ》氏をとりあげ、千々和到《いたる》の研究によりながら、その歴史をさぐっていくことにしよう。文献のうえでは『吾妻鏡《あずまかがみ》』などのごくわずかの記載と系図しかのこしていない加治氏の研究は、それだけではひじょうに困難といってよい。だが板碑《いたび》や伝説をも史料としてとりあげれば、かなりようすがちがってくることを以下の叙述から読みとっていただければ幸いである。

東京周辺の人々にとって飯能《はんのう》といえば天覧《てんらん》山や名栗《なぐり》川などのハイキングコースが思いださ

れ、奥武蔵高原とよばれている山々への入口と感じられるであろう。秩父山地の東南部の山波が関東平野へと尽きるところ、そこが谷の入口に発展した飯能の町である。西武鉄道飯能駅をおりて北へ約一キロ、岡のふもとにだかれているのが中山の智観《ちかん》寺である。寺の東側一帯にはかつて中山館とよばれる武蔵七党の一つ加治氏一族の居館の跡がのこっていたが、いまや堀の跡少々をのこすばかりですでに住宅地と化し、新築の家の庭さきに、戸外へむいて中山館跡の記念碑ばかりがわびしくたっている。

　しかし智観寺の境内西側の丘の上にたつ三枚の大型板碑はみごとなもので、とくに西側にたつ形も大きさも瓜《うり》二つの二枚は、この館の主《あるじ》加治氏一族の歴史について多くを語ってくれるのである。右側の一基は、上に大きく阿弥陀をあらわすキリークをきざみ、下に仁治《にんじ》二年（一二四一）一二月二四日、造立者の母、名阿弥陀仏の三十五日の忌日にあたって「弥陀三摩耶《まや》の一基の石塔」をたてたという銘文を記している。

　左の一基は、その翌年、仁治《にんじ》三年一一月一九日、造立者の亡父丹治家季《たじひいえすえ》の三十八年忌に改葬したさい、同じく石塔をたてた、という。

加治氏・青木氏系図

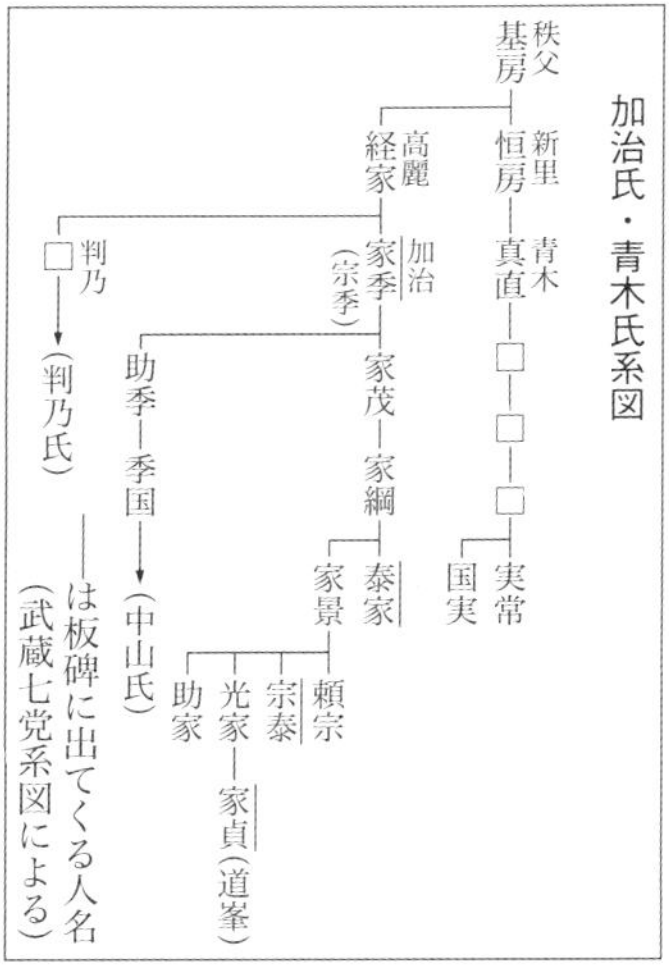

造立者の父が丹治家季、母が名阿弥陀仏であり、しかも家季改葬の一一月一九日は名阿弥陀仏のちょうど一周忌にあたっている。両者が夫婦であったことは疑いがなく、さればこそ二枚で一組となるような同形式の板碑がたてられたのである。丹治家季とは武蔵七党の系図では元久《げんきゅう》二年（一二〇五）六月、畠山重忠の殺された武蔵二俣《ふたまた》川の合戦で重忠に討たれたと記されている人である。『吾妻鏡』（元久二年六月二二日条）をみても安達景盛《あだちかげもり》の配下の加治二郎宗季が先頭を進んでついに重忠のために殺されたとしている。宗季はまた家季とする古写本もあり、字体が似ているために誤ったのであろう。智観寺の板碑のたてられた仁治三年から三七年前といえば、ちょうどこの年になる。

智観寺の住職で板碑や郷土史研究にもくわしい中藤栄祥《なかとうえいしょう》氏によれば、北西にむかってたつこの板碑に面して南東の方角をみると、それはちょうど家季の討たれた二俣川の古戦場をさすのだそうである。こうしていまにのこる板碑と『吾妻鏡』や系図の記載はみごとに一致するわけである。

中山館の周辺

智観寺の東側の中山館付近の古地図や昭和三三年ごろの小室《こむろ》栄一の実測図によれば、次ページの上図のように一辺五〇〜七〇メートル程度の長方形の館跡の内側に土塁、外側に堀をめぐらし、さらに外部に馬場の跡をふくむもう一つの曲輪《くるわ》の存在が推定できる。館の西北部には丹氏の祖先をまつったという丹生《たんしょう》明神社が鎮座しており、ここも曾我《そが》氏のばあいと同じ方向に館《たち》の神社があったわけである。

その西側を山から流れだした丹生堀《たんしょうぼり》とよぶ川が流れているが、館をとりまく堀にはこの川から水がそそぎこまれていたものと推定され、堀の水はさらに東へとつらなっていく水路によって加治堀《かじぼり》とよぶ水路に接続してゆく。ちょうどそのさきに小字《こあざ》一町田《いっちょうだ》とよぶ水田がかた

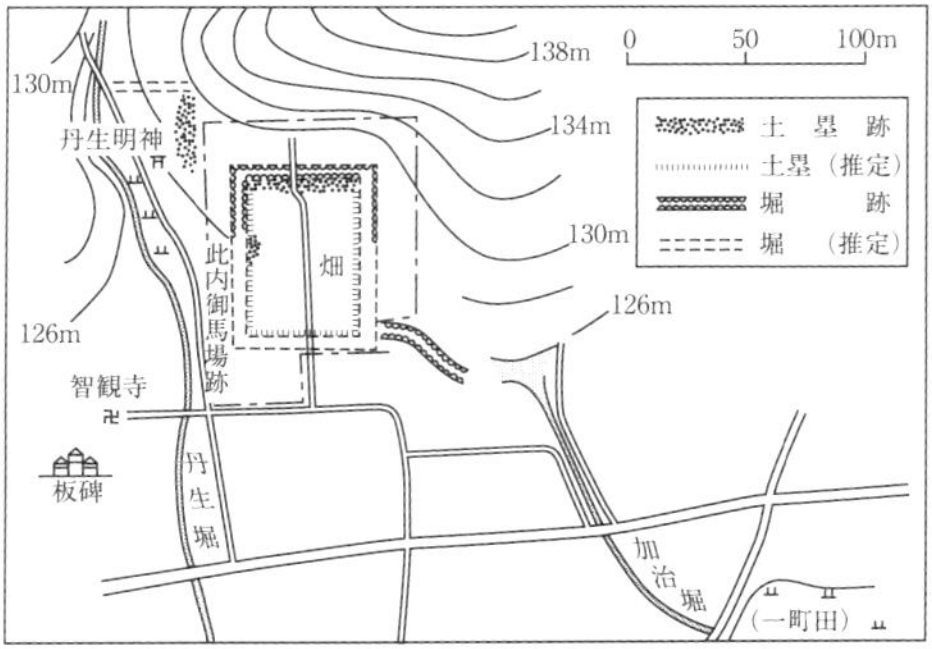

中山館跡の復原　中藤栄祥氏『武州高麗郡中山村記録』「中山村地図」及び小室栄一氏『中世城郭の研究』により千々和到氏が作図

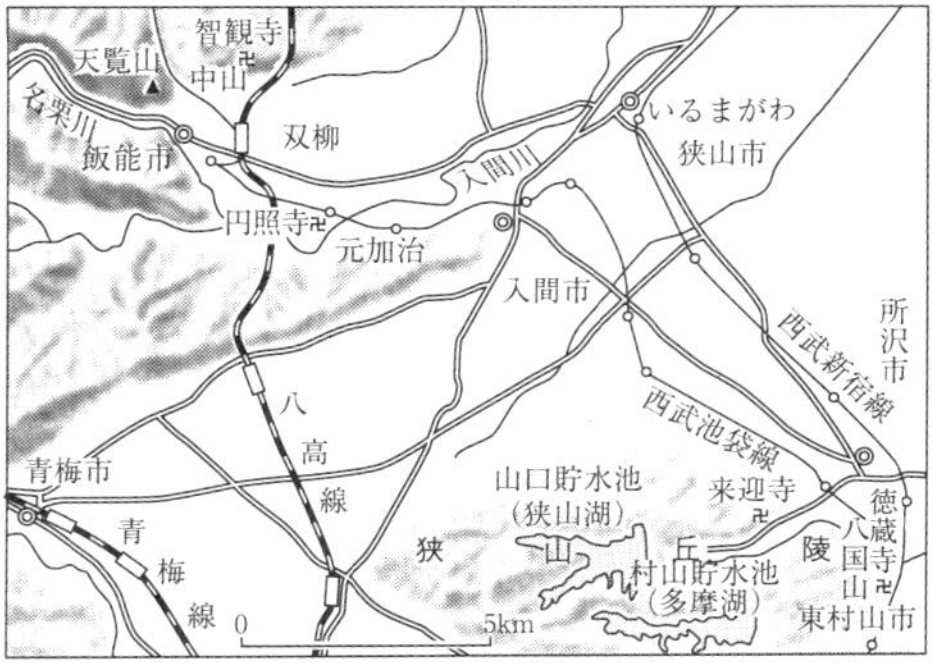

加治氏と板碑

まっている。江戸前期の中山村の検地帳ののこされた部分では、村の水田は三町強でうち上《じょう》田《でん》は一町三反、ところがその水田の七反二畝、うち上田五反六畝を占めているのがこの一町田である。領主の館に近く、その堀の用水によって灌漑されていたとみられるこの水田が、中世には領主の直営田だった可能性はひじょうに高い。

さきに常陸《ひたち》の真壁《まかべ》長岡氏のばあいについてみてきたと同じように、堀の内の堀の水は同時に農業用水としても大きな役割を果たし、その取入れ口の付近には先祖をまつる丹生明神社が鎮座し、さらに南西には寺がつくられ、台地には近い祖先のための板碑《いたび》がたっている。これが鎌倉中期の景観だったのであろう。

さて智観寺の東南約三キロ、元加治《もとかじ》の円照寺と、さらにその東南約一〇キロ、狭山《さやま》湖に近い山口の来迎寺《らいごうじ》には、康元《こうげん》元年（一二五六）に加治家季の曾孫左衛門尉《さえもんのじょう》泰家がたてた二つの板碑がある。ともにキリークの梵字《ぼんじ》をきざみ、阿弥陀信仰をしめしており、たぶんその母の追善供養のためにたてられたものであろう。加治氏という名字と元加治の地名などから考えると、あるいはほんらいこの付近が加治氏の根拠地だったのかもしれない。

そして文永七年（一二七〇）には、この泰家の追善供養のためにキリークをきざんだ板碑がたてられ、これも円照寺にのこっている。以上の三基、いずれも銘文によってその建立《こんりゅう》の趣旨が明らかであり、加治氏一族が板碑とはよくよく縁のふかい家であることをしめしている。

御内人となるまで

ところが円照寺には嘉元《かげん》三年（一三〇五）八月八日「孝子等」の建立したものと、元弘《げんこう》三年（一三三三）五月二二日、ちょうど新田義貞《にったよしさだ》らの軍勢に鎌倉幕府が攻めほろぼされた日付で「道峯禅門」のためにたてられた板碑《いたび》とがある。系図とひきくらべてみると「道峯禅門」とは加治泰家には孫の世代にあたる家貞その人にあたり、『太平記』（巻一〇「新田義貞謀叛事」）では義貞軍迎撃のために出陣した幕府軍のなかに「加治二郎左衛門入道」とあるのと、たぶん同一人であろう。

かれは故郷にまぢかい小手指原《こてさしがはら》で義貞軍と戦って敗れ、鎌倉陥落の日に幕府とその運命をともにしたものと考えられるのである。では前者の嘉元三年の板碑はなんのために、だれがたてたものであろうか。

加治氏系図ではこの家貞の叔父助家や祖父家景を嘉元三年の北条宗方《むねかた》の乱のときに斬首されたり、殺されたりしたと記している。宗方の乱は、北条氏得宗《とくそう》家の傍流で時頼の孫宗方が、得宗貞時の専制時代、にわかに勢力をのばし、一種のクーデターをはかってまず時の連署時村を殺したが、まもなく貞時の命によって、時村の討手《うって》として先頭を切った武士一二人が打首《うちくび》になり、さらに宗方自身も殺された、という事件である。網野善彦は、宗方が得宗家傍流の出身でありながら政治の実権をにぎり、そのさい御家人《ごけにん》層の衆望をになうかたちをとった点に注目されているが、鎌倉末期の幕府内の政争としてはもっとも大きなものであった。

さてこのとき、宗方の命によって時村を討つ先頭に立ったとして斬首された武士の一人に、北条氏嫡流《ちゃくりゅう》家に奉仕する「御内人《みうちびと》」の豊後五郎左衛門尉光家という人がある。この人こそ種々の点からみて加治氏系図に家貞の父としてあらわれる光家にほかなるまい。系図では光家の父家景にその旨の記述があるが、これはたぶん子の光家の注を書き誤ったものだろう。そうすると嘉元三年八月の板碑は、光家ら宗方の乱に連坐して死んだ加治氏一族のためにたてられたものと推測がつく。

鎌倉初期から中期の弘長《こうちょう》元年（一二六一）にいたるまで、『吾妻鏡《あずまかがみ》』には御家人《ごけにん》の一人として将軍の随兵や供奉《ぐぶ》にしたがっていた加治氏は、このときにはすでに北条氏得宗家につかえる御内人となっていたわけである。加治家貞が義貞攻撃軍の一人として『太平記』に記されているのも北条氏嫡流家傍流の桜田貞国を大将とし、御内人の代表長崎高重らとともにであって、その記しかた自体がかれの御内人であることをしめしているし、またかれが鎌倉の炎上とともに死におもむいたのも、その御内人だったことを物語っている。鎌倉幕府とともにほろび去ったもののほとんどは北条氏一門と御内人などその従者たちで、一般御家人でこれに殉じたものはまず発見できないのであるから。

禅宗への傾斜

では加治氏が御内人となったのはいったいいつ、どのような理由によってであろうか。中山の東南の双柳《なみやなぎ》にはいまも新しい住宅地のなかにコメ塚《づか》（浅間《せんげん》塚）とよばれる大きな塚があり、つぎのような伝説を伝えている。正治《しょうじ》元年（一一九九）八月、将軍頼家が安達景盛を討とうとしたとき、この地方の豪族判乃《はんの》（飯能）・青木の両氏はかねてのよしみから安達氏につき、判乃氏はほろび、青木氏も大打撃をうけた、その犠牲者をまつったのがコメ塚である、と。

これはなかなか興味ぶかい伝説であるが、『吾妻鏡《あずまかがみ》』（正治元年八月一九日条）などによれば、正治元年八月、頼家は安達景盛の討伐を計画したものの、政子にいさめられて思いとどまったとあり、このときに実際の戦闘があったとは思われない。

私はこれをのちの弘安《こうあん》八年（一二八五）一一月、安達景盛の孫泰盛らが討伐された霜月《しもつき》騒動の誤りだと思う。判乃・青木両氏はともに加治氏と近い関係にある一族であり、「武蔵《むさし》七党系図」をみると青木国実は「弘安八自害」と記入されている。また鎌倉時代を通じて安達氏一門が討伐されたのは霜月騒動以外に考えられない。

『吾妻鏡』では加治宗季が畠山重忠と戦ったさい、安達景盛の指揮下にあったと記している。また霜月騒動のさいには泰盛派として自害した「武蔵・上野御家人《こうずけごけにん》等」が多かったことも知られている。伝説と状況証拠だけではあるが、弘長元年までは御家人身分に属していた加治氏が、鎌倉末には御内人《みうちびと》となっているとすれば、それはまず霜月騒動に連坐した結果没落し、生きのこった一族の一部が御内人になったため、と解釈するのがもっとも妥当であろう。

ともかく円照寺に伝わる嘉元と元弘の板碑《いたび》には、それまでの加治氏関係の板碑にはみられなかった大きな特色があらわれている。それには禅宗風《ふう》の詩文の偈《げ》が彫りこまれていることである。嘉元三年の板碑のほうは『碧巌録《へきがんろく》』から引用して改作したかなり長文のものであり、元弘三年のほうは「乾坤《けんこん》、孤笻《こきょう》（一本の杖）を卓《た》つるの地なし、只喜ぶ『人空にして法も亦《また》空なり』と、珍重す大元三尺の剣、電光影裏春風を斬る」という偈である。これは禅僧無学祖元《むがくそげん》がかつて元《げん》の兵に捕えられ、殺されそうになったときにとなえた偈として有名なものである。

そのためにこの二つは、時にひじょうに珍しい禅宗の板碑の実例とされている。だが元弘のそれの上部には胎蔵界《たいぞうかい》大日・阿弥陀・明王の三尊が梵字《ぼんじ》で彫りこまれ、嘉元のほうは上部が途中から折れていて明白でないものの、のこった部分からみれば、これまた阿弥陀をあらわしているらしい。すると板碑の主尊自体はこれまでの加治氏関係の板碑と同じく密教的な浄土信仰をあらわしていて、けっして根本的変化をしめしてはいないといえよう。

北条氏一門が一種の教養として禅宗を受容したことは周知の事実であるが、鎌倉後期になって御内人となった加治氏もまたこれを模倣したのであろう。加治氏関係の板碑に禅宗の詩偈が用いられるようになったのが嘉元・元弘年間であることは、またおのずからその御内人化の時期を物語っているようでもある。しかも板碑の主尊自体はそれまでの阿弥陀信仰をすこしもかえていないという事実のなかに、加治氏の信仰生活、宗教のありかたがうかがわれるであろう。

中世武士団の実態をさぐるうえで板碑の果たす役割の大きさは、以上の加治氏一族のばあいによくしめされていると思う。

元弘の板碑

さて北条氏の御内人として戦い死んだ加治左衛門入道道峯の板碑《いたび》と好一対をなすものに、おそらく新田《にった》義貞《よしさだ》の軍に従って一族三人を討死させた上野《こうずけ》の武士、飽間《あきま》斎藤《さいとう》一族の菩提をとむらうための板碑がある。現在は東京都東村山市、西武鉄道東村山駅近くの徳蔵《とくぞう》寺にあって、元弘板碑として有名である。

上部は欠けているが光明真言が梵字《ぼんじ》で刻まれた下に、「元弘三年癸酉五月十五日」の紀年銘と、「飽間斎藤三郎藤原盛貞生年廿六、武州府中において五月十五日打死せしむ。同じく孫七家行廿三同じく死す。飽間孫三郎宗長卅五、相州村岡において十八日討死す。勧進玖阿弥陀仏、執筆遍阿弥陀仏」と銘文が記されている。義貞の鎌倉攻めにさいして死んだ三人のために時宗《じしゅう》の僧が建立したものであるが、遠く上野の飽間郷（いまの安中《あんなか》市の近く）を本領とした飽間斎藤氏一族のための板碑が、このようにはなれた地にたてられたことはいったいどう考えたらよいだろうか。

この板碑はもともと近くの狭山丘陵の端にあたる八国《はちこく》山の中腹にたっていたものが徳蔵寺に移されたのだという。空想をたくましくすれば、あるいは盛貞・家行ら戦死の地を見わたせる場所を飽間斎藤氏が恩賞として獲得し、そこに一族をとむらう板碑がたてられたものだったかもしれない。それにしても鎌倉幕府の滅亡という大事件に、敵味方にわかれて戦った加治氏と飽間斎藤氏の記念碑ともいえそうな板碑が、比較的近い場所に、ともに現存しているのはまことに珍しい。

西武鉄道元加治駅すぐ近くの円照寺にはあと数基のすぐれた板碑があり、ともに完備した収蔵庫に収められているが、徳蔵寺にも古くから数十基の板碑が伝えられており、最近には全国でも珍しい板碑専門の保存館がつくられて一般に公開され、あつめられた板碑の数も三百数十基におよんでいる。

史料や遺跡などは、それがもとからあった場所に保存されることが望ましいのはいうまでもないが、今日のような都市化によるはげしい環境破壊の進行のなかで、いたずらに板碑の紛失・湮滅《いんめつ》を放置しておくよりは、このようなかたちで保存、公開するほうが、はるかにすぐれている。

徳蔵寺や徳蔵寺板碑保存会、さらに協力された心ある市民の方々に敬意を表するとともに、板碑保存館のいっそうの発展を祈りたい。それとともに、まだなんらの保護も加えられないままに放置され、破壊・損失にまかされている最古の嘉禄の板碑をはじめとする数多くの板碑に対しても、それぞれの地域でしかるべき対策のとられることを切望したいものである。

武士団とは何か

武士身分とは

鎌倉時代の武士身分

ふつう最初の武士の政権と考えられている鎌倉幕府の下では、京都の公家貴族や僧侶を別にすれば、(1)「侍《さむらい》」とよばれた武士、(2)武士の従者の「郎従《ろうじゅう》」「郎党《ろうどう》」、(3)一般庶民の「凡下《ぼんげ》」「平民」「甲乙人《こうおつにん》」、(4)隷属的な人々としての「奴婢《ぬひ》」「雑人《ぞうにん》」などの諸身分が明らかに存在していた。たとえば幕府の基本法として有名な「御成敗式目《ごせいばいしきもく》」には、

人をなぐる罪は、はなはだもって軽くない。侍は所領を没収し、それがなければ流罪。郎従以下は身柄を禁錮する（第一三条）。

文書偽造の犯人に対しては、侍は所領を没収し、それがないばあいは遠流《おんる》。凡下の者は顔に焼印をおす（第一五条）。

道路の辻で女性を捕えて強姦したばあい、御家人《ごけにん》は一〇〇日間の出仕停止。郎従以下は頼

公家	僧侶	武家			凡下・平民・甲乙人	奴婢・雑人
		侍		郎従・郎党		
		御家人	非御家人			

鎌倉時代の諸身分

朝公のときの例にしたがい、髪の毛半分をそりのぞけ（第三四条）。

などと、侍・郎従・凡下などの犯人の身分によって異なった刑罰を科している例があって、当時はこうした身分がすでにはっきりと定まっていたことを教えてくれる。

では、これらの身分はいつ定められたものであろうか。幕府の成立後、これらの諸身分の決定が行なわれたという史料はまったくないから、それはすでに以前から定められていたらしい。ここで注目しなければならないのは、当時の武士身分が将軍の従者となった御家人と、そうならなかった非御家人の二つに類別されていた事実である。

鎌倉時代末につくられた幕府の法制・訴訟制度入門書の『沙汰未練書《さたみれんしょ》』をひらくと、つぎのような解説が目につく。

(1) 御家人とは昔から開発《かいほつ》領主として、将軍の御下文《おんくだしぶみ》を賜わって所領の支配を安堵《あんど》されてきた人のことである。開発領主とは根本私領《こんぽんしりょう》、または本領をもつ人のことである。
(2) 非御家人とはその身は侍であるが、幕府に奉公をつとめない人のことである。
(3) 本秩《ほんちつ》とは地頭・御家人らの先祖の俗姓である。

ちょうどとなり合ってならんでいるこの三ヵ条の説明によって、武士身分に属する人々は「開発領主」であり、「根本私領」「本領」とよばれる所領と、「本秩」とよばれる俗姓をもっていたこと、武士身分のなかには将軍の御下文によってその支配を公認され（御恩）、奉公をつとめる御家人と、将軍からの御恩をうけず、奉公もしない非御家人の両者がふくまれていたことがわかる。つまり非御家人とは御家人以外の人々すべての総称ではなくて、武士身分のうち御家人以外の人々をさすことばだったのである。そうすれば、まず幕府成立前に武士身分が成立しており、つぎに幕府のできたあとで御家人・非御家人の区別が決定されたのだ、と考えるのが自然であろう。

平安後期の武士身分

では武士身分成立の時期はいつであろうか。すでに一二世紀初頭に成立した『今昔《こんじゃく》物語集』には、いままで紹介してきたような多くの「兵《つわもの》」たちの説話が収められている。そのなかでは「兵の家」とか、「家をつぎたる兵」などの表現が多くみられ、当時すでに「兵」の家として社会的に認められていた家系のあることをしめしている。

また国文学者国東文麿《くにさきふみまろ》によれば、「今は昔、筑前守何がしといふ人ありけり」とか、「今は昔、何がしといふ近衛舎人《このえのとねり》ありけり」という調子で説話の主人公に官職名をつけて紹介するのが『今昔物語集』の慣例であるが、「兵」については「今は昔、何がしといふ兵ありけり」という式で語りだすのを例としている。したがって『今昔』のなかで、「兵」は武力を生活の基盤におく一定の階級・技能の所有者としてとらえられているとのことである。つまり『今昔』成立の時点ではもうすでに一定の身分としての「兵」の成立を語ることができるのである。それが「武士身分」の成立と読みかえられることについてはいうまでもあるまい。

一一世紀前半に活躍した学者藤原明衡《あきひら》の著作とされる『新猿楽記《しんさるごうき》』は、猿楽見物にあらわれた西京の右衛門尉《うえもんのじょう》一家の人物紹介というかたちで、当時の社会の諸相や諸身分を活写した興味ぶかい作品であるが、「大名田堵《たと》」とならんで、「天下第一の武者」も登場してくる(「中君の夫」)。かれは、

合戦・夜討・馳射《はせゆみ》・待射《まちゆみ》・照射《ともし》(夏山の夜、灯火に寄ってくる鹿を射る狩)・歩射《かちゆみ》・騎射《うまゆみ》・笠懸《かさがけ》・流鏑馬《やぶさめ》・八的《やつまと》(八つの的を立てて射る騎射の一つ)などの名人である。甲冑《かっちゅう》をかぶり、弓矢をもち、干戈《かんか》(たて、やほこ)をうけ、太刀《たち》を使い、旌《さしばた》(さしずの旗)をなびかし、楯をきずいて陣を張り、兵をしたがえる計に長じている。合戦にのぞむごとにつねに勝利の名を得、敗北のときにも降服しようとはしない。弓や剣の名手でまさに一人当《いちにんとう》千《せん》の士というべきだ。字《あざな》は元《はじめ》、名は勲藤次《くんどうじ》という。

とされており、当時の「兵」の特技が騎射中心であったことをうかがわせる。

武士と国衙

「兵《つわもの》」「侍《さむらい》」などの武士身分を獲得するには、いったいどのような資格が必要だったのか。弓馬の術にたけてさえいれば、だれでも、いつでも、すぐに武士と認められたのであろうか。おそらくけっしてそうではあるまい。当時、武士身分に属することをしめす一定の外的な標識があったはずである。この分野についてはまだ拠《よ》るべき研究がないのが残念だが、たとえばかぶりものの種類などがその一つである。

また鎌倉幕府の法令（「追加法」三八三）では、「凡下」の平民たちが騎馬で鎌倉中を通行することを禁止している。どのようなばあいでも武士身分以下の乗馬が禁止されていたとは思えないが、一般的にいえばやはり騎乗の特権は武士身分であることの表現だったのであろう。それは武士の特技が弓馬の芸だったことと、みごとに対応しているといってよい。

そのように一見して明白な標識をともなっていた身分である以上、なんらかの社会的承認の手つづきがとられていたにちがいない、と推測されるのは当然である。ここで鎌倉幕府創立の当初、とくに畿内《きない》西国の国衙《こくが》の在庁官人に命じて、幕府が国内の御家人の名簿を注進させていることを思いだしたい。

なかには若狭《わかさ》国のように「先々から源・平両家に仕えた者の名簿」と題されているもの（『鎌倉遺文』八五四）もあり、単に御家人だけではなく国内の武士の連名簿としての性格をそなえているものもふくまれていた。ところでこのように一国内の武士、「兵」「武勇の輩《ともがら》」

などの名簿を作成して注進するのは、各国の在庁官人にとって、けっしてはじめての経験ではなかった。すでに平安末期から種々の理由によって、いくつもの国々で似たような作業の要求されている例がみうけられる。

このように一国内の武士の名簿の作成が国衙によって実施されているところからすると、武士身分への所属の決定もまた国衙によって行なわれていたのではないか、という推定にみちびかれるであろう。

内裏の大番

さて幕府の御家人が将軍に対して行なう平時の奉公の第一は、内裏《だいり》を警固する京都大番役《おおばんやく》であった。承久《じょうきゅう》の乱の勃発《ぼっぱつ》当時、尼将軍政子《まさこ》が「それまでは一人三年間のつとめだった大番役を、頼朝公がわずか半年に短縮して武士の負担を軽減されたではないか。その御恩を忘れるな」と獅子吼《ししく》したと伝えられるように、幕府成立以前は、全国の武士が交代で三年間の上京と内裏の警固を義務づけられており、平氏政権時代にはたしかに行なわれていたようである。

それ以前は史料不足でくわしいことがわからないけれど、私は藤原氏摂関家《せっかん》が京都に近い摂津《せっつ》・和泉《いずみ》・近江《おうみ》の三国の有力な名主《みょうしゅ》たちを大番舎人《とねり》として編成し、一ヵ月に一〇日ずつ上京して宿直・警衛や雑役《ぞうやく》の奉公を行なわせた、摂関家大番役の制度の成立とほぼ同じ一一世紀末から一二世紀初頭ごろ、武士を動員する内裏大番制ができあがったのではないか、と考えている。

頼朝は内裏大番制をうけつぎ、負担は部分的に軽減しながらも、その奉仕は御家人の武士のみに限定し、これによって京都朝廷を牽制する絶好の手段にかえていったのである。院政期の内裏大番もその骨格は一国単位の奉仕であり、責任者は守護ではなく国司であったろう。奉仕者はいうまでもなく国内の武士たちであり、その決定はむろん国衙においてなされたであろう。国衙で一国内の武士たちを把握していたということは、さきに述べたような国衙による武士身分への帰属の決定と密接に関係していたであろう。あまりにも「あろう」が多くて気がひけるが、私はほぼ以上のように想定したいのである。

国侍の狩

『今昔《こんじゃく》物語集』の一説話（巻二五第五）には、藤原実方《さねかた》が陸奥守《むつのかみ》として下向すると、「国の内のしかるべき兵《つわもの》共」がとくに奉仕していて、夜も昼も国司の政庁や館の警衛をおこたることがなかった、と記されている。私の考えるところでは、平安中・後期の地方の国衙を中心として国内の武士たちがひろく組織され、国庁などの警備にあたることは一般的であった。当時、「国の兵共」などとよばれたのがかれらのことである。

『今昔』にはまた、国司が国内の人々をあつめて「大狩」とよばれる大規模な狩猟を催したことがみえている。すでに「曾我物語の世界」などでふれておいたように、大規模な狩猟はその地域の支配者の権威の表現であり、また獲物の多少によって神意のありかを知るための行事でもあった。それはまた武士の表芸である弓射の術の最良の実戦訓練でもあった。『高山寺本古往来《こうざんじぼんこおうらい》』のなかには、「鹿岡《かのおか》」と名のる一人の老武者が「大狩」のための名馬の借用を申しこんだ手紙の見本（第二七文書）をのせている。「兵の館をたずねて」の章で一部を利用した

私は壮年の昔からよい射手だといわれ、老年の今にいたるまで、代々の国守に狩猟の役を奉仕しておつかえしております。なかでも今の国守殿は昼夜・朝夕にも狩のことを好まれ、こんどは三日間も国中の人々こぞっての大狩に参加せよとの御命令です。ところが私にはよい馬がなく、思いわずらっております。なんとか一日の面目をほどこすために名馬を拝借させてください。

「鹿岡」という名前自体が一種の象徴的名称であって、国内にその人ありと知られた老兵、名射手にふさわしい名である。一一世紀最末期の因幡《いなば》国で国司が下向したとき、「国侍《くにざむらい》」と国司の館につかえる「館侍《たちざむらい》」とに「競射《くらべゆみ》」をさせたことが国司の日記（『時範記』康和元年三月一九日条）にみえていて、かれらの軍事的、武的色彩の強かったことをしめしている。主人が次々とかわっていっても代々の国司につかえてその従兵となる、という「鹿岡」こそは、この「国侍」にピッタリの例といえるであろう。

鎌倉時代の後期になっても、南九州の薩摩《さつま》と大隅《おおすみ》の国では、守護が「国めぐりの御狩」と

いう行事を行ない、おおぜいの部下をひきつれて国内の狩場をめぐり、国内の武士たちに参加させている例がある。かつての国司の「大狩」が守護によって継承されていたことをしめすのであろう。このような「大狩」への参加は、そのまま一朝事あるときの戦闘への参加につながっていく。国衙を中心に組織された「国の兵共」は、いざというときには国司にしたがって実戦に加わったはずである。

もうひとつ考えておきたいのは、出雲《いずも》大社や信濃《しなの》の諏訪《すわ》神社など諸国の一宮《いちのみや》となった大社の祭りである。鎌倉時代には、こうした大社の祭りのとき、その国全体が神事の費用を分担したり、儀式を奉仕したりする体制が成立している。

なかでも流鏑馬《やぶさめ》や巻狩などの軍事的儀式をつとめるのは、国内の地頭・御家人たちの任務とされており、実質上は守護を通じて幕府がこれを主宰したといってもよいくらいであった。しかもついには、こうした神事の役を奉仕したかどうかが、その人物が地頭であるかどうかの認定の根拠として争われるようにさえなっている。これは上のような軍事的儀式の奉仕が、奉仕者の栄誉ある任務であり、とくに御家人・武士としての身分の外的表示としての役割を果たしたことを物語っていると思う。そしてこうした祭りの体制や、その武士身分とのかかわりは、一宮などの制度の成立した平安後期からすでにできあがっていたはずだと私は考えるのである。

一一世紀前半のある貴族の日記（『春記』長暦三年一〇月七日条）をみると、三河守経相《つねすけ》が京都の宅で死去したのち、それまで宿直や警衛のために三河から上京してきていた「国の宿人等ならびに国侍等」が下国した、と記されている。当時すでに国司の京都の宅が在地の「国侍」らによって警固されており、さきに述べたような内裏大番制が実施されてもけっしておかしくない状況だったことがわかる。

武士身分の成立と国衙

私はこれまで、武士身分の成立という難問の周囲を堂々めぐりしてきたようである。そろそろ結論を急がねばならないが、そのまえにいまひとつだけ、例の『高山寺本古往来』中の別の往復書簡（第五・第六文書）を見ておきたい。まず京都への年貢米の運送の護衛にあたる任務を命ぜられ、なんとか辞退したいといっている在地豪族の手紙である。

謹言、京上の官米の押領使《おうりようし》に任命された由を、ただいま、税所《さいしょ》の判官代《ほうがんだい》より申してきました。私、松影《まつかげ》はたしかに武者の子孫ではありますが、その業をつぎませんでした。そのうえ老年で貧しく、一人の随兵もおりません。もしものことがあれば大失態を演ずるでありましょう。早く任命をお取り消しくだされば幸いです。謹言。

つぎが国司からの返事。

謹言、お手紙の趣はたしかに国司殿に申しあげましたが、仰せはつぎのとおりでした。

「代々運米の押領使としての公の任務をつとめている旨、郡司《ぐんじ》や書生《しょしょう》の伝えているところなので選定したのだ。けっして命令にそむいてはならぬ。従兵がいないということであれば、国中諸郡の兵や船が、将軍であるおまえの命令にしたがうであろう。はやくこの趣旨をかさねて申しつかわせ」ということであります。謹言。

「押領」とは他人のものを勝手にうばうという意味ではなく、軍兵を指揮・統率することであり「押領使」とは軍事指揮官である「検非違使《けびいし》」や「追捕使《ついぶし》」（犯罪者を追跡し捕える職）と同じく、平安時代の地方の国衙におかれた軍事警察面の担当者であった。このばあいの「運米の押領使」とはとくに年貢米を京都まで運上するさいの護衛の目的のものであり、じつは一六七ページに述べた菊池氏の先祖藤原正高《まさたか》も、大宰府の官米の押領使として在京していたことがあるから、けっして珍しい存在ではない。

ここでその職に任命されたのは「武者の子孫」で代々この任務をつとめている松影と名のる在地豪族である。かれは押領使に任ぜられて国の「将軍」となり、国内諸郡の兵や船に対する指揮権を獲得するわけである。その任命が先祖代々の過去の経歴によっている点で、国衙によって国内の武者の家系と、その過去の事績がおさえられていたことを推定させるものがある。

当時の国衙に保存されていた重要書類の一つに「譜第図《ふだいず》」とよばれるものがあった。名称からみて国内の有力豪族の家系を国衙で登録していたものではないかと推察されるが、

(1) 国内の武士の名簿などの作成が国衙に命ぜられていること。
(2) すくなくとも院政期には、国司が責任者となって国内の武士を内裏大番役に動員していたのではないかと思われること。
(3) また一宮《いちのみや》などの祭りのさいの軍事的儀式の奉仕者も、一宮と国衙の密接な関連からすると国衙によって選定されたらしいこと。

これらの事実とあわせ考えると、武士身分への帰属の承認が国衙によって行なわれていたのではないかと推測することができそうである。それはおそらく一〇世紀ごろから、各国の国衙ごとに個別的に行なわれてゆき、内裏大番制の成立とともに全国的にある程度統一されていったものではないか、といまの私は考えている。

武士と職人・馬

ここまでくると武士の武装を可能にさせた条件が問題となってくる。武装しようとさえ思えば、いつでも、だれでもそうできたのであろうか、という問題である。

私は昭和四八年夏、長崎県の沖合の五島列島中通島《なかどおり》を訪れたが、ここは松浦《まつら》党とよばれる中世の海の武士団の構成員の一人青方《あおかた》氏の本拠地である。複雑な屈曲に富むリアス式海岸の奥にある天然の良港青方港で、この地方の郷土史研究家谷村正行氏はつぎのように語られた。

鍛冶・大工・船大工・桶屋・紺屋《こうや》など『五職』とよばれる職人は、殿様にはかならずついていなければならないものだ。青方氏の『五職』のうちの何軒かは、いまでもこの町にのこっているが、それはどれも家臣のなかでは地位の高い家である。

中世の史料で直接これを裏づけることはできなかったが、海の武士団である青方氏にとっては、船大工以下の職人を直属させておく必要はとくに大きかったはずであり、かれら職人衆が身分の高い家臣だったことはおおいに注目すべき事実だと思う。

律令体制のもとでは、手工業の技術にも国家に直属するかどうかで大きな格差があったらしい。地方でも優秀な技術者はほとんど国衙のもとに組織され、集中していたようである。武器などの生産についても同様で、優秀な武器は国衙の兵器庫に多くたくわえられていた。『将門記《しょうもんき》』をみても将門《まさかど》が常陸《ひたち》国府を襲撃したさいに、国守らは「三千余の精兵をひきい、兵器庫の武器や楯をもちだしていどみ戦った」とある。常陸国府の跡であるいまの茨城県石岡市の付近には何ヵ所も古代の製鉄や中世の刀鍛冶の跡がのこっており、すぐれた武器の入手にはまた国衙との関係が必要だったことを示唆《しさ》している。

すでに述べたように「兵」の家はまた手工業生産のセンターでもあったし、中世にはいれば青方氏のように武士がそれぞれ職人衆を組織しているのは、武士であるために当然のことである。とくに成立期において、国衙とむすびついた手工業の優秀さは相対的に大きかったはずで、武士と国衙との関係はこの面からも密接であったと思う。

なお弓射騎兵隊である以上、乗馬もまた武士にとって必要不可欠のものであった。一四三ページに述べたように国衙は多くの官の牧場を管理しており、そこから名馬をえらびだすことができた。下野《しもつけ》国の有力な在庁であり豪族武士であった小山《おやま》氏の一族が、代々国衙の御厩《みうまや》別当の地位を世襲していることをみても、国の牧場との関連の重要性がわかるであろう。

地方の軍事制度と武士団

平忠常が降伏した話

武士身分の成立について、これまで考えてきたことを前提に、『今昔物語集』巻二五の一説話（第九）を読んでみよう。「兵《つわもの》」たちを代表する一人、常陸の平維幹《これもと》に関する内容である。

今は昔、多田満仲《ただのまんじゅう》の三男に源頼信《よりのぶ》というすぐれた「兵」があった。常陸守をつとめていたとき、隣国の下総《しもうさ》に平忠恒《ただつね》という「兵」がおり、上総《かずさ》・下総両国をほとんど支配するほどの大きな勢力をもっていて国司への納税もおこたり、頼信の命令にも従わない。そこで頼信は忠恒を攻めようと計画した。常陸の左衛門大夫《さえもんたゆう》平惟基《これもと》という「兵」がこれを聞き、

「忠恒の館は地の利を得た要害の地にあり、しかもたいへんな勢力をもっています。少々の軍勢ではどうにもなりますまい」と忠告したが、頼信は館の者ども、国の兵ども二千人ばかりをひきいてだんぜん出撃した。

惟基もさっそく三千騎の軍勢をととのえて、鹿嶋社の前で頼信軍に合流した。白く広い早朝の浜べには、展開した惟基軍のもつ弓が二十町ばかりならび立ち、朝日にきらめきわたっていた。やがて頼信はかれらをしたがえて浜べを南下したが、きらきらする弓ばかりが雲のようにみえるほどの大軍となった。

鬼怒《きぬ》川の河口（いまの利根川の河口）は海のようになっており、その奥には大きな内海がひろがっている。忠恒の館はちょうどその対岸にあるが、内海をまわって行こうとすれば、まず七日間はかかる。渡海しようとしても忠恒はその付近の舟をみな取り隠してしまっていて、軍勢をわたすことができない。頼信はまず一人の使者を小舟にのせて忠恒の館に送ることにした。

使者に面会した忠恒は、「頼信殿はやんごとない御方ゆえ、とうぜん参上すべきですが、惟基は先祖以来の敵《かたき》ですから、奴《やつ》の面前で殿にひざまずくことは私にはとてもできません。それに渡しには舟一艘も見あたりませんのに、どうやって参上できるものでしょうか」などと空うそぶいて、いっこうにとりあわない。舟はみな隠してあるから渡海はできっこないし、内海をぐるりとまわって攻めてくるならば、その間に戦備をととのえればよいとたかをくくっていたのである。

そこで使者はかねての約束どおりの合図を送って忠恒が降伏などしそうもないことを知らせた。それをみた頼信は、「内海を迂回して攻めるよりほかあるまい」という左右の意見を排してこういった。

「わが家の伝えに、この海には広さ一丈ばかりの浅い道が堤のようにつづき、深さは馬の太腹までと聞いている。自分は坂東ははじめてであるが、軍勢のなかにはきっとその道を知っている者があろう。その者が先頭に立ってわたれ。頼信もつづこう。今日のうちに攻めてこそ、奴の不意をついて驚かせることができるのだ」と。

はたして浅瀬を知った案内者があり、軍勢は難なく渡海して忠恒の本営に迫ることができた。相手をあまくみていた忠恒はおおいにあわて、「今はこれまで」と、自分の名を記した名簿《みょうぶ》（服従のしるしに主人にたてまつる名札）と謝罪状をささげて降伏した。頼信はそれをうけいれて軍をかえした。以後、その武名はおおいにあがり、人々はますます頼信を恐れるようになった。

この物語は一一世紀はじめにおこった事件にもとづいたものであり、以後二〇年ほどのちに房総《ぼうそう》三ヵ国を支配して将門以来の大反乱をおこした平忠常《ただつね》の乱の前奏曲ともいうべき内容である。忠恒とは忠常のことで、これも平氏の一族、平国香《くにか》には弟にあたる村岡五郎良文の嫡孫である。源頼信と協力して忠常を討つ左衛門大夫惟基とは、まさしく例の多気大夫《たけのたゆう》・水守《みもり》大夫の維幹にほかならない。

かれと忠常は「先祖以来の敵」の間柄というが、父の世代以来両家が対立しあっていたことは当時の古文書にも記されていて確実であるから、これによってこの説話の信憑性《しんぴょうせい》もさらに高まるわけである。

国司軍と地方豪族軍

かつて私はこれを主要な素材として、当時の地方の軍事制度のありかたを図式的に復原してみたことがあった。

まずこのときの忠常攻撃軍を、Ａ頼信の軍とＢ平維幹の軍の二つにわける。Ａ頼信の軍は一般化していえば「国司軍」といえるが、それはａ「館の者共」とｂ「国の兵《つわもの》共」の二つからなりたっていた。当時、国司の政庁を意味する「庁」もタチと読み、その私の家をしめす「館」と同じ読みであった。これは国司の公的な執務の場所も、私的な宿舎もとくに区別されず、両者とも同一視されていたことを物語っている。だから「館の者共」といえば、国司の私的な従者も、国衙に勤務している在庁官人も、ともにふくまれるのである。

国司の私的従者といえば、「尾張国郡司百姓等解文《げぶみ》」（『平安遺文』三三九）で糾弾《きゅうだん》されている国守藤原元命《もとなが》のひきつれてきた、おおぜいの「子弟・郎等《ろうどう》」「有官《うかん》・散位《さんに》の従類《じゅうるい》」の悪行ぶりが思いおこされる。また国司の身辺の護衛のための武士や腕自慢の郎等たちも、とうぜんその構成メンバーにはいる。国司にとってもっともたよりになる私的武力の中心をなしたのはかれらであった。

国衙の在庁官人については、すでに常陸のばあいを例として述べておいた。なかでも健児《こに》所《しょ》とか検非違所《けびいしょ》など、軍事警察面の担当者たちがとうぜんそのさいは武力の中心となったにちがいない。

つぎに「国司軍」のなかで、a「館の者共」にあい対するb「国の兵共」とは、上に述べてきたような「国侍」など、国司のもとに組織されていた国内の武士たちであった。

B平維幹の軍は、一般化していちおうB「地方豪族軍」としておく。これには、(イ)将門らの桓武《かんむ》平氏一門のように、前国司などの中央貴族が土着し、地方豪族化していった存在と、(ロ)『将門記』でいえば国司と衝突した足立郡司《あだちぐんじ》武蔵武芝《むさしのたけしば》のように、おそらく古い国造以来の系譜をひく地方豪族の二種類が区別される。しかし実際上、両者は婚姻関係などを通じて相互に融合し一体化していたので、ここでは両者を「地方豪族」として一括したい。

系図などでは(イ)の形式をとるものが多いが、すでに菊池氏系図の批判によって明らかにしたように、この種の系図には往々にして偽作《ぎさく》や付会が発見されるので、そのまま歴史的事実と速断するのは危険である。私はむしろ実体上、古くからの有力な在地豪族であった(ロ)のほうを重要視すべきではないかと考えている。

かれらの実体については、すでに「兵の館をたずねて」の章で、相当にくわしく観察してきたつもりであるから、もうくりかえさない。ただその内部もまた、A「国司軍」のばあいに似て、a「直属軍」とb「同盟軍」に相当する軍からなりたっていた。一度敗戦となるや多数の「伴類《ばんるい》」が算をみだして潰走《かいそう》する、という弱点は、「直属軍」の少なさと「同盟軍」

と主人との結合関係の弱さを物語っているであろう。

ところでA「国司軍」とB「地方豪族軍」との関係はどうであろうか。国司とBの地方豪族とは、かならずしも上下の支配関係・命令系統下に組みこまれていたものではない。『将門記』のなかには常陸国司が将門や藤原玄明《はるあき》らの豪族に対して、「移牒《いちょう》」という形式の文書で意思を伝達したと記されている。律令《りつりょう》以来の公文書の制度で「移牒」とは、直接に上下の支配関係にない官庁や人の間でとりかわされる文書の形式であって、支配系統下に対してだす「符《ふ》」とははっきり区別されていたものである。

だからBの地方豪族たちはまだ直接、国司の下に隷属せず、その支配下に組みこまれていない一種の自立的権力であった。またかれらは将門《まさかど》も繁盛《しげもり》も維幹《これもと》もそうであったように、中央貴族を「主君」とあおいでこれに臣従し、直接の保護関係の下にはいって、五位の位階や、官職などを獲得していたものであった。その点からもまた国司から独立した存在であった。

また軍事力自体の大小からみても、さきの説話では頼信の軍がすべてで「二千人ばかり」だったのに対して、維幹の軍は総勢「三千騎の軍」であって、明らかにBがAを圧倒していたのである。

しがたって二四七ページの図式のようにA「国司軍」もB「地方豪族軍」も、ともに協力して戦うためには、忠常攻撃のときのように「先祖以来の敵《かたき》」という、いわばB相互間の対立関係に立って、Bの側の自発的協力が行なわれることが必要である。またそうでないときは、天皇や朝廷の命令によってBを国司の下に動員することが重要なのであった。

「組みこみ」から「乗っ取り」へ

以上述べてきたところを図式化すれば次ページのようになるが、これは地方の各国ごとの軍制しかしめしていない。ふつう清和源氏の、とくに頼信・頼義・義家三代で代表される「武家の棟梁《とうりょう》」(ボス、大親分)は、この図式とどのように関連するのだろうか。

かれらはまず地方国司の任にあってA系列を積極的に組織し、ついで大規模な反乱の鎮定を命ぜられたりして一国以上、多数の国におよぶ軍事指揮権を獲得してB系列の地方豪族の動員権を得、これを利用しつつAB両系列の構成員との関係を私的主従制にかえてゆく。こうした経験をつみかさね、更新しつつ一種の権門勢家《せいけ》といえる「武士の長者」に成長していったのが「武家の棟梁」なのであった。

つぎに各国ごとの図式にたちもどって、その後の変動の方向を見通しておこう。国司によるA系列の拡大、Bの地方豪族軍を国衙の軍事体制内にとりこもうとする努力は、もっとも端的にはかれらを国の押領使《おうりょうし》や検非違使《けびいし》、追捕使《ついぶし》に任命することで実現した。軍事警察権を行使するこれらの地位は、一〇世紀前半くらいまでは国司の兼任が多かったのが、やがて国内の豪族層の任命がふつうになり、実質上は国司が選任して太政官符《だじょうかんぷ》で任命するようになった。

かれらは国の「将軍」とも称され、一種の小型の「武士の長者」「武家の棟梁」でもあっ

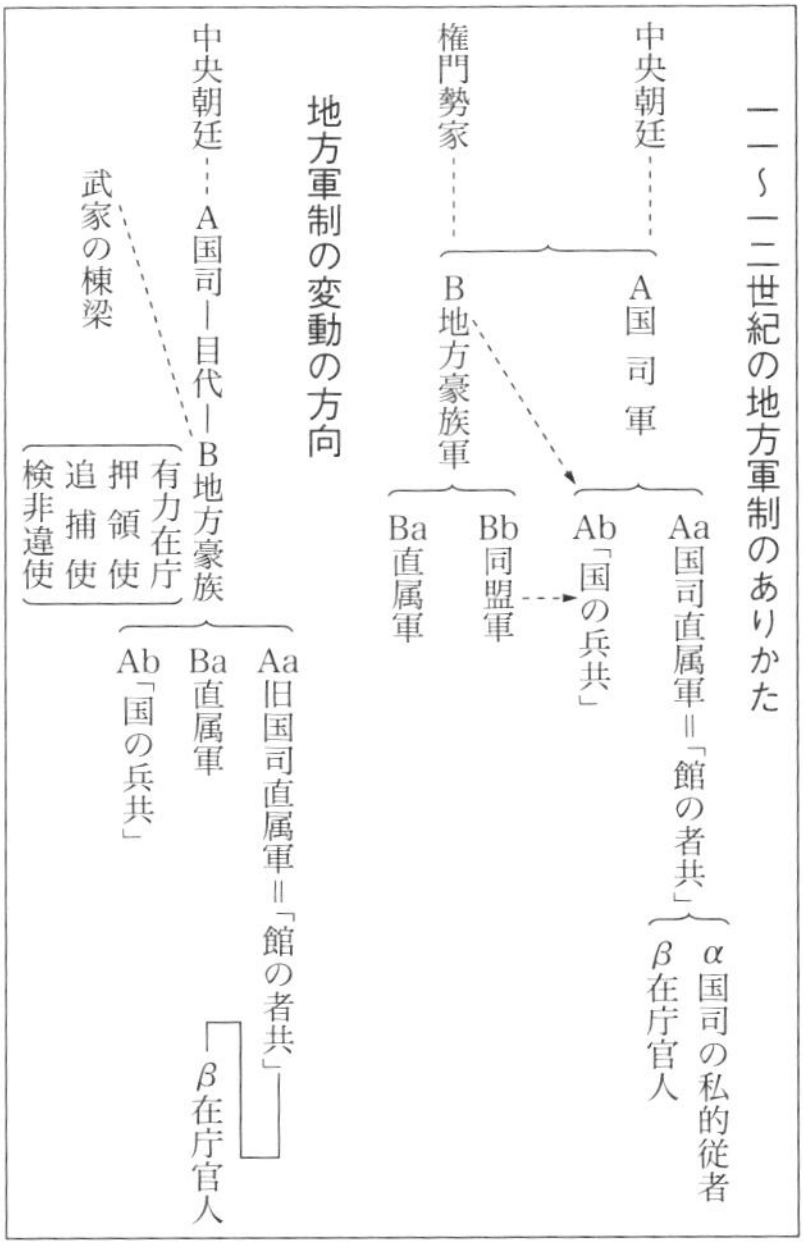

たとみられる。太政官符による任命によって、この小「将軍」は国内B系列の武力を動員、指揮する権利をあたえられたわけであり、国司はB中の有力者をこの形式で「体制化」し、「組みこむ」ことに成功する。しかし「組みこみ」とはいっても、同じ時期の国衙領の請負制にもみられるように、それは地方豪族の要求のうけ入れを基本とするものである。そこに「体制化」「組みこみ」が、結局は体制の「乗っ取り」をまねく理由がひそんでいた。

鎌倉時代のはじめ、幕府から下野《しもつけ》国の守護に任命されていた小山朝政《おやまともまさ》は、「わが家は先祖下野少掾《しょうじょう》豊沢が押領使となって検断（軍事警察）関係のことをつかさどり、その孫田《た》原藤《わらとう》太《だ》秀《ひで》郷《さと》も押領使に任ぜられて以来一三代数百年にわたって国の守護を行ない、権大介《ごんおおすけ》と押領使の地位を世襲してきた」と主張している。

またさきにみた常陸平氏の本宗家《ほんそうけ》のばあいも、

平安末期以来国衙の在庁を支配する地位にあり、のちに大掾《だいじょう》の地位を世襲して常陸大掾氏と名のるようになった。

こうした有力豪族の成立を私は上記のような国司によるB中の有力者の「組みこみ」、その「体制化」の結果だと考えている。かれらはかつて国司がもっていた権限をみずからの手にうばい取り、国内のB系列だけでなくAのb「国の兵共」の支配を行ない、さらに下級在庁官人をも支配下に収めようとする。こうして国司や、その現地代理人である目代《もくだい》との間に対立が深まっていく。

「武家の棟梁」の役割

ここで問題となるのは、ふたたび「武家の棟梁」とのむすびつきである。一二世紀のなかば、相模国の中南部にひろがる大庭御厨《おおばのみくりや》をめぐる紛争がおこった。当時すでに鎌倉におかれていた「館」を根拠に、この地方に勢威をふるっていた清和源氏の嫡流義朝《よしとも》は若年で、まだ「字上総曹司《あざなかずさそうじ》」という肩書しかもっていなかったが、この義朝は在庁官人とともに、自分の名代《みょうだい》や三浦荘司平義次《よしつぐ》と義明、中村荘司平宗平《むねひら》らの部下あわせて千余騎の軍兵をもって御厨に乱入し、実力行使による横奪を行なっている。

これを訴えた御厨の領主伊勢神宮に対して、国司は、「義朝の濫行《らんぎょう》の事においては、国司の進止《しんし》（支配）に能《あた》わず」（国司としてはどうにもなりません）と答弁しているが、ここには実力でこれを制止できないというばかりではなく、そもそもかれらは国司の支配系列下にない存在だという意識がよみとれるであろう。国司や目代《もくだい》との対立を激化させていた各国の有力豪族武士団は、ここでますます「武家の棟梁」とのむすびつきを強め、「武家の棟梁」の地位はいよいよ重要性を増してゆくのである。

以上のような過程のあとに一二世紀末の、いわゆる源平の争乱をへて東国の地に鎌倉幕府の成立をみることになる。この内乱への決起によって、はじめて有力豪族による国衙の「乗っ取り」が成功する。かれらの多くは小山・三浦・千葉氏などのように、幕府のもとで各国の守護に任命され、それを通じて国衙の支配と国内武士層の指揮を完成させる。かつての京都大番役勤仕《ごんじ》のための国内武士の組織は幕府の御家人《ごけにん》組織に吸収、転化され、国内の一宮《いちのみや》など大社の祭りの奉仕の組織も守護の支配のために利用され、国司の主催した「大狩」は守護の国めぐりの狩に転化していったのである。

武士団とは何か

さて武士団とはいったいなんであろうか。一一五ページ以下に述べたように「戦闘のための武力集団一般」という定義では、あまりに一般的すぎる。だが、「在地領主層を中核とする戦闘的権力組織」が武士団であり、つづめていえば在地領主＝武士であるとする戦後の学界の通説にもまた、われわれがふつう武士に対していだくイメージを十分に包括できない面がのこりはしないだろうか。

鎌倉御家人の資格の第一が「開発《かいほつ》領主」であったという事実はたしかに無視されてはなら

ないし、上の見かたによって中世武士団の社会的実体が明らかにされた功績はきわめて大きかったと思う。しかし一歩ふみこんで、では在地領主とは何者であるか、と問えば、その解答はいわゆる時代区分論争、日本における封建制（農奴《のうど》制）社会のはじまりはいつからかという大きな論争ともからんで、けっして自明ではない。在地領主とは土地にしばりつけられた小農民である農奴を支配し、地代をとり上げる中世封建領主を意味する、とする有力な立場からすれば、農奴制支配をとらぬものは武士とはいえないことになり、しかも農奴制支配の成立をいつからとみるか、その指標の不明確さもあいまって甲論乙駁《こうろんおつばく》、決着のつけがたい様相を呈しているのが学界の現状である。こうしたなかで武士＝在地領主論一本ヤリではかならずしも有効ではなくなってきたのではなかろうか。

　こう考えると、たとえば佐藤進一が名著『南北朝の動乱』（中央公論社、一九六五、中公文庫〔一九七四〕に収録）のなかで「武士は武芸をもって支配階級に仕える職能人もしくは職能団体である」と規定したことが思いだされる。また武士は侍《さむらい》ともよばれるが、これは高貴な人につかえる意味のサブラフ、あるいはサムラフという動詞から出たことばで、ほんらいは貴族に随従する従者を意味していたのは周知の事実であろう。中世武士のなかにもたとえば一六五ページにとりあげた菊池武朝《たけとも》申状《もうしじょう》のように、武士の「家業」は武芸をもって朝廷に奉仕するところにある、という意識を表明しているものがある。

　この見かたはむしろ戦前からの通説的武士像に近く、誤解を恐れずに単純化すれば武士＝職能人論といえるが、武士＝在地領主論だけでは不十分な側面を明らかにうきぼりにしてくれると思う。とくに通常、いわゆる「開発領主」や在地領主の登場以前とされている段階の初期の武士団、「兵《つわもの》」たちに対してはこの見かたのほうがより適切なばあいが多かろう。

二つの見かたの谷間で

思えば武士とはなんぞや、という問いに対する解答としていままでは二通りのゆきかたがあったようである。一つが在地領主論であり、他の一つが職能人論であった。前者は武士の社会的実体を、後者はその職能を問題にしてきたといってもよい。

しかしそのどちらか一方のみによって武士という存在が完全に解き明かされてきたかといえば、否である。在地領主論のもつ問題点については、上に述べたとおりであるが、職能人論にもやはり問題がある。たとえば武士が支配階級に奉仕する職能人であったと規定するとき、中世ではむしろ武士自身、すくなくとも一部が支配層そのものではなかったか、という疑問が生ずるだろう。中世に存在した種々の職能人・職能団体のなかで武士のもっていたこの特殊な地位を説明するためには、ただ職能人の一種だというだけでなく、その特殊性が説明されなくてはならないのである。

この辺の問題については残念ながらまだ十分につっこんだ検討が行なわれていない。まず一つ考えられるのは先にしめしたように初期の武士団は職能人論で、在地領主の発生後は在地領主論で説明するやりかたである。これは、いちおうの整理にはなっているが、いわば職能論と社会的実体論という二つの異なった見かたを時期によって使いわけただけで、見かたの相違を十分につきつめず、またその時期になぜ見かたをかえなければならないかも説明されていない。とはいうものの、かくいう私自身もまた暗中模索中で確たる名案もないのが実情である。

とりあえず中世武士団とはなんぞやという問いに対しては、弓射騎兵としての戦闘技術を特色とする武力組織で、社会的実体としては在地の土とむすびついた地方支配者であるとみておき、それ以上の点については今後の検討にまつ、ということにしたい。

それにしても武士団とは何か、武士身分の成立とはいつからか、といった基本的問題について、まだだれもが納得する新たな定説は生みだされていないのが現在の学界の状況である。こうしたときには、じつはよく考えればわからない内容を、すでにわかってしまったかのような顔でくりかえすことではなく、むしろ問題点を洗いだしてみることのほうが必要ではなかろうか。そう思ってこの章では、あえて未熟な私見や疑点を、正直にさらけだしてみたつもりである。とくに批判的に読んでいただきたいと思う。

小早川の流れ（一）——鎌倉時代の歩み

土肥氏三代

小早川氏の遠祖

日本の中世を生きぬいていった武士団の一つに小早川《こばやかわ》氏の一族がある。先祖は鎌倉幕府創業の功臣土肥実平《とひさねひら》で、曾孫にあたる小早川茂平《しげひら》以来、安芸《あき》国（広島県西部）の東端の沼田《ぬた》荘とよばれる大荘園の地頭として土着し、瀬戸内海の海上にも発展して有力武士団を形成していった。その最後をかざるのは毛利元就《もうりもとなり》の第三子で小早川家の養子となった隆景《たかかげ》であり、中世の終末、近世の初期の大名としてその名をのこしている。これからしばらく中世武士団の一例として小早川氏の歩んだあとを追いながら、鎌倉・室町時代の武士団の歴史を考えてみたい。

頼朝《よりとも》の挙兵から石橋山の敗戦、真鶴岬《まなづるみさき》から海路安房《あわ》への上陸などの過程で、土肥実平の果たした役割はあまりにも大きい。慈円《じえん》の『愚管抄《ぐかんしょう》』の一節には、石橋山で敗れた頼朝が今はこれまでと自害を決意した「その時に土肥実平は年功を積んだ武士だったから、『大将軍が

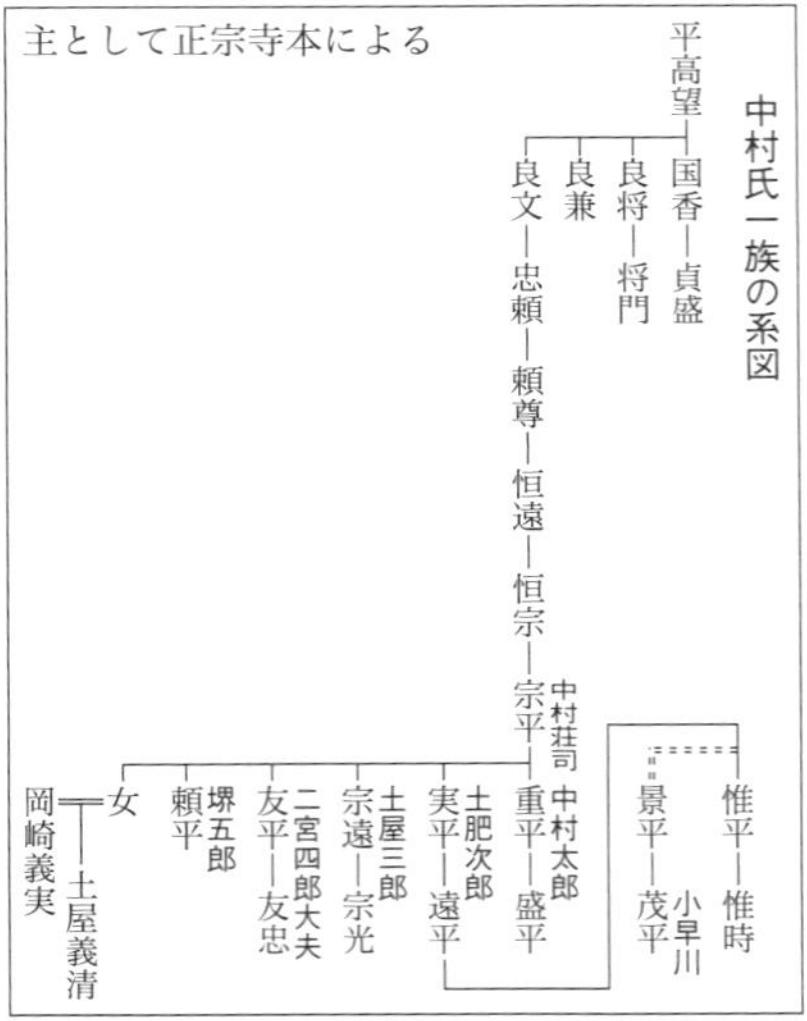

中村氏一族の系図

鎧《よろい》をぬいで自害するときには、それなりのやりかたがあるものですぞ』といって松葉を切っては鎧の下に敷かせ、冑《かぶと》をとってはその上におき、たいへん落ちついてまことに立派なふるまいを見せたということである」と記している。

洞穴にひそんで入口に全神経を集中している、このときの頼朝主従七人の緊張した姿をみごとに描きあげたのが、前田青邨《せいそん》の傑作「洞窟の頼朝」であるが、さて実平はこのうちのだれにあたるのか、頼朝の背後にひかえる眼光するどい一人か、それとも右手のたくましい人物であろうか。私は実平というといつも、この画面が思いうかべられてならないのである。

右の系図によると実平は中村荘司宗平《むねひら》の次男である。すでに述べたように保元の乱のはじまる一〇年あまりまえ、頼朝の父、源義朝《みなもとのよしとも》は一千余騎の軍勢を動員して相模《さがみ》の大庭御厨《おおばのみくりや》に侵入し、数々の暴行をはたらいたとして伊勢神宮から訴えられているが、このとき、義朝側の武士の頭株の一人に「中村荘司平宗平」の名がある。相模国府にもほど近い、浅い山あいの地にひらかれた中村荘の開発《かいほつ》領主であり、国内の有力武士の一人だったのだろう。ただそれ以前の家系はかならずしもはっきりしない。いくつかの系図は『今昔物語集《こんじゃく》』に出てくる一騎打の「兵《つわもの》」村岡五郎良文か、あるいはその兄で、将門《まさかど》と対立した良兼の後裔《こうえい》だとしているが、その間の家系はどれもみな一致せず、疑問がもたれる。

ただ一一世紀後半、相模国の住人権大夫為季《ごんだゆうためすえ》が押領使《おうりようし》景平と戦って景平の首を斬ってしまったので、こんどは景平の一族が数千の軍兵をあつめて為季を攻撃したという事件がおこった。さきに「敵討《かたきうち》の系譜」の章で一部を紹介しておいたような、当時の武士団の間での私闘の世界の一こまであるが、あるいはこの押領使景平が宗平の祖先か、その近親者だったかもしれない。

土肥実平の人物

宗平《むねひら》の子息、実平《さねひら》の兄弟たちは長男が中村荘をうけついだほかは、土屋・二宮・堺と中村荘をかこむ丘陵部の周辺を名字《みようじ》の地として分割譲与され、発展していった。曾我《そが》兄弟の姉婿二宮太郎とは、実平の弟友平の長男友忠のことである。

そのなかで実平だけはややはなれて相模《さがみ》国では西南の隅の土肥《とひ》郷をあたえられ、ここを名字の地として土肥氏を名のった。すでに『万葉集』の東歌《あずまうた》に「足柄の土肥の河内に出づる湯の……」とうたわれているように、箱根山の南麓にいだかれた谷間に温泉の湧き出るところ、現在の湯河原《ゆがわら》一帯が土肥郷で、真鶴岬《まなづるみさき》から頼朝《よりとも》の逃げこんだ土肥の杉山などはみなそのなかにふくまれている。いまの東海道線湯河原駅の付近が、かつて土肥堀の内村とよばれたところで、土肥氏の本拠としての居館の跡であろう。近くの城願寺《じょうがんじ》には苔《こけ》むした土肥家代々の墓石が、いまも数多くのこっている。

実平は土肥郷の北方、早川の流域から現在の小田原市の市街地の北の辺までひろがっていた早河荘をも支配していたらしく、その長男遠平《とおひら》は早河太郎ともよばれている。遠平の妻が曾我兄弟の父方の伯母だったことはすでに述べておいた。早河荘は一一世紀末には早河牧とよばれており、開拓の進行にともなって牧場から荘園にと変化していったことがわかる。かつて牧場だったことから武士団の根拠地としても好適な地だったと思われる。

さて幕府の創立期の内乱のなかで、実平は頼朝側近の武将中の重鎮として活躍し、とくに義経《よしつね》・範頼《のりより》らのもとで侍大将《さむらいだいしょう》として軍略の決定、畿内《きない》・西国地方の諸政務の処理、軍勢の配備などの任務にあたりながら、一ノ谷・屋島の合戦に参加した。

一ノ谷合戦の前哨戦《ぜんしょうせん》、播磨《はりま》と丹波《たんば》の境の三草《みくさ》山合戦の直前の情景を語る『平家物語』の一節（第九「三草合戦」）を読んでみよう。

其夜の戌《いぬ》の剋《こく》ばかり、九郎御曹司《おんぞうし》（義経）、土肥次郎（実平）を召して、「平家は是《これ》より三里へだてて、三草の山の西の山口に大勢で控へたんなるは。今夜夜討《こよい》に寄すべきか、明日の軍《いくさ》か」とのたまへば、田代冠者《たしろのかじゃ》（信綱、狩野介茂光の外孫）進み出《い》でて申しけるは、

「明日の軍と延べられなば、平家勢つき候《そうらい》なんず。平家は三千余騎、味方の御勢は一万余騎、はるかの理に候。夜討好《よ》かんぬと覚え候」と申しければ、土肥次郎「いしう（立派に、よくも）申させ給ふ田代殿かな。さらばやがて（すぐに）寄せさせ給へ」とて打っ立ちけり。武士《つわもの》ども「暗さは暗し、いかがせんずる」と口々に申しければ、九郎御曹司「例の大松明《おおだいまつ》はいかに」。土肥次郎「さる事候（そうそう、あれがありました）」とて、小野原（三草山の東の山口にあった村）の在家《ざいけ》に火をぞかけたりける。是を始めて、野にも山にも、草にも木にも、火をつけたれば、昼にはちっとも劣らずして、三里の山を越え行きけり。

わざと原文のままで引用したが、躍動的な筆致のうちに「大松明」と称して農民の家や山野に放火する戦闘の惨酷さとともに、源平争乱の一こまがみごとに描きだされており、侍大将としての実平のはたらきぶりがよくわかるように思う。

また内乱の最中、実平は最前線ともいえる瀬戸内の備前《びぜん》・備中《びっちゅう》・備後《びんご》三ヵ国の軍事指揮官兼幕府側の地方行政官である惣追捕使《そうついぶし》（のちの守護）の重職について国衙《こくが》の在庁官人を支配するなど、無難にこの大役をこなしている。かれはけっして単なる勇敢な武将というだけの人間ではなかった。

文治元年（一一八五）一一月、義経・行家と頼朝との関係がついに決裂し、戦いがはじまったとき、まず頼朝側の尖兵《せんぺい》として一族とともに入京したのは実平であった。こうした危急《ききゅう》存亡《そんぼう》のさいに先陣にえらばれているだけでも、頼朝の実平に対する信頼ぶりがうかがわれよう。

またあるとき、頼朝側近中の文官の一人筑後権守俊兼がみごとな小袖《こそで》十余領を重ね着してあらわれたとき、頼朝はぜいたくを戒めるために刀で小袖のつまを切り取ってしまい、つぎのように教えたという。「おまえは才能があるのに、なぜ倹約ということを知らぬのか。千葉介常胤《つねたね》・土肥実平といえば清濁の区別もわからぬ武士で、多くの所領をもっているが、それでも質素な服を身にまとい、節約を心がけているので、その家はますます富裕の評判があり、多くの郎従を養って、いざというときに備えておるのだぞ」。

これは『吾妻鏡《あずまかがみ》』（元暦元年一一月二一日条）の伝える頼朝の偉人ぶりを物語る説話の一つだが、ここで常胤とともに引きあいにだされているところからも、実平が東国武士の代表ともいうべき存在であったことがわかるだろう。いかにも地味で東国の野育ちらしい風貌や性格をもった老武者、しかも軍略にたけ、なかなか油断のならぬ一面をもつ武将——これがわれわれのみる実平像なのである。

土肥家の新世代

実平《さねひら》の子の遠平《とおひら》は若いころから父とともに頼朝《よりとも》にしたがい、各地に転戦したり、父の代官として活動しているが、父とくらべてはいささか影がうすく、備前《びぜん》・備中《びっちゅう》・備後《びんご》三ヵ国の守護（総追捕使）の職も相続したかどうかはっきりしない。だが遠平やその子惟平《これひら》の時代は、かつての実平の威光で土肥《とひ》氏一族の幕府内での地位はなお依然として高かった。

承元《じようげん》四年（一二一〇）六月はじめ、相模《さがみ》の丸子河（酒匂《さかわ》川）の岸辺で土肥・小早川《こばやかわ》の一族と近隣の松田・河村一族との武闘が発生し、双方の郎従が負傷した。その後、双方ともに親しい仲間に呼びかけてそれぞれが館にたてこもり、戦闘準備おこたりない、との情報が幕府に到着し、侍所《さむらいどころ》別当《べつとう》の和田義盛と相模守護の三浦義村が急派されて、両方を仲裁し、どうにか無事におさまった。この武闘の原因といえば、夕涼みのため川岸を散歩して雑談中、先祖の武功くらべに話がおよび、両方とも自分の祖先がすぐれていると主張してゆずらず、言いつのったためであるという。

『吾妻鏡《あずまかがみ》』（承元四年六月三日条）の伝えるこの挿話《エピソード》は、当時の武士たちの気風をしめしてなかなかおもしろい。早河荘の北部はたぶん丸子河のほとりまでひろがっていたはずで、一方その上流の松田付近を名字の地として支配していた松田・河村氏らの所領も川の左岸に達していたであろう。いわば所領の境の川原に出て涼んでいた土肥・小早川氏と松田・河村氏の双方が、いつか一団となって話しあっているうちこの事件がおこったのである。

先祖以来の武名を重んずる態度とともに、激情的で興奮しやすく、武闘に走りがちだった武士たちの特色がよくあらわれている。『曾我《そが》物語』の最初、伊豆の奥野の狩場で河津祐通《かわづすけみち》に投げとばされた俣野景久《またのかげひさ》が、満座のなかで恥をかかされたとして、とつぜん武器をとって戦おうとする場面があるが、こうした事件はかならずしも珍しくなかったのである。敵討《かたきうち》がさかんに行なわれた背景にも、こうした気風がおおいに影響しているだろう。

和田合戦のなかで

この挿話からうかがわれるように、血気さかんだったらしい惟平《これひら》は、やがて勃発《ぼっぱつ》した和田義盛の反乱で、同志の一人として姿をあらわし、合戦に敗北して捕えられ、四ヵ月半ほどのち、ついに斬首されている。惟平の子息二人も合戦で戦死し、土肥氏にとっては、まことに重大な危機がおとずれた。

だいたい和田義盛の反乱は、かねて侍所《さむらいどころ》別当《べっとう》の重職にあった義盛を失脚させようとする、北条義時の挑発にのせられたものであるが、義盛側についた武士には横山時兼など相模《さがみ》の武士が多く、土屋義清（実平の姉聟岡崎義実《よしざね》の子、土屋宗遠《むねとお》の養子）など土肥氏の同族もこれに加わっていた。惟平もこうした関係で和田方についたらしく、合戦の最中には土屋義清と一体になって戦っている。このとき、対戦した大庭氏の同族長尾氏の軍のなかに、年まだ一三歳の江丸とよばれる少年が加わり、武芸の達者ぶりをみせたが、これに感心した義清・惟平らは少年に対してあえて矢を発しなかったという。武人らしい惟平の面影のしのばれる話である。

惟平やその子供たちは殺され、土肥氏は大きな打撃をうけたが、父の遠平はなお存命中で、本領の土肥郷なども没収をまぬがれたようである。これは遠平らが中立的態度をとったためか、あるいは土肥氏の幕府内における声望がなお高く、そのイエ支配権の全面的否定が不可能だったためかもしれない。しかし以後の土肥氏は幕府のなかでけわしい道を歩むことになる。遠平のあと、土肥郷は惟平の末子惟時《これとき》の系統に相伝されたようで、この一族の名は、祭事などのさい将軍にしたがう供奉人《ぐぶにん》として『吾妻鏡《あずまかがみ》』にしばしばあらわれるが、席次などは大きく後退しており、和田合戦の痛手の大きかったことを物語っている。そしてこのとき、遠平の養子としてそれまでほとんど表面に立たなかった景平の存在が、ようやく脚光をあびるのである。

景平はもともと源氏の一族、信濃《しなの》国佐久郡の平賀付近によった平賀《ひらが》義信の実子であった。義信は早くから頼朝《よりとも》にしたがい、源氏一族として比較的に厚遇され、ながく将軍家知行国《ちぎょうこく》武蔵《むさし》の国守をつとめていた。頼朝の乳母として勢力のあった比企尼《ひきのあま》の娘で、曾我《そが》兄弟の叔父伊東祐長《すけなが》の未亡人が義信に再嫁していたことをみても、義信の地位の高かったことがわかるだろう。義信の子で、景平には兄弟にあたる朝雅《ともまさ》も、北条時政の娘聟《むすめむこ》としてかなりの威勢をふるった人物であった。

景平はこうした名家の出ではあるが、土肥氏の嫡流《ちゃくりゅう》が惟平と定められていたせいか、ほとんど無名の士であった。しかし和田合戦の七年もまえ、景平が養父遠平からゆずり受けていた安芸《あき》国沼田《ぬた》荘は、景平の子の茂平に譲与されている。そして逆境に直面した土肥一族のなかで、以後もっとも発展するのは、この小早川の家なのである。

小早川氏の名字の地は、遠平が所領としていた相模国早河荘内にあり、そのために小早川と称したらしい。あえて土肥氏と名のらないところに深い意味があり、上に「小」という接頭語をつけたところにも、土肥氏の嫡流でないという意味がこめられていたのかもしれない。

小早川氏の本拠地——沼田荘

瀬戸内の大荘園

沼田《ぬた》荘は現在の広島県三原《みはら》市で瀬戸内海にそそぐ沼田川の流域を中心とした荘園である。沼田本荘と新荘とに大別され、本荘は河口に近く平野部の多い現三原市の西部や、その西隣りの本郷町（現三原市）一帯である。新荘は沼田川上・中流部の山あいの村々や、さらに南にとんで現竹原市内の海ぞいの地域までをふくんでいる。鎌倉時代中期の調査によれば、その当時の本荘の田地の耕作面積が二五〇町余、新荘の田地が二一〇町余で、合計四六〇町余の大きさである。

沼田荘はちょうど安芸《あき》国の東の入口にあたる。いまもＪＲ山陽本線と国道二号線、さらに山陽新幹線が荘内をつらぬいている。ただかつての山陽道の陸路は福山—尾道—三原と海ぞいを通らずに、内陸側の道をえらんでいた。福山市から芦田川をさかのぼって約二〇キロ近い府中市が、備後の国府のおかれていた地である。ここから西南に、ほぼ一直線の断層谷を通過して本郷町の中心部へと達し、沼田川をわたって竹原市の北部に抜けるのが、古代の山陽道だったと思われる。沼田荘はまさに交通の要地なのである。

沼田荘のヌタとは奴田・怒田・渟田・あるいは垈などの字をあてるが、ニタと同じく湿地を意味する。沼田というあて字は、それなりに意味の一端を伝えている。沼田川の下流一帯は、現在でこそ一面の水田地帯と化したが、かつてはひろい湿地帯であり、瀬戸内の海はいまよりもさらに奥にまで入りこんで、河口とも入海ともつかぬ風景がひろがっていたにちがいない。南北朝時代、菊池《きくち》武光《たけみつ》らの南朝方を制圧するため、とくにえらばれて室町幕府の九州探題《たんだい》に任命された名将今川了俊《りょうしゅん》（貞世《さだよ》）は、西下の途中の記録を『道ゆきぶり』という紀行文にまとめたが、そこにはつぎのように記されている。

今川了俊のみた沼田荘

五月一九日に備後《びんご》の尾道を出発して、安芸《あき》の沼田《ぬた》という所へと移る。……備後と安芸の境を通る。横たわった山中に茅葺《かやぶき》の堂がある。ふもとまで入海がつづき、沼田川の流れが落ち合っている。日が暮れてしまってから、河面《かわも》に舟をうかべると、夕闇のなかの山の端《は》のかげもおぼつかないのに、ほたるがかすかに飛びちがって、なんとなく心細い。そこへ松明《たいまつ》をとぼしてやってくる人々の火のかげが川の波にキラキラとうつろって、まるで鵜飼《うかい》でもしているような気分だ。

このあたりは寿永の昔までは海の底だったというが、なるほど岩石のかたわらにかきのカラなどのついたものが見られる。ここかしこに独立した山々があり、それに木が茂ってたいへんよい景色だ。川にそった西側の年古《ふ》りた松山のなかに甑《こしき》天神という神社が一つ立っている。道真《みちざね》公が筑紫へ移られたとき、干飯《ほしいい》を蒸《む》してさしあげた甑（せいろ）が今にのこって、神社にまつられている。またそこには、道真公が掘りだされたよい清水がある。甑天神の山のならび、道の脇のちょっとした岡に松や竹がしげり、草葺《くさぶき》の堂が一つ立っている。平家の時代に沼田の某《なにがし》がたてこもった城を平教経朝臣《のりつねあそん》の攻め落とした場所だそうである。今も農夫が田を打ち返す時々に、古い屍《しかばね》を掘りだすことがあるが、矢の穴や刀のあとさえみえるとの話だ。そのあたりでは田草とりのため、田のなかでおおぜいの人々がはたらいている。この南のほうに多くの神々をおまつりしてあるなかには、男山《おとこやま》の八幡宮もおられるとのことだ。

まことにたくみにこの地の風物をとらえており、これからの検討のときに必要となる部分も多いので、沼田荘に関する部分のほとんどを意訳してみた。了俊《りょうしゅん》は三ヵ月あまりをこの地にすごしているだけに、行きずりの旅人の目ではなく、かなり正確に当時の沼田荘の一面を描きだしていると思う。

沼田川にそって

現在、山陽本線で西へむかう人々は、かつて小早川隆景《こばやかわたかかげ》のきずいた三原城の本丸あとを削って建てられた三原駅をすぎてしばらく、左手に川幅一〇〇メートルほどの沼田《ぬた》川の流れをみることができよう。三原駅から沼田川の堤防上を走るバスに乗ればもっと長く、もっとはっきりと周囲の景観をながめることができる。三原市の市街地を出てしばらくすると、両岸に小高い丘陵の尖端部《せんたんぶ》がセリだしてくるところがあるが、そこをすぎてしまえば、上流からの土砂の堆積《たいせき》によって川底はかなり浅く、川の真中には小島がいくつかならび、両岸には水田がひろがってくる。とくに南岸、沼田東町一帯は「沼田千町田」とよばれる広大な水田地帯である。

その間に標高五〇から一〇〇メートルにみたぬ丘陵がそこここに散在する。その形から鶴山、亀山などとよばれているが、まさにかつて了　俊《りょうしゅん》が記した景観を髣髴《ほうふつ》させるものがある。いまはこの「沼田千町田」にも池や蓮田《はすた》となっている部分がかなりある。まさしく低湿地なのである。いまは片島と書く地名を中世には潟島と記している。字のとおりの入海のなかの島だったのだろう。了俊が「寿永《じゅえい》の昔までは海の底だった」というのもさもあらんと思われる、この付近一帯の光景である。

この沼田荘は、平安末期には京都の三十三間堂で有名な蓮華《れんげ》王院《おういん》の所領となっていた。荘の下司《げし》はその名を名字とする在地豪族の沼田氏で、瀬戸内の有力な武士団の一人であった。源平争乱の最中、いちはやく反平氏の旗をあげた伊予《いよ》の河野《こうの》通信《みちのぶ》に応じたため、沼田次郎も平氏の勇将能登守教経《のとのかみのりつね》によってついに沼田城を攻め落とされ、ふたたび平氏に帰服したという。

その舞台となった沼田城の跡は、いまの本郷町の中心部から沼田川をわたった西方、約一五〇〇メートル、茅《かや》ノ市《いち》の集落のはずれの北側にある小さな岡である。了俊のいう「草葺の堂」の後身であろうか、あるお寺の裏山になっており、いまは高木山とよぶ。この高木山が、平安末期の沼田氏の居城沼田城の跡だという。なるほど位置関係からいうと、了俊の記述とよく一致する。

高木山の西麓一帯には横見寺《よこみでら》とよばれる古寺の跡がある。一町四方の寺跡で、広島県下では最古といわれ、発掘が行なわれて白鳳期《はくほうき》のみごとな瓦《かわら》が出土している。そのなかには法隆寺や中宮寺の瓦と同じ形式のものもみられ、この寺の歴史の古いことを物語っている。こうした古寺は当時の交通の要地、大きな集落や、あるいは豪族の根拠地の近くなどにつくられたので、横見寺跡の存在は、この地が七世紀後半から大和と北九州をむすぶ山陽道の一つの交通の要点だったことを示唆《しさ》している。その西側にある梅木平古墳《ばいきひらこふん》や、さらに西につづく御年代《みとしろ》古墳など、巨大な石室をもつ後期古墳は、すでに古墳時代からこの地に豪族の存在したことを教えてくれる。

律令時代には主要な官道には駅がおかれ、急を要する使者に馬と食糧を提供する施設となっていた。『延喜式《えんぎしき》』でみると、山陽道の安芸国の駅は真良駅《しんら》（いまの三原市高坂町真良）・梨葉駅《なしは》、そして都宇駅《つう》（いまの竹原市新庄町《しんじょう》付近か）とならんでいる。その梨葉駅の所在地もおそらく高木山の岡の下あたりだったにちがいない。茅ノ市・原市《はらいち》という集落の名も、かつての山陽道ぞいの市場を想像させるのであり、中世末期、毛利元就《もうりもとなり》時代にも、茅ノ市に駅がおかれていたという。

楽音寺の縁起

沼田《ぬた》荘の下司《げし》沼田氏の根拠地は、このように古い歴史をもつ山陽道ぞいの要地であった。ここから国道二号線をへだてたむこう側、西南約五〇〇メートル強の東にひらいた小さな谷のなかにあるのが、この地方の古刹《こさつ》として知られる楽音《がくおん》寺である。現在は真言宗、かつては天台宗の古寺で、中世の盛時には仁王門から内側の谷、ほとんどいっぱいに多くの坊が立ちならんでいたというが、いまは本堂と若干のお堂がのこっているだけである。しかし鎌倉・室町時代から江戸初期におよぶ寺蔵の古文書五十余通は沼田荘や小早川氏の歴史を知るうえに欠くことのできない好史料であり、また『楽音寺縁起絵巻』一巻は楽音寺建立《こんりゅう》の由来を物語る貴重なものである。

承平《じょうへい》・天慶《てんぎょう》の乱のさい、罪あって安芸《あき》国に配流《はいる》されていた藤原倫実《ともざね》は、とくにえらばれて藤原純友《すみとも》を追討する大将に任命され、純友の本拠地となっていた備前国釜島（いまの岡山県倉敷市）を攻撃する。乱戦のなかで倫実もすんでのことで命を失いそうになるが、髻《もとどり》のうちにこめた一寸二分の薬師像の霊験のおかげで危地を脱して、ついに純友を滅亡させる。その功績によって左馬允《さまのじょう》に任ぜられ、沼田七郷を賜わった倫実が、感謝のために建立したのが薬師如来をまつるこの楽音寺である。以上が『楽音寺縁起絵巻』の大筋である。いまのこる絵巻は、かつて原本を広島藩主浅野氏に献上し、そのさいに下付された写しであるが、原本の伝わらない今日、まことに貴重なものである。写しの図様などからみて、原本はおそらく、鎌倉時代末をくだらないころの作と考えられている。

楽音寺に伝えられた鎌倉中期の文書（「楽音寺文書」三〈『広島県史』古代中世資料編

四二）に、この寺は天慶年中（九三八〜九四七）に沼田氏が建立したその氏寺である、と書きつけられ、また鎌倉末期にいたるまで楽音寺の院務職は、代々倫実の子孫が連綿として相伝してきたといわれている。したがってこの倫実こそが沼田氏の祖とあおがれてきた人物なのであった。西の純友と対比される東国の平将門《たいらのまさかど》が下野《しもつけ》の豪族藤原秀郷《ひでさと》らによって討伐され、承平・天慶の乱の結果、かえって武士団の成長をみちびいたといわれている、ちょうど同じような事態が、瀬戸内の沼田氏のばあいにもおこったのであろう。

ほろびたものの歴史

一族の大半が平氏とともに滅亡し去ってしまった沼田《ぬた》氏の歴史については、ほとんどなにごとも書きのこされてはいない。しかし本城沼田城や氏寺楽音寺の位置からみると、どうやらこのあたりがその根拠地であったと考えられる。

倫実《ともざね》が中央からの流人《るにん》だったというのは家系をかざるための虚構であって、おそらくはほんらいの在地の豪族か、あるいは国衙《こくが》の在庁官人あたりが土着して開発《かいほつ》領主となっていったものではなかろうか。そして国衙とも深いつながりをもち、おそらくは沼田郡の郡司などの位置を世襲しつつ、武士団としての力をのばしていったのであろう。その過程で国司や中央の貴族にも臣従し、自己の勢力拡大に利用したことと思われるが、最終的には平氏とむすびつき、その家人《けにん》になったのではないか。そして沼田氏の所領は沼田荘とよばれて、平清盛が造営に努力した京都の蓮華王院の寺領に寄進され、寄進者である沼田氏は下司《げし》として荘園を支配する実権をにぎったのだと考えられる。

沼田本荘だけでも七郷、あるいは八郷から構成されていた。単に本郷ともよばれ、現在の本郷町の中心部をなす沼田本郷、その対岸の梨子羽《なしわ》郷、本郷の北の小盆地の船木《ふなき》郷、かつて駅のおかれていた山間部の真良《しんら》郷、沼田川の下流北岸部の小坂《おさか》郷、その南岸に位する安直《あじか》郷、さらにその南方の山よりの井迫《いざこ》郷、そして忠海《ただのうみ》・能地《のうじ》などをもふくむ内海ぞいの浦《うら》郷。

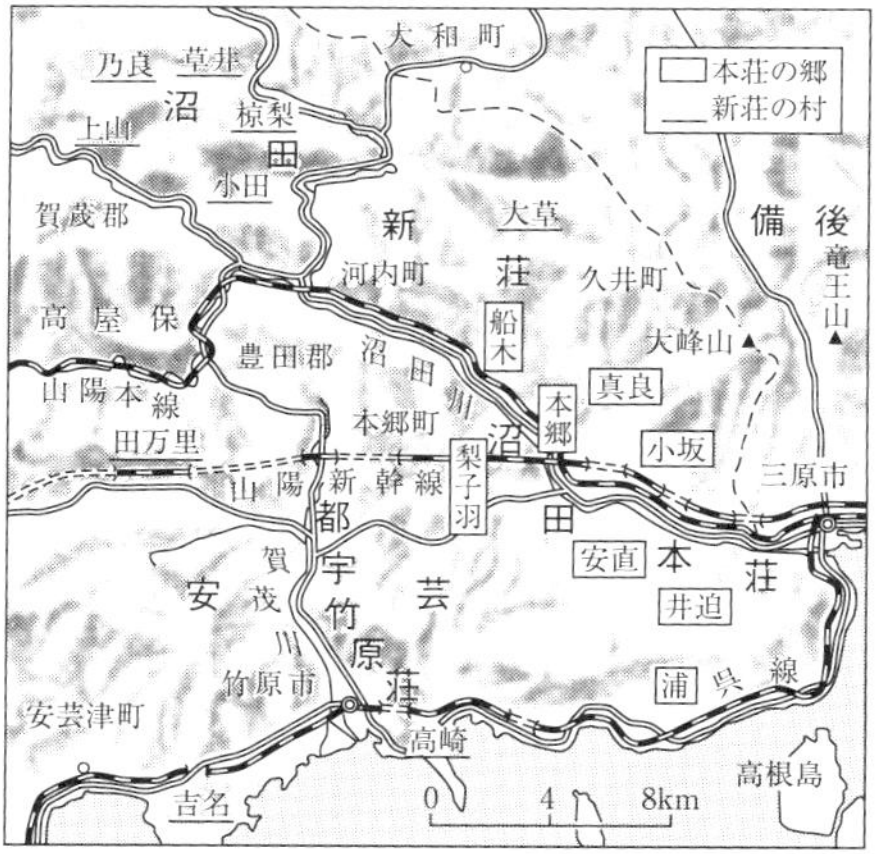

沼田本荘と新荘

そのうち沼田本郷・船木郷・安直郷・真良郷・梨子羽（梨葉）郷の五つは、すでに『和名類聚抄《わみようるいじゅしょう》』にみえている律令《りつりょう》時代の郷の名と同一である。これは一七八ページ以下に述べた東国の常陸のばあいとは異なって、律令時代の郡・郷の名称がそのままつづいていたことをしめしているが、もとより実体はけっして同じではない。『和名抄』の記す沼田郡の郷名は六郷だけだから、かつての沼田郡の大部分が沼田荘にかわってしまったことになる。これは荘園化の立役者である沼田氏が沼田郡司などの職についており、その役目を利用して荘園の寄進を行なったのではないか、と疑わせるに十分である。

その勢力は単に沼田荘内だけのものではない。沼田荘の西隣り、都宇竹原荘《つうたけはら》の公文《くもん》や、瀬戸内海上の生口島《いくち》の公文や下司たちは、源平合戦のさい沼田五郎に召集されて門司関まで従軍し、合戦に参加したという。伊予国の有力な在庁官人で、河野水軍としても有名な河野氏と沼田氏が姻戚《いんせき》関係でむすばれていたのも、沼田荘域をこえたさらにひろい範囲に、海の武士団としての沼田氏が勢いをのばしていたためと考えるべきであろう。『源平盛衰記《げんぺいせいすいき》』には、「奴田尻《ぬたじり》」すなわち沼田川の河口という意味の地名が出てくる。鎌倉後期になると、河口付近に沼田の市《いち》とよばれる商業集落の発達していたことがはっきりとわかるようになるが、すでに沼田氏の時代からこのあたりに市場がひらかれ、港町が形成されていたと想像してもけっしておかしくはあるまい。

土肥から小早川へ

沼田《ぬた》氏一族没落ののち、沼田荘にまず地頭としてはいってきたのが土肥実平《とひさねひら》やその子遠平《とおひら》であった。実平が備前《びぜん》(岡山県東南部)・備中《びっちゅう》(岡山県西部)・備後《びんご》(広島県東部)三ヵ国の惣追捕使《そうついぶし》(守護)であったことはすでに述べたが、沼田荘はちょうど備後との国境いに接した山陽道上の要衝である。備後守護としての土肥氏にとっても、この荘園を獲得したことはひじょうに重要であったろう。

下司であった沼田氏一族は、一度は反抗したもののその後はまた平氏に降参して、壇《だん》ノ浦《うら》まで従軍している。敵対者の所領として幕府側が没収する理由は十分である。

また沼田荘の荘園領主は本家が蓮華《れんげ》王院《おういん》としかわかってはいないが、私はその下で領家《りょうけ》、あるいは預所《あずかりどころ》として荘を支配したのは平氏の一族ではなかったかと想像している。安芸《あき》国（広島県西部）は清盛が久安《きゅうあん》二年（一一四六）から安芸守をつとめ、厳島《いつくしま》神社の神主佐伯景《さえきかげ》弘《ひろ》とむすんで国内の支配につとめた国であり、平氏の任命した地頭がはじめてあらわれてくる国でもある。沼田荘はその清盛が力を入れて造進した蓮華王院の寺領とされているのだから、在地の領主である沼田氏から中央の蓮華王院への寄進にさいして中間で口をきき、領家か預所の地位を獲得したのは、平氏一族にちがいない。そうすれば沼田荘は二重の意味で幕府の敵対者の所領になるのだから、平家没官領《もっかんりょう》として地頭を任命することは幕府にとって当然ということになる。

小早川氏系図　小早川文書その二、系図による

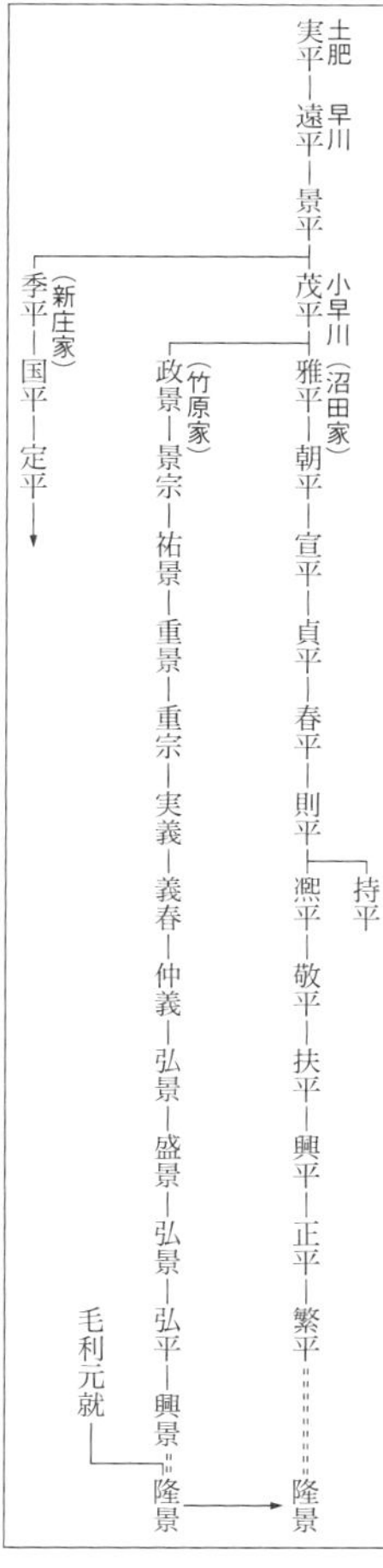

沼田荘の地頭土肥氏または小早川《こばやかわ》氏の、この地における足跡がはっきりとしてくるのは、遠平の孫の茂平《しげひら》からである。それ以前を伝説時代とすれば、茂平からようやく沼田荘における小早川氏の歴史時代がはじまる。のちに小早川家は毛利氏の一族化され、明治には男爵《だんしゃく》家となるが、連綿と伝えられてきた多数の古文書は、東大史料編纂所から『大日本古文書』の「小早川家文書」二冊として公刊され、小早川氏の歴史をさぐろうとする人々にきわめて重要な材料を提供している。

その「小早川家文書」はじつに茂平の時代の文書からはじまっている。一方では実平以来の土肥氏の歴代について、ある程度豊富な記述をあたえてくれた『吾妻鏡《あずまかがみ》』には、茂平の名はわずか一ヵ所にあらわれてくるにすぎない。こうした史料上の変化

	西暦	おもな事件
治承四年～文治元年	一一八〇～八五	源平の争乱。土肥実平、源頼朝にしたがって活躍。
建久二	一一九一	この年以後、『吾妻鏡』に実平の名は現われず。死去したためか。
建久三	一一九二	○源頼朝、征夷大将軍に任ぜらる。
建永元	一二〇六	小早川茂平、父景平より安芸国沼田荘をゆずらる。
承元四	一二一〇	相模国丸子河で土肥・小早川一族と松田・河村一族の武闘が発生。
建保元	一二一三	和田合戦。土肥惟平ら和田方につき敗北。
承久三	一二二一	○承久の乱
嘉禎四	一二三八	茂平、領家西園寺公経より沼田荘内塩入荒野の開発を承認さる。
仁治四	一二四三	沼田新荘の検注目録ができる。
建長四	一二五二	沼田本荘の検注目録ができる。
建長六	一二五四	橘成季、茂平に都鳥の飼育をたのむ。
康元元	一二五六	新荘家国平、沼田荘内より檜の丸太三〇〇〇本を切りだす。茂平、これを差し押える。
文永元	一二六四	茂平、死去す。

は、鎌倉中心の重臣土肥氏の一員からぬけだし、新たな方向をめざした茂平の生きかたの変化を物語っているだろう。名字も土肥氏から小早川氏にと完全にかわってしまうのである。

茂平の死んだのは文永《ぶんえい》元年（一二六四）のはじめであった。沼田荘をゆずられた年からかぞえてじつに五八年、一三世紀前半の半世紀余が茂平の活動した時期である。それはちょうど承《じょう》久《きゅう》の乱の勝利によって、幕府がはじめて全国的統治者としての実を獲得し、北条泰時《やすとき》・時頼《ときより》というすぐれた指導者のもとに執権政治が花ひらいた、ある意味での黄金時代でもあった。

承久の乱にさいして茂平は、かつて沼田氏にひきいられて平氏方についた隣荘の都宇《つう》竹原荘と内海にうかぶ生口《いくち》島の公文《くもん》や下司《げし》たちが、こんどもふたたび京方に加わろうとして上京の準備をしていたうえ、両荘の領家がともに、京方の活動家であると幕府に告発し、生口島についてはかならずしもはっきりしないものの、都宇竹原荘については乱後、地頭の地位を

文永三	一二六六	茂平と新荘家定平の相論につき、幕府の判決。
文永一一 弘安四	一二七四 一二八一	○元軍の来襲―文永の役 小早川左衛門三郎の女房、京都の土倉・屋敷を買いとる。 ○元軍の来襲―弘安の役
正応元	一二八八	梨子羽郷地頭尼浄蓮と沼田荘雑掌との相論につき、幕府の判決。
永仁五	一二九七	梨子羽郷地頭尼、相論の裁許状をだす。小早川景宗の所領都宇竹原荘以下すべてが幕府に没収さる。
永仁五～正安四	一二九七～一三〇二	梨子羽郷が小早川氏から没収され北条氏一族の所有となる。
応長二	一三一二	沼田市の名がはじめてあらわる。
元徳二	一三三〇	梨子羽郷弁海名主源信成、東禅寺の多聞天を造立。

小早川氏の関係年表　I

獲得した。

都宇竹原荘は賀茂社領で沼田荘の西隣り、山陽道では梨葉《なしは》駅の西の都宇駅のおかれていたところであり、賀茂《かも》川の流域にひろがる荘園であった。この荘をも入手したことによって、小早川氏の勢力基盤はいちだんと充実したことになる。

沼田荘の検地目録

ところで茂平《しげひら》の晩年に近い仁治《にんじ》四年(一二四三)と建長《けんちょう》四年(一二五二)、沼田《ぬた》新荘と本荘のそれぞれの検地目録の写しが「小早川家文書」におさめられている(「小早川家証文」八・一〇)。まずそれを手がかりとして、当時の沼田荘の状況と地頭の取り分を見定めておこう。

建長四年の沼田本荘の検注の目録は、荘全体の耕作田数と年貢米《ねんぐまい》、その領家と地頭への配分の割合などを記している。年貢米総計六八六石七升六合を領家四八三石二升七合、地頭二〇三石四升九合、すなわち約二・四対一の割合で配分する。これ以外に地頭には一二町の給田があたえられ、その所得はすべて地頭のものになることも計算に入れなければならない。こうした地頭小早川《こばやかわ》氏の収入は、地頭の標準ともいうべき新補率法《しんぽりっぽう》とくらべると、給田の割合は約二分の一強にしかならないとしても、年貢米の約四〇パーセントにのぼる得分《とくぶん》をもっており、当時の荘園のなかでは比較的多いほうであろう。

それにさきだつ沼田新荘の検注目録のほうは、仁治二年(一二四一)の分を翌々年二月に注進したもので、新荘を構成する一〇ヵ村ごとに本荘のばあいと同様の内容を記載している。領家の取り分は「御佃《おつくだ》」一町七反半をふくめて合計二二〇石四斗六升六合、地頭のほうは一二六石六斗二升二合、それに給田五町ということになる。

新荘を構成する村々は都宇竹原荘の南に飛地《とびち》となっている吉名《よしな》と高崎浦、賀茂川の上流田《た》万里《まり》、それに目下のところ所在不明の梨村を除いて、いずれも沼田川の上流、山間部に位置している。山間部といっても、谷間のいたるところに盆地状の小平野がひらけ、村々が散在している状態である。本荘とちがって新荘のほうは村ごとに集計され、総計が記されていないのも、こうした状況に対応しているのだろう。年貢高の基準も村ごとにまちまちでそれぞれの個性があらわれている。内海ぞいの高崎浦のような漁村までふくまれており、新荘の構成の多様さがわかる。

以上二つの検注目録の末尾には、それぞれ作成者として領家側の代表である正検使の橘《たちばな》氏、惣地頭の茂平、公文《くもん》の三名が署名の下に花押《かおう》（一種のサイン）を加えている。公文は本荘では恒宗、新荘では中原を名のっており、荘内の有力者であろう。公文の給田は本荘・新荘ともに二町である。

公文とともに三反から五反程度の給田をもらっているのは、白皮造《しらかわづくり》・皮染《かわぞめ》の職人で、甲冑《かっちゅう》などの武具製造に必須の材料であるだけにその地位も高かったものらしい。原料はおそらく鹿などの皮であろうが、新荘内には狩人がいたことは確かで、山々では当時狩猟もさかんに行なわれていたのだろう。武具といえば新荘の内の二つの村では、とくに「宿人田《しゅくにんでん》」として年貢のかからぬかわりに弓をだす田がある。六町八反半に対してだす弓は総計一一六張《はり》、地頭・領家はともに四九張ずつ、預所《あずかりどころ》が一八張をわけまえとしている。これも弓をつくるための専門の職人があったことをしめすのではないだろうか。

沼田荘、とくに新荘は山間部であるだけに、狩猟のほかにも牛馬の放牧、あるいは鷹の巣から雛《ひな》を捕えては鷹狩のために飼育することも行なわれていたことが、文書《もんじょ》から確かめられる。また安芸《あき》国は当時、よい材木の産地として知られていたが、新荘の山々もまた林業がさかんであった。山の雑木を焼いて灰をとり、藍染《あいぞ》めに使用する紺灰《こんばい》とすることもあった。本荘とくらべると田一反当りの年貢高は低めになっているが、こうした農業以外の諸産業が行なわれていたのである。

また本荘内には浦郷、新荘に高崎浦などの漁村もふくまれていた。すでに和田義盛の乱のあった建保年間（一二一三〜一九）ごろ、新荘の住人らが海賊をはたらいたというので、茂平にその取締りの命令がくだされている。漁業・商業、そして海賊もまた沼田荘の産業の一つであった。

分割相続と惣領制

成立期以来の武士団の間では、所領は子孫の間に分割して譲与されるのが一般的な慣習で、嫡子《ちゃくし》にはもっとも多く、以下はすこしずつへらしながらも全員にむらなく譲与するのがふつうであったが、小早川《こばやかわ》氏のばあいにも景平の子供たちの間では、嫡子の茂平《しげひら》が沼田本荘、つぎの弟の季平《すえひら》が沼田《ぬた》新荘、下の弟の景光は相模《さがみ》国成田荘内の飯泉《いいずみ》郷（早河荘に隣接した地域でいまの小田原市内）、さらに下の弟の時景が所在地不明ながら小松という場所をゆずられていた。

　そのつぎの代からあと、小早川氏一族がまたつぎつぎと所領の分割相続を行なっていたことは左の図のとおりであるが、それでは分割をうけた諸子たちはそれぞれ完全に独立した領主として所領支配を行なっていたのだろうか。答は否である。当時、惣領《そうりょう》とよばれた本宗家《ほんそうけ》の嫡子は一族の代表者・首長として、庶子《しょし》と通称された分家たちの上に立ち、かれらは一族としての団結・協同のもとに行動するのがふつうであった。いわば分割相続を原理とし、それを前提としながらも、一方では一族全体の首長としての惣領の指揮権・支配権が庶子たちのうえにおよぼされるという、一種の矛盾した体制が当時の武士団の一般のありかたであり、学者はこれを「惣領制」とよんでいるのである。

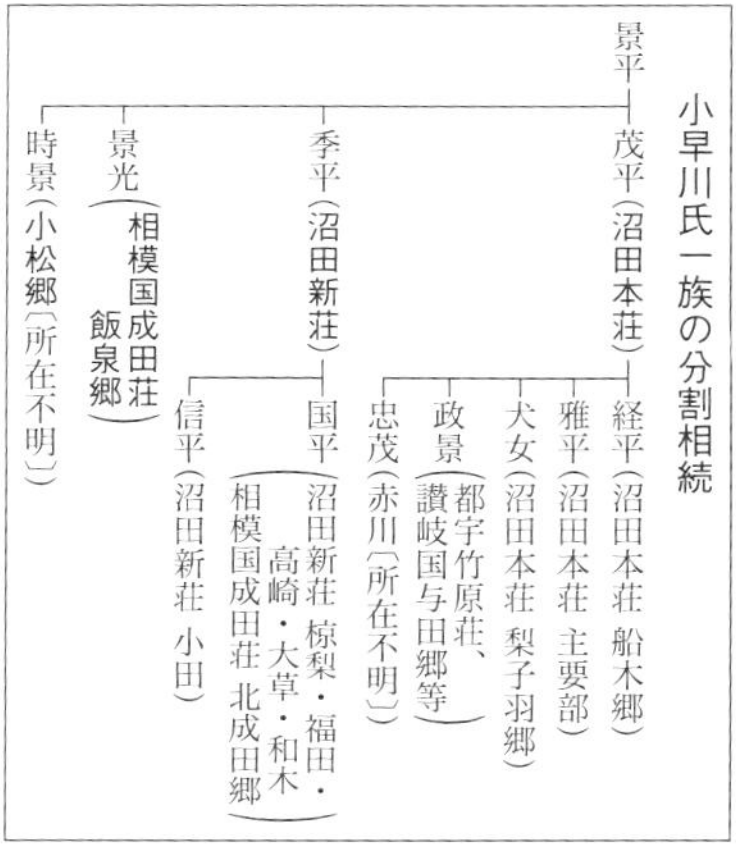

小早川氏一族の分割相続

　小早川氏一族の間での「惣領制」とはどんなものであったか。ちょうど、本宗家の嫡流茂平が惣領だったころ、沼田新荘をあたえられた季平の嫡孫定平が、惣領茂平の行為を不法として幕府に訴え、ついに文永《ぶんえい》三年（一二六六）、幕府の裁定（「小早川家文書」一一五）がくだされる事件がおこった。この訴訟《そしょう》事件の主要な争点と両者の主張、幕府の裁定を追いながら、当時の「惣領制」の実体を考えよう。

一、沼田新荘の惣地頭のこと
定平は訴える――沼田新荘は祖父季平《すえひら》以来地頭の地位を相伝し、幕府から安堵《あんど》の御下文《おんくだしぶみ》も得ているのに、惣領茂平は惣地頭であると主張して定平の所領にみだりに介入してくるのは無道である。
茂平は答える――自分は祖父遠平・父景平時代からの沼田荘の惣地頭・公文・検断《けんだん》の職務を相伝している。定平ら小地頭の得分を妨げることはしないが、小地頭らは惣地頭茂平の命令には従わねばならぬ。
幕府の裁定――茂平も定平もそれぞれ幕府から別々の安堵の御下文を得ている以上、茂平が惣地頭と主張して新荘の支配に介入してはならぬ。

一、関東御公事《みくうじ》の分担の割りあてのこと
幕府の裁定――定平・茂平両者の言い分は多々あるが、遠平の子孫全部が共同して幕府に公事をつとめるさいには、各自の所領の高に応じて茂平が割りあてて勤仕《ごんじ》せよ。各自が別々につとめるさいには茂平は他に介入するな。

一、茂平が沼田荘の惣公文《そうくもん》であるかどうかのこと定平は訴える――沼田新荘の公文たちは、祖父季平・父国平以来支配していたところ、仁治《にんじ》二年（一二四一）に茂平が沼田荘の上司（預所であろうか）に任命されてから、公文たちは茂平に従うようになった。御家人《ごけにん》が同輩の所領の上司に任命されることは御成《ごせい》敗式目《ばいしきもく》に違反する行為であるから定平は幕府に訴え、正嘉《しょうか》二年（一二五八）に茂平も上司の地位を退いた。ところが公文たちは依然として茂平の命令に従っているのは不当である。新荘の諸公文たちは定平の支配下に属することをはっきりさせてほしい。

茂平は答える――新荘の公文たちはもともと季平・国平が支配していたというが、事実ではない。遠平・景平からゆずられて以来、茂平が支配してすでに年久しいことは明らかである。

幕府の裁定――公文たちの申状《もうしじょう》や証拠文書を検討すると、永年にわたって茂平が支配していたことは事実であり、季平・国平が支配したという証拠は見いだせないから、いままでどおり茂平が支配せよ。

一、新荘の検断のこと

定平は訴える――沼田新荘の検断（刑事警察権の行使、それにともなう得分の獲得）については季平・国平二代の間、わが家で実行してきたところ、定平の代になって幼少であるのをよいことに茂平が押領《おうりょう》してしまったのは不当である。

茂平は答える――季平・国平の代に新荘の検断をとり行なってきたというのは事実でない。茂平は遠平からゆずりをうけてのち、ずっと検断のことをとりあつかっている。またそのための代官もすでに四代も任命している。去る建保《けんぽう》年間には、海賊をはたらいた新荘の住人を取締まれとの命令をうけ、それを実行した。また承久の乱のとき、巡検使として安芸の国府に下向した平左衛門入道殿から沼田荘の犯罪者について答弁書をさしだしたこともある。

定平はかさねていう——四人も代官を任命したというが、偽《いつわり》である。新荘の内にある惣地頭の名《みよう》については検断を茂平方に任せてほしいと叔父の小田信平を通じて懇望してきたので、ゆるしてやったことがあるばかりだ。くわしくは信平や新荘の古老たちに証言をもとめてほしい。

茂平はいう——新荘の古老たちは定平が地頭だから、事実を述べるはずがない。証言をもとめられるならば、本荘の住人に聞いてほしい。また信平を通じて懇望した事実はいっさいない。

幕府の裁定——遠平の譲《ゆずりじょう》状には茂平が惣荘の検断の沙汰《さた》をせよと記されているが、幕府の御教書《みぎょうしょ》などには新荘の検断についてはなにも述べていない。茂平が検断を行なったというたしかな証拠もないから、以後茂平は新荘の検断に干渉してはならぬ。

茂平の時代

以上がその概略である。幕府の裁定はだいたいにおいて庶子《しょし》定平側に有利で、惣領茂平は⑴遠平の子孫が一団となって幕府への公事《くうじ》を勤仕《ごんじ》するさいの分担分の決定と割りあて、⑵新荘内の公文《くもん》たちへの支配権を承認されたのみで、新荘の年貢・公事などの徴収に関することや、検断などの刑事警察面については庶子定平にその権利が承認されたわけである。

しかしこの訴訟がはじまった事情や、相論の過程での両者の言い分をみていくとき、すくなくともそれまでの沼田本・新両荘に対する惣領茂平の支配権は、実質上さらに強力なものであったといわなければならない。繁雑になるので省略したが、新荘の内の成富名《なりとみみょう》は茂平が預所《あずかりどころ》から給与された名で、茂平は開発や押領《おうりょう》によって拡大した部分を直営田にくりこんでおり、検断の項でも新荘の内に惣地頭名があったことが明記されている。

茂平はまた新荘内の山野で紺灰を焼き、牧場の垣をつくり、鷹の巣から鷹の子をとり、狩人を支配した。また沼田川河口の開拓のための「塩入堤《しおいりづつみ》」造築の人夫として、新荘内の農民を徴発した。

康元《こうげん》元年（一二五六）ごろ、定平の父国平が新荘の山々から檜《ひのき》の丸太三〇〇〇本を切りだして沼田川を流しくだしたところ、茂平はこれをすべてうばい取ってしまったという。茂平の弁明によれば、沼田荘は蓮華《れんげ》王院《おういん》領であるから、その修理造営のときの用意に檜の切りだしを禁止しているのに、国平は借上人《かしあげにん》と共謀して、新荘・本荘の区別なく伐採するので、こらしめのために一時差し押えておいたところ、洪水で流失したのだという。いずれにせよ、新荘の主要な部分を貫流する沼田川の河口と下流域をおさえている以上、茂平のこのような行為も容易である。

国平が借上人から高利の金を借りて返済にこまったあげく、ついに檜の伐採に手をだしたのか、あるいはむしろ国平のほうが積極的に高利貸と手をくんだのか、よくわからないが、この借上人は沼田川河口の沼田市の住人かその関係者にちがいない。この市場や商人をおさえていることが荘内の庶子《しょし》たちを支配する一つのきめ手になることはまちがいなく、檜の丸太三〇〇〇本の差し押えという強硬手段は、庶子家と商人との直接のむすびつきをたち切ろうとする惣領の意思の表現でもあったろう。

刑事警察権の行使や、それにともなって没収した財産を収入とするなどの検断関係についても、幕府の決定とは逆にむしろ惣領家がそれまで実際にその権利を行使していた、と思われる個所が多い。

仁治《にんじ》四年（一二四三）・建長四年（一二五二）の沼田新・本両荘の検注帳の末尾には、ともに惣地頭として茂平が署名し、花押《かおう》を加えている。これはちょうど茂平が荘の上司（預所か）に在任中のことではあるが、惣領が同時に両荘の検注に関する一半の責任を負っていたことを明らかにしめしている。

都鳥を飼う武士

鎌倉時代中期にできた『古今著聞集《ここんちょもんじゅう》』全二〇巻は、貴族社会での話題を中心に武士や庶民の世界を対象に加えた説話集であるが、なかにつぎのような話（巻一五、五〇五）がある。

ある年の元日、鎌倉の将軍の御所には年賀のためにおおぜいの御家人《ごけにん》の武士たちがつめかけていた。そのとき、侍の間の最上席に座を占めていた相模《さがみ》国の豪族三浦義村のさらに上席にと、人波をかきわけてきた一人の武士が着席した。みればまだ年も若い下総《しもうさ》の豪族千《ち》葉介胤綱《ばのすけたねつな》であった。むっとした義村が、「下総の犬めは寝場所を知らぬな」とつぶやくと、胤綱は即座にきりかえした、「三浦の犬は友を食うぞ」と。

かつての和田義盛一党の反乱のさい、同じ三浦一族の長《おさ》で義盛の従兄弟《いとこ》にあたる義村ははじめこれに賛成し、神にささげる起請文《きしょうもん》まで書いておきながら、途中から寝返って北条義時側に通じ、義盛一党の滅亡に力を貸したのであるが、この挿話《エピソード》は義村の行動を批判して痛快をきわめ、鎌倉武士社会での反応の一端をよくしめしていると思う。

このほか『古今著聞集』には鎌倉武士の生活の一面をのぞかせてくれる興味ぶかい物語がいくつもおさめられているのだが、その末尾には「ある殿上人《てんじょうびと》が右近衛府《うこんえふ》の府生《ふしょう》秦頼方の献上した都鳥を橘成季《たちばなのなりすえ》に預けられた事」という一節（巻二〇、七二二）がふくまれている。この橘成季こそ『古今著聞集』の編者その人で、都鳥をある殿上人から預けられた成季がどのようにして飼育したらよいのかわからず、動物を飼う名人の小早川美作《こばやかわみまさか》入道茂平に預けて飼っておいてもらったところ、建長六年（一二五四）一二月、前太政大臣西園寺実氏《さねうじ》（公経《きんつね》の長男）の邸宅に後深草《ごふかくさ》天皇の行幸があったとき、実氏はこの都鳥を召しだして天皇の御覧《ぎょらん》にいれ、いろいろと和歌の贈答が行なわれたという内容である。

橘成季はこのころ従五位下程度の下級の官人で、はじめは京都政界の雄九条道家《くじょうみちいえ》につかえてその近習《きんじゅ》となっていたが、この都鳥の一件のときには西園寺家に親しく奉仕していたようである。かれは九条道家が幕府との関係が悪化して失脚し、悲惨な最期をとげたあと、道家の舅《しゅうと》として朝廷にならぶもののない勢威をふるっていた西園寺公経に近づき、その家の奉仕者となったのではないだろうか。

私はこの話にみえる小早川美作入道茂平こそ、じつは沼田《ぬた》荘地頭の茂平その人ではないかと考えている。九条家から西園寺家へと時の有力貴族に奉仕する下級官人成季と、「塩入荒野《しおいりこうや》」の開発につとめ、地頭直轄地の拡大に努力している沼田荘地頭茂平とのむすびつきは、たいへんとっぴなものにみえるかもしれない。しかし、二人の間にはたしかに、みえない糸がつながっているのである。沼田荘の領家は当時、西園寺家であり、さきに茂平に「塩入荒野」の開発と新田の支配をゆるしたのも西園寺公経であった。

一方、小早川茂平は幕府の命令によって京都に常駐し、市内の警戒や六波羅探題《ろくはらたんだい》の警備などを任務とする「在京奉公人」に指定されていた。京都市中の四八ヵ所の要所要所に警備の施設をもうけ、夜中大きな篝火《かがりび》をたいて警戒にあたるのがその任務で、主として畿内や西国地方の有力な地頭御家人《ごけにん》が指名され、京都大番役《おおばんやく》を免除されるかわりに一族の武士をひきいてこの役にあたったのである。そうすると茂平は原則的には京都に常駐していたことになり、沼田荘の領家西園寺氏の家にもつねに出入りしていた可能性は高くなる。事実、茂平の子の政景は、以前から西園寺公経に「参候《さんこう》」する身であったと当時の文書に明記されているから、茂平自身も西園寺家と密接な関係にあったことは確かである。

さきに紹介した仁治四年（一二四三）・建長四年（一二五二）の沼田新・本両荘の検注目録の奥に作成者として、地頭前美作守《みまさかのかみ》茂平や公文《くもん》とともに名前をつらねている正検使の刑部《ぎょうぶ》大輔《たいふ》橘朝臣や前若狭守《わかさのかみ》橘朝臣の二人は、たぶん荘の預所《あずかりどころ》であり、成季の一族か、あるいは成季自身であったかもしれない。ともかく西園寺家に親しくつかえる身分として橘氏一族があり、この沼田荘の預所や検注使をつとめていたことは確かである。

京の土倉の買い手

これだけ材料をならべてくれれば、橘成季《たちばなのなりすえ》から都鳥の飼育をたのまれた小早川美作入道茂《こばやかわみまさか》平が、沼田《ぬた》荘地頭の茂平であることにまずまちがいはあるまい。じつは『古今著聞集《ここんちょもんじゅう》』の写本では、その名前を「小田河美作入道茂平」としているのだが、この「小田河」は「小早河」の写し誤りにちがいない、と私は考えている。成季は種々のルートから採集した説話群を『古今著聞集』に加えているが、なかにはこの小早川茂平から聞き伝えたものもはいっているだろう。さきに紹介した「友を食う三浦犬」の話を読むたびに、私はいつも和田義盛の反乱で伯父惟平《これひら》や従兄弟《いとこ》たち、そして一族の何人もを殺された茂平の姿が、千葉介胤綱《たねつな》のするどい三浦義村批判の背後にみえがくれするように思われてならない。

そしてまた茂平が飼うのをたのまれた都鳥は、当時の沼田川河口一帯の「塩入荒野《しおいりこうや》」にも多く住みついていたのだろうか、動物飼育の名人だというから、茂平は沼田荘内でも狩に精をだしたにちがいない、新荘の山の鷹の巣から取りたてた鷹で鷹狩も得意だったかもしれないなあ、と想像にふけるのである。

茂平が沼田荘地頭でありながら、「在京奉公人」として京都に常駐していたことは重要である。必要のあるときには沼田荘に下向していたであろうが、小早川氏の活動の本拠は京都にもおかれていたのである。京都での屋敷の位置ははっきりしていないが、室町時代には七条大宮や八条大宮、針小路《はりのこうじ》大宮など、当時の京都市街下京《しもぎょう》の西南の隅に、篝火《かがりび》をたく場所などとして土地を所有していることがわかる。

また、以前祇園社に保存されていた文書《もんじょ》のなかの一つ（『鎌倉遺文』一四二四〇）には、小早川氏一族の夫人が京都下京に屋敷と土倉《どそう》を購入したことが記されている。その場所は綾《あやの》小路通《こうじどおり》と東洞院 通《ひがしとういんどおり》の直交する付近、東洞院通の東で綾小路通の南側、土地は間口が東西三丈（約九メートル）、奥行きが南北一七丈四尺八寸（約五三メートル）という京都特有の細長い形で、なかに柱間《はしらま》五つ、面二つの家が二軒、柱間三つの土倉が一つ、土門つきの桟敷屋《さじきや》（柱間三つ）一つが建っていた。

この付近には室町前期ごろまでに酒屋・油屋・大工・医師などの存在が知られる、下京の商工業地帯の一角である。弘安四年（一二八一）、小早川左衛門三郎殿女房は代価一四六貫《かん》文《もん》（うち七〇貫文は土地代、七六貫文は家と土倉代）でこれを買いうけ、三年後、彼女は安《あ》芸《き》国に在国中であるが火急の必要が生じたとして、祖母の如阿《にょあ》弥陀《みだ》仏《ぶつ》の名義で、武佐《むさ》左衛門入道に一五〇貫文で売りはらっているのである。

この左衛門三郎とは沼田荘の小早川一族の一人にちがいないが、実名ははっきりしない。

しかし名前のとなえかたからみて明らかに分家筋で、しかも当時まだ任官していない人物である。その夫人が京都下京の一角に土倉を買いとっているのであり、これからみればいまに伝わる文書の表面にあらわれないとはいえ、茂平以下の嫡流家が京にかなりの屋敷地や土倉までもっていた可能性は高いのである。

沼田荘を歩いて

高山城と小早川氏の居館

沼田《ぬた》荘に根をおろした小早川《こばやかわ》氏の本拠となった居館は、いったい荘内のどこにおかれていたのだろうか。三原から本郷町の中心部へと近づくにつれて、人はその後方、沼田川をはさんで相対峙《あいたいじ》し合うけわしい山容の二つの山に目をひかれるにちがいない。これが小早川氏の山城高山《たかやま》城のあった山である。駅の裏手、川の左岸にそびえる高さ一九〇メートルほどの山を高山、あるいは古高山という。おそくとも南北朝期以来の本城である。沼田川の対岸にそそり立つ、標高もほぼ同程度の急峻《きゅうしゅん》な山が新高山《にいたかやま》で、戦国時代に小早川隆景《たかかげ》が本城としてきずいたのがこちらだそうである。

山間部を流れてきた沼田川が平野に出、そろそろ海にそそごうとするのど、もとのような位置に、この二つの山がならび立っているのはまことに偉観であり、そこに小早川氏の居城がかまえられたのは地理的にもじつに妙を得ていると思う。山頂からは沼田荘内のほとんどを視野のうちにおさめ、はるかに海にはいろうとする川の流れを遠望することもできる。幹線道路である山陽道は城の下を通過し、すぐ真下で沼田川を渡河する。そこを大渡《おおわたり》とよんでいるが、かつての渡渉地点としてはなんといっても一番である。このように二つの高山城はまさに沼田荘の扇《おうぎ》の要《かなめ》の位置を占めているのである。

室町後期の所伝では、高山城の築城者は小早川茂平であるという。あるいはそうであったかもしれないが、平生の居館はこんな山上にあったとは考えられない。高山城の下流約二キロ、沼田川のすぐ北岸ぞいに三太刀《みたち》山とよばれる標高三五メートルほどの小さな岡がある。かつて土肥《とひ》実平《さねひら》が夢に三本の太刀の降ってくるのをみて、こう名づけたといい、また実平の居城の跡とも伝える。三太刀山とはあて字で、御館《みたち》すなわち領主の敬称であろうから、小早川氏の館の跡と考えられる。

またその北方五〇〇メートルほどの地点、小さな高みのある付近に「堀カ内」という小字《こあざ》のあるのも、かつての武士の館の一つであろう。しかしこの辺は小早川氏の本拠としていささか沼田川に近すぎる感もある。高山城の南麓、南むきのゆるやかな岡がつらなる部分のどこか、平地との接触面あたりに茂平以下の本館がおかれていたのではないだろうか。いざというときの山城と、そのふもとにある平常の居館というセットは、常識的にもっとも考えやすい組み合わせといえよう。

ところで小早川氏以前の沼田荘の下司《げし》沼田氏の根拠地は、高山城とは川をへだてた対岸梨《な》子羽《しわ》郷の高木山付近であった。この付近一帯は、一〇〇メートル程度のゆるやかな小丘陵のひろがる間を沼田川の小支流が流れ、何本にも枝わかれしていく樹木のような浅い谷をつくっている。ふつう谷《やと》とか迫《さこ》とよばれる地形で、そこが水田化され、谷田《やとだ》・迫田《さこだ》などとよばれる景観をかたちづくっている。沼田氏の氏寺《うじでら》の楽音寺《がくおん》がちょうど一つの谷の主要部分を占めていることからわかるように、沼田氏時代の沼田荘の主要な耕地は、このような谷田・迫田だったのではないか。沼田氏没落のあとをうけて地頭としてはいってきた小早川氏が、下司のかつてもっていた権利をそのまま継承しながらも、根拠地を別の場所にもとめているのはなぜだろうか。

谷田から平坦地へ

このようにいうとき、私は薩摩国の島津荘入来院《いりきいん》のばあいを思いだしているのである。薩摩の国府だった、いまの川内《せんだい》市（現薩摩川内市）の東方十余キロ、川内《せんだい》川の支流がこの地方でシラスとよぶ火山灰台地を開削《かいさく》してつくりあげた山間部の小さな平地である入来院は、一九ページにとりあげた相模の豪族渋谷重国の子孫が地頭として移住して以来、ながく入来院氏と名のって支配をつづけ、近世の島津氏のもとでもこの地を知行《ちぎょう》地としてあたえられつづけたという、まことにめずらしい地域である。この入来院家に伝わる多くの中世古文書を編集し、充実した解説と研究を加えた『ドキュメンツ・オブ・イリキ』と題する一書が、アメリカのエール大学の朝河貫一によって、かの地で出版されて以来、入来院と入来文書の名は、ひろく海外にも知られるようになったのである。

以前、私は永原慶二氏以下のおともをして、この世界的に有名な中世荘園のあとを訪れたことがあった。私にとって最初の調査だっただけに、いまでも印象ぶかく思いだされることが多いのだが、その一つは鎌倉時代になってから移住してきた地頭渋谷氏の本拠地と、以前からの在地の豪族層との根拠地には、立地条件の差があるのではないかということであった。平安末期以来入来院の地を支配したのは国衙《こくが》の在庁官人として有力な伴《とも》氏の一族であったが、地頭が設置されてからはその圧迫をうけて勢力も弱体化していった。ただ一族は院内の塔之原《とうのはら》村の名主寄田《よった》氏としてのこって地頭と相論をつづけ、敗訴して名主職《みようしゆしき》をうばわれたのちにも、本拠地である楡木田《にれきだ》のうち二町を支配していた。

現在のこの地域の水田は川内川の支流である入来川や市比野《いちびの》川ぞいの比較的ひろい平地につくられた一面の美田と、これらの川に流入する多くの小さな流れがシラス台地にくいこんでつくった谷田《やとだ》・迫田《さこだ》の二つに大別される。調査の結果、永原氏は上流からの長距離の用水によって灌漑されている前者の美田の大部分は、江戸初期以降の新田で、中世の耕地を考えるときには除外しなければならないとされ、後者の谷田・迫田こそが中世の主要な水田で、農民の家はそうした谷・迫ごとに孤立して散在するか、あるいは二、三戸が集合する小村となっていることを明らかにされた（「参考文献」参照）。

ところでいまの塔之原の近く、市比野川の中流に、仁《ね》（禰）礼北《れきた》がある。これが中世の楡木田であろうが、私たちは調査のさい、その一部にヨッタという小字《こあざ》のあることを教えられた。そこはちょうど東側から西にむけて舌のような形の浅い谷がはいりこんでおり、谷の一番奥には湧水をためておく池があった。谷は一面の水田になっており、その面積は二町はあろう。これこそ平安以来の入来院の領主寄田氏の本拠であって、いわばかれの門田《かどた》にあたる最後のとりでだったと思われる。

これに対して塔之原村を分割譲与された渋谷氏の一族の屋敷や直営田は、入来川と市比野川の合流点付近、樋脇《ひわき》町（現薩摩川内市）の中心街や以前宮之城《みやのじょう》線の駅のあった一帯の平坦でひらけた地域に存在したことが明らかであって、平安以来の在地領主と鎌倉の地頭との間には、館《たち》をおく場所の立地条件がたしかに異なっているようである。いわば谷田から平坦地へ、ということができようか。

梨子羽郷の調査

もとの沼田《ぬた》荘の内でも沼田川をへだてて本郷町の中心部の対岸に位置する梨子羽《なしわ》郷は重要な地域だと思う。開発《かいほつ》領主沼田氏の根拠地である高木山城も、その氏寺の楽音寺《がくおんじ》もこの郷内にあった。地頭給田一二町という鎌倉中期の規定は、もとの下司《げし》沼田氏のそれを継承したものと考えられるが、そのうち八町余は梨子羽郷内に存在しており、この郷が下司沼田氏のおひざもとであったことを如実にしめしている。

梨子羽郷、なかでも南半分にあたるもとの南方《みなみがた》村一帯は、典型的な谷田地帯である。しかもそこには中世にさかのぼることの確実な地名が数多くのこっている。昭和四六年五月はじめ、私ははじめて沼田荘の現地を訪れた。坂本賞三氏と岸田裕之氏に御同行いただき、本郷町教育委員会の中山氏や現地の郷土史研究家稲葉桂氏のご案内で、楽音寺など荘内を見学し、あと何日かは一人で荘内を歩きまわった。

私にとって、いまも消しがたいほど強い印象をうけた調査である。とくに沼田荘域をつらぬく国道二号線の自動車の往来のはげしさと、沿道にならぶモーテル、焼肉センター等々、また二号線ぞいに埋め立てられ、耕作を放棄された水田、進出している工場、けずりとられた山肌のあらあらしい露出。そしてそこを一歩はなれれば新緑の雑木山《ぞうき》のつらなりと、そのなかにくいこんでいく谷田の数々、ひばりや種々の野鳥のさえずりがあり、谷の奥には楽音寺などいくつもの古寺が、ひっそりとしたたたずまいをみせていた。

私はその後もその翌年、翌々年とそれぞれ何日かずつ沼田荘付近を訪れ、多少ずつの調査をこころみているが、そのたびにいつも多くのことを教えられ、自分がまだ研究不足であることを思い知らされるばかりである。

以下、これまでの調査によりながら、この地域の中世の領主や農民、村落や耕地のありかたについて、ある程度の見とおしを述べてみたい。それは中世武士団とその支配下の農村についてのかなり興味ある実例であり、また古文書の記載と、いまにのこるさまざまな過去の痕跡とをまだ多少ともつき合わせることのできる、比較的珍しいばあいのように思われるからである。

地頭の門田と泉

まずこうした調査のさいの定石にしたがって、小字《こあざ》などの地名からみてゆく。町役場で小字図をひらくと、たとえば重勝・宗成・光清・末守・宗貞・吉国・光貞等々のように、一見して昔の人名に近い名前がならんでいることがわかる。こうした地名は多くのばあい、中世の荘園や国衙《こくが》領の基本単位となっていた名《みよう》の名ごりである。中世の名ごりをとどめているのは小字だけではない、一種の通称としていまも用いられている小地域や谷などの名、あるいは一軒ごとの家の家号・家名、さらには家の名字《みようじ》自体のなかになお多くが生きのこっているのである。

私はこうした地名などをまず稲葉氏に教えられ、あとはほうぼうを歩きまわって、いろいろな方に教えをうけた。その結果はほぼ次ページの図のようになり、まずかなりの程度までは中世につながる地名類をあつめることができたと思う。深くくいこんでいく谷田《やとだ》のなかでもとくに中流の付近に、中世につながる地名類が分布していることがよみとれるであろう。

なかでも地頭の「門田《かどた》」が楽音寺《がくおんじ》のある谷と、その奥の羽迫《はざこ》（羽坂）の谷や迫に集中していることがわかる。旧沼田《ぬた》荘一帯にはいまでも溜池《ためいけ》が多く、小さな谷の奥にはほとんどといってよいほど堤がきずかれ、小さな溜池が点在している。瀬戸内ぞいのこの付近はひじょうに雨の少ない地方なのである。そのなかで羽迫の谷には、梨子羽《なしわ》郷では数少ない、よい泉がわきだし、いまの小字《こあざ》を清水とよんでいる。村落の所在地としてもっとも好適で、耕地としても条件のよい所が、門田にえらばれているのである。すでにみてきた常陸《ひたち》の真壁《まかべ》長岡氏の直営田が、一等地であったことも思いおこされる。また門田の内部には紙すき・番匠《ばんじょう》・大工

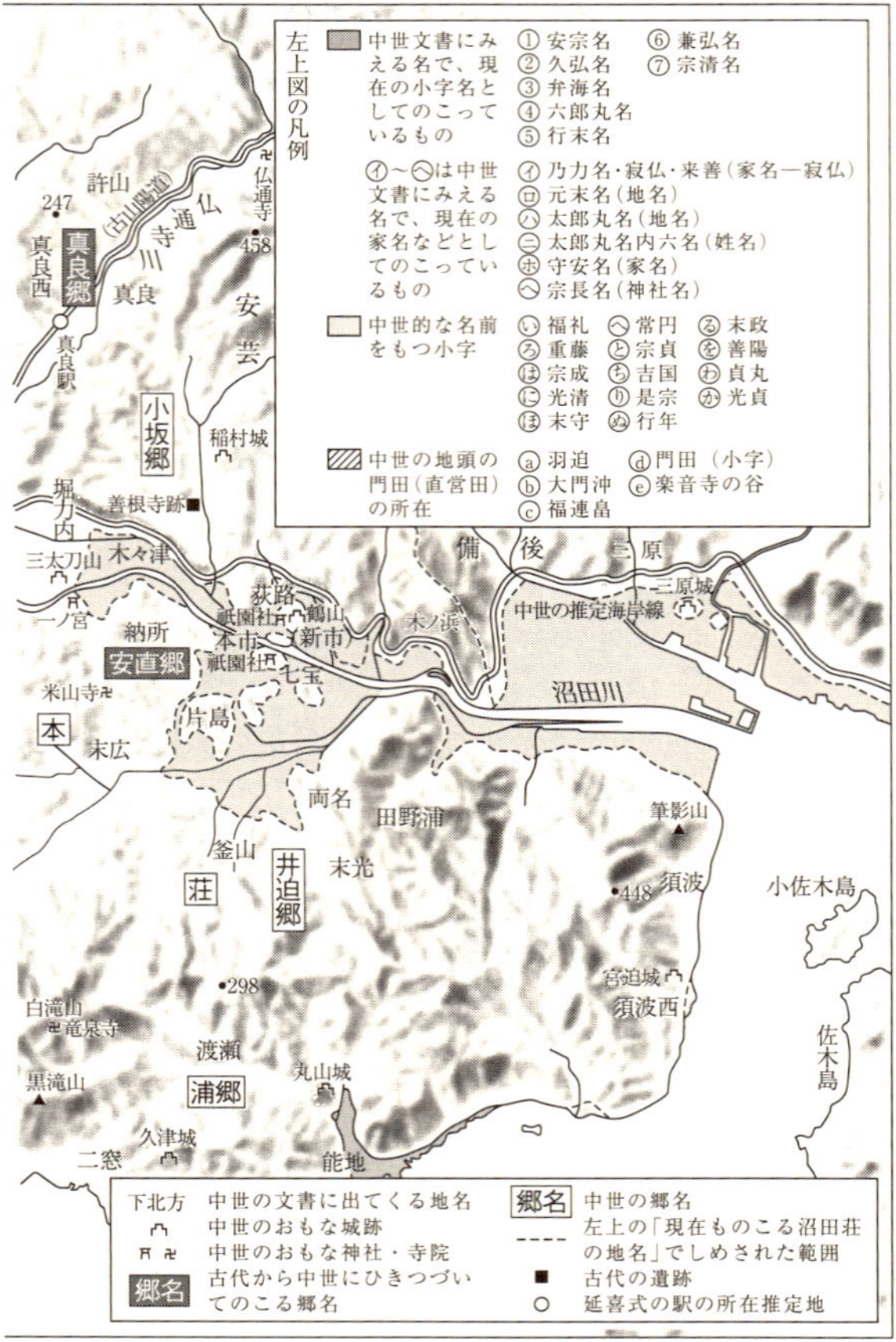

左上図の凡例
中世文書にみえる名で、現在の小字名としてのこっているもの
① 安宗名
② 久弘名
③ 弁海名
④ 六郎丸名
⑤ 行末名
⑥ 兼弘名
⑦ 宗清名
㋑～㋬は中世文書にみえる名で、現在の家名などとしてのこっているもの
㋑ 乃力名・寂仏・来善（家名―寂仏）
㋺ 元末名（地名）
㋩ 太郎丸名（地名）
㋥ 太郎丸名内六名（姓名）
㋭ 守安名（家名）
㋬ 宗長名（神社名）
中世的な名前をもつ小字
㋑ 福礼
㋺ 重藤
㋩ 宗成
㋥ 光清
㋭ 末守
㋬ 常円
㋣ 宗貞
㋠ 吉国
㋷ 是宗
㋦ 行年
㋸ 末政
㋾ 善陽
㋻ 貞丸
㋕ 光貞
中世の地頭の門田（直営田）の所在
ⓐ 羽迫
ⓑ 大門沖
ⓒ 福連畠
ⓓ 門田（小字）
ⓔ 楽音寺の谷
許山
247
(古山陽道)
仏通寺川
仏通寺
458
真良西
真良郷
真良
真良駅
安芸
小坂郷
稲村城
堀力内
善根寺跡
三太刀山
木々津
一ノ宮
荻路
祇園社
鶴山
本市
(新市)
木ノ浜
備後
三原
三原城
中世の推定海岸線
納所
安直郷
祇園社
七宝
米山寺
片島
沼田川
本
末広
両名
田野浦
筆影山
釜山
井迫郷
末光
荘
448
須波
小佐木島
298
宮迫城
須波西
白滝山
竜泉寺
渡瀬
佐木島
黒滝山
丸山城
浦郷
久津城
二窓
能地
下北方 中世の文書に出てくる地名
中世のおもな城跡
中世のおもな神社・寺院
郷名 古代から中世にひきつづいてのこる郷名
郷名 中世の郷名
左上の「現在ものこる沼田荘の地名」でしめされた範囲
古代の遺跡
延喜式の駅の所在推定地

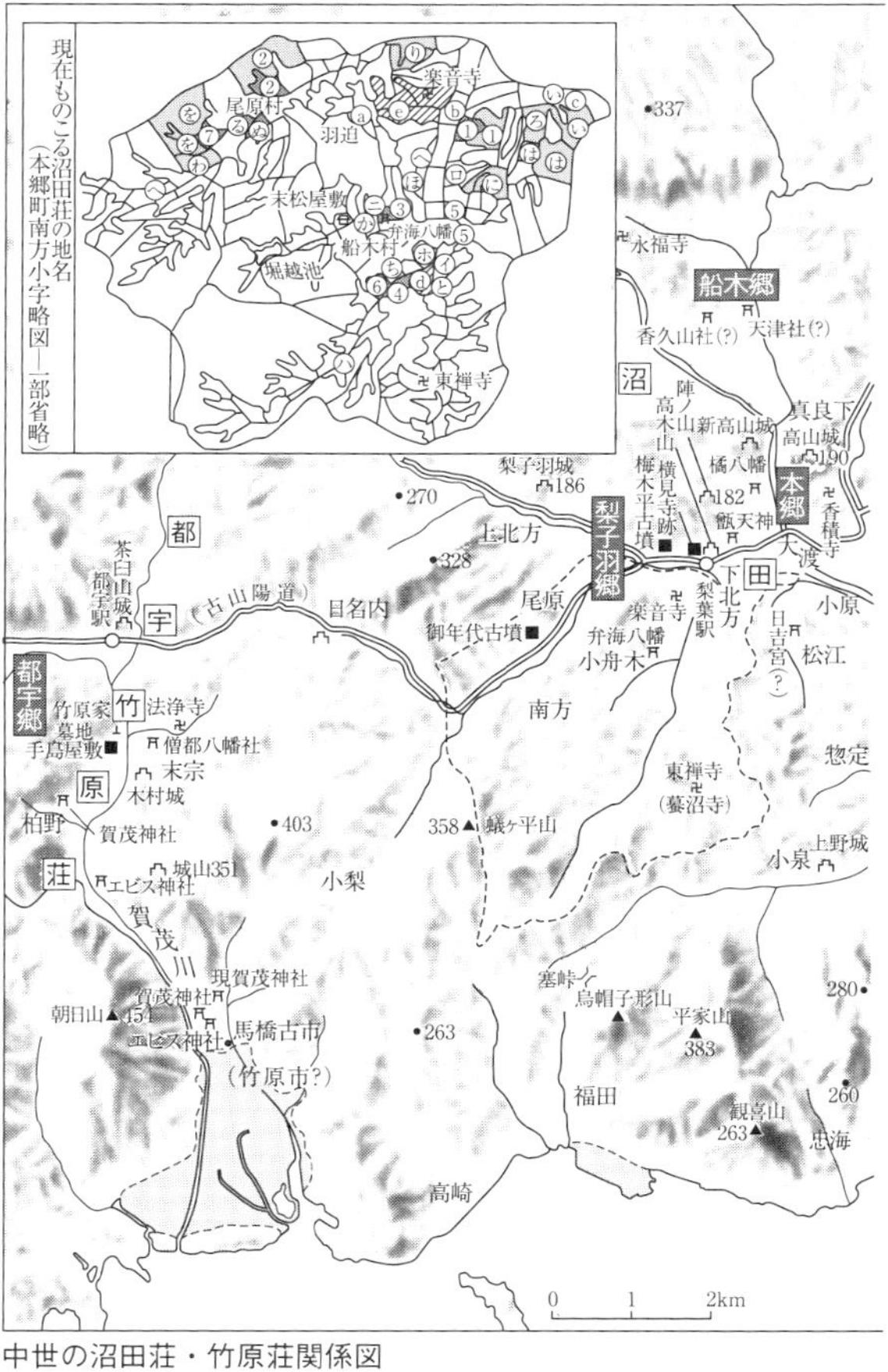

中世の沼田荘・竹原荘関係図

などの職人にあたえられた部分もふくまれていた。これら職人衆が地頭に直属していたこと、逆にいえば地頭のイエの経済が職人衆を組織したかたちで運営されていたことが、これでわかるのである。

梨子羽郷地頭の屋敷がどこにあったか、ちょっと見当がつかないのは残念である。また門田の規模もほんらい八町余あったというから、復原できたのはまだほんの一部分で、それ以外にもむろんかなりの量が存在したはずである。門田はほんらい年貢免除の直営田が原則であるが、高率の地代で小作させているばあいもあり、また職人衆にあたえられていることもある。領主の直轄地といえばよいのかもしれない。

地頭小早川《こばやかわ》氏は門田の拡張に努力し、あるいは門田の新開、追加と称し、あるいは罪科のある名主《みようしゆ》の所有地を没収したりして年貢免除地の拡大をつづけ、弘安《こうあん》一一年（一二八八）にはそれぞれがあわせて一四町あまり、従来の門田と合計すれば二二町あまりに達した。これは領家側から押領《おうりよう》として訴えられ、六波羅《ろくはら》での判決は地頭の敗訴に帰しているが、それにしても門田をかつての三倍近くまでに増大させているところに、地頭の荘園支配の強化がまざまざとしめされている。

「名」の実態

つぎに「門田」以外の一般の名《みよう》について観察しよう。下北方の小字《こあざ》に「宗広窪」というのがあるが、小さな谷《やと》や迫《さこ》・窪《くぼ》などが背後の山林をふくめて名《みよう》のような小字となっている例がいくつかみとめられる。まさに永原慶二氏が入来院《いりきいん》などのばあいから一般化された中世村落の主要なタイプの、小さな谷《やと》・迫《さこ》ごとに山林や水源をふくめて耕地が集中し、村落としては散居制《さんきょ》か小村となる、というものにそっくりである。

こうした名のなかで関係古文書がもっとも豊富で、また種々の中世的痕跡をのこしている好例として、南方の弁海《べんかい》名をとりあげよう。楽音寺の谷《やと》の南に、小舟木の谷が西側からはいってくる。この谷は、はいってすぐにまた二つにわかれるが、ちょうどその分岐点の正面、谷の間に小高い岡がせりだしている。そのとっさきにこんもりとしげった森があり、下の石の鳥居からまっすぐに石段がのぼってゆくのが望まれるだろう。これが弁海神社である。

境内はきれいに掃除され、夏には急な石段の下に谷のうち一面にひろがる青田の緑がすがすがしい。この神社はかつて弁海八幡宮とよばれていた。今川了俊《りょうしゅん》は高木山の南方に男山《おとこやま》八幡宮がまつられている、と記しているが、方角からいってもまさしくこの弁海八幡宮にちがいない。おそくとも南北朝時代から、清和源氏の氏神、式の神とされる石清水《いわしみず》八幡宮がこの地に勧請《かんじょう》されていたわけである。

いま、弁海神社をとりまく周辺の小字《こあざ》を弁海とよんでいるが、では中世の弁海名は現在の小字弁海と同一地域であろうか。中世の名の名《みょう》ごりを伝える小字がのこっていたとしても、現在の小字がそのまま中世の名の耕地そのものとはいえないだろう。さいわい弁海名については鎌倉後期から室町時代にかけて、二〇通近い中世古文書やその写しが、楽音《がくおん》寺・東禅《とうぜん》寺や稲葉氏の所蔵文書として伝わっている。沼田荘の名としてはもっとも史料にめぐまれた例といえよう。

一四世紀の前半から南北朝はじめまでの九通の文書は、弁海名の名主への任命書や、地位をめぐる争いなどを記したもので、右衛門尉《うえもんのじょう》源信継以後、源信賢《のぶかた》・源信成・源孫鶴丸という順に、源氏で「信」の一字をもつ一族が代々弁海名主だったことをしめしている。

右衛門尉といえば幕府の御家人《ごけにん》のうちでも相当の地位である。小早川氏一族のなかで庶子家はほぼ衛門尉どまり、惣領家でもこのくらいの官しかもたないばあいがあるのだから、弁海名主の勢力がかなりのものだったことはまちがいない。源氏の氏神の石清水八幡宮を勧請して弁海八幡宮にまつっていることは、この名主一族の濃厚な武士的性格を感じさせるのである。

東禅寺の仏像と名主

弁海《べんかい》神社からさらに二キロほど南に進み、南方の一番奥になるのが蟇沼《ひきぬ》である。周囲を標高一〇〇メートルほどの岡にかこまれた静かな山あいの村の谷のなかにひっそりと建っているのが東禅寺《とうぜん》である。また蟇沼寺ともいう。秘仏である本尊は十一面観音で、かつて行基《ぎょうき》が山中のハギの大木をそのまま観音像にきざみだした立木仏であるため、火事のおりに運びだすことができず、黒こげになっているという。しかしとくに拝観した人によると、高さ約七尺（二メートル強）で一木づくり、胴は細く腰の張りだした優作で藤原初期の作かといわれているそうだ。かつて山中に修行した信仰あつい僧の一人がつくりあげた霊像であろう。東京近くでは鎌倉の谷の奥ふかくにある杉本寺の本尊が三体の十一面観音で、なかでも行基作と伝える一体はいかにも簡素で素朴な味わいをたたえた御仏だったことを思いだす。東禅寺もまたその創建はかなり古くまでさかのぼるのであろう。

東禅寺の本堂、本尊の両脇にはみごとな四天王像が立っている。高さ一七〇センチあまり、玉眼入り、寄木《よせぎ》づくりの堂々たる作で広島県重要文化財に指定されているが、戦後になってその一つの多聞天《たもんてん》の首のほぞや、玉眼をおさえていた木などからいくつかの銘文が発見された。それによると鎌倉最末期の元徳《げんとく》二年（一三三〇）六月一七日、源信成が阿弥陀仏のため、往生極楽《おうじょうごくらく》のためにこの多聞天を造立《ぞうりゅう》したと明記されている。

この源信成こそは、さきの弁海名主源信成にちがいあるまい。四天王の他の三体については銘文などが確認されていないので、全部を信成一人で造立したのか、いなかは不明である。しかしかりに多聞天一体だけでも、これを造立する資力はたいへんなものであり、弁海名主一族の勢力の大きさをうかがう材料になる。

ところで弁海名主を任命していたのは、沼田《ぬた》荘の領家西園寺《さいおんじ》家に奉仕していた預所《あずかりどころ》の橘《たちばな》氏一族であって、地頭小早川《こばやかわ》氏または北条氏一族ではなかった。建武《けんむ》元年（一三三四）になって、源信成が羽迫《はざこ》にある地頭門田の百姓職《ひやくしようしき》をあたえられている（「稲葉桂氏所蔵文書」六〔『広島県史』古代中世資料編四〕）ほか、弁海名主と地頭との関係は直接表面にあらわれてこないのである。私は思う、古くからひらかれていた梨子羽《なしわ》郷の谷田《やとだ》地帯には入来院《いりきいん》のばあいと同じように以前からの名主たちががんばっており、地頭勢力に対抗していたのではないか、東禅寺はかれらの信仰の中心でもあって、もしもあの四天王が弁海名主源信成と同程度の人々何人かの共同の造立になるものと仮定するならば、それはまたかれら名主たちの共同組織の結節点でもあったのではないだろうか、と。

東禅寺に対する地頭の支配は楽音寺ほどには徹底していないようで、南北朝にはいってからも荘の預所が寺への寄進を行なっている。東禅寺や他の荘園管理機構を通じて谷田地帯の名主は、中央の領家・預所ともむすばれていたのではないだろうか。

名主の譲状

暦応《りやくおう》三年（一三四〇）の任命書（「稲葉桂氏所蔵文書」九）を最後として弁海《べんかい》名主源氏一族の名は消え去り、預所《あずかりどころ》による名主の任命書もみえなくなる。その二〇年後、かわってあらわれるのが賢阿という人物の譲状《ゆずりじよう》（「東禅寺文書」一二・「蓋沼寺文書」一三〈『広島県史』古代中世資料編四〉）で、田・畠・林・屋敷に下人《げにん》一人、雑具までの詳細な目録がついており、当時の弁海名主のありかたをよくしめしている。この人が源氏一族かどうか、法名だけではよくわからない。

さらに三〇年あまりのちの明徳《めいとく》四年（一三九三）、弁海名内の一部分だけをゆずっているのは和気掃部《わけかもん》入道という人物（「弁海神社文書」一〈『広島県史』古代中世資料編四〉）で、源氏一族ではない。また譲与の対象も弁海名全体の六分の一程度にすぎない。南北朝の動乱の過程で弁海名主源氏一族は没落し、名もいくつかの部分に分解してしまったのだろう。それはだいたい、領主小早川《こばやかわ》氏が沼田荘一帯を実力で制圧した時期であり、のちに述べるように鎌倉的、惣領《そうりょう》制的武士団から、室町的な武士団へと転化していった時期とも見合っていることに注意しておきたい。

弁海名の面積は室町時代の史料（「東禅寺文書」一三以下）によれば、田二町三反強、畠二反半以上と一ヵ所、林六ヵ所、屋敷二ヵ所以上であり、田二反が山をこえた隣村の尾原村にあるほかは、全部船木《ふなき》村（いまの小舟木）にあった。その所在地のうち現在地に比定できる田地は図示（次ページ参照）したようにほぼ半分くらいであるが、それはみな弁海神社の下で合流する二つの谷のうちにあり、これが中世の船木村だったことをしめしている。ちょうど二つの谷の合流する付近、神社の下あたりがやはり比較的多く、一町弱ほどの田地の集中しているところである。そこには神社と、おそらくは名主の本屋敷もおかれていたにちがいない。といってもそれがすぐに現在の小字弁海と一致するわけではなく、さらに谷のかなり奥にも弁海名の田・畠・林が散在していたことがわかる。中世の名ごりを伝える小字や区画があれば、それをすぐに中世の名の耕地そのものだとみることはやはり少々飛躍していたのであった。

さきにこの地帯一帯は雨の少ない地域だと述べた。乾燥地をしめすコウゲという小字もみられるように、このあたり、とくに谷の奥のほうには湧水が少なく、天水にたよる田が多い。一方、梨子羽《なしわ》郷内でも沼田《ぬた》川に近い下流の平坦部にはかなりの湿田がひろがっている。ザブ田とよばれている湿田は、時には谷のかなり奥までのびてきていて、ちょうど弁海の中

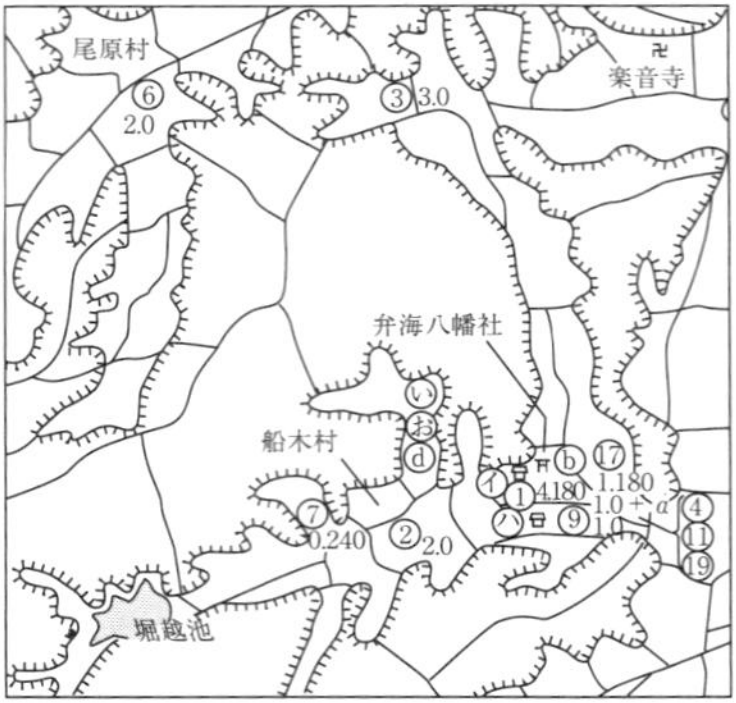

心部、神社の下ぐらいは相当のザブ田だったそうである。

いま小舟木の谷は、南の谷の奥の堀越池という溜池からの用水によってほとんどの水田を灌漑している。この池の堤の石碑によって、それがきずかれたのは江戸中期の宝永《ほうえい》年間（一七〇四〜一一）と判明するので、中世の弁海名を考えるには堀越池をのぞいて考えなければなるまい。そのばあい、神社付近の弁海名の中心的耕地が相当のザブ田だったというのは堀越池のできたあとだったからで、むしろ中世には適度の湿田で良好な耕地だったとみることもできるのではないか。船木村の入口、二つの谷の合流点をおさえる弁海名主は、したがってまた村の中心的存在でもあったのだろう。

南北朝時代以後、梨子羽郷の南方《みなみがた》は小早川一族の竹原家の所領になる。平安後期以来の沼田荘の中心的部分を竹原家が支配するにいたったのは、のちにもみるように本宗家《ほんそうけ》とならび、あるいは時にそれをしのぐほどの竹原家の勢力拡大のあかしであるが、南北朝をすぎ室町時代にはいってからの弁海名もまた、すでに竹原家の支配下に組み入れられていた。

竹原家の中堅家臣の矢原氏や末松氏が、弁海名のかなりの部分を「御恩」「給分」にあた

田地 反 歩	所在地	現在地
①4.180	額坪・鳥居許	（神社近くか）
②2.0	横田	小字
③3.0	羽坂	地名
④1.0	神田	（神社近くか）
⑤2.0	（助太郎）家前	
⑥2.0	尾原	地名
⑦0.240	大歳田	小字
⑧1.0	けんちゅうかいち	
⑨1.0	上士前	小字
⑩大町	〃	小字
⑪町三	神田	（神社近くか）
⑫1.0	コウヤ岡	
⑬1.180	（弥二郎作）	
⑭0.120	石町	
⑮0.90	〃	
⑯1.0	柳の坪	
⑰1.180	まきの下	姓名
⑱0.180	こん太郎さこ	
⑲町三	神田	（神社近くか）
計　2町3反90歩プラス大町、町6		

屋敷	所在地	現在地
㋑本屋敷		（神社近くか）
㋺道教跡屋敷		
㋩掃部本屋敷	上信前	小字

畠地		現在地
ⓐ助太郎作		
ⓑ御宮前		（神社近くか）
ⓒいほりの迫		
ⓓアツキ原	付堀田	小字
ⓔ□二郎作		
ⓕミヤ木野作		
ⓖ中四郎屋敷		
ⓗな畠		
ⓘ藤五郎作	反	
ⓙ油木坪	1.0	
ⓚ弥二郎作	1.180	
ⓛ落懸		
ⓜ井上		
計　2反180歩プラス11ヵ所		

林	現在地
㋐（助太郎）家奥・風呂奥カ上	
㋑アツキ原	小字
㋒神の迫	
㋓　〃	
㋔味原	小字
㋕こん太郎さこ・ふろの岡	

弁海名の耕地・屋敷・林の分布

えられていた状況は古文書のうえに明らかである。そしていま、弁海神社のすぐ脇に矢原氏を名のる家があり、すこし奥には小《こ》字《あざ》「末松」があって、小さな谷の入口に古い石垣をくんだ末松屋敷とよばれる家がのこっている。

　南方の谷は竹原家側からすれば本宗家の勢力と接触する第一線であって、矢原氏・末松氏らはおそらく前線を固めるためにここに特派されたものであろう。弁海名についてはまだこのほかにも考えなければならぬ点がのこっているが、難解な部分が多いのでだいたいこの程度にしておこう。

「塩入荒野」の開拓

つぎに谷田地帯から目を転じて、沼田《ぬた》川の河口近くにひろがっている低湿地帯の開発を考えよう。地頭小早川《こばやかわ》氏はすでに茂平ごろからこの地帯に目をつけ、開拓を進めていた。すでに執権北条泰時時代の嘉禎《かてい》四年（一二三八）、茂平は代々の将軍の菩提《ぼだい》をとむらう目的で荘内に念仏堂を建て、維持費・修理費を捻出《ねんしゅつ》するため「塩入荒野《しおいりこうや》」を開発したいと願い出て、時の沼田荘の領家西園寺《さいおんじ》公経《きんつね》の承認（「小早川家証文」四）を得た。

「塩入荒野」――河口一帯の低湿地帯、満潮時には海水の逆流してくる地域の呼称としてまことに的確である。この大湿地帯の干拓・開発がどのように行なわれたか、こまかいことはわからないが、荘内の農民を動員しての自然堤防の強化や新たな堤防の建設によって海をしめ切り、排水工事を行ない、塩分をぬいてゆくなどの困難な作業を通じて、後背湿地中の適地をだんだんと水田にかえていったのだろう。深く湾入した入江と、そこここに点在する小丘陵は、この地帯の干拓のために有利な条件となったであったろう。それにしてもこれは大きな事業であり、鎌倉・南北朝から中世を通じて営々と続行されるなかで、ようやく「沼田千町田」的な景観に近づいてきたのだと考えられる。

中世文書にみえる新田の所在地から考えると、「塩入荒野」の開発は河口南岸の安直《あじか》郷だけでなく、さらに奥深く、沼田本郷や木々津《きぎつ》付近にまでひろがっていたのである。そして「塩入市庭《いちば》」「市後《いちじり》新田」という地名には、河口に近い自然堤防上に立地する商業集落、そのうしろの後背湿地に開拓されつつある新田という景観がみごとに表現されている。

昭和四八年夏にうかがったところでは、沼田川のやや上流からの引水が何年かまえに実現するまでは、ひでりの年には田の底から塩分を吹き上げ、塩害にあうことがあったそうである。現代においてもそうであるなら、まして中世において「塩入新田」と表現された開発部分は、けっして安定した良田ではありえなかったろう。

しかしそこは、「旧来の荘田の再開発でないかぎり」という条件つきではあっても、領家《りょうけ》の支配をたち切り、地頭の支配権が承認された地域である。小早川氏にとっては貴重な直接支配地といわなければならない。

念仏堂から米山寺へ

地頭が領家から新田支配権を獲得した理由となった念仏堂は、いつか巨真山寺《こしんざん》あるいは米《べい》山《さん》寺の寺号をもち、小早川《こばやかわ》氏の氏寺としての役割を果たすようになった。それまでの小早川氏は、前下司《げし》沼田氏の支配権を継承したと主張して楽音寺《がくおん》を自己の氏寺だといっているが、楽音寺にはのちまでも一部の沼田氏の勢力が残存しているくらいで、かならずしも純然たる小早川氏の氏寺ではない。またその位置も梨子羽《なしわ》郷の谷田《やとだ》のなかで、小早川氏の居館や、開発を進めつつある「塩入荒野《しおいりこうや》」からはやや奥まりすぎている。米山寺の位置は安直《あじか》郷の岡に深く食いこんだ谷田のもっとも山深いところではあるが、前の山稜に立てば「塩入荒野」はすぐ目の下なのである。

沼田氏の氏寺楽音寺から小早川氏の氏寺米山寺への移動は、そのまま沼田氏の高木山城から小早川氏の館や高山城への場所の変化に対応している。谷田から「塩入荒野」の開拓へという領主の関心の変化が、ここには反映されている。

すでに南北朝時代のはじめには、「塩入荒野」に造成された新田は小早川氏一族の間に分配され、その所有者は米山寺の維持の責任を負う、そして新田を耕作する百姓は米山寺の修理・掃除役と塩入堤の修理人夫をつとめるかわりに、荘内の一般の農民のつとめる他の諸役を免除する、という体制ができあがっていた。これ以後、室町の後期まで小早川氏の嫡《ちゃく》流《りゅう》家の一人が仏門にはいり、米山寺の住持《じゅうじ》をつとめている例が多い。

このように米山寺は小早川氏の氏寺としての地位をかため、一族結合の中核としての役割を果したが、同時にそれは「塩入荒野」開発と深いかかわりをもっていたのであった。安直郷本市《ほんいち》の東南方に「米山田」の小字《こあざ》があり、農地解放前まではこの付近に米山寺の所有地があったという。そこはちょうど旧「塩入荒野」のまん中であり、中世以来のこの低湿地帯開拓に果たした米山寺の役割を象徴するかのようである。

いま、谷の奥、白壁にかこまれた静かな米山寺をたずねると、山門のむかいの山かげに土肥実平以来の小早川氏歴代の墓として、二〇基の宝篋印塔《ほうきょういんとう》がたちならんでいるのを見いだすだろう。石造美術研究家の川勝政太郎によれば、様式上、鎌倉・南北朝期と推定できるものと、室町以後のものとがあいなかばしており、地方豪族の古い墓塔がこれほどのこっているところは珍しいそうである。静まりかえった山かげに立つと、おのずから小早川家四〇〇年

河口付近に発達した市　どれも現在の河口より上流であることに注意

あまりの歴史に思いをはせざるをえない。

沼田市の栄え

「奴田尻《ぬたじり》」とよばれた沼田川の河口には、おそらくかなり早くから市《いち》が立ち、町が成立していたにちがいない。日本の古代からの交通の大動脈である瀬戸内海ぞいの航路と、同じく内陸部への交通の支脈の役割を果たす小河川との接点にあたる河口の付近には、それぞれに商業集落が発生し、各地域の交通の拠点となっていたと思われる。現在、同じ広島県内の近くをみても備後《びんご》の国府の付近を流れて海にそそぐ芦田《あしだ》川の河口には、近年の発掘によって有名となった草戸《くさど》千軒《せんげん》町遺跡があり、その対岸にはより古くからの港湾、市としての深津市《ふかつのいち》があり、都宇《つう》竹原《たけはら》荘でも賀茂川の旧河口付近に馬橋《まばし》古市があり、さらに現在の広島市がのっている太田《おおた》川の旧河口にも平安末からの港や商業の中心地があったことが判明している。

　沼田川の河口の沼田市《ぬたのいち》の名が文献のうえにはじめてあらわれるのは鎌倉末の応長《おうちょう》二年（一三一二）である（「蟇沼寺文書」五）。かつて東禅寺《とうぜん》に所蔵されていた文書のなかに、この年の二月四日、四郎太郎友氏《ともうじ》という人の土地の売却証文がある。「土地一ヵ所を代価五貫文《かんもん》で沼田市の比丘尼《びくに》しやういの御房《ごぼう》に売却したことは確かです、もしこの土地について問題がおこりましたら、私の責任で処理し、また京・鎌倉からどんな徳政令がだされましても、けっして異議は申しません」。これがその大意である。幕府のだした永仁《えいにん》の徳政令――御家人《ごけにん》所領の無償取りもどし令――の発布から一五年、その投じた波紋の大きさをしめす好材料でもあるが、ここでの興味の中心はなんといっても沼田市がはじめてあらわれるところにある。

さらに一世紀をくだった永享《えいきょう》五年（一四三三）ごろ、沼田荘には安直《あじか》郷に本市《ほんいち》があり、おおよそ在家三〇〇が建ちならび、土蔵も一ヵ所あった。また荘内の小坂《おさか》郷にも新市があり、こちらはおよそ在家一五〇軒で、ともに小早川氏の本家や分家の支配地の目録（「小早川家証文」六二）に書きあげられている。当時の文献史料にみるかぎり、地方の商業集落としては、他にあまり例をみないほどの大きさで、沼田市の繁栄ぶりをよくしめす数字である。その市の集落ははたしてどの辺にあったものだろうか。

市場の跡をさぐる

いまの三原市内、現在の沼田川の河口から五キロほど内陸にはいった川の南岸に、本市《ほんいち》という集落がある。ここが中世の安直《あじか》郷本市の跡であろう。文政《ぶんせい》八年（一八二五）、頼山陽《らいさんよう》の叔父頼杏坪《きょうへい》らの編集した広島藩の領内の地誌『芸藩通志《げいはんつうし》』を開いてみると、当時の本市村の概況は次ページの略図のようになっている。沼田川ぞいに「市」という小字《こあざ》があり、その部分はいわば紡錘形《ぼうすいけい》の街路をなしている。鎮守は祇園《ぎおん》社、二ヵ所に商業神のエビスをまつる神社がある。長方形の街路のなかにコヤ小路《しょうじ》・風呂小路という地名がある。小路とは大路に対することばであり、この地がかなりの密集した商業集落だったことをうかがわせる。『芸藩通志』では、沼田川をはさんで本市村の対岸にあたる荻路《おぎろ》村に市・市裏などの小字名を記している。ちょうど小坂郷内にあたるので、安直郷本市とならぶ小坂郷新市にはふさわしい場所である。荻路の鎮守も祇園社であり、本市の祇園社とは夫婦だそうである。川をはさんでむかいあう二つの集落の密接な間柄をしのばせる話であり、本市・新市という関係の信仰上の表現であろう。

沼田の本市

　さて沼田市の初見史料では売却の対象となっている土地についてただ「一所」で、「東は万才助家を限る、西は小路を限る、南は大道を限る、北は大道を限る」と記しているだけだが、翌々年、この土地をさらに転売したときの証文（「蓑沼寺文書」七）では、はっきり「屋敷」と書いている。三方は道路で東隣りが人の家であるから、この屋敷地はかなりの町並の集落にあったことになる。しかもその買主は沼田市の住人である。所在地はやはり沼田市そのものと考えねばなるまい。

東西に走る二本の大道、その間を南北にぬける小路、『芸藩通志』にのせられた本市村の絵図にみごとに符合するのではないか。三原市役所にあるこの地の地籍図によれば、かつての本市の南側の大道はいまものこっているが、北の大道にあたる部分は同番地の細長い帯状につづく土地として、痕跡をのこすのみである。しかしその大道に直角に合計四本の小道が南北に通っている。これこそかつての小路《しょうじ》の跡であろう。昭和四八年夏、本市の和泉克実氏からきいたところでは、コヤ小路・風呂小路などの名はもはやのこってはいないようであるが、南北に通る小道の一本に接する旧家の家号を、古くから「小路《しょうじ》」とよんでいたそうである。祇園社のななめ前には、徳寿院という寺があり、その裏手には中世の五輪塔や宝篋印塔《ほうきょういんとう》十数基が散在している。一四世紀初頭の沼田市は、一五世紀の安直郷本市であり、現在の三原市本市の地と考えてまちがいはないだろう。

市と祇園社

そこはちょうど「沼田《ぬた》千町田」とよばれる広大な田地が開発された低湿地の一角、沼田川にそったところであり、湾入した入海に沼田川の落ちあう大湿地帯であった。満潮時には海水が逆流してくる湿原、芦などの生《お》いしげった荒野、群れつどう水鳥などの情景が目にうかぶようだ。そのなかで沼田川がはこんできた土壌がいつしか川の両側に堆積《たいせき》し、自然堤防が形づくられてくる。その微高地《びこうち》の上に市がひらかれ、船着場ができ、そして町が形成されるのである。本市と新市が川をはさんでむかいあう自然堤防の上にあいついでつくられたことも自然である。

両市の鎮守が祇園《ぎおん》社であることもこれと関係する。政治的圧迫をうけたり、非業《ひごう》の死をとげた人々の怨霊《おんりょう》をまつる御霊《ごりょう》の信仰は、平安時代初期から都市的生活のなかでひろがり、京都の祇園社はその中心的な位置を占めた。それは同時に天王《てんのう》をまつる水神の祭りでもあった。その信仰はひろく全国に伝播《でんぱ》しているが、とくに港町や、川の氾濫《はんらん》の多い低湿地にまつられている。してみると沼田川河口近くの低湿地に成立した沼田市《ぬたのいち》の本市や新市の鎮守が祇園社であることは、すこしもふしぎではない。

いまの広島市の北方、祇園町（現安佐南《あさみなみ》区祇園）には、平安末期にまでさかのぼる古い祇園社があり、そのころからこれにつかえる神人《じにん》が居住していた。広島市の中心部は、中世にはむろん海中にあり、海はこのあたりまで侵入していたのである。太田川が流れこむ河口の付近に港や集落があり、内陸部のいくつかの荘園の年貢積みだしのための倉庫（これを「倉敷」という。岡山の倉敷市もこうした倉庫から発展した町である）もおかれている。沼田市のばあいと状況があまりにもよく似ているではないか。

本市の祇園社もまた古い創立だと伝えており、とくに漁業神として信仰されることが多い。もと沼田荘のなかの浦郷にあたる忠海《ただのうみ》・二窓《ふたまど》・能地《のうじ》などの漁民は、神社の御神木であるサカキの葉を海にうかべれば、不漁のときにもたちまち豊漁があると信じていたという。瀬戸内漁業がまださかんだった頃、夏の祭礼のときには何艘《なんそう》もの舟がつらなって沼田川をさかのぼってきたそうである。いまは内陸部になってしまっている本市の祇園社が漁業神としての性格を強くもっていることは、かつてここが入海だった時代からの伝統と考えるべきだろう。それは神社の創祀《そうし》をさかのぼらせるとともに、祭祀の主体である沼田市の成立自体がやはりかなり古いことを教えてくれる、よい材料になるだろう。

南北朝初期の暦応《りゃくおう》三年（一三四〇）、茂平の曾孫《そうそん》にあたる惣領宣平《そうりょうのぶひら》は、以下のような命令（「小早川家証文」一九）を発した。

家臣が沼田市に住むことは以後厳禁する。これまでもたびたび禁止したが、市《いち》に屋敷を頂戴したとか、市の住人の一族とか称して従わぬ者が多い。これでは御館《みたち》の付近が荒れ、急の御用のまにあわぬ。以後は理由の如何を問わず、こうした連中にはいっさい対面をゆるさない。もしこの命令を厳守しなければ沼田七社の神々の御罰をうけよう。

本宗家《ほんそうけ》の居館の周囲につどい住むべきはずの家臣団のかなりの部分が市へ流出することに対して、主人の側の危惧《きぐ》の念があらわにしめされている。また一〇年あまりのちにも宣平の子貞平《さだひら》がほぼ同様の三ヵ条の禁令（「小早川家証文」一二五）をだしたが、そのなかには、沼田市の住人の娘と家臣の若殿原《わかとのばら》との婚姻は禁止する。すでに縁づいている者はしかたないが、以後は双方ともに有罪とする。
沼田市での刑事事件、動産の帰属をめぐる裁判は、惣領《そうりよう》が直接に裁定する。

といういちだんと強化された統制令が加えられている。家臣団を市場から切りはなし、市の住民との婚姻さえ規制してゆく一方では、市場でおこった事件の裁判権を惣領自身が直接に把握してゆく方針が、はっきり打ちだされている。ある意味では武士と商人身分を分離し、武士は城下町へ、商人は市場町へと集住させながら、市場自体は惣領が直轄支配しようとする意図をあらわしており、まことに興味深いものがある。

小早川の流れ（二）——南北朝・室町時代の武士団

竹原小早川家の分立

中世武士団の女性

小早川茂平《しげひら》の娘に犬女、尼となっては浄蓮《じょうれん》と名のった人がある。たぶん戌年《いぬどし》の生まれであろう。沼田《ぬた》荘内の梨子羽《なしわ》郷を譲与されて、郷の地頭となった女性である。鎌倉時代には女性が地頭となる例はけっして珍しくなかった。分割相続の原則が女性にも適用されたからであり、ある意味で女性の地位が後代よりもまだ高かったからである。南北朝時代の文書にときどき、「女地頭」という表現がみられるが、これはむしろこの時代になると女性の地頭が少なくなるので、わざわざそうことわらねばならなかったのだと考えられる。それまではこんなことばが不必要であるほど、女性の地頭が何人もみられたのであった。

この浄蓮は小早川氏一族の女性には珍しく何通かの関係文書をのこしている。とくに沼田荘の領家側の訴えをうけて立って何度か相論《そうろん》を行ない、地頭の地歩をかためていく一方、関東将軍家と父の茂平、さらに彼女自身の後生菩提《ごしょうぼだい》をとむらうため楽音《がくおん》寺に三重塔を寄進するなど、男まさりの活動をしている。

いま、三原市内にはいっている、もと沼田荘内の真良郷《しんら》の香積寺《こうじゃく》には、鎌倉期の作と考えられている一体の尼僧の坐像がある。同じ真良郷内にあった延命寺という尼寺の開山の像といい伝えられているが、アゴ骨の張りや、グッと引きむすんだ口もと、角ばった頭、そして頑丈そうな体軀など、いかにも鎌倉時代の地方女性らしい面影を伝えている。もちろんこれが浄蓮の姿だというわけではないが、こうした風貌の女性だったのではないか。この尼僧像をみていると、なんとなく浄蓮の姿が思いうかべられてならないのである。

彼女はおそらく結婚しなかったらしく、子孫は伝わっていない。ただその死後に梨子羽郷の地頭となったのは、またも一族の女性だったことは妙である。東禅寺の古文書のなかに永《えい》仁《にん》五年（一二九七）、蟇沼寺《ひきぬ》の院主職をめぐる相論を裁決した文書（「東禅寺文書」一）があるが、差出し書には最上段に堂々と「地頭尼」とされ、花押《かおう》が加えられている。

花押の形式が浄蓮とは異なるので別人と判断されるが、だいたい地頭が裁判権を行使した文書がのこっていることがひじょうに珍しいうえに、とくに女性の地頭の裁決状であることがよけいに興味をひく。中世の武家の女性の地位をしめす貴重な古文書である。

北条氏による没収

ところがこの梨子羽郷《なしわ》地頭尼があらわれてまもなく、この郷は小早川《こばやかわ》一族から没収されて六波羅探題《ろくはらたんだい》北条宗宣《むねのぶ》の所有に帰してしまった。それは永仁《えいにん》五年（一二九七）から正安《しょうあん》四年

（一三〇二）一月までのことで、北条氏の得宗《とくそう》専制といわれる強烈な支配体制のもとで、各国の守護や地頭がその手に集積されていった一例とみられるが、それにしても小早川氏にとってはまことに不運なことであった。

　没収の理由は不明であるが、小早川一族内で三《み》つ巴《どもえ》になっての相論のすえに没収されてしまったという。三者の一つはおそらく小早川惣領家、いま一つは地頭尼の系統、そしてもう一つはたぶん梨子羽郷内の地頭門田五町を有していた竹原家ではなかったろうか。

　しかし結果的にはそのどれもがトビに油揚《あぶらげ》をさらわれた格好になって、沼田荘内の一角、しかもかなり古くひらけた重要な地点に、北条氏がクサビを打ちこんだことになったのである。

　ところがこれと相前後して、茂平の次男政景《まさかげ》が都宇《つう》竹原荘をうけついでたてた分家の竹原家にも、大きな問題がおこった。政景の実子が娘一人だけだったので、三郎長政とよぶ養子をとり、その嫁とする約束でむかえた女性に舅《しゅうと》の政景が手をつけ、景宗《かげむね》とよぶ実子を生ませてしまったのである。政景も「お恥かしい話で外聞をはばかるできごとですが」（「小早川家証文」二八五）と述べているように、世間体《せけんてい》のよいことではなかったが、例の『曾我物語』の発端《ほったん》となった伊豆の工藤《くどう》氏のばあいもほぼ似たようなものであり、また小早川氏では本宗家の雅平《まさひら》の子息朝平《ともひら》が、じつは鴨神主の生ませた子で実子ではない、と一族から訴えられたこともあるくらいで、当時の社会ではそれほど珍しくもなかったのであろう。

　政景はさっそく六波羅の奉行人《ぶぎょうにん》などにも手をまわして運動し、景宗をあととりとして承認してもらった。しかしその死後、政景夫婦のただ一人の実子、景宗の姉にあたる尼の覚生《かくしょう》が幕府に訴えて出たから、問題は大きくなった。

彼女はいう、祖父茂平の、父政景あての譲状《ゆずりじょう》（「小早川家文書」五二）には、「もし政景に男子がなければ、都宇竹原荘以下の所領は一門のなかのしかるべき男子にゆずれ。他家他門の者にはけっしてあたえてはならぬ」と明記されているではないか、景宗は養子長政の嫁の生んだ子であるから政景の子ではない、したがって景宗が竹原家のあととりとなるのは祖父の譲状にそむくことで無効である、政景の実子たる自分こそがとうぜん竹原家を相続すべきだ、と。

幕府はその言い分のうち、景宗が政景の実子でない点は認めたが、尼覚生は実子ではあっても男子ではない。したがって彼女もまた茂平の譲状によれば相続の資格がなく、結局竹原家の所領をうけつぐべき人物はいないとして、永仁五年（一二九七）、景宗の所領をすべて没収してしまった。小早川家の所領が他家他門の手にわたらぬように強調した茂平の譲状が、まったく逆の事態をまねくとは、なんとまあ皮肉な結末であろう。それはまさしく御家《ごけ》人《にん》のイエ支配権の否定であり、北条氏得宗家の専制支配が、頼朝以来の幕府の政策を破って、このような方向に動きだしていたことをしめす好例といえよう。

竹原家にとってはまさに非常事態である。景宗は必死の反論をこころみ、越訴《おっそ》を行なう。種々の裏面工作にも努力したのであろうが、前回の判決から二十余年をへたのちに、ようやく景宗の言い分は認められた。だがかつて没収された都宇竹原荘以下の所領は、すでに幕府から建長寺に寄進されてしまっているので、しかるべきかわりの土地を寺にあたえてからのちに、景宗に返付するという条件つきである。

そして北条氏の崇敬あつい鎌倉一の大寺建長寺側では、獲得した所領をむざむざと手放そうとはしない。せっかくの判決は実行されないままに、むなしく一三年がすぎ去った。竹原氏が所領を失ってからすでに四〇年近くが経過したのである。

鎌倉幕府への反抗

元弘《げんこう》三年（一三三三）四月、丹波国篠村《しのむら》八幡宮の社頭で足利尊氏《あしかがたかうじ》が反北条氏の旗あげを行なって以来、尊氏に直接奉公をはげむ武士の一人に竹原小早川景宗の顔があった。北条氏によって所領を没収され、ようやく回復の決定を得ながらも実質上それを反故《ほご》にされたことへの不信と怒りが、景宗をいちはやく尊氏の側へと走らせたことは明瞭である。以後、尊氏に「御内《みうち》奉公」の忠勤をはげんだ景宗は、都宇竹原荘以下の本領の還付を請求し、「いったん寺社に寄進された土地は返還しないのが原則だ」という建長寺側の抵抗をおさえて、ようやくのことで所領をとりもどすことができた。それは内乱期を利用しての実力行使によるところも大きかったであろうが、なんといっても尊氏の側近に奉公した成果であろう。

建武《けんむ》三年（一三三六）二月、京都を追われ、いったん九州へ下ることとなった尊氏軍は、兵庫島から乗船して瀬戸内を西へと落ちのびる途中、備後の鞆《とも》の港で軍議をひらき、足利氏一門の有力者と、在地の有力な武士をそれぞれの国の「大将」に任命することとした。室町幕府守護の先駆であるが、景宗は足利一門の桃井義盛とともに安芸《あき》国の大将に任命されている。一族に相談して軍忠をはげめ、といわれているが、景宗はここで尊氏から小早川氏一族の嫡流の地位を認められたわけである。のちに竹原家の子孫は、つぎのように語り伝えていた（「小早川家証文」三三七）。

景宗殿は尊氏からのお召しで御供《おとも》に御奉公されたが、一方沼田家の備後守《びんごのかみ》（貞平）は北条氏に味方して六波羅探題とともに近江国番場宿の集団自決の場まで行き、ようやくその場をのがれて帰国した。そこで沼田荘は没収され、当竹原家が拝領することとなったが、備後守がひらにわびを入れられたので、「昔人」である景宗殿はなにぶんにも「親方」である惣領家でもあり、尊氏公に御赦免を願い出られたところ、心やさしい振舞いだとおゆるしが出たのだ。

なるほど竹原家にくらべれば梨子羽郷の没収だけですんだ本宗家《ほんそうけ》の傷はより浅かった。しかし手痛い打撃をうけた竹原家が、だんぜん反北条氏に賭け、みごとに成功して、わざわいを転じて福としたのに比較すると、本宗家は土壇場まで北条氏を支持したためにかえって出おくれ、南北朝・室町期の発展に若干のハンデを背負うこととなった。歴史の皮肉ともいえようし、またある時期のプラスの条件がのちには逆転し、あるいはマイナスがプラスに転ずることもあるという一例ともいえよう。

竹原家の譲状

竹原小早川家には、家の開祖となった政景が父の茂平からあたえられた譲《ゆずり》状《じょう》をはじめ、歴代の譲状が数多く保存されてきている。これを代を追ってみてゆくと、竹原家の所領の拡大ぶりや、武士の間の相続法の変化、あるいは武士団のありかたの変貌のしかたをうかがうことができて、興味つきないものがある。

ここではその代表として、茂平の政景あて譲状（「小早川家文書」五二）と、政景から八代目の仲義が嫡子弘景《ひろかげ》にあたえた譲状（「小早川家文書」七七）を取りだして比較してみよう。

(甲)　息男政景分として譲与する所領の事
　合わせて
一、安芸国都宇・竹原両荘の地頭・公文《くもん》・検断幷《なら》びに竹原荘惣検校職《そうけんぎょうしき》の事
一、同国沼田荘内の梨子羽《なしわ》郷地頭門田五町の事
一、讃岐《さぬき》国与田《よた》郷地頭・公文・案主《あんじゅ》・田所《たどころ》・図師・惣検校・検断職の事
一、鎌倉米町《よねまち》在家一宇の跡　宗次入道居住の跡
右の所領等は譲状にまかせて政景が知行《ちぎょう》すべきである。鎌倉殿御公事《みくうじ》については、本仏（茂平の法名）の定めておいた分担法どおり惣奉行雅平《そうぶぎょうまさひら》（政景の兄、惣領）の催促に相

従い、おこたりなく勤めよ。与田郷からの得分百石のうち五十石は、実平様をまつる京都の霊山の不断念仏の時衆《じしゅう》六人や灯油のための費用として将来もまちがいなく使用せよ。のこり五十石は政景の妹松弥の生きている間中、毎年おこたりなく彼女にわたしてやれ。もしこの点を実行しなければ惣領の雅平が催促する。おまえにもし男子が生まれなければ、小早川家一門中でしかるべき男をえらんでこの所領をゆずってやれ。他人や他家の人物に譲与してはならぬ。なおこのようにゆずってやった所領ではあるが、本仏の生きているうちに命令にそむくことがあったならば、悔い返し（取り消して他人にあたえてしまう）を行なうべきものである。後日のための譲状は以上のようである。

正嘉《しょうか》二年（一二五八）七月十九日　　沙弥（茂平のこと）

これは茂平の譲状の写しで、読み書きができなかったといわれる茂平がはたして自分で書いたものかどうかはわからないが、すくなくとも原本にはサインである花押《かおう》があったはずである。つぎは政景から八代目の仲義の譲状である。

(乙)　譲与する所領の事
　合わせて
安芸国都宇荘　　同国竹原荘　　同国梨子羽郷南方　　同国吉名村

同国三津村　同　木谷村　同　風早村　同国高屋保《たかやのほう》
同国兼武名　備前国裳《も》懸《かけ》荘　美作国打穴《うたの》荘内上下村
相模国成田荘藤太作《とうだつくり》　阿波国助任《すけとう》郷　鎌倉米町屋地《やち》
京都四条油小路屋地

右の所領等は代々の御下文《おんくだしぶみ》や譲状とともに嫡男弘景に譲与する。公方《くぼう》の御公事《みくうじ》等は惣領の催促を守り、先例どおりおこたりなくつとめよ。

一、庶子の五郎左衛門尉春景《はるかげ》や太郎三郎・松寿丸たちはいささかなりとも惣領弘景の命令にそむいてはならぬ。みな家《いえ》の子《こ》として所役をつとめよ。もしこの命にそむけば知行分を没収する。

一、代々の後家や女子らの別分《わけぶん》は、その一生の間は譲状どおりに支配してよい。彼女らの死後は惣領弘景が進退せよ。ただし梨子羽郷内の守安名《もりやすみょう》・宗長名・三町門田・公作などは永久に女子らにゆずった分だから、例外である。先例どおり公私の公事を催促せよ。

一、弘景にもし男子がなければ舎弟の長千代丸を養子として家をつがせよ。栗法師以下の弟についてはよく扶持《ふち》を加えてやれ。つぎに福寿丸や吉光法師は出家の身であるが、慣例どおりの扶持をあたえよ。

一、後家や女子たちの別分にいたるまですべて自筆で譲状を書きおいたうえは、彼女ら一代の間はまちがいなく守ってやれ。譲状のすべての個条は塵《ちり》一つも違《たが》えずに沙汰をせよ。ただしこのように譲与したとはいえ、仲義の生きているうちに不義の子細があれば悔い返すべきものである。後日のための譲状は、以上のようである。
応永《おうえい》五年（一三九八）五月十三日

仲義（花押）

大きな変化

こちらのほうは仲義自筆の譲状の実物であって、自分で書いた花押（サイン）ものこっている。ちょうど一四〇年をへだてる二つの譲状の間には、かなりの変化がある。

第一に譲与の対象となった所領について。(甲)と(乙)をくらべれば、その数がはるかに増加しているだけでなく、表現形式に大きな差が発見できる。(甲)では都宇・竹原両荘の地頭・公文《くもん》・検断職《けんだんしき》、あるいは与田郷の地頭・公文・案主《あんじゅ》・田所《たどころ》・図師《ずし》・惣検校《そうけんぎょう》・検断職というように、荘・郷という地域の、どのような「職《しき》」（地位と収益の結合体）をもつかが詳細に記されているのに対して、(乙)では都宇荘・竹原荘というように地域名だけを列挙する単純な記載になっている。

一定の地域のうえに、上は本家・領家からはじまって預所・地頭・下司・公文・検断・案主・田所・図師・名主等々にいたるまでの種々の「職」が成立し、それぞれの職分に応じて、その地域からあがる収益を分割するという、いわば「職」の体系ともいうべき世界がくずれて、竹原氏のような領主が一定地域の支配者としてあらわれてきた事実を、こうした譲状の記載の変化のうえからも読みとることができる。

第二は惣領《そうりょう》（嫡子）と庶子《しょし》の関係である。(甲)では政景自身が庶子の一人であり、茂平によって惣領と定められた兄雅平の催促に従って関東御公事など種々の課役《かやく》を分担してつとめるべきものとされているが、庶子としての政景はこれだけの所領をゆずられ、またみずからも独立の御家人として在京奉公をつとめ、将軍家政所下文《まんどころくだしぶみ》という最高の形式で幕府からこれらの所領の相続を承認されている。いわば分割相続にもとづく庶子の独立的地位を前提にした一族結合ともいうべき「惣領制」的な世界が、そこには表現されている。

これに対して(乙)ではかつて庶子家の一つだった、竹原家自身が一個の独立した家に成長しており、その惣領と定められた嫡男弘景の地位ははるかに強化されている。

すでに竹原家では仲義の四代まえの重景の時代、南北朝期の譲状（「小早川家文書」六八）から、「おまえに数人の子が生まれても、なかの有能な者一人だけをえらんで所領をゆずれ。将来の子孫たちの代までもこの所領は一人だけにゆずるように申しおくべきものである」という嫡子単独相続の規定があらわれているが、(乙)の仲義譲状もまったくそのうえに立っており、弘景の伯父の春景や弟たちはすべて「庶子」として惣領弘景の命にしたがい、みな「家の子」として奉仕すべきものと定められている。

そこでは単独相続制にもとづく「惣領」の権力がきわめて強化されており、分割相続制を前提としたかつての「惣領制」は、すでにまったく崩壊しているのである。

以上の二点はいわば鎌倉的な武士団の、室町的なそれへの変質をしめすもっとも特徴的な側面であり、竹原家の代々の譲状はその過程を表現する好例といえるだろう。

つぎにこの間における竹原家の所領の拡大ぶりをみよう。関東地方の所領をはじめ、譲状にのせられている所領すべてを現実に支配していたかどうかは多少疑わしい点もある（たとえば平賀氏の本領である高屋保のように）。しかし本領都宇竹原荘を中心に西へ内海ぞいに発展したうえ、東北方では本宗家の領内だった梨子羽郷南方《みなみがた》を獲得しているなど、大きく拡大されている点に注意しなければならない。

沼田惣領家の「お家騒動」とその結末

春平・則平の時代

鎌倉幕府の滅亡、南北朝動乱の勃発《ぼっぱつ》というはげしい嵐のさなかで、いったん揺らいだかにみえた本宗沼田家の地位は、貞平の子春平、孫則平《のりひら》の時代にはふたたび安定してきた。時あたかも将軍義満から義持《よしもち》の時代であり、室町幕府の確立とほぼ同じころであった。現在の三原市域の西北隅にあたる山間部の臨済宗仏通《ぶっつう》寺派の大本山仏通寺こそ当時の沼田小早川家の勢力をしめす好個の記念である。

仏通寺の開祖は当時一流の禅僧として聞こえた愚中周及《ぐちゅうしゅうきゅう》である。周及ははじめ夢窓国師《むそうこくし》についで学んだが、のちにはるばると中国の元《げん》にわたり、修行をかさねたすえ、金山《きんざん》の仏通禅師即休契了《しっきゅうけいりょう》について、ついに悟りをひらいた。帰朝して京都五山の随一である南禅寺の書記に迎えられたが、入寺のさい、禅林の慣習にしたがってみずからが師とえらんだ人の名を明かすとき、夢窓国師ではなく仏通禅師の名をあげたために、その夜すぐに何者かに襲撃されて刀で額《ひたい》を切られた。

これは、当時すでに五山の禅林を占領していた夢窓門下が、周及を異端分子として迫害した事件であり、かれの理想主義に対する攻撃であった。

山林にはいって清新な宗風をおこそうとする中国の新しい思潮にふれていた周及は、ここで五山にみきりをつけ、以後は地方に新しい地盤を開拓しようとした。諸所をめぐったのち、現在の京都府福知山市内である丹波国金山《かなやま》の領主那珂宗泰《なかむねやす》の招きに応じて、その地の天寧《てんねい》寺に落ちつき、以後三〇年あまりここを本拠として活動をつづけた。そして応永《おうえい》四年（一三九七）、かねてその高潔な人格を慕っていた小早川春平が、九州にくだろうとしていた周及をひきとめて、仏通寺を創建したのである。

のちに整備された室町将軍家に直参《じきさん》の奉公衆の名簿（「永享以来御番帳」など）によれば、沼田小早川氏と金山の領主那珂氏はともに奉公衆であり、しかも同一のグループに編入されている。あるいはこうした関係が小早川春平と那珂宗泰の時代からすでに成立していたために、春平と周及とのむすびつきができたのかもしれない。

仏通寺

仏通寺の位置は、沼田小早川氏の本城高山城の下を流れる沼田川の一支流にそって東北に約八キロさかのぼったところである。ちょうど古代の山陽道が通過していた谷筋のもっとも奥、山ごえをすれば備後《びんご》国という国境いにあたっている。現在でも秋の紅葉の美しい深山幽谷《しんざんゆうこく》の地で、「安芸の高野」の名にそむかないすぐれた環境にかこまれている。再三の火災によって創建以来の建物はほとんどのこっていないが、本堂の対岸、石段をのぼりつめた山上に立つ含暉院《がんきいん》地蔵堂は応永一三年（一四〇六）の古建築で、周及《しゅうきゅう》の愛弟子《まなでし》の尼松巌《しょうがん》が造営したといわれている。

この女性はたぶん沼田小早川氏の一族か近親者と推定される。均整のとれた美しい折衷《せっちゅうよう》様の建築で国の重要文化財に指定されている。寺蔵の古文書や文化財は数多いが、いま一つ国の重要文化財は小早川春平の描いた周及の画像に、周及みずからの賛を加えた一幅である。長身痩軀《そうく》、きびしい高僧の風貌をよくうつしだしているが、何よりも驚かされるのは、これが沼田家の当主春平自身の筆になるという点である。五代まえの茂平が読み書きができないといわれていたことを思えば、その間における小早川氏の文化的水準の上昇に目をみはる思いがする。その意味でもこれは貴重な文化財である。

春平が基礎をきずいた仏通寺を完成にみちびいたのは、春平の子の則平の力が大きい。寺の仏殿や方丈《ほうじょう》の建設は則平や子の持平が中心となって、梨子羽《なしわ》・船木・真良《しんら》・小泉・浦など、沼田荘内の各郷の名を名のる本宗家《ほんそうけ》からの分家たちが参加し、それぞれに銭や馬の寄付を行なっている。その一つには竹原家までが名をつらねており、さらには本市倉《ほんいちくら》・新市倉・前倉など、沼《ぬ》田市《たのいち》の有力商人たちも顔をそろえる盛況ぶりである。

仏通寺の造営には、小早川氏領内の住民の多くが人夫として使役されたものと推定されるが、高山城の東北の地に建設されたこの大寺院は、まさに沼田小早川家の勢力のシンボルであり、その繁栄の表現であった。

時の将軍義持ははるかに周及の名声を聞いて、応永一四年に上洛を要請した。しかし五山派に対する反発から周及はなかなか応諾せず、使者にたった則平は、「将軍の要請にこたえなければ、責任上すぐにも自刃《じじん》する」と述べたりして、ようやく同意をとりつけた。しかし周及は京都に足をふみ入れない、というのは自分の誓いであるとしてついに洛中には入らず、伏見や洛外の寺院で義持に面会した、という。五山派に対抗する地方派の禅林としての「林下《りんか》」の面目をよくしめしている。周及はふたたび仏通寺に帰る希望をもっていたようだが、結局は実現せず、上京の翌々年、金山氏の建てた丹波の天寧《てんねい》寺で八七歳を一期《いちご》としてこの世を去ったのである。

しかしこの間に、義持の命令によって仏通寺はとくに五山第一の南禅寺と相ならぶ紫衣《しえ》出世の道場と認められ、禅宗二十四流などの一派にかぞえられる愚中派の本拠として確立することとなった。

将軍への接近と海外貿易

仏通寺の寺格の向上の経過自体がよく物語っているように、この則平《のりひら》の時代、将軍とのむすびつきの点では一歩先行していた竹原小早川家のあとを追うように、沼田小早川家もまた将軍義持《よしもち》への接近の度合を強めていく。

大内氏の重臣、平井備前入道祥助《しょうじょ》の旧領の周防国《すおう》玉祖社《たまおや》領田嶋村・玖珂《くか》荘などが、将軍家の直轄領である御料所《ごりょうしょ》とされたとき、則平はそれを「預けおく」という命令（「小早川家文書」三二）をうけている。いわば将軍から御料所の管理を命ぜられたわけであるが、そうした管理にあたるのは将軍に直属する奉公衆であって、直接勤務の代償として御料所の経営を請負い、一定の年貢銭を将軍に納入するのが、この制度の実態だった。

またかれは将軍に奉公して儀式のときの帯刀《たちはき》の役などもつとめているが、これらの事実からみても、則平はまちがいなく奉公衆の一員であったといえるだろう。管理とは一面ではみずからのための支配でもある。将軍家と密着した沼田家の勢力は、遠く長門・周防両国（山口県）の一部にまでおよぶようになったのである。

仏通寺の造営にさいして沼田市《ぬたのいち》の有力商人らの参加のみられることからも推察されるように、則平はまた商業活動や貿易などにも活動していた。とくに海外貿易のなかでも朝鮮との貿易への進出がめざましい。このころ朝鮮側では続々と渡航してくる日本側の通商船を制限するため、とくに「図書《としょ》」とよばれ、相手の名をほりこんだ私印を特定の人間にあたえ、その使者が朝鮮におもむくときの証拠とする制度をはじめていたのであるが、記録上その第一号をあたえられたのは則平であった。

応永二五年（一四一八）から一一年間に則平の名義での通商はじつに一七回にわたっており、ひじょうな頻度《ひんど》をしめしている。そのさいの輸出品には蘇木《そぼく》・蕾香《らいこう》・水牛角《すいぎゅうかく》・犀角《さいかく》・常山《じょうざん》・胡椒《こしょう》・檀香《だんこう》・陳皮《ちんぴ》などの南洋の原産品が多く、硫黄《いおう》・銅・鉄・鎧《よろい》・太刀《たち》・蠟燭《ろうそく》などの日本産の物質のほうがむしろ少ないくらいである。そのかわりに輸入されたのは主として正布(麻布)・綿布であるが、こうした貿易品の中身からみると、則平の貿易はけっして単に沼田市や瀬戸内海航路のみに基礎をおいたものではなく、むしろもっとひろく南洋との貿易をも踏まえた大規模な活動だったことがわかる。それはおそらく北九州地方を直接の基盤としたものだったろう。

朝鮮と通交したときの則平の肩書をみると、「九州総守・西海路美作大守」とか「九州巡《じゅん》撫《ぶ》使《し》・作州前刺《し》史《し》」の「平常嘉」、あるいは「九州上使」などと称しているものがほとんどである。また則平といっしょに通交した人物をみると、九州探題渋川満頼やその一族をはじめ、すべてが壱岐《いき》・対馬《つしま》・松浦《まつら》・博多を中心とする北九州地方の貿易関係者によって占められている。これは則平が将軍に近侍するとともに、特別の命令をうけて九州探題を補佐する特使としての役割をも果たしていたこと、朝鮮との貿易もまたかれの特別の地位にもとづいて行なわれていることを物語ってくれるのである。朝鮮側の「図書」をあたえられた第一号となったことも、こう考えれば当然であろう。

将軍家に直属する奉公衆のうちでは瀬戸内海ぞいの西のほうに根拠をもっており、また海上貿易にも実績をもっていたことが、則平を将軍の九州特使に引き上げた理由だったのだろう。

室町のお家騒動

しかもこの則平の晩年から没後にかけて、子の持平《もちひら》・凞平《ひろひら》兄弟の間にはげしい相続争いがおこり、一家に生じた亀裂と対立はその後ながく尾をひくこととなった。長男である持平は早くから上京して将軍につかえていたらしく、応永二〇年（一四一三）には父から所領や重代相伝の鎧《よろい》を譲渡され、将軍からも安堵《あんど》されていた。ところがその後二〇年近くたった永享《えいきょう》三年（一四三一）、父則平は持平に不孝な行ないがあったとして突如、かつての譲状を取り消し、新たにまだ二〇歳にならぬ年少の凞平にすべての所領をあたえる譲状を書きあたえた。一〇五ページに述べた「悔《く》い返し」であり、親権の行使である。

本書の最初や「敵討とその周辺」の章で述べてきたイエ支配権の優位をしめすこの行為は、はたしてどうあつかわれたであろうか。すでに北条氏の得宗専制政治のもとで、竹原家の所領没収というイエ支配権の否定が行なわれたことをみてきたのであるが、時あたかも専制将軍として名高い足利義教《よしのり》の時代であり、事態は楽観をゆるさないものがある。

永享五年正月、則平が六一歳で息をひきとるとすぐ、持平は則平から凞平あての譲状、あるいは家伝の古文書などを預けられていた叔父琴江令薫《きんこうれいくん》の居所を襲って、これらの証拠文書を強奪してしまった。令薫は則平の弟、早くから出家して東福寺の住職をつとめるなど、当時一流の禅僧となった人である。持平の実力行使に驚いた令薫は、自分の血をたらしこんだ墨で起請文《きしょうもん》（「小早川家文書」三四）を書き、「三世《さんぜ》の諸仏、歴代の祖師、総じて日本国中の大小の神祇冥道《じんぎみょうどう》、殊《こと》に以て沼田の七社・十社」の神々も照覧あれ、と誓って、凞平が父則平から沼田小早川家の家督はじめ所領、重代相伝の鎧・太刀・刀・文書などの譲与をうけたことはまちがいないと証明している。

　この事件はただちに幕府に持ちこまれ、四月なかばには将軍義教《よしのり》から管領らの重臣につぎのような諮問が行なわれた（「満済准后日記」永享五年四月一四日条）。

　小早川家に相続争いがおこっている。以前からの「通法」では、親から後日の譲状《ゆずりじょう》をうけた凞平のほうが正当である。しかしながらここは一族や家臣らが兄弟のどちらに従うか、それによって御成敗をくだすべきだと考えるが、いかがであるか。

　重臣はみな一致してこれに賛成した。以後持平・凞平の双方から幕府の上層部めがけてのはげしい陳情がつづけられたすえ、幕府も結局は決定しかねたのか、いったん

	西暦	おもな事件
元弘三年	一三三三	鎌倉幕府の滅亡に際し、沼田小早川家は幕府に、竹原小早川家は足利尊氏について戦う。
建武元	一三三四	○建武の新政
建武三	一三三六	竹原小早川景宗、尊氏より安芸国の「大将」に任ぜらる。
暦応三	一三四〇	沼田小早川宣平、家臣の市場居住を禁止。
文和二	一三五三	沼田小早川貞平、再び家臣の市場居住を禁止。
元中九＝明徳三	一三九二	○南北両朝合一
応永四	一三九七	沼田小早川春平、愚中周及をまねき、仏通寺を創建。
応永一一	一四〇四	○足利義満、明の勘合符を得る。
応永二五	一四一八	沼田小早川則平、朝鮮より勘合印（図書）をあたえらる。
永享三	一四三一	則平、すでに持平にゆずった所領を悔い返して凞平にあたえる。新荘小早川氏の一族一揆契約。
永享五	一四三三	則平の死去。持平・凞平の相続争いが幕府の問題となる。
永享一二	一四四〇	将軍義教、凞平を惣領と認む。

所領は両者で折半する条件で和解させることとなった。

しかしすでに単独相続制に移行していた当時、こうした両立はなんとしても不自然である。ついに永享一二年（一四四〇）、義教は凞平を惣領と認め、持平の知行《ちぎょう》分はすべて凞平にあたえる旨の命令を発した。結論的には「通法」にしたがい、イエ支配権の優位を認めたことになるが、けっしてそれほど単純なものではない。

一年たたぬうちにはたして凞平は「正体なし」（無能である）という理由で惣領職《そうりょうしき》を没収され、かわりに竹原家の盛景《もりかげ》が「小早川一跡《いっせき》」をあたえられた。沼田本宗家にとってまさに寝耳に水の驚くべき決定であった。しかしその直後、将軍義教はその専制的政策が原因となって重臣赤松満祐《みつすけ》に殺害されるという大事件がおこり、幕政はし

嘉吉元	一四四一	持平、朝鮮より歳遣船一艘の派遣を認められる。将軍義教、凞平の惣領職を没収、竹原家の盛景にあたえる。○嘉吉の変。
嘉吉二	一四四二	小早川家の惣領職は再び凞平にあたえらる。新荘小早川氏の一族一揆契約。
嘉吉三	一四四三	竹原小早川弘景の置文。
宝徳三	一四五一	本荘・新荘小早川氏一族の一揆契約。
寛正元～文明二	一四六〇～七〇	小早川持平、朝鮮に通交船を送る。
応仁元	一四六七	○応仁の乱はじまる。
応仁二以後	一四六八以後	竹原小早川弘景、沼田小早川氏と戦い、高山城を攻撃。
文明九	一四七七	沼田小早川氏、高山城を開城。竹原小早川氏と和睦。
天文一三	一五四四	毛利元就の子隆景、竹原小早川氏をつぐ。
天文一九	一五五〇	隆景、沼田小早川氏をもつぐ。
永禄二	一五五九	このころから隆景、新高山城をきずく。
永禄三	一五六〇	○桶狭間の戦い。
永禄一〇	一五六七	このころから隆景、三原城をきずく。

小早川氏の関係年表　Ⅱ

ばらく混乱する。さきの義教の決定にも変更の可能性が生まれた。

翌嘉吉《かきつ》二年（一四四二）四月、持平は一族の一人に手紙（「小早川家証文」五四四）を送り、そのなかで「こんどの管領《かんれい》様がようやく自分の言い分を聞きとどけてくれて、惣領職があたえられ、沼田家の所領を支配することをゆるされた」と記している。義教のあとをついだ幼い将軍義勝のもとで、かつての政策への一部の手なおしが行なわれ、小早川家問題も再検討の機運が熟してきたのであろう。

しかし持平への再度の安堵《あんど》というのは結局、空手形に終わった。同年一〇月、小早川家の家督はふたたび凞平に安堵され、持平側の抵抗に対しては、出雲・備後《びんご》の国人《こくじん》たちを動員して討伐するようにとの幕命が発せられた。持平の親類や家臣たちは、一時、城郭にたてこもって戦ったようであるが、結局は没落してしまった。ここでようやく凞平の相続は確定したわけであるが、ほんらいイエ支配権の自立性をしめすはずの「悔い返し」の承認が、ここではまさしく将軍側の実力的介入によってのみ実現されていることに注目する必要がある。

惣領職の出現

この紛争の過程を通じて、小早川家の家督の地位は「惣領職《そうりようしき》」と表現されるようになるが、これは重要な事実である。小早川家では茂平の時代にもっとも典型的な鎌倉時代の「惣領制」とは、諸子の分割相続を前提とし、その上に一族を代表し、指揮する惣領をいただく体制であった。しかし惣領の地位そのものをわざわざ「惣領職」と表現することはなかった。

小早川氏の本宗家をはじめ、かつて分立していった多くの庶子家において、分割相続から単独相続への移行がほぼ完了していたこの時代に、新たに出現した「惣領職」は、かつての「惣領」とは異なった性質をもつものである。

いまも小早川家に伝わっている中世文書のなかには、とくに沼田家の凞平《ひろひら》以前の譲状などの文書類がめだって少ない。これは持平と凞平との相続争いにさいして、それまでの相伝文書類をみな持平がもち去ったまま没落したためであろう。そのなかでわずかに則平から持平への応永《おうえい》二一年（一四一四）の譲状の写し（「小早川家証文」五三）がのこされている。それをみると、持平あてにゆずられた沼田《ぬた》荘内の所領は、

沼田荘本郷惣地頭職・公文職・検断《けんだん》

〃　安直《あじか》本郷惣地頭・惣公文職・検断

〃　小坂《おさか》郷地頭職・公文・検断・塩入市庭《いちば》

〃　御名

〃　安直塩入新田・新開

〃　市後新田・木々津新田・塩入市庭

沼田新荘西方《にしかた》公文職

というように、荘内の各郷ごとに、その地域や対象となる職がこまかく書きあげられており、しかもそのほとんどに「庶子の分は除外する」とただし書きがつけ加えられていた。ところが持平との相続争いでついに勝利を得た凞平の譲状（「小早川家文書」三九）ではどうか。これはわずかに一行、

安芸国沼田荘惣領職ことごとく

と書かれているにすぎない。すでに庶子家の所領となっていた部分をもふくめて、沼田荘内はすべて本宗家の家督の所有と認め、しかもかつて存在していた職の区別も無視して、すべてが「惣領職ことごとく」として一括されるにいたったのである。これはたいへんな相違である。しかも譲状の本文では、

幕府の行事である御的《おまと》を射る儀式のさい、奉仕するための経費は、将軍の御成敗のように一族中に配分せよ。戦闘に参加するための陣役《じんやく》をつとめない者には、かたく命令せよ。諸役の奉仕をしぶる者は、将軍のお耳に入れて厳重な罪科に行なえ。

と記して、一族に対する幕府への奉仕の割りあてと、違反者に対しては将軍に報告のうえ、厳罰に処することを強調している。これはかつての則平から持平への譲状にはみえなか

った内容であって、新たに出現した「惣領職」が、まさしく将軍家に直結したかたちで強い権力集中をなしとげようとしていることをあらわしている。それは「惣領職」とはいいながら実体上はもはや嫡子単独相続の体制のうえに立って、一族は家臣団として従属させようとする体制へと大きく転換しつつあったものといえよう。

一族の一揆

持平《もちひら》と凞平《ひろひら》の相続争いにさいし、将軍義教《よしのり》が「一族・家臣の従うほうを立てよう」と発言し、幕府がその原則をタテにとって行動したことはすでに述べた。ちょうどこの時期、小早川氏一族の間で一揆《いっき》とよばれる同心・盟約の現象が表面化してくることは、興味ぶかい現象である。その最初は永享《えいきょう》三年（一四三一）、ちょうど則平が持平への譲状を破棄して新たに凞平にゆずりなおしを行なう直前、沼田新荘内の新庄家の内部でとりかわされたものである。いまのこっているのは新庄家の嫡流椋梨《むくなし》家に対して、一族の上山《うやま》・大草・和木の三家の当主がだしたそれぞれほぼ同文の契約状（「小早川家文書」一〇四～一〇六）である。

一、将軍への御公事《みくうじ》、守護への役は相談してつとめる。
一、沼田の惣領家に大事がおこったら、一同で同心して申し談じ、態度をきめる。
一、この契約の仲間が他人と共同して事をおこすときには、一同で協力する。
一、沼田の惣領家から直接に一同の兄弟・親類を扶持《ふち》し、家臣とされたときには、やめてもらうように一同で同心して申し入れる。

一、この仲間のうちにもしも非法のことを申す者があれば、一同の寄合《よりあい》で合議のうえ処置する。

以上の五ヵ条を神々にかけて誓約したものであり、この三家以外の家々と椋梨家との間にも同文の契約がとりかわされたはずである。いわば椋梨家を中心にした一対一の契約状の集積によって、新庄家の一揆がつくられたわけである。新庄家全員の一般的な一致協力をうたったこの一揆の契約のなかで、第二条は則平死後の家督相続の混乱をも見通したかのような条項であり、おそらくは事実上凞平へのゆずりなおしに対する新庄家一揆からの発言が行なわれているのであろう。

凞平がついに小早川家の「惣領職」を承認された直後の嘉吉《かきつ》二年（一四四二）一一月、こんどは秋光・小田・乃美《のうみ》・上山・清武・野浦（乃良）・和木・大草の八家の当主があつまって八名連署の契約状（「小早川家証文」四六〇）を椋梨氏にあててだしている。その内容は「以後この衆中の一人にでも大事がおこったならば、おのおの大事と考えて奔走《ほんそう》すべきものである。もしまた沼田の惣領家からいささかでも非分の子細を申されたならば、そのときは一同で同心して嘆き申すべきものである」ということで、明らかに凞平の「惣領職」獲得に対する対応である。

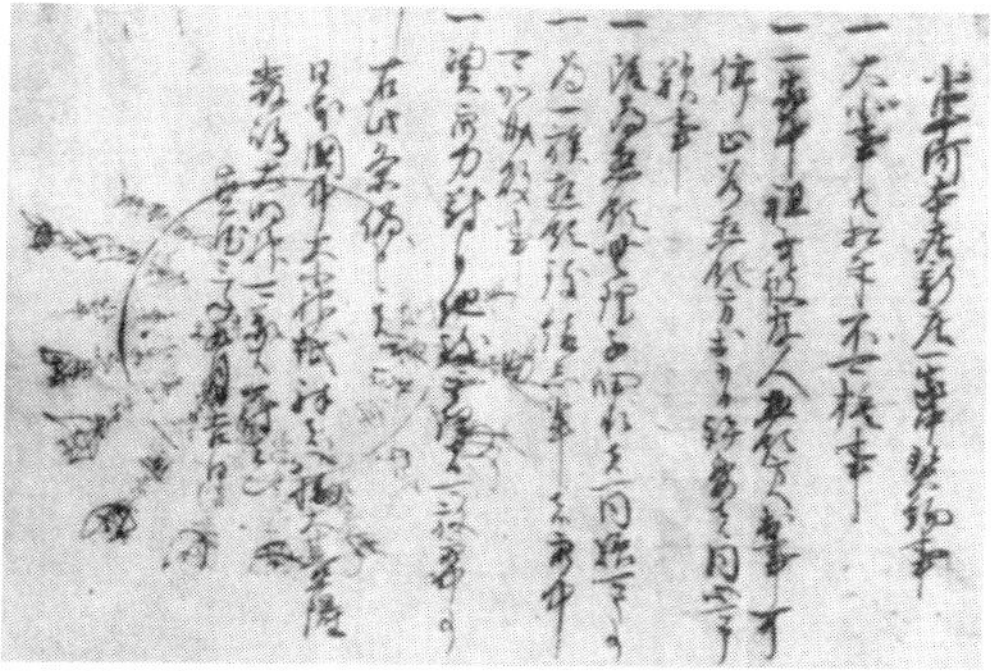
小早川一族の一揆契約　裏に一族13家の連署したからかさ連判が表にしみでている（国〔文化庁〕保管。東京大学史料編纂所編『大日本古文書　小早川家文書１』による）

からかさ連判

その九年後の宝徳三年（一四五一）には、上にかかげたような特徴のある連判の契約状（「小早川家文書」一〇九）がつくられている。円を描き、周囲に放射状に署名してゆく形式はちょうどからかさを連想させるので、よくからかさ連判《れんぱん》といわれる。序列がきめにくく中心人物のはっきりしないところからも、江戸時代の百姓一揆の連判状によく使われた形式であり、これはその先駆ともいうべき、おもしろい例なのである。

おたがい平等の立場にあることを明示するこの形式によって連署した一三家のうち、梨子《なし》羽《わ》・船木・小泉・生口《いくち》・浦・土倉《はぐら》・秋光の各氏は明らかに沼田本宗家から分出した家である。ここではもはや新庄家だけではなく、「小早川本荘新荘一家中」としての一揆がむすばれているのである。

その一〇年あまりまえ、小早川の惣領職が沼田本宗家から没収されて竹原家の盛景にあたえ

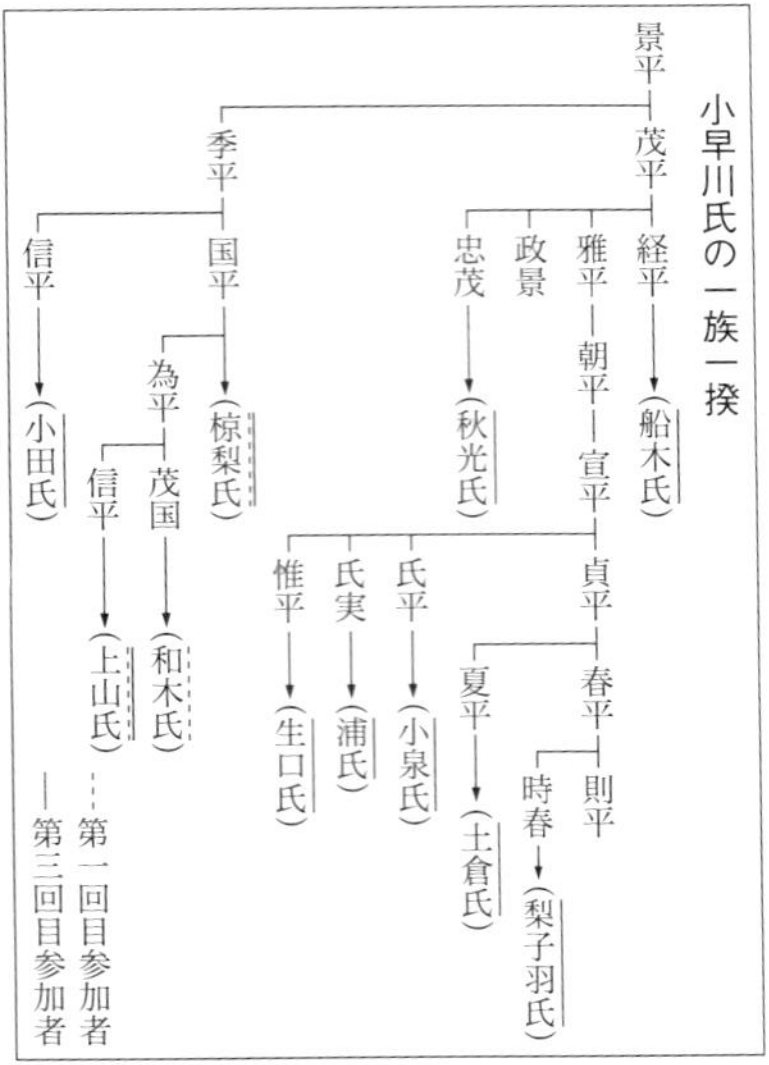

られたことがある。そのさい、幕府はとくに小早川家一族の分家一六家に対して別々にその旨を伝える文書（「小早川家文書」八二）をあたえているが、そのうち一三家はすべてこのからかさ連判に参加している。建武《けんむ》以来、将軍家に直属して本宗家と同格の地位に立つようになった竹原家をのぞいた、小早川氏の分家の一族の有力者ほとんど全員がこうした盟約をむすんだところに、大きな意味がある。

五ヵ条の契約は、

一、大事・小事について一同はたがいに助けあい、見すてたりしない。

一、この一家中の庶子家や被官人が沼田の惣領家に出仕することは禁止する。もし惣領家がそれをゆるすならば一同で同心して訴える。

一、たとえ惣領家でも理屈に合わぬ行為があれば、一同で同心して訴える。
一、一族中で惣領家をおろそかにする者があれば、一同で成敗を加える。
一、一同の力を悪用して無理な行ないをする者があれば、一同の「衆中」から追放する。

以上のことを神々に誓約したものである。「一家中」「一同」「衆中」などの意識でむすびついたかれら全員の団結と相互援助、対立の回避がこの契約の目的である。

そのなかでは二、三条にしめされているように惣領家によってかれら自身やその被官が家臣化されてしまうことへの反対がきわめて強い。すでにみたように将軍と直結し、その権威と権力を背景とした「惣領職」の出現は、まさにこのときがはじめてであり、それはかつて見なかったほど強く沼田家の領内に波及してきていた。その遠心力への抵抗と反発、そして有利な発言権の確保がこの一揆のねらいである。

しかしまた一方では他の領主たちとの所領争い、ようやく発言権を増してきた下からの小武士団や農民からの突き上げ、このような状況におかれたかれら、小さな一族分家たちは、第四条にみるようにとどめがたいまでに強く、惣領家の下にと引きよせられているのも一面の真実なのであった。

その後の持平

ところで凞平に敗れた兄の持平は、その後どうなったか。親類や家臣とともに滅亡し去っ

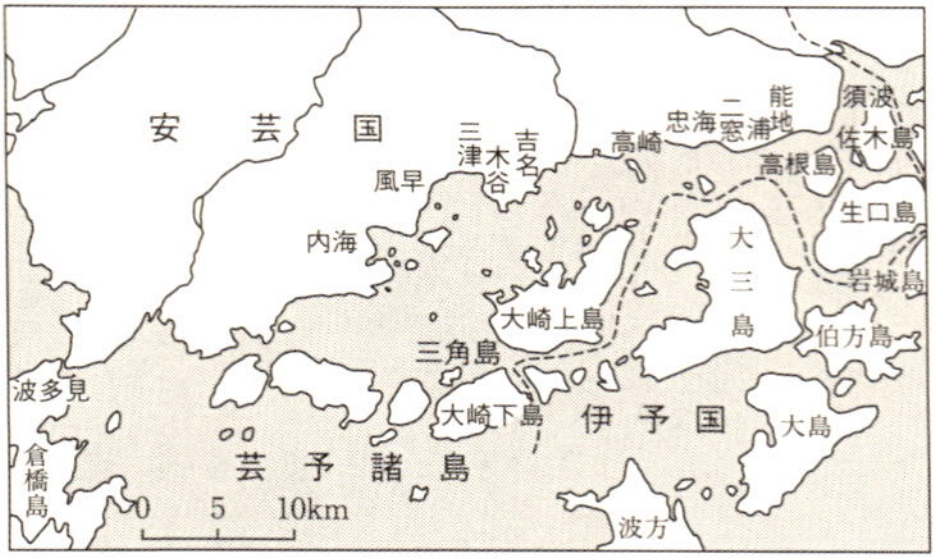

小早川氏一族の海岸と島々の所領

たという説があるが、おそらくそうではあるまい。私は持平は海上にのがれ、そこで新天地開拓にのりだしたのだと思う。このころ、朝鮮では貿易制限政策の一環として、さきに述べた「図書《としょ》」の制度とならんで、毎年渡航する貿易船の数を限定する歳遣船《さいけんせん》の制度がはじめられていた。すでに永享《えいきょう》一二年（一四四〇）に、文献上はその第一号として、毎年一艘の派遣を認められたのが、わが持平なのであった。「図書」の第一号が父則平であったことをあわせて考えれば、このころの小早川氏の海外貿易とのかかわりの深さがうかがわれる。

　ところが朝鮮側の記録（『世祖恵荘大王実録』ほか）では、これから二〇年のちの寛正《かんしょう》元年（一四六〇）から文明《ぶんめい》二年（一四七〇）まで、一一年間に七回にわたって、「関西路安芸州小早川美作守持平」という人物が朝鮮に通交船を送り、貿易をいとなんでいる。これまでの説では、持平はすでに嘉吉《かきつ》二年にほろびたはずだから、これは北九州あたりの商人が死亡した持平の名をかたった「偽使」であろう、といわれている。しかし持平が死亡したという証拠はどこにもないから、私はこれをすなおに持平自身の行なった貿易だと考えたい。

小早川氏一族の勢力はすでに鎌倉時代から瀬戸内海の海上に発展していたが、南北朝期以降、その所領はさらに生口《いくち》島・伊予大島（大崎島）などに拡大された。土肥実平《とひさねひら》が頼朝一行を海路安房《あわ》に脱走させたことからみると、小早川氏は東国武士でも、水に縁がなかったわけではない。一族は内海沿岸や島々を根拠地とする海賊衆たちを支配下におさめ、やがて自分自身が海の商人・海賊衆としても立ちあらわれるようになる。

そのなかでも、もっとも早く海上に進出し、海賊としても有名となった小泉氏と持平との間には、かなり深いむすびつきがあったらしい。空手形に終わった嘉吉二年の持平の勝訴の報告も、じつは小泉氏あてのものであり、その内容は、内海上にうかぶ伊予の大島（のちに安芸国の大崎島）の四分の一を小泉氏から預かって支配していたのを返却する、というものである。父則平とは異なって持平の肩書が「安芸州」という国名を正面にだしているのは、「惣領職」をうばわれ、九州に対する公職を失った持平の立場からきたもので、貿易の内容そのものはおそらくたいした変化はあるまい。

内海上の拠点である島嶼《とうしょ》と、北九州あたりにその根拠地をおきつつ、海外貿易や海賊集団の長《おさ》として転身していったのが、相続争いに敗れた持平の後半生だったのだろう。それは室町時代の小早川氏の発展の一面を象徴する姿でもあった。海賊という名称には別にこだわる必要はない。すでにゲーテが『ファウスト』のなかで喝破《かっぱ》しているように、洋の東西を問わず、「水軍・貿易・海賊業、これは神聖な三位《さんみ》一体《いったい》で、分けられるものじゃない」のだから。

木村城と二つの高山城

竹原家の発展

竹原家の勢力がもっとも発展したのは室町時代の中期、一五世紀前半から中ごろにかけての弘景《ひろかげ》・盛景《もりかげ》・弘景（祖父と同名。区別するときには、のちの弘景とよぶ）三代であった。三四二〜三四三ページにしめしたように当時の竹原家の支配領域は内海ぞいの安芸国（広島県西部）東半分に確固たる地位を占めており、清盛が開発したと称される音戸《おんど》の瀬戸《せと》をはじめ、安芸三津・高崎浦などの内海交通路の要衝をおさえていた。弘景の実名は、周防《すおう》・長門《ながと》両国（山口県）を本拠に北九州まで大きな勢力をきずきあげた大名大内氏の当主教弘《のりひろ》を烏帽子親《えぼしおや》として、その一字「弘」をさずけられたものであるが、この事実のなかに、大内氏とむすんで勢力を伸張させてきた竹原氏の姿がみとめられる。

この弘景が嘉吉三年（一四四三）、盛景にあてて書きのこした一四か条の置文《おきぶみ》（「小早川家証文」三五一）をみると、

男でも女でも、兄弟たちはよくよく育《はぐく》んでやれ。
女の子たちはことに不便《ふびん》である。他家に縁づいている者も、子供と同様に思って扶持《ふち》してやれ。

不縁になって帰ってきたら、一〇貫文《かんもん》ずつの所でもあたえて、心安くすごさせよ。御上《おかみ》（弘景の正妻）については、とりわけていねいに、自分への仏事のつもりで奉公されたい。めうしゅんの御前《ごぜん》（おそらく弘景の愛妾）はとくに疎略なくあつかってやってほしい。彼女への譲状は別に書いておいた。

などと家族たちに対する配慮には細心であるが、一方かつての鎌倉時代の武士団の置文《おきぶみ》のなかにはつねにくわしく書きこまれていた一族の間での年貢《ねんぐ》や公事《くうじ》、もろもろの負担の配分法に関する規定が、いまやまったく姿を消していることに気づかれるだろう。これはかつての鎌倉的な武士団の体制がもはや完全に過去のものとなっている事実をあらわしているのである。そしてかわって表面化してきたのが、

将軍家をけっしてお見すてしてはならぬ。また周防の大内殿とは近づきの間柄のゆえ、万事大内殿にたのまれ慇懃《いんぎん》になされよ。なんとしても沼田家には心安くしてはならぬ。油断してはならぬ。わが一族・親類の者は惣領家だからとて沼田様に奉公などしてはならぬ。そんなときにはきびしい罰を加えよ。

という親大内氏、反本宗家《ほんそうけ》の政策の表明であり、さらに家臣団統制への考慮、公正な裁判への要請、領内統治のための心得である。

領内の村々で不作や困窮のため公事《くうじ》を免除している所がある。はたして事実かどうか、直接その村まで行ってよく実情をみてくるべきである。また竹原家への番役《ばんやく》を免除されている所でも、京都や北九州への奉公はつとめさせることとなっている。よく心得られよ。京都や北九州への奉公の役は、代官・沙汰人や裕福な者だけにかけるのが通常の例である。しかしいまは非常時ゆえ、一五、六貫文程度の所領の者までも役をかけよ。もっとも日数は多すぎぬように。一五貫文くらいなら京都では六〇日の奉公が標準だ。それ以上になったら扶持《ふち》をあたえて奉公させよ。

とくに内海地域に活躍する富裕な商人・手工業者よりなる「領内の徳人《とくにん》ども」に対しては、領内の徳人どもはねんごろに扶持せよ。私にせせり取るなど違乱やわずらいはかたく禁止して、徳人たちを用に立てられるべきである。

と、その保護・育成の反面に、かれらの成果をつみとり、大きくしたパイをそっくり領主のために役だてる意図が露骨にしめされている。

すでに述べた沼田本宗家の商業政策と類似しながら、しかも保護・育成の配慮を表面にだしているのは、あるいは「沼田市《ぬたのいち》」と比較して竹原家領内の商業・市場《いちば》が一歩おくれていたのかもしれない。

このように弘景の置文は、かつての鎌倉的武士団の主人、家の惣領の立場から、一定地域の支配者としての面をあらわにしている室町的武士団の姿の反映であるといえよう。

木村城をたずねて

そのなかには、いま一か条、

わが居城はだれがなんといってもけっしてはずされてはならない。月に五度ずつ、大勢の人夫で築城させせよ。塀《へい》や櫓《やぐら》も割りあてて修理させせよ。

とある。この居城こそ木村城であり、竹原市の中心部から賀茂川にそって北上すること約五キロ、小早川隆景をまつる和賀《わか》神社のすぐ東側にそびえ立つ海抜一五〇メートルほどの丘陵がそれである。

和賀神社側の斜面はきわめて急峻《きゅうしゅん》であるが、裏側になる城の東斜面はそれよりはややゆるく、二筋の登り口がつくられ、山腹には曲輪《くるわ》の跡がある。山頂の最高点には本丸・二ノ丸・三ノ丸に相当する曲輪をはじめ、何段かの曲輪がつくられ、みごとな井戸がのこっている。山頂の北端には城の鎮守であった若宮の祠《ほこら》の跡がある。東・北・西の三方は、ほぼ一〇〇から一一〇メートルの高さの急斜面で、西は賀茂川、東と北は山麓に小さな沢が流れている。いかにも天然の要害である。

本宗家の高山城と比較すればたしかに小規模ではあるが、きわめてコンパクトに構成された城郭である。南方へとつづく尾根の間は深く掘り切られて一つの独立した岡のようなおもむきを呈し、それは漸次《ぜんじ》高まってやがて海抜三五〇メートル余の城山となる。これが木村城のつめの城であろう。

木村城の東側の山麓部に末宗《すえむね》という小字《こあざ》がある。承久《じょうきゅう》の乱後、竹原家が地頭となってこの荘園にのりこんできたとき、領家側としてこれと争った荘の預所《あずかりどころ》の名を末宗といった。預所の所有していた名《みょう》の名が小字として現在までのこったのだとすれば、このあたりはかつての荘の政治的中心部でもあったのだろう。竹原氏がここに本城をおいたのももっともである。城のふもとの和賀神社は、じつは明治二三年（一八九〇）になって、隆景をまつる県社として創建されたものである。現在はかなり荒廃したたたずまいをみせており、歴史の転変を考えさせるものがある。

都宇竹原荘をみる

木村城跡に立てば、賀茂川の中流域にひろがる都宇《つう》竹原《たけはら》荘の中心部を一望のもとにおさめることができる。川をへだててやや西南よりの方角約一キロむこうの山すそには、うっそうとした木立《こだち》にかこまれた賀茂《かも》神社がある。川をくだってこれから三キロ強ほど南、竹原市街の北のはずれに鎮座する下賀茂《しもかも》神社に対して上《かみ》の賀茂神社ともよばれる。ともにこの都宇竹原荘が平安時代以来、京都の賀茂神社の神領だったとき、京都から勧請《かんじょう》された社《やしろ》であろう。

下賀茂神社のすぐ南にはエビス神社がまつられている。この五〇〇メートルほど南のあたりが馬橋《まばし》古市とよばれた中世における市場《いちば》の跡であろう。現在の竹原市街地は近世以後になって埋め立てられた場所であって、かつてはこのあたりまで海がはいりこんでいたと思われる。ちょうど沼田《ぬた》荘の沼田市《いち》と同じように小河川が内海にそそぎこむ河口に都宇竹原荘の市場が形成されていたわけである。また木村城の下流約一キロ、馬橋古市から二キロ半ほど上流の水之口《みのくち》にもエビス神社がある。ここにも城下の市場がおかれていた可能性がある。

竹原家では正月四日、主人が年男《としおとこ》をつれて市に出かけることになっていた。このときにはおそらく買い初《ぞ》めなどの儀礼も行なわれたであろう。また正月二日の祝儀《しゅうぎ》のときには「市の預《あずかり》」が参列するほか、「四村の大預・小預」、さらに番匠《ばんじょう》・鍛冶・大工・船番匠・皮細工などの職人衆なども これに参加している。かれらのなかには市《いち》の住人も多かったであろう。下賀茂神社の位置の重要性もよく理解できる。

木村城跡のすぐ北方、二〇〇メートルとはへだたらぬところに海抜八〇メートルほどの小山がある。その山頂近くに神社がみえる。これが僧都《そうず》八幡宮である。八幡宮であるところからしても竹原家の守護神であったろう。その北方に法常寺《ほうじょうじ》屋敷とよばれているところがある。竹原家の氏寺であった法浄寺のあった場所である。この付近はまた竹原家の信仰上の中心地でもあったのである。

木村城跡の西北方約五〇〇メートル、賀茂川の対岸の丘陵のふもとに竹原家代々の墓地がある。地図などでは隆景の墓とされているが、おそらくそうではあるまい。相当数の宝篋印《ほうきょういん》塔《とう》と五輪塔がまじって建っている。何年かまえ、私がはじめておとずれたときには草むらのなかのあちらこちらに古い墓塔があるいは倒れ、あるいは傾いて散在しており、鬼気せまるものがあった。おおむね中世末期の様式のようで、城の西北の方角にあたることからみても、竹原家の墓地にまちがいあるまい。ここからさらに五分ほど山をのぼるとわずかな平地があり、二基の宝篋印塔がならんでたっている。隆景の養父にあたる竹原小早川興景《おきかげ》夫妻の墓と伝承されている。

そのすこし南、ちょうど東南方の正面に木村城をのぞみ、背面に山を背負って間口約五〇メートル、高さ三メートルほどの堂々たる石垣の屋敷がみえる。石垣の両隅には桝形《ますがた》が切られ、中世の武家屋敷の遺構とみられる。通称「手島屋敷」といい、竹原家の家臣団中では指折りの重臣で、江戸時代は村の庄屋をつとめた手島氏の屋敷である。近くの老人の方にうかがったところ、かつては「西殿《にしどの》屋敷」とよんでいたそうである。ここはちょうど木村城の西方にあたり、西の殿屋敷とよばれていたとすれば、むしろ竹原家の一族の屋敷か、あるいは本家の別邸の跡とみることができはしないだろうか。小早川氏が竹原を去って以後、木村城下付近の出身であった手島氏がその屋敷をうけついだものと想像されるのである。後世の手がかなり加わっているとしても、中世末期の武士の館《たち》をしのばせるに十分な遺構といえよう。

竹原家の家臣たち

弘景の置文一四か条が制定されてから約半世紀のち、一五世紀の末ごろに、孫の弘景がふたたび長文の置文（「小早川家証文」四〇一）を書きのこした。中世武士の置文としてはきわめて特色のある内容である。それはまず「親類の区分と順序について」と書きだし、家臣団のすべてを(1)「親類」、(2)「内《うち》の者《もの》」、(3)「中間《ちゅうげん》」の三部にわけて記述し、序列・区分から個々の人物の能力評価におよんでいる。

　表示したように、(1)親類は、(イ)「一家《いっか》・一《いち》属《ぞく》（族か）」とよばれ、「別分《わけぶん》」という独自の所領をもつ庶子家と、(ロ)「家の子」とよばれて「別分」をもたず、主人から扶持をあたえられているものに大別される。(イ)のうちでも最高位にあるのが越中

(1)　親類
(イ)「一家・一族」「別分《わけぶん》」（独自の所領）をもつ庶子家
　越中・小梨子《おなし》・包久《かねひさ》・草井
(ロ)「家の子」「別分」をもたず、主人から扶持されるもの
　瀬戸・南・裳懸《もかけ》・木谷・中屋・大垣内・川井・三吉・武部

(2)　内の者
　手島衆（中屋・大木・吉近・末松・井懸《いかけ》・田中等）・日名内《ひなない》・光清・風早・用田・山田・萱野《かやの》・柚木《ゆき》・岡崎・神田・西村・望月・有田・内海衆・八木・あべ
付・足洗
　彦一・九郎右衛門・横田衆・新左衛門・助七・神二・彦三・左衛門・七郎・荒谷

(3)　中間
　新右衛門・小六・弥六・弥三郎・太郎兵衛子・与七

小早川弘景の置文の内容

家で、祖父弘景以来の重臣である。「これらの家とはけっして仲たがいするな」と弘景もよく諭《さと》している。「一家《いっか》・一族《いちぞく》」だから、広義の家臣ではあるが、なお独立性をもつ家であった。

これに対して(ロ)「家の子」は「親類」のうちではあるが、実態としては家臣団にふさわしい身分で、その数も多い。置文はかれらの間の序列について家の格を第一とし、同格ならば年の順によれ、と教えている。

真実、主人の身になりかわってでもよく奉公してくれる家臣には、十分に目をかけてやれ。……よい家臣を脇ばさんでいなければ、主人が他人からあなどられるものだ。……人々は惣《そう》じてなじみがたいせつだ。……よい家臣のありしだい、見つくろって目をかけてやれ。いくら銭や米をもっていても、よい家臣がいなければすべてが無駄ごとである。……家臣のうちで、ある連中ばかりを重用し、あるいは排斥したりすることは、かえすがえすもよくないことだ。この点をよく注意せよと、以前祖父弘景様も申された。いまとなって思いあたる点が多い。……くれぐれもよろしくたのむ。家臣たちもなじみが深くなればこそ、奉公の志も深くなるものだ。私のいうことなど笑うべきものと思うかもしれないが、あとになればかならず思いあたることがあるはずだ。家臣たちの当番の帳面をみながら、以上思いだしたままに記した。……若い時分には、けっして家臣らにあてこすりや悪い冗談をいってはならぬ。心ある人物はひどくうらみに思うものだ。……親が目をかけていた家臣をそねんだり、にくんだりしてはならぬ。

弘景もかなりの老境にはいったものとみえ、話はくどいほどにくりかえされている。以上は見本として、ほんの一部を書きぬいたものである。

⑵の「内の者」は一般の家臣団であるが、そのなかでも重視されているのが「手島衆」とよばれる一団である。「我らが家の年比《としごろ》忠勤の者」で先年の大和国《やまと》への出陣のさい、忠節をつくして将軍のお目にとまったので、弘景が「内の者」の筆頭においたのだという。手島家の屋敷は現在の木村城下のすぐ近くであるし、「手島衆」を構成する一族のうち、吉近《よしちか》・井懸《いかけ》はともに木村城下のすぐ近くに地名をのこしており、末松は梨子羽郷《なしわ》南方《みなみがた》に屋敷の跡があった。「手島衆」とはおそらく竹原家の本城付近に拠点をもっていた小武士たちの集団なのであろう。

その他「内の者」には竹原家の勢力拡張にともなって新たに家臣に加わってきた風早《かざはや》家（三津三浦の一つ風早浦付近の小武士団）や内海衆（その西部の内海付近の小武士の集団で風早家の同族）、新参《しんざん》ではあるが能力をかわれて京都で雑掌《ざつしょう》をつとめている西村氏などの家臣団。あるいは山田・萱野《かやの》・柚木《ゆき》など本城近くの沙汰人クラスの小土豪たち。もとは「内の者」の従者で抜擢《ばつてき》されて直臣《じきしん》となった岡崎・神田氏など、なかなか多彩である。さらに「足洗《あしあらい》」とよばれて主君の足を洗うのが職務とされている家臣もおり、沙汰人よりもいちだんと低く格付けされている。

その内部の序列もなかなか複雑で、忠勤をはげんだかどうか、もとから名字《みょうじ》をもつ武士身分か、名字をもたぬ百姓だったか、「家」をもっているかどうか、などの点も問題とされているし、それぞれの職務もいろいろときまっていた。

当家での祝言《しゅうげん》に関する役は、だいたいは手島の者の仕事である。ただし、さしつかえがあれば、光清・風早・用田《もちだ》などの衆がつとめよ。越中家の三郎などに酌をさせるのは、大内殿や国の守護などの貴人のもてなしのときにかぎる。そのほかのばあいにさせてはならぬ、と弘景様もいわれた。自分の祝言のとき、越中入道（三郎の父）に酌をさせたら、とんでもないことだとおしかりをうけた。
正月の御弓の行事のとき、一番は親類から、二番は山田・萱野氏、三番は手島衆ときまっている。なにごとでも二、四、六、八、十の偶数の番は一段下のものの役である（だから二番は沙汰人の家臣の役になっているのだ）。

微に入り、細をうがった諸注意の最後はこうである。

以上は思いだしたままに書き記した。いろいろと不審の点があればよくたずねなさい。主人が内の者のことを知らぬなどとはとんでもない。内の者を召しつかうのはたいへん大事なことなのだ。

弘景の課題

(3)「中間」については、だれも名字をもたないので武士身分でないことがわかる。その時々の本人の能力しだいに召しつかえといい、また幼少から召しつかってその心もよくわかっている者に戦陣では武具をもたせよ、とくりかえしている。そして最後にもう一度、全体を総括していう。

以上は思いだしたままに書き記した。……惣《そう》じて一家や家臣に対してひいき、や不公平なあつかいをすれば、その一代くらいはよいとしても、いずれはかならずかれらのうらみを買うものである。そうなってはこの竹原家も一見強そうなだけでじつは弱い家になってしまう。他からの策動や讒訴《ざんそ》などにのせられて家臣たちをなさけなくあつかってはならない。人の訴え出たことも十分慎重にあつかい、簡単に信用せず、六度にもかさなったところでよく調査のうえ、しかるべく処置するくらいにせよ。自分の代まで三代の間、わが竹原家ではついにしかるべき一家や「内の者」をほろぼしたことはないのだ（これはわが家の誇りであり、おまえの代にもどうかそうあってほしい）。以上ぜひいいのこしておきたいことは多いが、思ったほどには申しおくことができなかった。なんでも疑問があれば直接に聞いてほしい。自分の命ももはや風前の灯《ともしび》かと思ってこの置文を書きだしたのだが、家臣たちのことを思いだしているうちに、ふしぎにもすっかり平癒《へいゆ》してしまった。まことに思いがけないことである。以上、曾祖父仲義様・祖父弘景様・父盛景様以来の代々の家の例を書き記したものである。

この長文の弘景置文《おきぶみ》のなかには、応仁《おうにん》・文明《ぶんめい》の乱に象徴される動乱の時代を生きぬいてきた一人の地方武士の姿がなまなましくあらわれている。置文の内容自体が全部家臣団の名前・序列と区分でうずめつくされ、「人は惣じてなじみがたいせつ」とくりかえされていることは、家臣団の統制・支配が家の主人にとって最大の課題であることをよくしめしている。しかもその内部構成の複雑さ、序列をさだめるための規準の多さは、竹原家の家臣団がなお鎌倉的惣領《そうりょう》制の域を十分にぬけだしていないことを物語っている。弘景自身、この内容は曾祖父以来の家例を「申しうつし」たまでだといい、とくに祖父弘景のことばをもちだしての傾倒ぶりがいちじるしい。

すでにしばしば例として引用してきた常陸大掾《ひたちだいじょう》氏の系譜の一つに、中世末につくられた『常陸大掾伝記』という本があるが、なかで、つぎのように記している。

> 家の子というのは本領をもった名代の人が奉公するばあいである。一家の端ではあるが重代の名字《みょうじ》のかかる本領を所有していない人は家の子ではなく、家人《けにん》とよぶ。

中世武士団の構造を論ずる学者はよくこの一節を引いて「家《いえ》の子《こ》」と「家人《けにん》」の区別を語ってきた。これは内容上弘景の置文の(1)「親類」の(イ)と(ロ)の区分とちょうど対応しているが、名称が一段ずれている。常陸大掾氏で「家の子」とよんでいるものを、竹原氏ではまだ「一家・一族」とよんでいるのは、小早川氏一族のなかでは比較的早く単独相続制にふみきり、庶子《しょし》たちを家臣化する方向にむかいながらも、かれらをなお完全に家臣団のうちに統制できていない事実の反映ではあるまいか。

応仁・文明の戦乱

置文のなかで「親が物狂いになれば子はつづみを打ちはやすべきものだ」という「昔事」をもちだしている弘景の伝統的、保守的精神もこれと関係がありそうである。しかしこの弘景の実際行動は、沼田本宗家との関係でみるかぎり、けっして「昔人」だった建武当時の先祖景宗と同一ではなかった。前後六年間にわたって沼田家の高山城を包囲攻撃し、ついに本宗家に和を乞わせたのはこの弘景だったのである。応仁・文明の大乱にさいして竹原家は大内氏にしたがい、山名《やまな》宗全《そうぜん》を総帥《そうすい》とする西軍方として活躍し、細川勝元《かつもと》を頭目とする東軍に走った本宗の沼田家と対立する立場に立った。その背景にあったのは、以前からの沼田家の相続争い、竹原家もこれに参加して一度は小早川氏の惣領職《そうりょうしき》をあたえられたことによる、両家の確執《かくしつ》の再燃という事実であった。

　中央での大乱がようやく鎮静化するかわりに、むしろ地方で戦闘がはげしくなるにともなって、竹原家の沼田家攻撃はするどさを加えていった。まず応仁二年（一四六八）ごろから三年にわたる高山城攻囲の戦いがあり、ついで文明五年（一四七三）から弘景は再度の高山城攻撃を敢行した。もとの梨子羽《なしわ》郷茅《かや》ノ市《いち》の北方につらなる標高二〇〇メートル近い岡を陣の山とよび、北にはすぐ新高山《にいたかやま》城をのぞみ、沼田川の谷をはさんでは高山城と相対している。ここが弘景軍の高山城攻撃の本陣であり、いまも山頂に土塁の跡がのこっているそうである。

大内氏の後援と備後の国人《こくじん》たちの協力を得て行なわれた二度目の高山城攻撃は翌々年までつづけられ、押されぎみの沼田家はさかんに中央に援助をもとめた。東軍側の備後《びんご》守護山名是豊《これとよ》もいそいで救援のために下向してきたが、これも力およばず、文明九年、沼田家の元平《もとひら》（敬平）は、ついに熊井田《くまいだ》本郷・安直《あじか》本郷・梨子羽《なしわ》郷北方の三ヵ所の所領を割譲する条件で開城し、攻撃軍もかこみをといた。講和が成立したのは、主として備後と安芸の国人たちが共同して斡旋《あっせん》したためらしいが、内容は明らかに竹原家の勝利であり、沼田家には大きなマイナスであった。

この戦乱の間、東軍では奉公衆のくせにかえって西軍に属したとして弘景の所領を没収し、沼田家の一人や弘景の子にあたえている。その命令が効果を発揮したとは思えないけれど、竹原家の家臣団内部にも、おそらくかなりの動揺がおこったはずである。それを克服《こくふく》して高山城の開城までもちこんだ弘景の手腕は、やはり相当のものであろう。さきの置文の一条一条には、たぶん血のにじむような、この戦乱の経験がしみこんでいるはずである。

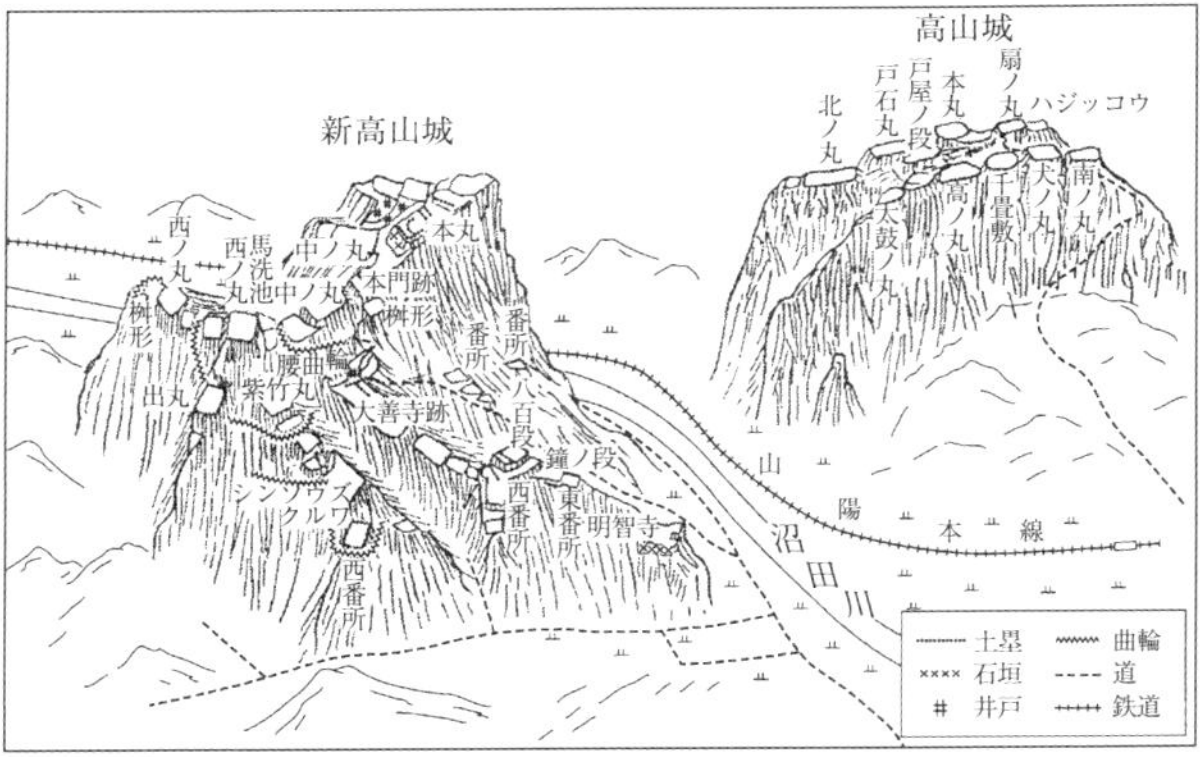

高山両城跡鳥瞰図　稲葉桂氏による

二つの高山城

さて応仁・文明の戦乱以後の小早川氏の歴史が、ふたたび大きなもりあがりをみせるのは、じつは毛利《もうり》元就《もとなり》の第三子隆景《たかかげ》が竹原家の養子に入り、ついで沼田家の養子ともなって両小早川家をあわせてからである。それまでに沼田家では四代、竹原家では二代が経過している。その間の事件でとりあげるべきこともないではないが、もはや紙数の余裕がないので、最後に沼田荘の中央にそびえる二つの高山城をめぐって、問題を整理しながらこの章のしめくくりとしたい。

沼田川の左岸にそびえる、ふところの大きく、二つの峰をもつ高山城と、右岸に相対峙《あいたいじ》して立つ、するどい新高山城。ともに二〇〇メートル近い高さをもって沼田荘の中心部にそびえ立っている、この二つの特色のある山は、私が荘内を歩きまわるたびに、あるいは近くあるいは遠くにその姿をのぞみ見た峰である。沼田川河口近くの沼田市場の跡からも、また梨子羽郷南方の奥まった谷々《やとやと》の間からも、思わぬときにその山容を指さすことができた。両方とも沼田川にむけての斜面はかなりに急峻であり、岩壁をそそり立てていて、近づけば近づくほど威圧を感ずるほどである。ある日、私は一人だけで新高山登山をこころみたことがある。その途中、沼田川の峡谷《きょうこく》へむけてまっすぐに落ちてゆく急斜面をのぞきこみ、対岸の高山の荒々しい山容をみたときの印象はなかなかに強烈であった。

その後ぜひとも二つの高山城にのぼり、いまものこる数々の遺構を実見したいものと思いながら、ついそれを果たさないままに今日におよんだが、さいわいにも昭和四八年の暮れ、かつて私の沼田荘調査に同行した荒野泰典氏の成果によりながらまとめてみよう。

すくなくとも南北朝期以降、小早川氏の本城がおかれていた高山城は、前ページの図にみるように南北二つの峰からなりたっている。遺称などによると北方の峰に本丸以下おもなものでで六つほどの曲輪《くるわ》があり、本郷町の側からよくみえる南側の峰には千畳敷《せんじょうじき》・高ノ丸以下おもな五つの曲輪があったとされている。現在の登路はふつう本郷駅の背面に横たわる丘陵部をこえて南の峰の東端にとりつき、頂上に達するものであるが、千畳敷からの眺望を荒野氏はつぎのように記している。

ここに立つと、かつての沼田荘の全貌をほぼ見渡すことができた。……周囲をとりまいて、はるか彼方《かなた》まで蜿々《えんえん》として濃緑から群青《ぐんじょう》に色を変えながらつづく山系は、幾重《いくえ》にも折り重なり、うねりあいながら、やがてその稜線《りょうせん》を明確にしつつ姿勢を低くし、その腕のなかに多くの谷《やと》をかかえこんで平地部へせりだしている。……平地部はそれを低く支えていて、身をくねらせるように谷をさかのぼっている。ここからはその谷のほとんどを、せりだした山々の背にさえぎられない限り奥の方まで見通すことができた。楽音《がくおん》寺ははっきりしないが羽迫《はざこ》はよく見える。松原の谷もよく見通せる。蟇沼《ひきぬ》寺までは無理だが、門田《もんでん》は見当がつく。……夏に谷をめぐりながら、ふと振り返ってみると、必ずといっていいほど高山の峯が見えて、妙に威圧する様子でそびえていたという印象が根強く残っているが、その時とちょうど逆の立場でぼくたちは様々な形で、色々な方向に展開している谷を眼前にしている。

まさに谷田《やとだ》地帯を見わたし、支配するのにこの高山城は絶好の位置にあるのである。

新高山城の特長

これに対して新高山城は、かつて高山城の出城《でじろ》があったとも伝えられ、それは十分に可能性をもつが、天文《てんぶん》一九年（一五五〇）、沼田家をも合わせて支配下においた小早川隆景が永《えい》禄《ろく》二年（一五五九）ごろからこの新高山城のほうを本城とし、大々的に改修工事を行なったものだという。三五九ページの図のように何ヵ所もの曲輪・寺の跡・井戸・土塁などがいまなおのこっている。

高山・新高山の両方を踏査したのち、荒野氏はつぎのような感想をもらしている。

高山城は二つの峯に分かれている。これは実際に城にたてこもる場合に谷をはさんで戦力が二分されなければならないことを意味しているだろう。この山は南面の形が非常にすぐれており、また前面には複雑に入りくんだ丘をすえているから、ここに適切な施設をおけば、おそらく南方からの敵には難攻不落であろう。しかし二つの峯に分かれており、しかも北方の峯は南方ほどには峻厳《しゅんげん》でないと思われることが弱点であり、いわば城としてのまとまりに欠けるところがある。

新高山城のほうは、その点はるかにすぐれている。一つの峯でまとまり、しかもその斜面は下からみるとこちら側におおいかぶさってくるような感じをうけるほど急峻である。それはまた、下から想像する以上に上がひろい、ということである。高山城とくらべてより実戦むきといえるかもしれない。だが隆景がこの地を本城にえらんだより重要な理由は立地条件であろう。沼田荘の低湿地帯や谷田《ぬた》地帯を見渡し、とくに南面の守りを固めるという点では高山城がすぐれていた。しかし沼田川の流域から海への出口の展望は、新高山城の方がよりすぐれている。また沼田川の水運の利用という点でも同様であろう。これはともに隆景時代の小早川氏の性格をみる上で象徴的な事柄である。だが小早川氏が単なる戦国大名から脱皮しようとすれば、この新高山城もまたそのための条件を満たさなくなっていく。小早川系図によれば永禄一〇年（一五六七）、隆景は新たな沼田川の河口、備後三原に、通称浮城《うきしろ》とよばれた海の城をきずき、これを本城とするのである。……城郭も、その領主が何を権力の基盤におこうとしているのか、という彼の歴史的性格によって設定・構成される。従って城郭の立地条件は城主の歴史的性格の反映もしくは模写である、という予感を今、つよくもつ。

みごとな推論であって、私がつけ加えるべきことはなにもない。高山城・新高山城、そして三原城と、中世から戦国時代末・織豊《しょくほう》期にかけての小早川氏の本城の推移はまさにみごとな三段とびであり、これらの城跡はその状況をなおありありとのこしている点において貴重な遺構というに恥じないものである。中世の城館跡についてはまだあまり史跡に指定していない文化庁が、とくにこの三つを一括して国の史跡としていることによってもその重要性が理解されるであろう。

ところが山陽新幹線はえりにえってこの三つの城跡を通過し、三原城跡はますます破壊され、高山・新高山はともにそのまん中をトンネルがぶちぬくという結果に終わっている。これまた開発による文化財破壊という現代の問題のほんの一例にすぎないのであるが、国の指定した史跡すらこうであるという点、深く考えさせられるのである。

埋もれていた戦国の城下町——朝倉氏の一乗谷

戦国を生きる者の心がまえ

一戦国武士の語録——『宗滴話記』

伊豆の北条早雲《ほうじょうそううん》は、針さえも蔵に積んでおくくらいの始末屋でありながら、戦いや武者のためなら玉でも粉々にくだくほどの思いきった使いかたをする男だ。

同時代人のするどい早雲評として知られることのことばは、北陸の要国越前（福井県）を支配した戦国大名朝倉氏の一族で本家につかえ、「武者奉行《むしゃぶぎょう》」として軍事面の采配をふるい、「智謀無双《ちぼうむそう》」とうたわれた朝倉宗滴《あさくらそうてき》（教景《のりかげ》）が、おりにふれて側近に語った物語の筆録といわれる『朝倉宗滴話記《あさくらそうてきわき》』の一節である。長短おりまぜて八三か条からなるこの書物には、このほかにも、

「当代、日本に国持《くにもち》の無器用、人使い下手の手本と申すべき人は、土岐殿（頼芸《よりなり》）・大内殿（義隆）・細川晴元の三人なり」

「又、日本に国持、人使いの上手、よき手本と申すべき人は、今川殿（義元）・甲斐武田殿（晴信）・三好修理《すり》大夫殿（長慶）・長尾殿（上杉謙信）・安芸《あき》毛利殿（元就）・織田上総介《かずさのすけ》殿（信長）、関東には正木大膳亮《だいぜんのすけ》殿（里見義尭《よしたか》の重臣）、これらのこと」

などの興味ぶかい記事をおさめており、まさに中世末期の一人の有力武将のおもかげをしのぶに足る、このうえない好史料である。もっともその最後に、

義景様の御成人以来、当越前国はまったく安泰で、自分も八〇歳に手のとどくまで長命したから、いつ死んでも心のこりはない。ただもう三年は存命したいと願っている。これはまったく命が惜しいからではない。織田上総介のゆくすえを聞きとどけたいと思う一念からである。

といっているのを読むと、宗滴死後十数年にしてこの織田信長によって、義景はじめ朝倉氏一族がほろぼされる運命をまるで予知していたかのようであり、いささかできすぎの感は否定できない。とくに桶狭間《おけはざま》合戦で信長が今川義元を討ち取る五年もまえから、その動向に注目していたなど、あまりにさきのみえすぎることである。このように『宗滴話記』のなか

には、たしかに後世の潤色《じゅんしょく》が加わっているように思われるが、その内容の大半はやはり信頼してよいもののように私は考えている。

武士は勝つことが第一

「武者は犬とも言え、畜生とも言え、勝つ事が本《ほん》（第一義）にて候」といいきる宗滴は、一八歳の初陣《ういじん》以来たびたびの合戦に功名《こうみょう》をあげ、六十余年にわたって戦国の荒波をくぐりぬけ、ついに七九歳の高齢で加賀一向一揆《いっこういっき》との対戦中、病を得て急死した人である。したがってその内容はかならずしも一貫した、整理されたものではないが、それだけに現実性に富み、興味ぶかいものが多い。

「山城《やまじろ》でも平城《ひらじろ》でも、ただむやみに攻めたてるだけでは大将として失格である。しかるべき武士たちを、目の前でむざむざ見殺しにする結果となるからだ」

「大敵が近づいてきたとき、それを知ってさきに逃げるのは戦術の一つであり、武者にとって聞き逃げはけっして苦しくない。しかし敵軍に接触したあとでの見逃げはよろしくない。そのときにはもはや全員討死の覚悟で戦うだけだ。昔から耳は臆病に、目は勇敢に、というではないか」

「武辺の義について、不可能ということばはいっさいいうべきではない。心中を見すかされるからだ」（「余の辞書に不可能という語はない」と断言したというナポレオンを思いお

こさせる）

「敵を攻撃するまえに、敵はとてももちこたえられまい、などと不用意にいうものではない。攻撃してみて抵抗が強ければ、味方の軍勢に心がわりが生ずるものだ」

「だいじな合戦や大儀な退却のおりには、部下はいろいろと大将の心持をためそうとするものだ。こんなときにはすこしでも弱々しい風をみせてはならぬ」

「大将となるべき仁《じん》は、まず平生から武芸に心がけることがたいせつだ。ひとたび無器用だという評判をとってしまうと、たとえ戦場でみごとなはたらきをしても、あれはまぐれだ、といって部下たちがいっこうに命令を聞かぬものだ。ふだんのたしなみが第一だ」

以上はどれも大将たるべきものの心がけの機微《きび》を説いて懇切であるが、朝倉家の「武者奉行」として宗滴自身の心がけていることは、さらに具体的なものである。

武者奉行の心がけ

「自分は七十余歳の今日まで、毎年九頭竜川《くずりゅう》より北の道筋や地形をみるために、鷹狩《たかがり》と称してはあの付近に出かけている。それは将来かならずまた加賀の一向一揆《いっこういっき》の攻撃があると予測しているからだ。命あるかぎりは武者奉行としていつでも出陣するつもりだが、そのとき、現地に不案内で絵図にたよって指揮をするようではなさけない次第だ。そう考えてふだんから準備をしているのだ」

「惣じて国中の道路は、間道や順路、馬の沓《くつ》を打つべき所や打たぬ所まで、よくよく承知していなくてはならない」

「よい武者になろうと思ったら、隣国はもちろん諸国の道のりや海・山・川・難所などを、よく心得ているべきである」

「武者奉行たるものは、合戦のさいにつねに軍勢の先頭に立つべきである。敵の首を討ち取ったものや手傷を負ったものなどが、その近くにあつまってくるからだ。軍勢の後方に武者奉行がひかえていると、かならず先陣の兵がそこへ寄ってくる。そして二、三の敵が攻めかかってきただけでも敗北してしまうものだ。そうなったら、かりに勇敢な大将がただ一人ふみこたえようとしても、味方にふみ殺されるのがおちである。よくよく気をつける必要がある」

「馬にはときどき、かたい大豆を水でふやかしただけの飼料をやるのがよい。野陣などで鍋釜もないばあいの用意である」

「陣取りや陣がえ、出陣などのさいには、雨天を予想して準備せよ。雨のつもりでいればきっと晴れにあうが、雨の用意がなければかならず降られるものだ」

これは今日でも外出のときには傘を欠かせない、といわれるほど雨の多い福井地方の風土に密着した教訓であるが、それにしてもこの『宗滴話記』にしめされているところでは、宗滴は朝倉家代々の当主につかえ、越前の西南、京都への通路を扼《やく》する要衝《ようしょう》の地の敦賀《つるが》郡を支配する重臣であり、武者奉行であり、さらに朝倉家の将来をおもんぱかる政治顧問であった。

宗滴の自負と卑屈と

「老人は夜の目も寝られず、退屈なものだという。自分にはけっしてそんなことはない。北方の加賀はもちろん、各方面からの攻撃に対する防禦《ぼうぎょ》のやりかた、かりに義景様とただ二人になっても越前一国を相手の合戦に打ち勝つための方法、そのうえに隣国を攻めて切りとるための作戦、そして最後には上京して天下を朝倉家のものとする戦術。いつもこれらを一心に思案しているから、夜中に退屈など感じているひまはないのだ」

この一節にはまだ若い当主義景を補佐して、さまざまに心をくだいている老将の面影があらわれている。では宗滴とはいったいどんな人物だったのか。応仁《おうにん》の乱の渦中に、守護斯波《しば》氏の家臣から身をおこし、ついに実力をもって越前一国を支配することに成功した乱世の英雄朝倉孝景《たかかげ》（また教景《のりかげ》や敏景《としかげ》ともいう。法号英林《えいりん》。なお曾孫に同名の孝景がいるので、以後区別するときには初代孝景、あるいは英林孝景とよぶ）の末子に生まれたのがかれであった。三七三ページの系図にみられるように朝倉家の嫡流は宗滴の長兄氏景《うじかげ》以後、その子孫の系統に相続されてついに五代目の義景におよぶのであるが、かれは主として三代貞景《さだかげ》、四代孝景、そして義景の時代に活躍したのである。

宗滴が父に死別するのは、わずか年七歳のときのことである。だがかれにとって一代の英傑孝景の実子に生まれたことは、このうえない誇りであった。

　英林の男子八人候。合戦の時、自身持道具に血を付け候は、我等一人にて候。十八歳より七十九歳まで、自国・他国の陣十二度、その内、馬の前にてさせたる野合せの合戦七度に候か。その内三度、持道具に血を付け候。

とみずから語っているように、数ある兄弟中でも、実戦の経験にかけてはその右に出るものはあるまい、というのが宗滴の最大の自負であった。

　だが一方、惣領《そうりよう》家の義景に対してのかれは、卑屈なまでに従順であった。

　自分が八〇歳になっても惣領殿への奉公につとめるのを、おべっかつかいだとかげ口をきくものがあるという。とんでもない心得ちがいだ。惣領殿がしっかりとしておられるからこそ、われわれでも国中の武士たちに自由に命令できるのである。とくに孝景様が御自身で、白髪《しらが》あたまに甲《かぶと》をかぶり、御辛労をかさねられたすえにやっと平定されたこの越前国だと思えば、この宗滴は外聞はどうあれ、「何事も御意《ぎよい》次第」と惣領殿にむかってはいつくばいたい心中なのだ。

これはまさにかれの自己弁護である。そして宗滴には実子景連《かげつら》があるにもかかわらず、惣領家貞景の子の景紀《かげのり》を養子にむかえて敦賀《つるが》郡をゆずると定め、

これもわが家臣たちのためを思えばこそである。わが家臣たちはだれもみな孝景様がいつも召し使われた歴々の人々である。自分はただ当座ばかりの主人と考え、皆々のゆくすえをよかれとねがってこう決定したのだ。

とさかんに弁明を加える。宗滴の自負と、それとうらはらのこの卑屈さ。その背後にはなんらかの深い理由が隠されているのではあるまいか。

景豊・元景の乱

朝倉氏三代の貞景の治世もなかばごろ、一五世紀末から一六世紀のごくはじめにかけて、朝倉氏の歴史上最大の内乱がおこった。朝倉景豊《かげとよ》・元景《もとかげ》（景総《かげふさ》）の乱とよばれる。孝景の四男に孫五郎景総という人があった。鬼五郎とよばれるほど気性のはげしい人物だったが、六男の小太郎教景《のりかげ》が正妻の子で父の寵愛も深く、弟ではあるがつねに上座にすえられているのが不満で、ふだんから兄弟の仲は悪かった。孝景の死んだ三年後、景総はついに相撲の場で教景を殺害し、すぐさま寺に逃げこんで出家した。しかし孝景の正妻五位の尼公や、教景を養子としてかわいがっていた孝景の弟で実力者の慈視《じし》院光玖《いんこうきゅう》らの怒りがはなはだしかったの

で、景総はやむをえず越前から逃亡して上京し、当時、幕府の実権をにぎっていた有力者の細川政元《まさもと》をたよった。景総はやがて還俗《げんぞく》し、政元の一字「元」をあたえられて朝倉元景と改名し、幕府につかえて威勢さかんとなったという。一方、殺された教景のあとは、同母の弟で末子がつぎ、兄と同じく小太郎教景と名のった。これが宗滴《そうてき》その人であった。

そのころ、越前西南部の敦賀《つるが》郡をあたえられていた朝倉一族に、敦賀城主景豊という人があった。孝景の弟景冬《かげふゆ》の子で、元景の従兄弟にあたり、その娘をめとっていた。また景豊の姉妹の一人は宗滴の妻でもあった。いつかこの景豊が元景とむすび、他の一族をかたらって惣領家の貞景をほろぼそうとする計画が進められたのである。

しかしいったん同意していた宗滴はとつぜんに寝返って、ある夜半ひそかに貞景のもとを訪れ、この陰謀を密告した。貞景はただちに国中に動員令をくだして敦賀城を包囲し、宗滴もこれにしたがった。不意をつかれた景豊はあえなく自害して果て、一日ちがいで敦賀救援におくれた元景はその翌年、反対派をあつめて加賀から越前へと侵入したが戦い利あらず、敗北してまもなく病死してしまった。このようにして景豊・元景の乱は鎮定され、寝返った宗滴はもっともあつい恩賞として景豊の旧領をあたえられ、新たに敦賀城主となったのである。

以上が朝倉氏の興亡を物語る唯一の史書『朝倉始末記《しまつき》』の伝える乱の経過である。

『宗滴話記』の背景にあるもの

朝倉氏が越前一国に覇《は》をとなえて以来の最大の内乱を勝ちぬいた貞景は、これによって国内支配の強化に成功した。だがこの乱の背景については、なお考えてみるべき点がのこっている。朝倉氏一族の系図を一つの手がかりとしながら、多少の推理を行なってみよう。系図をみると朝倉一族の実名は、ほとんどが(A)「□景」型か、(B)「景□」型であり、代々の嫡流はみな(A)の「□景」型を名のっている。中世の武士の社会では、よく「一字書出《いちじのかきだし》」といって、主人が自分の実名のうちの一字、多くは下の一字を家臣や従属者たちにあたえ、あたえられた側ではその一字を実名の上の字に名のる習慣が行なわれていた。たとえば、細川政元のもとにたよった景総《かげふさ》が、政元の一字「元」をあたえられて元景と名のっているのがよい例である。

　そうすると朝倉氏のばあいには(A)型の「□景」が朝倉氏内の主流、(B)型の「景□」は主人から「景」の一字をいただい

朝倉氏系図

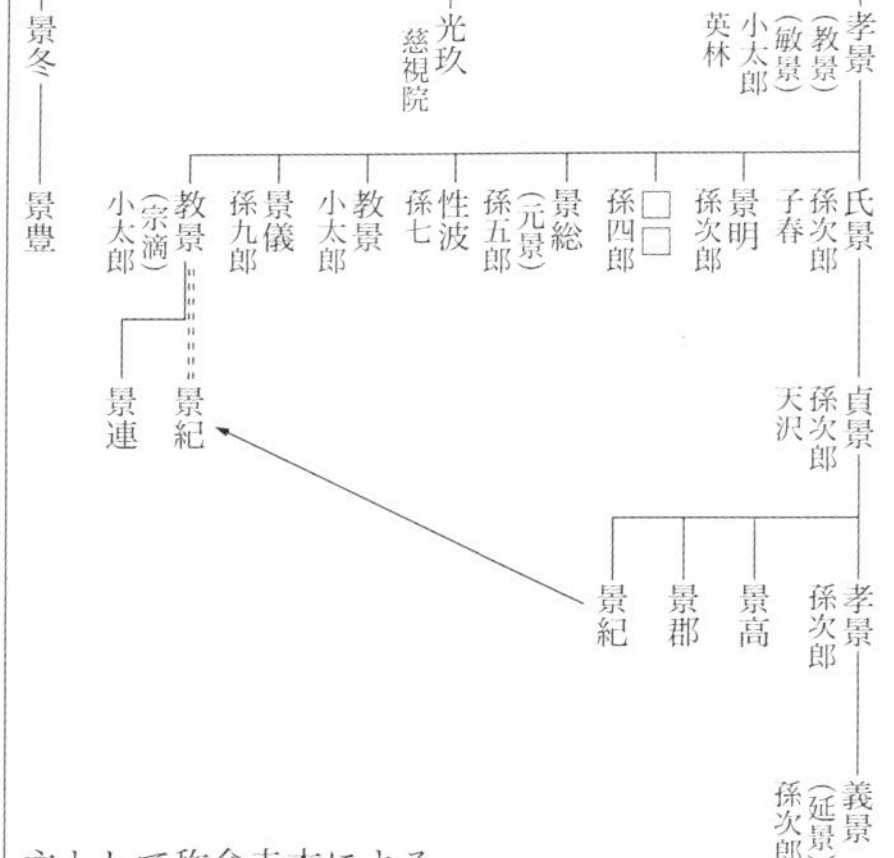

主として称念寺本による

て上の字とする、いわば朝倉氏内の傍流《ぼうりゅう》で家臣なみにあつかわれているもの、ということになろう。乱の張本人の一人の元景が、はじめ(B)型の景総の名を、越前を出奔《しゅっぽん》したのち(A)型の元景にかえた事実も、こうみてくるとなかなか意味深長である。

ところで比較的古い朝倉氏系図によると、初代孝景の八人の子のうち、(A)型は二代をついだ氏景と二人の教景の計三人のみで、のこりの三人はみな(B)型である（他の二人は実名が不明）。二人の教景がともに正妻の子であったことはすでにみたとおりだから、(B)型の名をもつ兄弟は正妻でない母の子であり、元服のとき、すでに家臣に準ずる身分ときめられていたことになろう。

ここで注意されるのが、二人の小太郎教景以外の兄弟はみな、孫次郎、孫四郎……という「孫」のつく仮名《けみょう》を名のっていることである。水藤真《すいとうまこと》氏は、この点に着目してつぎのような説をたてている（「朝倉景豊の乱と教景（宗滴）について」『若越郷土研究』一八―六）。朝倉氏の歴代の嫡流の仮名をみると、小太郎と孫次郎の二つがめだって多いが、初代孝景までの三代は小太郎で、二代氏景から五代義景までは孫次郎という対照はまことに鮮やかである。それまでに三代もつづいてきた小太郎の仮名をあたえられた二人の教景こそ、むしろ孝景の嫡子だったのではなかろうか、と。これはまことに興味ある推定だと思う。

孝景の子のうち、氏景はもっとも年長で、また能力からみても順当な後継者のようであるが、正妻の子であったかどうかは疑問である。このような事情をふくめて、孝景死後の朝倉氏の惣領の地位をめぐってはかなりの対立や暗闘がくりかえされていたらしい。すでに孝景の晩年、もしかれが亡くなれば、朝倉一族や国内の武士たちの間で反乱の勃発《ぼっぱつ》は必至である、との観測がしきりであった。こうした情勢のなかでは、孝景もついに年長で能力もある氏景を後継者と定めざるをえず、正妻の子ではあっても末子の宗滴は、きわめて微妙な立場におかれることとなった。

やがて氏景も死に、その子の貞景があとをつぐ。ようやく成長した宗滴はその後いつから敦賀城主の景豊とむすび、いったんは嫡家に対する反乱をくわだてるが、途中から転向して密告者の役にまわり、ついに敦賀郡の支配者、朝倉家の武者奉行《むしゃぶぎょう》の地位を獲得するのである。『宗滴話記』の主人公には、じつはこうした過去が秘められていたのである。

以上、水藤氏の見解によりながら、私なりに敷衍《ふえん》要約してみた。宗滴が孝景の子であることに、あれほどまでの自信と誇りをもっていたことも、これでとける。またかれがしめす惣領家への卑屈なまでのへつらい、へりくだりも、こうした過去を考えることによってかなり理解できそうである。宗滴の自信と不安、その屈折した心情の背景にあったのは、じつは以上のような経験ではなかったろうか。

朝倉家の家法――「敏景十七か条」

「朝倉敏景十七か条」

ところで朝倉孝景が子孫に書きあたえた家訓として、ふつう「朝倉敏景十七か条」（敏景とはかれが一時となえた実名)、あるいは「朝倉英林壁書《かべがき》」とよばれているものがある。

「朝倉の家では宿老《しゅくろう》などの身分を定めず、家臣それぞれの能力や忠節に応じて登用すべきだ」

「これまでに代々つとめてきたというだけの理由で、能力のない者を戦場の指揮官や奉行の職に任命すべきではない」

という実力主義の強調にはじまり、

「高価な名刀をそれほど好むものではない。一万疋《びき》の価の名刀一振よりは、価百疋の槍百挺《ちょう》のほうがまさっている。百人に一本ずつこの槍をもたせれば、優に一方の防禦《ぼうぎょ》ができるではないか」

「中央からしょっちゅう大和四座《しざ》の猿楽《さるがく》を呼びよせ、見物することを好んではならない。そのぶんの金をだして越前国内の猿楽の名人を上京させ、仕舞《しまい》を習ってこさせるほうがよい」


などと、軍事面や文化面での実質主義が高唱される。まことに応仁の乱後の下剋上《げこくじょう》のチャンピオンの一人とされる孝景の、面目躍如たるものが感じられるであろう。

「一年に三度は、有能で正直な家臣に領内を巡回させ、土民や百姓の言い分を聞き、政務の沙汰を改めるようにせよ。ときには少々身なりをかえて、自分で巡視するのもよいことだ」

「寺や町を巡視するときには、すこしでも馬をとめ、よいところはほめ、わるい点ははっきりと指摘せよ。国をみごとな国とするかどうか、国主の心づかいひとつにかかっているのだ」

これは越前国主としての心がまえ、民政への注意を説いたものである。このような条文が全部で十六か条（写本によっては十七か条）かかげられているこの家訓は、単なる朝倉家の家訓ではなく、越前一国を統治する大名朝倉家の家法としての性格をもっており、そのためにしばしば戦国大名の家法、あるいは分国法の一つにかぞえあげられている。

武士の「鉢植え」令

さてこの「朝倉敏景十七か条」のうちでもっとも有名であり、高校の日本史教科書にも多くとりあげられているのは、つぎの一か条であろう。

朝倉が館の外、国内に城郭《じょうかく》を構えさせまじく候。惣別《そうべつ》（すべて）分限《ぶげん》あらん者（所領を多くもっている者）、一乗谷《いちじょうだに》へ引越し、郷村には代官ばかり置かるべきこと。

福井市の中心部から東南方約一〇キロ、山間の一乗谷が、孝景以来義景にいたるまでの五代の朝倉氏の越前統治の中心となった地であり、その本城の所在地であった。この条では朝倉氏の家臣となった国内の有力武士たちを代々の本領から引きはなして一乗谷にあつまり住まわせ、郷や村には代官をおくだけにせよ、国内には朝倉氏の館以外の城郭はおかせない、という。本書の冒頭の章以来問題としている在地に根づいた中世武士団の特質という見かたからしても、これはまことに重大な内容である。中世武士団の特質の否定、「鉢植えの武士」という表現に象徴されるような近世武士団化、いわば武士の「鉢植え」化が、すでに

	西暦	おもな事件
応仁元年	一四六七	応仁の乱おこる。朝倉孝景、西軍の越前守護斯波義廉にしたがい、東軍と戦う。
文明三	一四七一	朝倉孝景・氏景、東軍に転じ、越前に転戦。
文明四	一四七二	孝景、甲斐氏を破る。
文明五	一四七三	孝景、甲斐氏に敗れる。
文明六	一四七四	孝景、甲斐氏を破る。
文明一一	一四七九	孝景、斯波氏・甲斐氏らと戦う。
文明一二	一四八〇	孝景、斯波氏・甲斐氏らと戦う。
文明一三	一四八一	孝景死し、子の氏景つぐ。氏景、斯波氏・甲斐氏らと戦う。
文明一四	一四八二	一乗谷の大火あり。
文明一五	一四八三	氏景、越前守護代に任ぜらる。
文明一八	一四八六	氏景死し、子の貞景つぐ。
長享二	一四八八	○加賀の一向一揆と戦って、守護富樫政親敗死す。
文亀三	一五〇三	朝倉景豊の乱。
永正元	一五〇四	朝倉元景（景総）、貞景と戦って敗れ、ついで病死。越前に大地震おこる。
永正三	一五〇六	一向一揆、越前に侵入す。朝倉教景（宗滴）らこれを破る。

応仁の乱直後の戦国時代初期に、朝倉氏においてできあがっていたことになるからである。武士団の城下町への集住、あるいは江戸幕府のだした元和《げんな》元年（一六一五）の一国一城令の先駆ともいうべき、いかにも近世的な特色が感じられる。

　しかしはたして朝倉氏の初代孝景の時代、このような国内の城郭整理策、一乗谷の城下町への集住政策が実行に移されたであろうか。朝倉氏はほんらい、但馬《たじま》国（兵庫県北部）出身の武士で、南北朝時代のはじめから越前国守護斯波《しば》氏の家臣となって越前国に入国し、はじめは現福井市内の北西部、九頭竜《くずりゅう》川と三里浜《さんりがはま》砂丘にはさまれた岡の上の黒丸《くろまる》城を根拠地としていた。その後何代かを経て、斯波氏の家中ではようやく頭角をあらわしてはきたが、まだ守護代をつとめる甲斐《かい》氏の下風に立っていた。一代の英雄である初代孝景は、主家斯波氏の家督をめぐる義敏《よしとし》と義廉《よしかど》の対立がひきおこした応仁の乱の渦中にあって勇将として名をあげ、はじめ義廉にしたがって西軍の陣営に属しながら、のちには

永正四	一五〇七	教景、再び一向一揆を破る。
永正九	一五一二	貞景死し、子の孝景つぐ。
享禄四	一五三一	教景、加賀の一向一揆を攻める。
天文一七	一五四八	孝景死し、子の義景つぐ。
弘治元	一五五五	教景、一向一揆との対戦中に病死す。
永禄一〇	一五六七	足利義昭、義景をたより一乗谷にはいる。
永禄一一	一五六八	義景、一乗谷南陽寺に義昭と酒宴。義昭は一乗谷にて元服、ついで一乗谷を退去して織田信長にたよる。
元亀元	一五七〇	信長、若狭より越前を攻撃。近江姉川の戦いで、朝倉・浅井の連合軍は信長に敗北。
天正元	一五七三	義景、近江に出陣して信長と対戦し、敗北。帰国の後に自殺。朝倉氏ほろぶ。

朝倉氏年表

東軍側に寝返って将軍から特別の恩賞をうけるなどたくみな動きをみせ、ついには越前の大半を実力で切りとり、多くの荘園を押領《おうりょう》して一国に君臨するにいたったのである。

これまでの通説では孝景は西軍から東軍への寝返りにさいしてとくに越前守護に任命され、斯波氏の一家臣から一躍して将軍直参《じきさん》の守護となり、越前一国の支配者の地位にのぼった、とされていた。しかし重松明久《しげまつあきひさ》はこの通説を再検討し、孝景の守護任命状といわれているものは偽文書《ぎもんじょ》の疑いが濃厚であり、幕府三管領《かんれい》家の一家である斯波氏の重要な守護分国である越前で、一家臣の孝景が正式に守護に任命されたことは考えられない、孝景はむしろ実力にもとづいて一国を押領したのであり、そのほうが下剋上《げこくじょう》の典型として、戦国大名にふさわしい行動であろう、という意見を発表した(「朝倉孝景と越前守護職」〔『若越郷土研究』一八―三〕)。

私もまた重松の見解のほうが正しいように思うが、そうだとすれば孝景の越前支配は実力のみにもとづいたものであるだけに、その初期にはとくにまだ不安定な様相を呈していたと考えなくてはなるまい。事実、守護代甲斐氏をはじめとする反対派の勢力はまだまだ強固であって、孝景は反対派との武力抗争に明け暮れする日々を送っていた、とみるのが正確のようである。

「敏景十七か条」への疑問

『宗滴話記』にはつぎのような話がのせられている。

一国を支配し、家臣を扶持《ふち》すること。美濃国を支配した実力者の守護代斎藤妙椿《みょうちん》（利藤《としふじ》）は、家臣にあたえるべき土地がみつかると何万貫・何千貫となるように分けてとっておき、あとでしかるべき武士たちに、それぞれ相応の扶持をあたえてやった。孝景様はそうではなく、だれかの土地を没収するとすぐ、「どこそこの何某の旧領を知行《ちぎょう》せよ」と別の家臣に扶持してやられた。だから一度知行をいただいただけで五百石・千石の地を支配する家臣もおれば、三回・五回といただいても五十石・百石ないものもあった。このようにひろく家臣たちに御恩をくだされたので、人々はみなありがたく思って御奉公にはげみ、いまにいたるまでお国も長久、いよいよ御繁昌《はんじょう》なのだ。斎藤妙椿のように、一定の貫数になるまで待ってから、それぞれ分けあたえてやる、というやりかたでは、家臣間の身分の上下もはっきりして、かえってよろしくないものだ。

しかし宗滴の孝景崇拝を割り引きしてすなおに読めば、自分の自由になる土地が出たとき、即座につぎつぎと家臣に分与しなければならない孝景と、それをしばらく「積ませ置いて」のちに、量を計算して知行地にあたえる斎藤妙椿の二人の、どちらのほうがより安定した立場の主人であるかは、だれにでもすぐに理解できよう。反対派とのはげしい戦いを、ともかくも勝ちぬくことが至上命令であればこそ、このような孝景の態度が生まれたと考えざるをえないのである。

また、『宗滴話記』では孝景について、慇懃《いんぎん》を第一として国をお治めなされた、と年寄たちはみないっている。侍たちへはもちろんのこと、百姓や町人に対しても手紙ではたいへん丁重なことばで書いて、あてさきの書きかたも十分すぎるほどに礼をつくされた。

とたたえている。しかしなにごとも慇懃第一につとめる政治であった、ということは逆に孝景の権力の基盤がまだ弱小であり、つとめて摩擦を避けようとする姿勢をとらざるをえなかったため、と解釈するほうがあたっているだろう。

こう考えてくると、さきにみたような「朝倉敏景十七か条」中、もっとも有名な一か条と、孝景時代の現実との間には、どうもかなりのギャップがあるように感じられてならない。もちろんこれは家訓の一か条であって制定、公布された法規そのものではない。またかりに公布されたとしても、すぐに全面的に実行されなくともかまわない。このように弁護することはできるけれど、それにしても『宗滴話記』の記述などにうかがわれる孝景時代の朝倉氏の政策の基調と、さきの国内の城郭の否定、城下町への集住令に象徴される態度との間には、なにか奇妙にくいちがったものがある。私はやはりこの「朝倉敏景十七か条」、なかでもこの一乗谷への集住令を疑いたい。すくなくとも孝景当時のものとは考えられないのである。

宗滴と「敏景十七か条」

すでに松原信之《まつばらのぶゆき》氏は、「朝倉敏景十七か条」が孝景自身によってつくられたことを証明する史料がじつはなにもないこと、また問題の一乗谷への集住令のように孝景当時のものとは考えられない部分のあることを指摘している（「朝倉孝景（英林居士）に関する研究」〔『福井県地域史研究』二〕）。そして松原氏はそのうえで、「朝倉家之拾七ヵ条」と題する江戸中期の一写本のはじめに、つぎのような意味の記載のあることを紹介した。「これは朝倉英林入道が子孫への一書《ひとかき》であります。ある夜、朝倉太郎左衛門尉《たろうざえもんのじょう》（宗滴）が物語り出されたものの大体を、今思い出して書きつけました。近代の名人とうたわれた人の作ですので、内容のいいあしは私には判断できかねますが、ともかく御一覧下さい」と。

この写本は、いま、何種類か伝えられている「敏景十七か条」の本文のなかでは、かならずしも最古の系統に属するものではない。しかし松原氏の指摘はまことに貴重であり、「おそらく傑物の宗滴がその大部分を作成して、権威のあるものにするため、『英林入道子孫への一書』として後世に伝えたものであろうか」という氏の推測はたいへん興味ぶかいものがある。じつは『宗滴話記』そのものが、「宗滴様の御雑談のはしばしを、書記役の萩原某がおぼえていて筆録した」書物であったが、この写本によれば「敏景十七か条」もまた同種の経過をへて成立したものなのであった。

すでに述べたように、宗滴にとって、みずからが孝景の正妻の子に生まれた、という自負の念は、まことに強かった。『宗滴話記』のなかには、英林様がこう仰せられた、という式の表現がいったい何回くりかえされ、孝景のことがいったい何度、ひきあいにだされていることであろうか。朝倉氏の越前支配をうちたてた、初代英林孝景の言行を追慕し、その権威にすがることが、同時に宗滴自身の権威づけにもつながるのであった。

　こう考えてくると、孝景の過去の多くの訓戒や教訓を利用しながらも宗滴が一巻の家訓としてしあげたものが、「朝倉敏景十七か条」の原型であり、いまに伝わるのは、それを聞き伝えていた宗滴の側近、おそらく『宗滴話記』の筆者と同じく書記役の萩原某の筆録した本だったのではないだろうか。私にはどうもそのように思われてならない。

　げすのかんぐりかもしれないが、「敏景十七か条」の最初にしめされる実力主義の高唱が、ちょうど戦場の指揮官や奉行を例としていることは長期間にわたって「武者奉行」の地位を占めつづけた宗滴自身の立場の反映、とみることができはしないだろうか。このような家訓のつたわる朝倉家において、まさにもっとも実力の必要な「武者奉行」の地位を長くつとめあげたことによって、逆に宗滴自身の実力はますます高く評価され、強固な裏づけを得ることになるからである。

一乗谷をさぐる

一乗谷の謎

問題の朝倉氏の一乗谷《いちじょうだに》への集住令であるが、孝景時代にはありえないことだとしても、では(1)宗滴時代の朝倉氏にはすでにこのような構想が具体化されていたのか、それとも(2)いまに伝わる「敏景十七か条」が筆録された朝倉氏滅亡後のある時点に、筆録者が創作して挿入したのか、という点は未解決のままである。

この問題解決へのいとぐちをもとめて、朝倉氏五代の城下である一乗谷を訪れてみよう。すでに永原慶二《ながはらけいじ》氏は、その著書『下剋上《げこくじょう》の時代』（中央公論社、一九六五〈中公文庫、一九七四〉に収録）のなかで、下剋上の代表的人物の一人として孝景をとりあげ、「敏景十七か条」にみられる革新的、合理的な考えかたや、かれの行動に大きくスポットライトをあてたことがある。だがその叙述のあとで氏は「一乗谷のナゾ」として、つぎのようにいう。

昭和三十九年の十一月、わたくしは一乗谷をおとずれる機会をもった。ここは、かねて、下剋上をもっとも先進的にやってのけた朝倉氏の本拠として、またもっともはやく家臣団の城下集住が行なわれたところとして印象づけられていた。ところが現地をたずねてまったく意外だったのは、そこがあまりにも狭い山かげの小地域であることだった。……一乗谷はあまりにも旧式の中世的な小宇宙であり、のちの戦国大名や近世大名が示した城下町とはその構想がまったくちがっている。……その意味で、わたくしが「敏景十七箇条」を通じて予想していた朝倉氏のイメージと、一乗谷の地形とのあいだには大きなズレがあったことはいなめない。

たしかに文字に書かれた史料を、ただ紙の上だけで読んでゆくのは危険である。われわれはその史料を土地に即して読みなおし、紙上のみの、いわば糸へんの歴史ではなく、足で歩いて確かめる、いわば足へんの歴史学をきずかねばならない。その意味で永原氏の問題提起はたいへん貴重なものであった。そして氏は「敏景十七か条」の解釈よりも、一乗谷の現地の地形的条件をより重要視して、つぎのように結論をくだした。

朝倉氏の越前支配を近世大名の領域支配のように徹底したものと考えることがまちがいで、朝倉自身は、やはり一個の国人《こくじん》領主として本拠地をかため、ただその安定した力をもって国内の多くの群小武士たちを組織するというのが、その守護大名としての内容なのだろう。

と。この見解にはたしかに聞くべき内容がふくまれている。ただ紙幅の制限からであろうが「敏景十七か条」から引きだされた「革新的」「合理主義的精神」と、現地を踏査した結論の間のズレがそれ以上つきつめられていない、という印象は否定できない。両者のズレについて、一つは「敏景十七か条」自体がはたしてかれ自身の著作かどうかを上述のように再検討してみること、そしていまひとつは一乗谷の現地踏査をもうすこし深めてみること、この二つの作業が必要ではなかろうか。

まことに幸いなことに永原氏の踏査以後、種々の経緯をへて一乗谷一帯は国の特別史跡に指定され、朝倉氏の館跡以下の遺構の発掘研究が、福井県教育庁の朝倉氏遺跡調査研究所によって行なわれるようになっている。中世の遺跡としてはまさに例外的に恵まれたケースである。さきに記したように一乗谷への集住令に対する疑問や、永原氏ののこされた問題点を心のなかにいだきながら、私が一乗谷の現地を訪れたのは昭和四八年の一一月、ちょうど永原氏の踏査の九年あとであった。

一乗谷の城戸の内

福井市の中心部から東南方へ、足羽《あすわ》川の流れにそってさかのぼること約一〇キロ、バスにして二〇分程度、川がようやく山あいをぬうようにして蛇行しはじめ、やがて南から一本の支流をあわせるところが安波賀《あばか》である。この川が一乗川、この谷が一乗谷なのである。以下、三九三ページと三九五ページの地図と対照して読んでいただきたい。

西は標高二〇〇メートル内外の御茸山《みたけやま》連峰によって福井平野とかぎられ、東と南には高さ四、五〇〇から七〇〇メートル以上の山々がそびえ立って、この谷をぐるりととりかこんでいる。三方は山で、南北に細長く、北だけをひらいたこの一乗谷は、まさに天然の要害とよぶにふさわしい地である。

安波賀の村をすぎてまもなく、谷の入口のもっともせまくなったところに、下城戸《しもきど》とよばれる土塁がきずかれている。いまは西半分が削られているため、よく注意しないと見落としてしまうくらいである。だがバスを降りてみると、高さ四メートル強、幅は一八メートル、長さ二九メートルほどの堂々たる土塁で、とくに東側の山よりの端には、巨石を組み上げてたがいちがいの桝形《ますがた》がつくられているようすが、ありありとのこっている。かつてはここに厳重な城門がもうけられて、一乗谷への出入りをきびしく取りしまっていたのであろう。

下城戸をすぎるとわれわれはいよいよ一乗谷の城下にはいりこんだわけである。現在は福井市内であるが、以前は足羽《あすわ》町、そしてその前には足羽郡一乗谷村の城戸《きど》ノ内《うち》と通称された村である。下城戸の南方二キロほどの川上に、こんどは上城戸《かみきど》とよばれる土塁がある。これも東側の半分しかのこされていないが、高さ四・五メートル、幅一三メートル、長さ五一メートルにおよび、かつては前面に堀があったという。上城戸の外側で谷は二つにわかれ、それまでよりはややひらけた、ひろい谷間となっている。だから上・下の二つの城戸は、ちょうど一乗谷のもっともせまい部分をえらび、二つの地点を土塁できずきとめたかっこうになる。天然の要害をさらに人工の要塞でかためたわけである。この二つの城戸にかこまれた部分こそ、まさしく「城戸の内」であり、朝倉氏一族の居館や家臣の武家屋敷、さらに多くの寺院のあつまっている城内の都市なのであった。

山城をさぐる

城戸の内の東方にそびえ立っているのが高さ四七三メートルの一乗城山《いちじょうしろやま》で、山頂にはいまも山城の跡が歴然とのこっている。一乗谷を訪れた私は、まず福井市一乗谷朝倉氏遺跡管理事務所の梅田清治氏や水藤真氏の案内でこの城山にのぼることにした。一一月のはじめ、いよいよ北陸の長い冬がはじまろうとする一日で、曇り空はいまにも雨になりそうな気配をしめしていた。

かつて武士たちが山城から出るときの乗馬の地、また城にのぼるための下馬の地であるという小字《こあざ》の馬出《うまだし》というところからすぐ山にはいる道をえらぶ。その南側の山腹にある小さな突起を利用した「小城《こじろ》」の跡をみながらのぼりにかかるが、このあたりの山腹の傾斜地は何段かに平らに削られ、道の左右には石垣が苔《こけ》むしている。明らかにかつての武家屋敷などの遺構と考えられる。

やがてまた山腹の小突起を利用した「小見放城《こみはなちじょう》」の跡につく。そろそろのぼりがきつくなってくる。あえぎながらも足をはこび、何十分かすぎたころ、ようやく山頂の本丸《ほんまる》跡の真下の、不動清水とよばれる泉のところまで達した。石の不動尊や千手《せんじゅ》観音など数体の石仏がまつられ、一六世紀なかばの天文《てんぶん》・永禄《えいろく》年間の銘文が記されている。この山城の貴重な水源なのであろう。

その上部が本丸跡と総称される一画である。不動清水からの道をのぼって最初にとびだすのが千畳敷《せんじょうじき》とよばれる平坦地で、南北五〇メートル、東西三〇メートルほどの広さがあり、草のなかに一七個の礎石がのこっている。そのすこし南には土塁をへだてて観音屋敷《かんのんやしき》という、一辺二五メートルほどの正方形に近い平地があり、ここにもいくつかの礎石などがみられる。東南にはいちだんと高くなった平地があり、ここには朝倉氏の氏神の赤淵大明神《あかぶちだいみょうじん》がまつられていたという。

いまもその本社は兵庫県朝来郡《あさこ》和田山町《わだやま》（現朝来市和田山町）の枚田《ひらた》に鎮座しているが、そこには義景時代に朝倉氏から送られた手紙などがのこっており、朝倉氏が古い先祖の出身地である但馬国との関係をなおもちつづけていたことを物語っている。一乗谷では西側の山の上にも赤淵大明神があったという。ともに朝倉氏が故郷から勧請《かんじょう》してきた氏神であろう。ついでながら下城戸の入口にあたる安波賀の地名も、但馬の名社粟鹿《あわが》神社の名をうつしたものといわれている。朝倉氏と故郷の但馬とのつながりを考えさせる事実である。

このあたりを西南方にまわりこむと、宿直《とのい》跡とよばれる標高四〇七メートルの尾根の上の平地である。石組の門の跡や数個の礎石、それに庭の跡らしいものまでが草むらのなかにのこっているが、その突端に立てば眺望はにわかにひらけ、眼下には一乗谷の全景が手にとるようで、御茸《みたけ》山の峰々のつらなるかなたに、ひろく福井平野の全面の展望をほしいままにすることもでき、晴天には遠く日本海までを望むことができるそうである。

一乗谷の地理的条件

この場所に立って、越前国のなかで一乗谷の占める位置について考えをめぐらしておこう。古代以来越前の政治的中心をなしていた国府はいまの武生《たけふ》市（旧名府中、現越前市）におかれており、敦賀から木ノ芽《きのめ》峠をこえて今庄《いまじょう》・国府、さらに北進して北庄《きたのしょう》（いまの福井市）・金津《かなづ》と、ほぼ現在の北陸本線ぞいに進むコースがかつての北陸道であった。

この幹線道路からみれば、一乗谷はたしかに少々山間に引っこみすぎている。しかし福井からここにくるまでにたどった足羽《あすわ》川ぞいの道路をさらに東進すれば、越前東部の要地大野《おおの》を通って、さらに美濃国（岐阜県）へとこえることができる、いわゆる美濃街道である。一乗谷がこの街道をおさえていることはいうまでもない。

また国府との連絡には、上城戸《かみきど》を出て右側の谷をさかのぼり、御茸山連峰の鞍部《あんぶ》の、通称鹿俣越《かなまたごえ》をこえて約二〇キロの道がある。この鹿俣越の峠の部分には、かつての石畳が近年までのこっていたといわれ、この道こそ一乗谷の大手口だとする説も有力である。

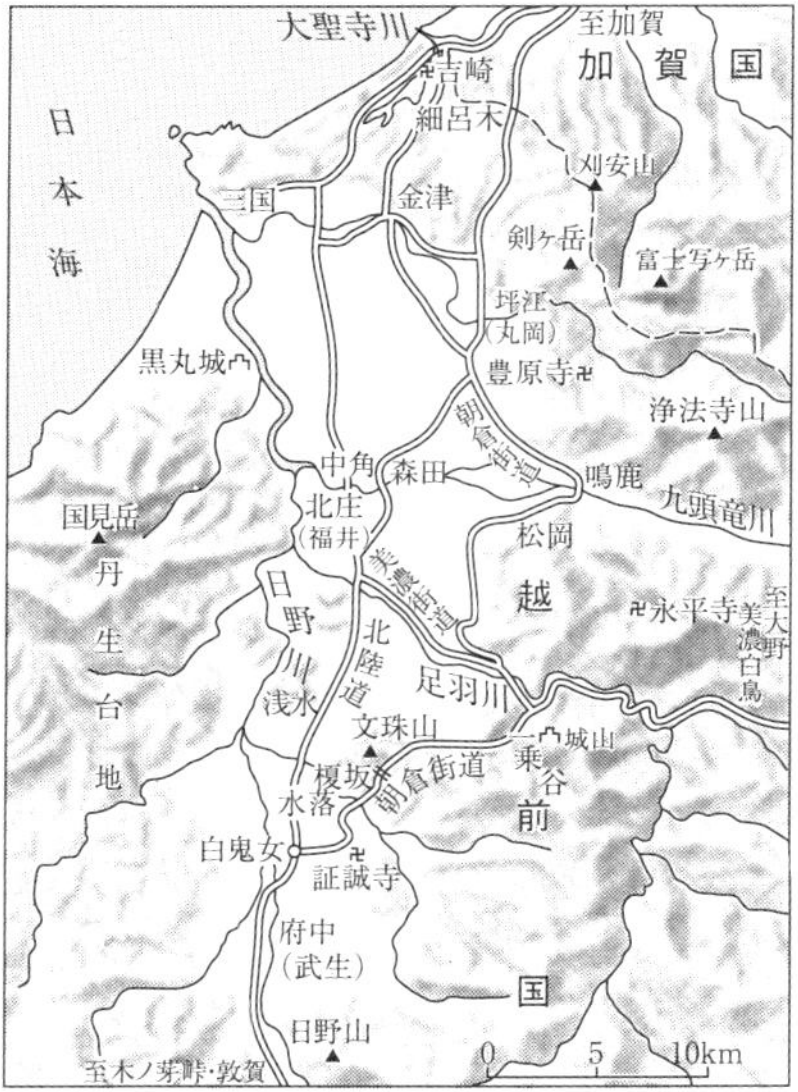

越前国略図

地図をひらいて越前の地形を考えてみるとき、一乗谷が越前のほぼ中央部に位置している点では、かえって一国を支配するのに格好の地点だとも考えられる。しかも一乗谷の西側につらなる御茸山の峰々にも、ところどころに櫓《やぐら》や砦《とりで》の跡、空堀《からぼり》の跡が多くのこされているというが、この連峰を第一次の防衛線、城壁とした一乗城山は、やや奥まっているとはいえ、福井平野にのぞむ絶好の要地にきずかれた、みごとな山城であることに感嘆せざるをえない。

　福井平野一帯の肥沃《ひよく》な水田地帯は、朝倉氏が先祖以来の最大の基盤としていたところであるが、そのかなたには加賀国（石川県南部）がある。宗滴をまつまでもなく、朝倉氏にとってこの方面からの侵入軍は最大の敵手であり、もっとも警戒すべき相手であった。何百年もの昔、朝倉家中の武士たちもこの場所に立って、北方加賀側の動きやいかにと、小手をかざしてひとみをこらし、かわりあっては日々のつとめを怠ることはなかったであろう。

二つの山城

　本丸跡の背面には、南へむけて一ノ丸・二ノ丸・三ノ丸の三つの峰が四四〇から四七〇メートル台の高さでそびえ、南北約四〇〇メートルにわたって堀切や空堀が何本も掘り切られている。それぞれの丸の腰まわりには、けわしい谷底にむけて無数といってよいほどの竪堀《たてぼり》が垂直に掘りこまれている。その機能は不明であり、一説には伏兵地であるともいうが、あるいは近世の城の石落としに相当するものかもしれない。このあたりまではほとんど人も訪れないとみえて、道はかすかなふみあと程度となり、通行もなかなか容易ではない。冬近い山の静けさがひしひしと身にせまってくる感じである。

　それにしてもいま通過してきた本丸跡の一群の遺構とくらべて、この一ノ丸・二ノ丸・三ノ丸一帯はかなり印象がちがう。この辺はもっぱら自然の地形を利用して山の頂を平らに削ったり、堀切や竪堀をつくったりという若干の人工を加えただけの山城《やまじろ》であって、いわばはるかに素朴で、時代的にも古い様式をとどめている。

本丸跡付近にいまも点在しているかなりの礎石、それに庭の跡らしいものまでのこってい

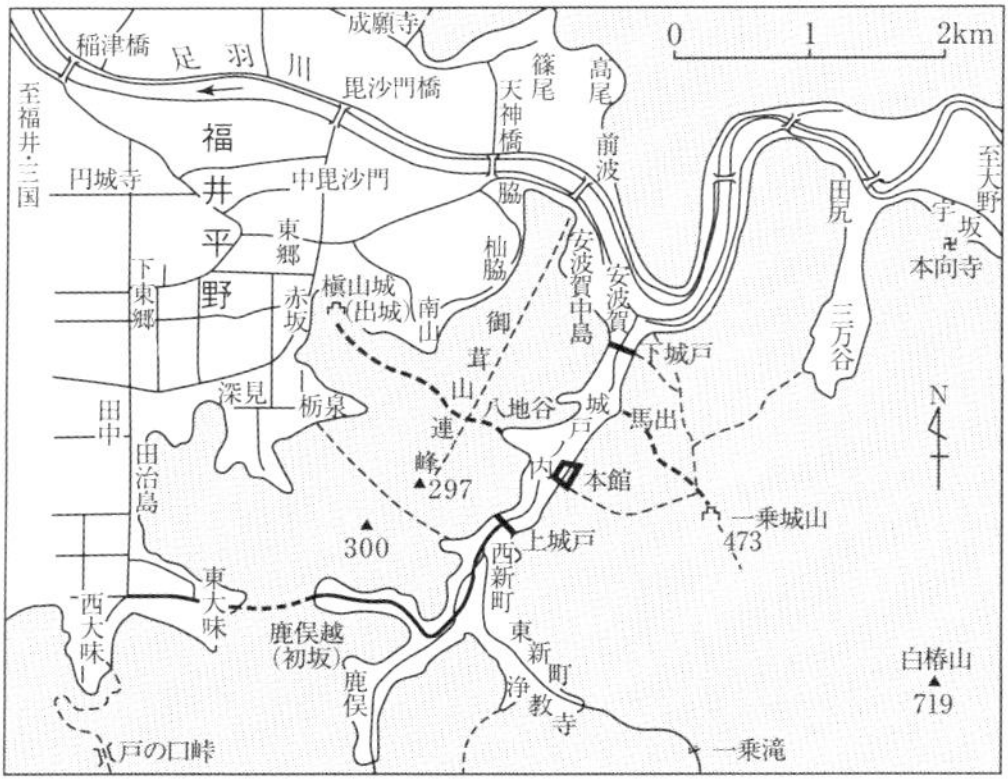

一乗谷付近概念図

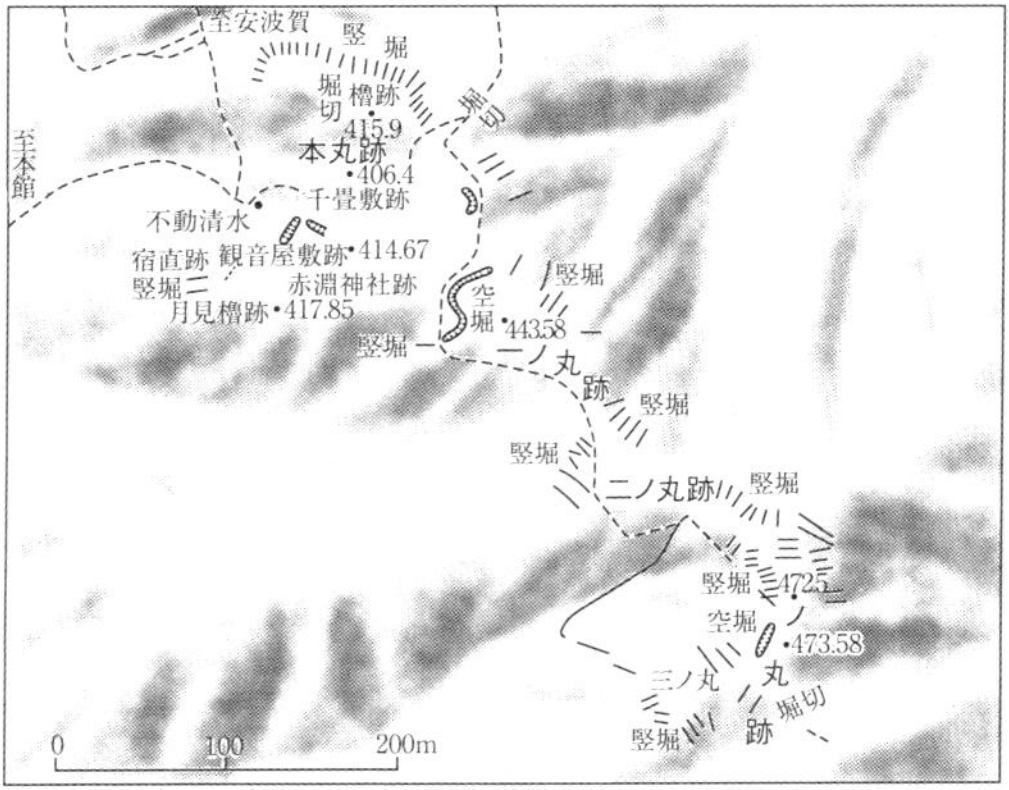

一乗城山略図

ることを考えれば、この山城とは明らかにつくられた段階がちがうというべきだろう。それぞれの丸のよびかたが事実を伝えているとすれば、本丸とならんで一ノ丸があるということもふしぎであり、本丸と一ノ丸とはもともと時期を異にした二つの山城だったのではなかろうか。

系図によれば南北朝時代にわかれた朝倉氏一族に、安波賀《あばか》という姓を名のっているものがある。当時すでに一乗谷一帯は朝倉氏の所領だったと考えられる。そうすれば一乗城山の一ノ丸から三ノ丸までの素朴な山城、あるいは馬出《うまだし》からの登山道の近くにある小城や小見放《こみはな》城のような施設も、そのころから存在したとみておかしくはない。そして孝景以後の朝倉氏は、本丸の築城と従来の施設の改変利用によって、一乗谷を総合的な一大城塞にかえていったのだ、と考えることができよう。

戦国村を掘る

一乗谷「戦国村」をみる

さてつぎには城山のふもと、城戸《きど》ノ内《うち》一帯の、いわゆる「戦国村」を見学しよう。上城戸と下城戸によって仕切られた谷間の平坦部の面積は約三〇ヘクタール（三〇町余）であるが、この部分にはいまもなお多くの土塁や石垣がのこり、小字《こあざ》の名前や伝承によって、朝倉氏時代の武家屋敷や寺院の遺構がいたるところに存在したことがわかる。

図には、昭和44年、足羽町（現福井市）が行なった航空写真測量図＝特別史跡一乗谷朝倉氏遺跡（千分之一、パシフィック航業K.K.調製）を用いた
同図を基本に、地籍図（福井市役所足羽支所保管、明治9年測図）および朝倉氏遺跡調査研究所の行なった各種調査・実測図を加味し、さらに現地調査の結果を加えて作図した
地名等は、地籍図、江戸末期の一乗谷鳥瞰図（春日神社蔵）および、伝承の聞きとり、現地調査を勘案して記入したものである

一乗谷（朝倉氏の城下町と城跡）　水藤真氏作成

それはさらに上城戸の外側、一乗谷上流の東新町《ひがししんまち》・西新町付近や、下城戸の外側の安波賀《あばか》のあたりまでおよんでいる。城戸ノ内の内外にかけて付近一帯の小字には朝倉一族や家臣の氏名、あるいは寺院の名をのこしたものが少なくない。これはその地にあった武家屋敷の主人や寺院の名をのこしたものと考えるのが常識的である。また安波賀の春日《かすが》神社には、江戸時代の末に、伝承をもとに描かれた「一乗谷城戸之内古絵図」が所蔵されているが、ここにもあわせて三十数個の屋敷名や寺社名が記入されている。たとえば小字出雲谷《いずもだに》と魚住《うおずみ》出雲守屋敷、小字斎兵衛《さいべえ》と朝倉斎兵衛屋敷、小字権頭《ごんどん》と朝倉権頭屋敷など、そこには相互に対応するものがいくつもみとめられる。

城戸ノ内の中央部からやや上城戸より、川の東側の地点には小字新御殿《しんごてん》があり、朝倉家の本館《ほんやかた》跡・朝倉館跡とよばれるこの谷最大の屋敷跡を中心に、新御殿・中《なか》の御殿《ごてん》などの跡がこれをとりまいている。その北部、川の東側と下城戸に近い川の西側には朝倉氏一族や近臣の屋敷が多く、朝倉館の対岸付近には堀江《ほりえ》・川合《かわい》・山崎《やまざき》など朝倉氏には外様《とざま》の有力家臣の屋敷がかたまっている。

朝倉館の北西にあたり、川をへだてた対岸、山よりの地帯にはとくに寺が多く、あたかも寺町ともよぶべき一画ができあがっているかのようである。その付近には御茸《みたけ》山連峰にくいこむ八地《やち》谷や道福《どうふく》谷などの小さな谷があり、そこにも石垣などによって区切られた小規模な屋敷跡がみられる。「八地千軒《やちせんげん》」「道福千軒」などとよびならわされており、中・下級武士たちの住居の跡かと想像されている。

上城戸の南側の谷の奥にも武家屋敷があり、寺院の跡が多い。ここではのちに室町幕府の最後の将軍となった足利義昭が諸国流浪の途中、永禄一〇年（一五六七）から一時滞在した御所《ごしょ》とか朝倉氏と関係の親密だった近江の浅井氏、美濃の斎藤氏などの名を伝える屋敷跡がいくつか目につく。またこの付近には町人町があったとの伝承もある。東新町・西新町という村落の名や、鍋屋《なべや》・善斎《ぜんさい》などという小字ものこされている。

一方、下城戸の外側、一乗谷の入口の安波賀にも武家屋敷や寺院の跡がある。ここでは山を背に、足羽《あすわ》川を前にした要衝の地に、金吾《きんご》谷《だに》・建之内《たてのうち》などの小字がある。金吾とは衛門《えもん》府の官人をさすことばだから、ここが朝倉太郎左衛門尉教景《のりかげ》、すなわち問題の人である宗滴《そうてき》の屋敷跡と判断される。まさに一乗谷の北の入口を扼《やく》する重要な地点であって、加賀の軍勢との対決に執念を燃やしつづけた宗滴の館として、まことにふさわしい場所である。しかし一面からいえば宗滴の屋敷地は城戸ノ内におくことができなかったわけであり、なおナゾの部分をのこしているかれの生涯や、その屈折した心情の生まれる背景が空間的な場で明らかに象徴されているものとみることもできよう。

戦国の庭園の跡

ところでこれまで述べてきた一乗谷城戸ノ内一帯の状況は、主として小字名や伝承、さらに石垣・土塁などの遺構にもとづくもので、なおたぶんに未確定の要素をのこしていた。しかし最近数年間に進展した考古学的発掘研究は、つぎつぎとこの一乗谷戦国村の実体をわれわれの前に明らかにし、多くの貴重な事実を教えてくれたのである。

その端緒はまず庭園跡の発掘であった。朝倉館《やかた》付近には三つの庭園跡の石組があって大部分は地表に露出しており、戦国時代の庭園の跡としてその道の人々からは注目されていた。南陽《なんよう》寺朝倉館のすぐ東南の高みには湯殿《ゆどの》跡の庭、館の東北、小字難陽寺《なんようじ》の高台にのこるのが南陽寺跡の庭、そして館から谷二つをへだてた高みにあるのが義景の愛妾小少将《こしょうしょう》の住居といわれる諏訪館《すわやかた》の庭であって、いずれもみごとな立石を組み合わせたすぐれた庭園であった。

昭和四二年から、地元の足羽町教育委員会では国庫補助を得て三ヵ年計画で、国の史跡である一乗谷朝倉遺跡の環境整備を行なうこととなり、最初にこの庭園跡の発掘調査が実施された。それまでなかば土中に埋もれていた石組を完全に発掘してみると、池の汀線《ていせん》や石組、砂利や粘土でかためられた池底があらわれ、それぞれにりっぱな戦国時代の庭園の全貌が明らかになってきた。この三つのうちではもっとも古い様相をしめすのが館のすぐ真上の湯殿跡庭園で、比較的せまい庭に数多くの巨石を配し、いかにも戦国武将にふさわしい一種迫力のある庭をつくりだしている。時期的にはほぼ大永《だいえい》年間ごろ、一六世紀二〇年代くらいの作かと推定されている。

南陽寺跡の庭は永禄一一年（一五六八）の三月末、満開の糸桜の下に足利義昭主従をむかえ、義景が終日の酒宴を行なった場所である。史書『朝倉始末記』（巻三「南陽寺糸桜御覧之事」）は、「一乗朝倉館の艮《うしとら》（東北）に、佳景勝絶の霊場あり」と書きだして、この日の遊宴のありさまをうたいあげているが、一乗谷をみおろす高台にのこるこの庭に立つとき、かつての朝倉氏の栄華のひとこまがしのばれるのである。南陽寺は朝倉氏の三代貞景が娘のために再建した寺といわれ、大きな石を立石として使用している点、湯殿跡の庭と相通ずるものがある。おそらくは同時期の作であろう。

諏訪館跡の庭園は、いまにのこるもののなかでは一乗谷最大のものである。高さ四メートルにおよぶ大きな立石を中心に滝や池がつくられ、多くの石が組まれている。デザインもよくまとまり、さすがに義景の愛妾のための庭と伝えられるだけのことはある。つくられた年代も三つのなかではもっともおそいように観察されるのである。

掘りだされた戦国村

これら三庭園の発掘調査のあと、翌昭和四三年からは朝倉館の発掘がはじめられた。当初は環境整備の事前調査程度と考えられていたが、発掘が進むにつれて、まことに幸いにもほとんど完全に近い形で遺構がのこされていることが判明してきたのである。これは中世武士の館跡としてはたいへんに珍しいことであった。織田信長の攻撃をうけた朝倉氏の滅亡はあまりにも早く、またあまりにもあっけないものであった。義景は本拠の一乗谷で抗戦するひまもないままにここを落ちのび、その後一乗谷の城下はすべて焼き打ちにされたのである。その状況を物語るかのような厚い焼土と灰の下からあらわれた多くの遺構と遺物は、敗者であるがゆえにわずかの文献史料しかのこしていない朝倉氏の歴史を解明するための、重要な材料なのである。

ところで朝倉館の発掘が、それまでに例の少ない戦国大名の館跡の調査発掘としてひろく世の注目をあつめだしてのち、昭和四四、四五両年になって、この一乗谷一帯にも農業構造改善事業として水田の大型化をめざす圃場《ほじょう》整備事業が行なわれることとなった。日本考古学協会がまとめた『埋蔵文化財白書』（学生社、一九七二）によれば、埋蔵文化財破壊の原因のビッグ・スリーの一つは、この農業構造改善事業であり、しかもそのばあいには、ほとんどなんらの事前調査さえもなしに破壊されてしまうのが一般的であるという。

その圃場整備事業が、この山間部の一乗谷にも行なわれることとなったのである。まず東新町付近からブルドーザーがはいって大規模な地面の掘りかえしがはじまったが、その結果、多くの陶磁器の破片をはじめとする大量の遺物が発見された。それはちょうど足利義昭の滞在した御所付近であり、小字名《こあざめい》や伝承のみによって知られていた多くの武家屋敷や寺院の遺構や遺物が、なお地中に眠っていることが明らかになった。この圃場整備事業はつづけて城戸ノ内地区におよぶこととなっていたが、そうなってはこの地域につづいて、城戸ノ内一帯の武家屋敷や寺院の跡もすべて潰滅せざるをえない。果然ここでも文化財の保存と地域開発という、現代のさしせまった課題がたちあらわれてきたのである。

しかしこのばあいには、幸いにも一乗谷の保存のために行動し、奔走した何人かの人々があった。現地住民諸氏の理解と協力のもとに、文化庁はじめ県や町などの行政当局の熱意が効を奏し、圃場整備は中止された。中世の史跡としてはほとんどはじめてといってもよい二七八ヘクタールにおよぶ広範囲の史跡指定が実現し、城戸ノ内一帯から山城までをふくめて、いわゆる「面としての保存」が可能となったのである。

昭和四七年からは福井県教育庁に朝倉氏遺跡調査研究所が発足して、調査・研究にあたり、多くの貴重な事実の発見があいついでいる。その成果に学びながら、以下、朝倉館を手はじめに城戸ノ内一帯の見学に出かけるとしよう。

朝倉館をみる

福井からのバスを「朝倉館前《やかた》」の停留場で下車すると、すぐそこが土塁にかこまれた館の跡である。道に面して立つ古色ゆたかな一つの唐門《からもん》は、もと伏見《ふしみ》城の城門で、豊臣秀吉《とよとみひでよし》が朝倉氏の菩提《ぼだい》をとむらうために寄進したものと伝えられている。朝倉氏滅亡後の慶長《けいちょう》三年（一五九八）、初代孝景ゆかりの寺の心月《しんげつ》寺が上城戸の南からこの地に移転してきたが、当時の古文書（「心月寺文書」三〔『福井県史』資料編三〕）にはそれが「義景御屋敷」の跡に建てられたと明記している。慶長五年、徳川家康の長子結城秀康《ゆうきひでやす》が福井城に入部してから、一乗谷一帯の寺院の多くは福井の城下町に移され、心月寺もまた福井に移動した。しかしその後も義景の院号にちなんだ松雲院《しょううん》とよぶ寺庵《じあん》が心月寺の末寺としてこの場所にもうけられ、館の南東の部分には義景の墓がつくられていた。

一辺が七〇メートルから九〇メートル程度の不整形の四辺形の形をとるこの館は、まさに一乗谷最大であり、以上のような事実からもまず、義景の館と考えてさしつかえあるまい。館跡の内部は義景の墓所をのぞいて全面的に発掘を終わっており、アスファルトの舗装や砂

本館の主要部分の復原推定図（福井県立一乗谷朝倉氏遺跡資料館提供）

利を敷きつめたなかに、発掘された遺構が保存されている。一種の遺跡公園として新しい試みである。

館のなかにはいってゆくと、西半分は明治以降に小学校や村役場、公民館などが建てられていたために遺構ののこりかたがあまりよくないので、一メートルほどの土におおわれていたという東半分のほうからみてゆこう。

まず目をひくのは、東南の隅のところからあらわれた庭園である。裏の山腹からつづら折りの水路で水をひいて滝口に落とし、池の周辺部に石を配置しているが、全体におちついた感じで、小さくはあるが諏訪館跡の庭に通ずるものがある。

この庭の北側に館内では最大で、当時、主殿《しゅでん》とよばれた、主要な建物の跡と思われる礎石がのこっている。東西約二一メートルに南北約一四メートル、柱間《はしらま》は東西一一間に南北七間の大きさで、西側には正門の正面にあたるところに玄関がつくられ、東と南にはそれぞれ庭や中庭へとおりる階段がつく。床張りの建物で、東・西・南の三面には落縁《おちえん》がある。

主殿からは館内の種々の建物と自由に往来できるようにくふうがこらされている。東南の庭園にすぐ接して張りだしている小さな建物は茶室であろう。池や庭はちょうどこの室をかこむようにつくられており、すぐ近くの井戸からは天目茶碗《てんもくぢやわん》や茶釜なども出土しているから、茶室とみてまちがいない。

主殿のすぐ北方に接続している建物には二基のカマドがあり、水槽や土師器《はじき》の皿、越前焼《えちぜんやき》の甕《かめ》、擂鉢《すりばち》などが発掘されたので、台所と判明する。主殿の東北に渡り廊下でつながる建物がある。厚い灰の層でおおわれ、給排水設備をもっているから湯殿かもしれない。さらにその北方につながる建物は石を敷いた部分と土間とからなっており、施釉《せゆう》の陶器、漆塗《うるしぬ》りの什器《じゅうき》、石製の火炉《かろ》などの特殊な遺物が多く発見されている。奥まった場所であり、出土品の内容からも倉庫ではなかったかと思われる。

主殿の南側には中庭があり、東西約一〇メートル弱、南北約三メートル弱の大きさに石をならべた花壇がつくられている。『曾我物語』のなかにも曾我兄弟が母に最後の別れをつげる場面で、曾我の館の庭さきに咲き乱れるお花畑の描写があったことを思いだす。

本館とその周囲

さて館跡の西側の半分からは、正門をはいった左手に、柱間は東西八間に南北五間、四面に廂《ひさし》や落縁のついた、大きな建物の礎石がでている。規模としては主殿につぐ大きさであるが、出土した遺品も少なく、隣接の建物の配置もはっきりしないため、その性格はまだ不明である。ただ館内の建物は柱間寸法のちがいや方位の差によって、どうも二つの時期にわたってつくられているようである。あるいは初期の主殿がこの建物だったのかもしれない、と推定されている。なおこの礎石の二つの表面には、「十五」「十七」という数字が墨で書きこまれているのが発見された。これは礎石をどの部分に用いるかがまえもって定められていたことをしめしており、建築にさいしてすでに十分な準備がととのえられていたことを示唆《しさ》する事実である。

まだこのほかにも北の裏門脇には馬をつなぐ厩舎《きゅうしゃ》らしい建物の跡がみとめられるなど、いくつもの建築物の痕跡が発見されている。しかし館内からは屋根瓦が一枚も出土していない。棟飾《むねかざ》りとしての凝灰岩《ぎょうかいがん》製の鬼板《おにいた》や棟瓦《むねがわら》は発掘されているので、屋根はおそらくすべて檜《ひ》皮葺《わだぶき》か板葺《いたぶき》であったろう。

館跡の三方をとりまく土塁は高さ一メートルから四メートル程度、基底部の幅八メートルほどで、西南の隅はいちだんと高くなっており、櫓《やぐら》が構築されていたようである。その外側には幅八メートル、深さ五メートルの堀がとりまいている。防備厳重である。小野正敏氏と水藤氏の意見では、そのさらに外側、西北の部分には、長さ一二〇メートルにもおよぶ土塁にかこまれた本館の外郭ともいうべきいまひとつの曲輪《くるわ》の存在が推定され、当時の文献にみえる「西殿《にしどの》」がこれではないかとされている。この部分は寺田《てらだ》ともよばれ、かつては松雲院の寺地として免租地《めんそち》となっていたと伝承されている所である。慶長三年（一五九八）、心月寺がこの地に移転したとき、「義景屋敷之内、ならびに犬馬場《いぬばば》、柳之馬場土居《どい》より内之分」を免税にする旨の太閤検地の検地奉行がだした文書（「心月寺文書」一）がのこっているが、この部分はちょうど土居にかこまれた「犬馬場、柳之馬場」の場所にあたるであろう。

朝倉館の南側には、堀をへだてて新御殿・中の御殿とよばれる館跡がつづき、さらに南方へむけて山腹を削りだした平地が何段か、また何列かつづいている。庭園で知られる諏訪館《すわやかた》もその一つである。これらの屋敷地は城戸ノ内では大きな地割《じわり》をもち、伝承によっても義景の母、あるいは愛妾など朝倉一族や義景の近親者の居館跡と考えられる。その東側の山の中腹には英林塚《えいりんづか》とよばれる初代孝景の墓所がある。なお朝倉館の南側をくぎる堀の側面には、日本最古と思われる割石を用いての石垣も発見されており、本館《ほんやかた》を中核とする一族の屋敷の防衛強固なことを物語っている。

出土した中世の木簡

これまで述べてきたもろもろの事実は、この本館が義景の館であったことを、まごうかたなく裏付けている。『朝倉始末記』に南陽寺が朝倉館の東北方にあたると記している位置関係からも、そういえるのである。それにダメ押しのきめ手も発掘された。いわば一種の木簡《もつかん》である。

すでに藤原宮や平城宮の跡から発見された文字を記した大量の木片、すなわち木簡が、日本古代史の解明のうえに大きな役割を果たしたことは、ご承知であろう。その後、各地の古代遺跡から続々と同種の木簡が発見され、学界に波紋を投じたことは、浜松市の伊場《いば》遺跡をはじめ、その例が少なくない。しかも近年は中世にまでさがって、同種の木簡の発見が報告されるようになった。中世史の分野でもやがて木簡が重要史料として脚光をあびてくることが予想されるのである。

昭和四八年夏、館の北側の堀の底を干《ほ》して発掘調査を行なったところ、底にたまった泥のなかから多くの木製品が出土した。水中にあったために幸いにも今日まで保存されてきたもので、なかには将棋《しょうぎ》の駒《こま》などのきわめて珍しい遺品が多かったが、墨書きの木片もいくつかふくまれていた。館のなかには排水のための溝が掘られ、土塁の下をくぐって堀に流しこむような施設がととのえられている。木製品の出土した堀にはちょうどこうした排水溝の一つが流れこむようになっているのだから、これらの木片は館の内部から流出したものにちがいない。

朝倉氏遺跡調査研究所で、私はこの木片の写真をみせていただくことができた。その多くは付け札の形をしているが、なかには「永禄三年」「永禄四年五月吉日、御はた屋との」「御形　御番部屋　永禄十年正月十三日　三番衆」などの年月日を明記したものもあり、また「御屋形様《おやかたさま》」と記したものも見いだされる。永禄三年（一五六〇）から一〇年までの朝倉氏の「御屋形様」、それは義景をおいてほかにない。こうして本館が「義景屋敷」であったことはまず完全に立証されたのである。

また私はこの木片のなかに「こじまより御殿さままいる」と読むことのできる付け札を見いだした。帰宅してから『朝倉始末記』をひらいてみると、このころ、九頭竜《くずりゅう》川の河口に位置する越前の要港の三国湊《みくにみなと》には、児島九郎兵衛・児島太郎次郎などと名のる豪族がいたことがわかる。するとこの付け札は、三国湊の児島氏から義景に進上された品物につけられていたものであろう。その品物とはいったいなんだろう。海産物か、あるいは日本国内の特産品か、または海外からの輸入品だったかもしれない。三国湊は日本海の海運に大きな位置を占める要港であって、港には直接「唐船《とうせん》」が寄港したことは『朝倉始末記』にも記されている。

朝倉館だけでなく一条谷付近一帯からは、すでにかなりの数の遺品が出土している。茶器や花器、日用雑器などに用いられた土器類が多いが、そのなかには陶磁器の破片も数多く、中国産の青磁や染付《そめつけ》もかなりあり、明《みん》代の作のなかに、ときに宋の青磁もふくまれているという。朝鮮李朝の作もみられるが、もっとも多いのはやはり日本製品で大半が瀬戸焼、越前焼も少なくないとされている。これは一乗谷の文化が日本国内だけでなく、さらにひろく海外とまでむすびついていたことを教えてくれる事実である。そのさいに三国湊の果たした役割も、またけっして小さなものではあるまい。

城戸ノ内の都市計画？

さてつぎには目を朝倉館《やかた》をとりまく武家屋敷のほうに移そう。城戸ノ内の地図をよくながめてみると、上城戸や下城戸の近くでは、城戸と平行するか、これと直角にまじわる畦《あぜ》の存在が何本もみとめられる。さらに現在の地形図の上に方眼紙をかさねてみると、城戸ノ内が方形の地割をもったいくつかのブロックと、谷間の地形に制約された不整形の二、三のブロックからなりたっていることに気づかれるであろう。もちろん朝倉館や一族の屋敷地もその地割の上にのっているが、これは城戸ノ内全体を通ずる一種の都市計画にも似たプランの存

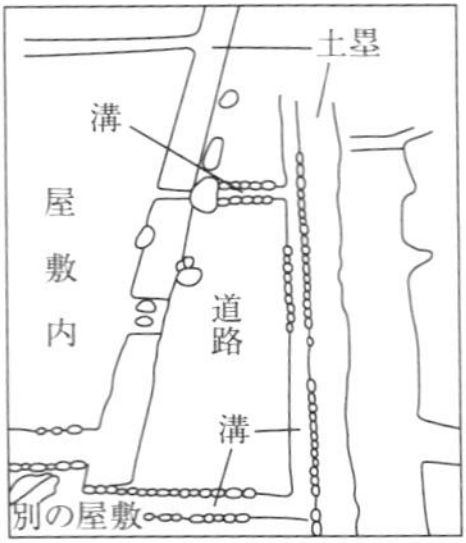

発掘された武家屋敷跡

在を示唆しているのではなかろうか。谷間のせまい平地や、山腹を削りだした平地の上であるだけに、けっして一見明白なプランにはなっていないとしても、城戸ノ内がまったく無秩序に、つぎつぎと家臣たちの屋敷を建てていったものでないことは事実だろうと思う。

ところでこれも昭和四八年の秋、朝倉氏遺跡調査研究所は、朝倉館の西側、川をへだてた対岸の武家屋敷の一部を発掘した。ここではすくなくとも隣接する三つの屋敷が同時に区画されていることが判明し、南北に幅四メートルの道路が走り、その西側に道路ぞいの土塁がつくられ、さらに東西に走る土塁によってそれぞれの屋敷がくぎられているが、それらの土塁はみな同一時期のものであった。

そして道路の東側には側溝が付設され、やはり南北に走る土塁があって、その東側の屋敷の内部にも建物の跡が発見された。この付近には一辺がほぼ三〇メートルの方形をした屋敷が十数個ならんでいるが、三つの屋敷のばあいから類推すれば、それもおそらくはみな同時期に区画されたものであろう、と考えられている。

この発掘の成果は城下町としての一乗谷全体のありかたを考えるうえで、ひじょうに重要な意味をもっていると思う。城戸ノ内の武家屋敷の一ブロックについては、時期はまだ確定できないとしても、同時期に計画的な造成の行なわれたことが、ある程度裏付けられたからである。その時期ははたしていつか、発掘調査の進行によって早い機会にそれが明らかにされることを心から期待しながら、ここでは若干の文献史料によって多少の当たりをつけておくことにしよう。

永禄一一年（一五六八）五月、足利義昭《あしかがよしあき》の朝倉館訪問のさい、路次の要所要所を朝倉氏の有力家臣たちが警固した。その人名と場所を『朝倉始末記』はこまかに記している。その地名をみると、大橋の通・坂野《ばんの》が小路・三輪《みわ》小路・笠間《かさま》小路などがあって、大通りと小路の存在、魚住前《うおずみまえ》・詫美《たくみ》前・小林前のように家臣の屋敷が大通りに面しているらしい状況がある程度よみとれるように思う。また義昭の御所をはじめ、その前年、信長によって美濃を追われて朝倉氏をたよってきた斎藤竜興《たつおき》の屋敷と思われるものが、ともに上城戸の外側にあることは、それ以前すでに城戸ノ内一帯が、武家屋敷によってうずめつくされていたことをしめしてはいないであろうか。

直接の証明は困難であるが、すくなくとも五代義景の時代には、一乗谷城戸ノ内一帯はある程度の統一的プランをもった城下町、あるいは城郭そのものとして存在していたと私は思うのである。

大改造の時期は

しかしだからといって私は、すでに初代孝景がこの地を根拠地と定めた最初から、一貫した計画にもとづいて地割が行なわれ、武家屋敷が配置されていたとは考えない。三八〇ページ以下に述べたような孝景の実力からすれば、それはまず不可能というものだろう。むしろ初代孝景以後、五代義景までの中間の時代に一乗谷城下の再編と改造が行なわれたとみるのが常識的だと思う。

信頼すべき記録（「大乗院寺社雑事記」文明一四年閏七月一二日条）によれば、文明一四年（一四八二）に一乗谷に大火があり、相当の焼死者が出たが、朝倉館と朝倉城は無事だったという。一乗谷の改造を行なうための一つのチャンスではあるが、初代孝景の死の翌年、二代氏景相続の当初であって、ややその時期が早すぎるように思われる。ついで永正《えいしょう》元年（一五〇四）には越前一帯に大地震があり、一乗谷もかなりの被害をうけたにちがいない。ちょうど三代貞景の時代であり、朝倉氏一族内部を二分した大きな内乱、景豊・元景の乱の始末がついた翌年である。朝倉氏がこの乱の克服をきっかけにして一族・家臣団の再編を行ない、一乗谷の大改造に手をつけたことも十分にありうることであろう。

一乗谷一帯には多くの寺院の跡があり、安波賀《あばか》の西山光照《こうしょう》寺跡や西新町の盛源《せいげん》寺跡などには、多くのすぐれた石仏や石塔がのこされているが、その他、あるいは草むらのかげに、あるいは道ばたに苔《こけ》むしている石仏・石塔は大量にのぼり、一乗谷一帯で合計六〇〇〇個に達するだろうといわれている。朝倉氏遺跡調査研究所の調査によると、おそらくは家臣たちの墓と推定される五輪塔や石仏が急激に増加してくるのは、じつは一六世紀三〇年代の天文初年以後である、という。それはちょうど四代孝景の後半にあたっている。『朝倉始末記』によれば、一乗谷一帯に多くの寺院が造立《ぞうりゅう》されたのも、まさにこの孝景の時代であった。そのほとんどは現在なんの跡もとどめてはいないけれど、これだけ多くの寺院の建立《こんりゅう》は、同時に一乗谷内部の大改造をともなったのではなかろうか。いまものこる一乗谷の庭園跡のうち最古とされる湯殿跡《ゆどのあと》庭園が、ほぼ同時期の造園と推定されていることも参考になるだろう。

しかも孝景時代につくられた英林《えいりん》寺・子春《ししゅん》寺・天沢《てんたく》寺・性安《しょうあん》寺は、朝倉惣領家の初代孝景から四代孝景までの法名を寺号とした寺である。四代孝景時代になって朝倉氏の越前支配がようやく安定し、近い祖先の冥福を祈る寺を建立する余裕の生まれたことがわかる。それは同時に一乗谷の城下町と城郭がほぼ現在にのこるような遺構をととのえた時期として、もっとも可能性が高いとはいえないだろうか。

武士の「鉢植え」化への「根まわし」

この四代孝景の時代はまた例の宗滴《そうてき》の活躍期でもあった。私はこれまで「敏景十七か条」のなかに宗滴のかげを見、それが基本的には宗滴の作ではないかと疑ってきた。一乗谷城戸ノ内に一種の都市計画的な地割をもつ武家屋敷の造成が行なわれた時期も、あるいはこのころである可能性が高い、とも考えてみた。「敏景十七か条」中のもっとも有名な一か条、国内の城郭整理令と有力家臣の城下集住令については、それではどう考えたらよいだろうか。

三七七ページ以下において、初代孝景時代の朝倉氏の実力からみて、このような法令がだされたとは思えない、むしろこうした発想自体が生まれたとは思えない、と述べてきた。しかしいま、一乗谷城戸ノ内の全体をつらぬく一種のプランの存在を知り、同一時期に行なわれた武家屋敷の造成についてみてきたあとでは、すくなくともこうした発想が四代孝景や宗滴の時代にはあってもよいのではないか、という気がしてきた。

「敏景十七か条」のすべてを後代の偽作とするなら別であるが、宗滴の集成・編著と考えるならば、この一か条をとくに後代からのつけくわえとみなくともよいように思う。もちろん、この一か条は厳格に適用され江戸時代の一国一城令のように領内の城郭の破壊をともなったと考えなくともよい。また有力家臣がそれぞれの本領に先祖以来の館をかまえている状態が依然としてつづいていてもよい。これはやはり初代孝景に象徴される朝倉家の「家訓」であって、一種の心がまえをしめしたものと解釈すればよいのだ。

そう理解するならば、かつて永原氏が「敏景十七か条」と一乗谷の遺跡との間に感じとったギャップもある程度は解消するだろう。そしてまた戦国大名のもとでいまようやく中世武士団の特質であった在地性の否定が徐々にはじまろうとし、武士の「鉢植え」化への「根まわし」が行なわれかけようとしていることも、事実とみなければならないだろう。

その後の一乗谷

「町屋」の発見

本書の原本刊行以来一五年を経て、一乗谷朝倉氏遺跡の発掘は大いに進んだ。朝倉館の対岸、平井地区と通称される武家屋敷地域から、その北方の赤淵・奥間野・吉野本地区を中心

平井地区模式図　福井県立一乗谷朝倉氏遺跡資料館提供

に、一乗谷川の西岸一帯の地下から、戦国の城下町が次々とよみがえってきた。下城戸・上城戸も発掘され、かつての姿が判明してきた。下城戸の北、足羽川ぞいの安波賀の地には立派な朝倉遺跡資料館が新築され、発掘された遺物の数々がわかりやすく展示されている。ちょうど福井市中心部から一乗谷への入口にあたるので、現地見学の前後にこの資料館を訪れて広大な遺跡の全貌《ぜんぼう》をつかんでいただくことをおすすめしたい。

一乗谷に入ると発掘ずみの地区は史跡公園にふさわしく復原整備され、朝倉館の対岸、平

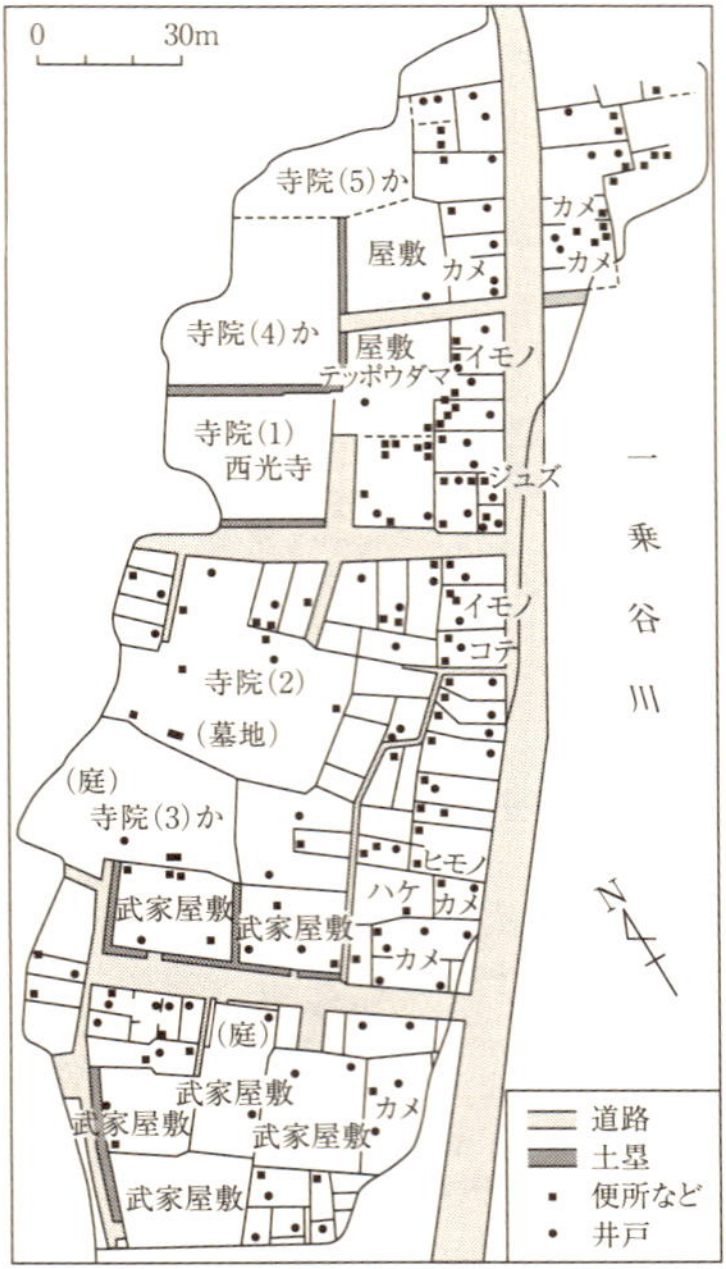

赤淵・奥間野・吉野本地区模式図　福井県立一乗谷朝倉氏遺跡資料館提供

井地区の一角には発掘成果にもとづいて復原された武家屋敷が立っている。主屋・校倉《あぜくら》・納屋・便所をそなえた屋敷を訪れると、一乗谷に集住を命じられた朝倉氏家臣団の姿がいっそう身に迫ってくるのをおぼえる。

この一五年間の発掘の成果のうち、もっとも興味深いのは、下城戸と上城戸に囲まれた内部に、かなりの面積の「町屋」が存在したという発見である。朝倉館の対岸の平井地区では、大きな武家屋敷の立ちならぶ西側の一画と、朝倉館との中間、一乗谷川にそった帯のような場所から、間口六メートル、奥行一一、二メートル程度の小区画が次々と発掘された。

屋敷地ほぼいっぱいの家を建て、奥に便所がある。これらの小区画は、当初の大きな武家屋敷地を、あとになって小さく区分しなおしたらしい。うち五区画の建物内からは越前焼の大甕《おおがめ》が数個ずつ埋めこまれているので藍染《あいぞめ》を行なう紺屋か、酒などの醸造《じょうぞう》、油屋などの家かと考えられている。

さらにその北方の赤淵・奥間野・吉野本地区では、西の山ぞいにサイゴー（西光か）寺以下の寺院がならび、それらと一乗谷川との中間に一乗谷を南北に縦貫する道路が走る。その道路を中心に、平井地区とほぼ同様の小区画の「町屋」が数多く発掘された。大甕を数個埋めこんだ家も六軒以上数えられるが、この地区では遺物や遺構によって鋳物師《いもじ》、左官、数珠《じゅず》作り、檜物師などの家であったことが確かめられている。これはまことに興味深い発見である。

なぜならかつて一乗谷の城戸の内側は武家屋敷（中・下級武士をもふくむ）や寺などで埋めつくされ、商人町や職人町は上城戸や下城戸の外側に存在したものかと想定されていたからである。ところが朝倉館の対岸からその北方にかけて、これだけの「町屋」が発見されたとなると、戦国城下町としての一乗谷の評価も大きく変ってこざるをえない。

のこされた多くの課題

これらの問題をふくめて、その後の一乗谷の発掘成果を集大成し、近年ようやく数を増してきた他地域の戦国城下町の発掘や、文献、地籍図等にもとづく研究をつきあわせてゆくことは、本書とはまた別の著作の課題であろうし、またすでにいくつかの出版企画が進行中と聞くので、これ以上は触れないこととする。

ただこれらの「町屋」地域に職人の家の存在が確かめられたとしても、それは赤淵・奥間野・吉野本地区の小区画全体の一割程度にすぎない。他の小区画の住人のすべてが職人・商人であったという証拠はあげられていないことに注意しておかなければならない。

大きな武家屋敷に接近し、旧武家屋敷を分割してつくられたもののあること、一戸としての独立性の強いもののあること、出土遺物の質が大きな武家屋敷とほとんど変らないもののあることなどを論拠として、これら小区画の住人を下級武士、とくに大身の武士の従者と考えることも十分な可能性をもつ。そして職人であっても同様に大身武士に従っていて少しもおかしくはないのだから、これら「町屋」地域の位置づけについてはなお多くの課題が残されているといわなくてはなるまい。

いずれにせよ一乗谷の発掘は多くの貴重な事実を明らかにするとともに、またいくつもの大きな課題をわれわれに提示した点でも実に意義深い作業だったと思う。今後ともその順調な発展を祈ること切なるものがある。

〔補注〕現在では各建物の機能と呼称が見直され、「茶室」の左手手前の建物を「会所（泉殿）」、左手奥の「会所」を「主殿」、右手の「主殿」を「常御殿」と呼んでいる。また「茶室」も「数寄屋」に改められている。

失われたもの、発見されるもの——おわりに

『乞食大将』の材料

本書の最初に登場してもらった大佛次郎《おさらぎじろう》の『乞食大将《こじきたいしょう》』における中世武士の典型、宇都宮《うつのみや》鎮房《しげふさ》の像は、はたしてどこまで実在の鎮房像と一致するであろうか。本書を書き進めるうちに多少の不安を感ずるようになった私は、執筆と並行して鎮房や豊前《ぶぜん》の「国衆《くにしゅう》」の一揆《いっき》に関する史料をさがしだしては読み、『乞食大将』とつき合わせる作業にとりかかった。

幸か不幸か、この事件に関する当時の古文書など良質の史料はほとんどのこされてはいない。わずかに秀吉から黒田氏あての書状（「御感書」九四〈『黒田家文書』一〉）のなかに多少の言及がある程度である。宇都宮氏をはじめ没落者の側の文書はまったく見あたらず、新支配者がどれほど徹底してその湮滅《いんめつ》をはかったかが、如実に感じられる。

勝利者の頌徳碑《しょうとくひ》ともいうべき『黒田家譜《かふ》』は、儒学者《じゅがくしゃ》貝原益軒《えきけん》が福岡藩主の命をうけて編纂したもので、秀吉の書状をそのまま引用した個所もあり、かなりの調査を行なったうえで叙述されたようである。御用歴史書という感は否定できないけれど、黒田氏側からみた事件の一部始終はほぼ十分に語られている。

また岩国藩吉川《きっかわ》家の家臣香川氏が著わした厖大《ぼうだい》な中世後期の中国地方史である『陰徳太平《いんとくたいへい》

記《き》』のなかにも、国衆一揆鎮圧に派遣された吉川広家の動きを中心に宇都宮氏の没落までが描かれている。豊臣秀吉の伝記としては古いものの一つで、独自の記事をふくむことで知られる『川角太閤記《かわすみたいこうき》』のなかにも、第三者的立場からのこの一件の叙述があり、なかなか興味ぶかい内容である。

最後にどうしても見のがせないのが『城井闘諍記《きいとうじょうき》』『城井軍記』『城井谷合戦』など種々の書名で、城井谷一帯に近世前期から流布《るふ》していた一連の軍記である。修験《しゅげん》の山として知られている求菩提《くぼて》山の裏側、まさに天険の地ともいうべき城井川ぞいの峡谷の地によって豪勇をもって知られた宇都宮氏滅亡ののち、旧臣たちの間に語り伝えられていた物語がやがて一七世紀なかばごろに集大成され、さらに種々の異本を生んでいったものであろう。上記の著作類とはかなり異なる独特の内容も多いが、それもむしろ旧臣たちの怨念《おんねん》の表現と考えれば合点がゆく。

またかつての城井谷の地にあたる福岡県築上《ちくじょう》郡築城《ついき》町（現築上《ちくじょう》町）の史跡調査委員会で編集された『築城町の史跡と伝説―第一集宇都宮史―』も小冊子ながらよくまとめられていて有益である。

二万五千分の一の地図をひろげて対比しながらこれらの文献を読み進むうちに、私はナマの史料のもつ独特の魅力にとらえられそうになり、また一方では多様な伝承をたくみに取捨しつつ、みごとに物語の世界のなかに組み入れていった作者の手腕のさえに、いまさらながら感嘆せざるをえなかった。だが、いまは感嘆ばかりしているときではない。これら種々の史料にはそれぞれにかなりのくいちがいがあるが、断片的な古文書の記載を軸にしながら諸史料の大筋のほぼ一致するところをまとめてみよう。

宇都宮鎮房の実像

(1) 天正一五年（一五八七）七月、黒田孝高《よしたか》は秀吉から豊前国の大半の六郡をあたえられて入部。宇都宮鎮房《しげふさ》は他国（四国今治《いまばり》ではなく筑後国内らしい）にあたえられた所領を拒否、返上したために失領、いったんは城井谷をひきはらって、黒田氏と同時に豊前国二郡をあたえられた大名の毛利吉成領内の旧領三ヵ村に移住。

(2) 同年一〇月はじめ、「国衆」の一揆《いっき》と呼応して実力で城井谷に復帰し、まもなく攻め寄せた黒田長政らの軍を撃破した。黒田側ではこれに対して「付城《つけじろ》」をきずいて対峙《たいじ》し、その間に他の「国衆」の大半を各個撃破する。

(3) 同年一一月なかば、吉川広家の援軍を得た黒田軍は再度城井谷を包囲、攻撃する。年末ごろ広家の仲介によってようやく鎮房は降服、人質をだす。

(4) その後黒田氏は計画をめぐらして鎮房を中津城で謀殺し、宇都宮一族をほろぼす。宇都宮氏関係の所伝ではそれを天正《てんしょう》一七年（一五八九）四月とすることが多いが、『黒田家譜』以下、他の史料では天正一六年四月とするのがふつうである。種々の点からみて私も後者が正しいと判断する。

鎮房自身の人格・能力などについてはくわしくわからないものの、武芸にすぐれたひとかどの武士ではあったらしい。ただ『乞食大将』に記されているように約一年間の籠城ののちついに降服し、さらに一ヵ年は中津城へのあいさつにも出むかなかったというのは、どうもすこしちがうようである。鎮房ががんばったのはせいぜい三ヵ月程度であって、謀殺されたのもその四ヵ月あとである。

またいったん先祖相伝の所領城井谷を去って、毛利吉成からあたえられた旧領の一部に移住してもいる。先祖以来一八代にわたって、ただこの城井谷だけを死守してきたわけではなく、鎌倉後期には北条氏とむすびついて肥後などの守護代をつとめ、南北朝期には豊前守護ともなっている。さきにみた小早川氏のばあいほどに将軍と直結してはいなかったようであるが、それにしても単に城井谷のみの小領主として何百年をすごしてきた家ではなかったのである。山間の小盆地に領主として土着して四〇〇年、土と切りはなしがたい支配者として君臨しつづけた中世武士団、というイメージをもしも読者にあたえていたとするならば、それは修正を要するだろう。

のこされていた問題点

最後にぜひとりあげておきたい問題がある。冒頭や「敵討《かたきうち》とその周辺」の章などで強調してきたような、土とむすびついた在地の支配者としての中世武士団、そのイエ支配権の自立性という見かたは一面的にすぎるのではないか、これと矛盾する事実がいくつもあるのではないか、という問題である。

ふりかえってみれば、本書の叙述自体のなかにそうした問題点があらわれていた。第一は小早川氏をとりあつかったなかで出てきた問題であって、まず鎌倉末期の竹原家で相続争いの訴訟が発生したとき、幕府が両当事者の主張をしりぞけて、竹原家の所領全部を没収してしまったという事件である（三一五ページ以下参照）。これは結局撤回されるのだが、鎌倉末期の北条氏得宗《とくそう》家の専制支配が、イエ支配権の否定という方向を目ざしはじめたことの一例といえよう。

つぎは室町中期の小早川本宗家におこった大がかりな相続争いである。このとき、結論的には親の「悔《く》い返《かえ》し」が承認されて、一見イエ支配権の優位が確認されたかのようであるが、実質はけっしてそうではなかった。結果として出現した「惣領職《そうりょうしき》」が将軍によって直接選定され、将軍権力を背景として一族を支配するにいたったことはすでに述べたとおりである。かつて北条氏得宗専制によって目ざされた方向が、小早川氏ではこうした形式で実現したのである。

小早川氏という武士団が鎌倉時代には在京御家人、室町時代には奉公衆として将軍や幕府と強くむすびついた存在であったことからすれば、それは中世武士団一般のなかではむしろやや例外といえるかもしれない。だがそれにしても鎌倉末・南北朝以降の中世後期の社会が、単純な武士団のイエ支配権一本ヤリだけではわりきれぬ世界であることは事実のようである。

新たな妻敵討

また第二に「敵討《かたきうち》とその周辺」の章などで、私がイエ支配権の自立性から流出するものとしてとりあげた敵討や妻敵討《めがたきうち》、またその周辺に位置づけられる諸現象についても、多少似たような問題が発見される。すでにいくつかの実例をあげて論証しておいたように、すくなくとも鎌倉時代までは、敵討は明らかに社会的慣習として認められていたものである。だが一方では石井良助に代表される法制史家が、中世では敵討が禁止されていたと主張されるのにも、じつは根拠があったのである。

それは室町中期、文明一一年（一四七九）の京都でおこったある妻敵討の事件（「晴富宿禰記」文明一一年五月二三日条以下）である。五条烏丸《からすま》の梅酒屋小原　某《なにがし》が妻と密通した間男《まおとこ》である大名赤松氏の被官甘草《かんぞう》（神沢《かんざわ》）某を路頭で殺害した。主人赤松氏はさっそく討手をさしむけたが、小原の子が斯波《しば》氏の家臣板倉氏の被官であったため、板倉氏が小原に協力し、さらに板倉氏の親類である山名氏の家臣垣屋《かきや》・太田垣《おおたがき》両氏らも共同して小原の家を防禦《ぼうぎょ》した。こうして、事は幕府の重臣赤松氏対山名氏の正面衝突をひきおこしかねない一大事にまで発展してしまった。幕府はここで両者の調停にのりだし、小原の側で妻を殺せば両者とも同等の罰をうけたことになる、という「相殺《そうさい》の論理」によって双方を納得させ、ようやく事は落着した。

そのさいに赤松側では「たとえ親の敵《かたき》でも妻敵でも、相手を殺害したときは死罪とするのが『近代の御法』だ」と主張して抵抗しているが、石井が論拠としたのはじつはこの赤松氏の主張なのである。現在のこされている室町幕府法のなかにこうした法は発見されず、たぶん「先例」を「御法」と表現したものであろうが、この時点ではすでに敵討も、家の外部で行なわれた妻敵討もともに処罰の対象とされるのが「近代の御法」だったのである。

妻敵討については幕府によるこの事件の処理法が大きな影響をおよぼし、それまでは間男の殺害だけが問題であったのに、以後は間男も姦婦《かんぷ》も両者ともに討ち取ることが要求されるようになり、戦国大名の立法のなかにもこうした規定がめだってくるのである。すでに述べた勝俣鎮夫の研究によれば、これは妻敵討の歴史のうえで大きな転回点であり、新しい法理の形成を意味するとされている。敵討や妻敵討の歴史のうえに認められるこうした変化は、やはり小早川氏のばあいと同様、上部権力によるイエ支配権の制限、その内部への介入と相類似した事実としてとらえることができるだろう。

喧嘩両成敗の法と敵討

ここで考えておきたいのは喧嘩両成敗の法である。喧嘩を行ない、暴力を行使した者には理非を問わず同等の刑罰（原則としては死刑）を科するというこの法は、武田信玄の家法以下戦国大名の法にとりあげられてから大きく成長し、江戸時代には「天下の御法度《ごはっと》」としてひろくうけいれられるにいたったものである。理由のいかんを問わず実力行使を禁止するこの法が、敵討や妻敵討などの自力救済を慣習として認める態度とは、およそ相反する立法であることはいうまでもない。それはまた八四ページ以下に敵討の周辺的な事象としてとりあげた中世的な諸現象とも、まったく逆の立場に立つ法であった。

　ではこうした喧嘩両成敗の法が「天下の御法度」として貫徹した近世社会がまた、通説によれば日本史上敵討を公認した唯一の時代であるというのは、いったいどういうわけであろうか。それは上のような見かたとまったく相反する事実ではないか、こうした疑問がかならずや提出されるであろう。だが私の考えでは、近世江戸時代のみが敵討を公認した唯一の時代だ、という認定そのものがすでに疑問なのである。また江戸時代の公認された敵討の性質についても、あらためて再考してみる必要があるのではなかろうか。

　曾我兄弟の敵討とならぶ日本三大敵討の一つは荒木又右衛門の伊賀上野《うえの》鍵屋《かぎや》の辻《つじ》の敵討である。この事件を題材とした長谷川伸の小説『荒木又右衛門』では、これを単なる敵討とはみていない。岡山藩主池田忠雄《ただかつ》の寵童《ちょうどう》渡辺源太夫を討ち取った河合又五郎に対し、源太夫の兄渡辺数馬と姉聟荒木又右衛門が「墓前に又五郎の首を討って供《そな》えよ」という藩主忠雄の遺言を奉じて立ちむかったものであり、いわば「上意討《じょういうち》」の一種である。単なる敵討ではなく、上意討という形式のもとに、殺人犯に対する刑を強制的に執行したのがこの事件である。以上が長谷川の解釈である。

　敵討の研究にも大きな努力をかたむけ、『日本敵討ち異相《いそう》』という名作を発表した長谷川の解釈は、まことによく事件の特色をとらえている。だがこの指摘は、さらに近世の公認制度としての敵討の本質にもつながってゆくのではなかろうか。

　三大敵討の最後の一つは赤穂四十七士の討入りであって、いまさらいうまでもなく、これまた亡き主君の意志の、家臣による実行という形式をとっている。三大敵討のなかでも中世の曽我の敵討と、近世になってからののこり二つとは、これほどまでに性質がちがうのである。

妻敵討もまた、間男とともに妻をも夫の手で殺害することを義務づけるようになった点では、相似た側面をもっている。このようにして近世になって公認された敵討も妻敵討も、ともにかつての自力救済としての性格をなかば失い、公権力の執行すべき刑罰を当事者に代行させるもの、あるいは当事者にとっては権力によって上から押しつけられる一種の制度と化してしまったのであった。このように考えてくれば、喧嘩両成敗の法と敵討の公認とは別に矛盾する事柄ではない。むしろ両者は対応する事実であって、日本近世社会における武士団の性格をよく表現するものといえるのではなかろうか。

日本の中世と近世とを大きくわけてその特色を対比的にとらえようとすれば、私はやはり中世社会の基本的特色がイエ支配権の自立性の承認、あるいはその小国家性を前提とした社会であったことにもとめざるをえない。そしてそのにない手こそが、まさに土に根ざした在地の支配者としての中世武士団であったことは、大筋からいって正しいのだ、と考えざるをえないのである。

中世から近世へ

本章でこれまでとりあげてきたように、鎌倉末期から南北朝・室町時代にかけて、イエ支配権の自立性を否認しようとする傾向がかなりはっきりあらわれていることもまた一面の事実であり、これを無視することはゆるされないだろう。戦国大名朝倉氏の家法のなかの一か条、私が武士の「鉢植え」化への根まわしとよんだものもその一つである。いわば中世社会自身のなかに、それを否定してゆく要素がめばえており、そのなかで来たるべき近世社会が準備されていたわけである。

たとえば喧嘩両成敗の法について、その起源と「天下の御法度《ごはっと》」としての定着の過程を考えてみよう。戦国時代の両成敗法には大きくわけて二つの系統がみとめられる。

一つは室町幕府が南北朝期以来、私闘を禁圧するために何度かにわたって立法した「故戦《こせん》防戦《ぼうせん》の法」の系列に属するものである。この立法では理由のいかんを問わず、さきに攻撃をしかけた側には所領没収や遠流《おんる》、ついには死刑が科されている。一方では防戦した側も、より軽くはあっても処罰されており、ついには攻撃側・防禦側ともに、理由のいかんを問わず厳罰をうけるという方向がうちだされていく。それはまさに喧嘩両成敗法へいま一歩のところまで近づいている。だがこうした上からの立法の単純な延長線の上にのみ、喧嘩両成敗の法が出現したわけではない。

すでにみたように、『今昔《こんじゃく》物語集』以来、武士の間の争論解決法としてえらばれていたのは、当事者の間での決闘であった。武士社会に根ざした古来のこうした慣習、いわば下からの法の上に、上からの幕府法がつぎ木されたところに喧嘩両成敗の法の成立が認められるのではないか。だからそれは単純に、戦国大名の専制的権力によって上から押しつけられた、というだけのものではない。むしろ南北朝以来、中世社会の内部で成長してきた下からの要求の一部を、権力側がすくいあげ、先取りすることによって、上からの法に組み入れてしまったものが喧嘩両成敗の法だ、といえるのではなかろうか。

イエ支配権の否定の意味

ここで三三〇ページ以下に述べた室町中期の小早川氏本宗家《ほんそうけ》の相続争いに対する、将軍足利義教《よしのり》の態度をあらためて思いおこしてみよう。義教がこの紛争処理にあたって標榜《ひょうぼう》したのは、「一族・家臣らの相したがう側を正当と認める」という原則であって、これには相談をうけた細川・畠山・山名らの重臣もこぞって全面的に賛同している。これはすでに佐藤進一が『南北朝の動乱』などでするどく指摘しているように、四代将軍義持が後継者を定めずに死の床についたとき、遺言をもとめる重臣たちにむかって「たとえ自分が遺言してみても、おまえたちが従わなければ何にもならない。……おまえたちで協議してしかるべく決定せよ」といいのこして死んでいったのと、まさに同一の論理であった。すなわち将軍家であっても、守護以下の武士家であっても、後継者の決定は単に主人の意志のみによっては定められない。将軍にあっては重臣、武士家にあってはその一族・家臣こそが、実質上の決定権をにぎる存在だと考えられていたわけである。

将軍が武士団のイエ支配権の自立性を破り、その内部に介入していくための論理がこうしたものであるとき、将軍権力の強化は単に無条件の専制支配の成立ではない。むしろそれは被支配者の支持を前提としてはじめて可能となったものである。佐藤のことばをかりるならば、「権力の被支配者集団内部への浸透と、被支配者集団の政治参加とは相関関係にある。」というよりはむしろ、前者は後者をまってはじめて達成されたといったほうが適当であろう」ということになる。私はこの観点がある意味で永遠の真理であることを認めたい。

中世武士団のイエ支配権が弱まり、ついに解体されるとき、かつてその内部につつみこまれていた個人や小集団は独立した単位として出現する。その上に立つ権力は、かれら個人や小集団を支配するとともに、またかれら被支配者の動向によっても左右されるようになる。佐藤のいう被支配者の、「政治参加」とは、同時にかれらが、直接、支配の網の目に組みこまれることでもある。支配者も被支配者も、相互に規定されあう関係が成立する。その範囲のひろがり、網の目の底辺の増大は、たしかに歴史の進歩、前進を意味するであろう。中世から近世への展開には、明らかにそうした意味がふくまれている。

だがそのメダルの裏側には、もう一つの側面がある。将軍足利義教《よしのり》が武士団の内部に介入するとき「一族・家臣の意志にしたがう」といいながら、しかも将軍が自分の意志を強引に押しつけることに成功した例はけっして少なくない。その一つとしては、さきの小早川氏の相続争いと相前後しておこった駿河守護今川氏のばあいがある。

このときは、父から嫡子の地位を追われ、出家して上京したすえ将軍の側近に奉仕していた今川範忠《のりただ》が、将軍義教のあと押しで弟二人を押しのけ、ついに駿河守護となっている。このばあい、範忠を押しつけた義教は、「国人・一族・家臣らの意志」を確かめたところ、みな将軍の「上意次第であります」という返答だから「上意」によってきめたのだ、と主張している（「満済准后日記」永享五年六月一日条）。

この主張のなかには、イエ支配権の否定が同時に将軍の権力を制約していた勢力の否定であり、将軍に対する自立性の否定を意味したことがよくしめされている。中世から近世への進歩のなかでは、失われたものもまた大きかったのである。『乞食大将』の宇都宮鎮房《しげふさ》や後藤又兵衛が、いまもなお読者に強い印象をあたえるのは、こうした「失われたるもの」「自立性」への要求が、現代のわれわれのなかにひそんでいるからであろう。あの太平洋戦争末期、「あまり悪い軍人ばかりだから、いい軍人をこの小説で書いてみせる」と「放言」して執筆にかかったという作者大佛次郎の烈々たる抵抗の精神からこの作品が生みだされたように、これからのちも中世武士団のよき一面がくりかえし再発見され、現代を生きるわれわれに何ものかをあたえてくれることを信じたい。

（小学館版）文庫化にあたって

本書は私にとって思い出の多い、なつかしい本である。「日本の歴史」シリーズのなかで、ある時代史を分担することは、すでに中央公論社版『日本の歴史』で『鎌倉幕府』と題する巻を執筆していたから、一応は経験をもっていた。しかし各時代を代表する社会集団の一つとして中世武士団をとり上げ、その特色をえがき出すことは、従来前例のない試みだけに、構想を立て、執筆を終るまでかなり苦労したとおぼえている。

とにかく「土」とむすびついたイエの主人としての側面を強調して中世武士団の特徴としたこと、また方法としては現在も残っている地名や年中行事、伝説、あるいは、板碑《いたび》や考古学の発掘成果など、それまではあまり活用されていなかった様々の資料をできるだけ活用して中世武士団の実態に迫ろうとした点などが本書の特色であろうか。そのため新たに各地に調査に行ったり、あらためてまた現地調査に出かけたりでなかなか忙しかったが、それはまた楽しい仕事でもあった。編集部の天野博之さんにはたびたび同行していただいたりで、多大のお世話になった。

私の能力のおよばない部分は、専門家の御助力をあおぐことにし、板碑については千々和到氏、一乗谷《いちじょうだに》や朝倉氏については水藤真氏、沼田庄《ぬたのしょう》の高山城については荒野泰典氏に、それぞれ執筆を援助していただいた。今やそれぞれ学界の第一線で活躍しておられる諸氏の姿をみると、当時いろいろと御迷惑をかけたことが思い出され、感謝の念で一ぱいである。

当時の学界では、主題も方法もともに異色の書物と思っていただけに、本書が多くの読者にめぐまれ、その後も版を重ねたのはうれしいことだった。とくに沼田庄などでは本書を片手に現地を訪れる方が多いとのお話を聞き、また、この本ではじめて「歴史にはこういうやり方もあるのか」と知ったという述懐を伺《うかが》ったりすると、なんとも著者冥利《みょうり》につきる感じである。

そのように思い出深い本書が、あらためて文庫判で再刊されるとは、私にとってまことに有り難いことである。再刊にあたっては冗長な箇所を削るなど、若干の手を加えたが、現地の状況の叙述などはできるだけ当時のままにしておいた。なんといっても私には忘れ難くなつかしい風景であり、また当時の記録としてそれなりの意味もあろうと考えたからである。

ただ一乗谷についてだけは、その後の発掘の成果などを若干補筆しておく必要をみとめたので、「埋もれていた戦国の城下町」の章末に「その後の一乗谷」として一小節を付した。

一九九〇年初春

石　井　進

参考文献

本文に関する参考・引用文献のうち主要なものを選んだ。

■総括的なもの

安田元久『武士団』（塙選書）塙書房、一九六四年
　武士団の形成過程の総論と、紀伊国の一武士団湯浅氏一族をあつかった好論文を収める。なお著者にはこの他にも武士団に関する著作が多い。
豊田武『中世の武士団』（「豊田武著作集」6）吉川弘文館、一九八二年
　著者の『武士団と村落』『苗字の歴史』などの著作をはじめ、物領制関係の論文を集録。
羽下徳彦『惣領制』（日本歴史新書）至文堂、一九六六年
　従来の研究成果を整理したうえで、和田氏一族を例に武士の一族結合の具体像を明らかにした好著。
黒田俊雄編『講座　日本文化史』3　三一書房、一九六二年
　上横手雅敬氏執筆の第二章「中世的倫理と法」は、特に武士団内部の家族関係や主従関係を扱って有益。
永原慶二『日本の中世社会』岩波書店、一九六八年
　武士団のとらえ方についても示唆に富む見解がしめされている。
藤直幹『日本の武士道』創元社、一九五六年
相良亨『武士道』（塙新書）塙書房、一九六八年（のち講談社学術文庫、講談社、二〇一〇年）
　前者は歴史家の、後者は倫理学者の手になる武士道についての解説書。
高橋富雄『武士道の歴史』全三巻　新人物往来社、一九八六年
　大伴家持から乃木希典まで、多くの実例をひきつつ著者の武士道観を語るユニークな書。

上横手雅敬『日本中世政治史研究』塙書房、一九七〇年
　武士団の成立から承久の乱までを対象とした著者の注目すべき諸論文の再編・集成。
河合正治『中世武家社会の研究』吉川弘文館、一九七三年
　文化社会史ともよぶべき独自の立場から、中世武士団の歴史をひろく総合的にとらえ、成立から一七世紀までを通して総観した力作。小早川氏に関する重要な論文も収められている。右の二著ともに内容は高水準だが、割合に読みやすい。
石母田正『中世的世界の形成』(岩波文庫)岩波書店、一九八五年(初版は伊藤書店、一九四六年)
石母田正『古代末期政治史序説』上・下　未來社、一九五六年
　ともに戦後の中世史学に深い影響を与えた名著で、武士団に対する見方を確立した点でも重要。
石母田正・佐藤進一他編『中世政治社会思想』上(「日本思想大系」21)岩波書店、一九七二年
　代表的な武家法や武士の家訓・置文などを選んで、詳しい注解や解題をつけたもの。小早川氏関係も収められている。石母田氏による長文の解説も力作。
石井進『鎌倉武士の実像――合戦と暮しのおきて』(平凡社選書)平凡社、一九八七年
　著者がこれまで発表してきた関係論文に若干の書下しを加えて一書としたもの。

■曾我物語・敵討

角川源義編『妙本寺本　曾我物語』角川書店、一九六九年
　真字本曾我物語の翻刻と索引、それに編者の長文の解説があり、非常に有益。
青木晃他編・福田晃解説『真名本　曾我物語』1・2(東洋文庫)平凡社、一九八七〜八八年
　真字本を仮名まじりに読み下し、詳しい注解を付した共同労作。真字本に近づくための絶好のテキスト。
千葉徳爾『狩猟伝承研究』『続狩猟伝承研究』『狩猟伝承研究　後篇』『狩猟伝承研究　総括編』風間書房、一

九六九、七一、七七、八六年
民俗学的立場から日本の狩猟史を研究した大著で参考になる点が多い。
石井良助『江戸の町奉行　その他』（江戸時代漫筆　第一）　自治日報社出版局、一九七一年（原本は井上書房、一九五九年）
なかに敵討・妻敵討論を収める。
勝俣鎮夫『戦国法成立史論』　東京大学出版会、一九七九年
著者の妻敵討に関するすぐれた論文を収める。

■板碑

川勝政太郎『石造美術の旅』　朝日新聞社、一九七三年
板碑だけに限らずひろく石造美術への入門書。各地にある名品の案内書として優れている。
服部清道『板碑概説』　角川書店、一九七二年（復刊。原本は一九三三年、鳳鳴書院）
板碑研究史上、最初の総合的研究。最大の大著であり、今もその価値を失っていない。
千々和實『板碑源流考――民衆仏教成立史の研究』　吉川弘文館、一九八七年
千々和到『板碑とその時代――てぢかな文化財・みぢかな中世』（平凡社選書）　平凡社、一九八八年
前者は板碑研究に一生をささげた著者の代表的論文を一冊にまとめたもの。後者は板碑によって中世民衆の歴史を描こうとする野心的著作。

■小早川氏

宮本常一『瀬戸内海の研究』（1）　未來社、一九六五年
小早川氏の海・島への進出を扱った一章をふくむ。前に引いた河合正治『中世武家社会の研究』中の論文

をはじめ、小早川氏をあつかった優れた研究は、まだこの他にいくつもあるが、著書になっていないか、あるいは刊行が古くてまったく入手困難である。

田端泰子『中世村落の構造と領主制』法政大学出版局、一九八六年

「小早川氏領主制の構造」と題する一章をふくむ。

『三原市史』第一巻（通史編1）三原市役所、一九七七年

小早川氏に関して多くの頁をさき、すぐれた叙述がなされている。また本市史の資料編も有用。

■荘園の実地調査や研究

古島敏雄・和歌森太郎・木村礎編『中世郷土史研究法』（郷土史研究講座3）朝倉書店、一九七〇年

網野善彦他編『講座　日本荘園史1　荘園入門』吉川弘文館、一九八九年

ともに現地調査と研究の方法をときあかした書。

古島敏雄『土地に刻まれた歴史』（岩波新書）岩波書店、一九六七年

現在の耕地の景観を手掛りに過去の開発の歴史を解明するユニークな書物で中世の荘園についてもとりあつかわれている。

宮本常一『中世社会の残存』未來社、一九七二年

民俗学者によるこの種の研究は、示唆するところが大きい。なかでも宮本氏の多くの著作は有益であるが、その代表としてこの書をあげておく。

香月洋一郎『景観のなかの暮らし——生産領域の民俗』未來社、一九八三年

香月洋一郎『空からのフォークロア』（ちくまライブラリー）筑摩書房、一九八九年

民俗学者による研究で、永年にわたる緻密な調査の結論をわかりやすく説く。

小穴喜一『土と水から歴史を探る』信毎書籍出版センター、一九八七年

農業用水の系統や水田の耕土などを細かく調査し、文書史料の語らない農村や水田の真の歴史を明らかにした、すばらしい研究。

石井進編著『都市と景観の読み方』(「週刊朝日百科　日本の歴史」歴史の読み方2)　朝日新聞社、一九八八年

石井進編著『中世の村を歩く』(「週刊朝日百科　日本の歴史」中世I—2)　朝日新聞社、一九八六年

前者では小穴氏の研究法を、後者では備中国新見荘に関する竹本豊重氏の研究の成果を、それぞれ解説して、この分野への案内の役を果そうとした。

木村礎『村の語る日本の歴史』全三巻　そしえて、一九八三年

井上鋭夫『山の民・川の民——日本中世の生活と信仰』(平凡社選書)　平凡社、一九八一年

神崎宣武『吉備高原の神と人——村里の祭礼風土記』(中公新書)　中央公論社、一九八三年

藤井昭『宮座と名の研究』　雄山閣出版、一九八七年

以上、各地域を、それぞれの方法でとり上げた、印象的な著書のいくつかを例示した。

稲垣泰彦編『荘園の世界』　東京大学出版会、一九七三年

現地調査の成果を生かしながら、一〇ヵ所の荘園の歴史を再現しようとする意欲的なこころみ。

永原慶二『日本中世社会構造の研究』　岩波書店、一九七三年

著者の論文集。特に入来院の調査にもとづいた論文「中世村落の構造と領主制」などでうち出された谷田・迫田を重視する見解は重要である。

『豊後国田染荘の調査』I・II　大分県立宇佐風土記の丘歴史民俗資料館、一九八六〜八七年

『大分県立宇佐風土記の丘歴史民俗資料館　研究紀要』四、五号（特集　荘園村落遺跡の調査と保存1、2）一九八七〜八八年

各地で行なわれるようになった公的機関による学際的研究調査の代表的な一例としてあげておく。

小山靖憲・佐藤和彦編『絵図にみる荘園の世界』　東京大学出版会、一九八七年

近年さかんになった荘園絵図を利用する研究成果への入門書として好適。

■朝倉氏・一乗谷

朝倉氏遺跡資料館『一乗谷』朝倉氏遺跡資料館、一九八一年
朝倉氏遺跡資料館『一乗谷と中世都市――まちなみとくらしの復元』朝倉氏遺跡資料館、一九八六年
河原純之『一乗谷遺跡』（『日本の美術』214）至文堂、一九八四年
比較的近年までの発掘成果を、多くの写真とともにわかりやすくまとめたもの。
笠原一男・井上鋭夫校注『蓮如・一向一揆』（『日本思想大系』17）岩波書店、一九七二年
「朝倉始末記」の翻刻とかなり詳しい注解を収める。
松原信之『朝倉氏と戦国村一乗谷』福井県郷土誌懇談会、一九七八年
著者の『越前朝倉氏と心月寺』心月寺（一九七二年）とともによくまとまった解説書。
水藤真『朝倉義景』（人物叢書）吉川弘文館、一九八一年
義景以前の朝倉氏や一乗谷遺跡の復原にも多くの紙数を割いている。著者の『戦国豆本（第一号）一乗谷ひとり歩き』朝倉氏遺跡保存協会民芸品クラブ（一九七六年）も、知られざる名著。

■宇都宮氏

城井不二夫『城井谷嵐』一九七八年
則松弘明『鎮西宇都宮氏の歴史』一九八五年
ともに私家版だが、宇都宮氏や城井谷に有縁の方々によって書かれた手づくりの歴史として興味深く、有益である。

解説——『中世武士団』に学ぶ

五味文彦

1

二十代の後半、神戸の大学に赴任していた頃、石井先生から贈られてきたのが本書であった。これを読んだ時の感激は今もって忘れられない。そうか、歴史の本はこう書くのか、と驚嘆したのである。それまで学生時代から中世史研究のイロハを教えられ、大学の研究室で助手になってからも、先生の研究を近くで見てさまざまな形での教えを受けてきたのであるが、その一切がこの本に詰まっていた。

私には東京を離れてもしっかり勉強しなさいよ、という伝言にも思えた。読了したとき、今までの我が研究の貧しさを痛感するとともに、新たな導きの本ができたということから、なんともいえぬ幸福感を覚えたものである。

その序からして大佛《おさらぎ》次郎の『乞食《こじき》大将』を素材に、魅力的に中世武士団の世界に読者を誘いこんでゆく、まさにお手並み鮮やかという一言に尽きる。先生はさまざまなジャンルの文学・評論を読みこなしておられたので、その引き出しは実に多かったのだが、そのことが見事に生かされている。

私は大学生の頃、本書の「『兵』の館をたずねて」「『兵』から鎌倉武士団へ」の二つの章が扱っている、茨城県の筑波山周辺に先生に連れていってもらったことがある。石岡市に所在する常陸国府や惣社や国分寺などを訪れた時、国分寺の境内にある都々一坊扇歌を祀った扇歌堂があったので、そこに掲げられていた扇歌の歌をぼんやり見ていたところ、先生から「君はどの歌がいいと思うかね」と聞かれた。

やや考えながら「この歌かなあ」と答えると、「それは理に落ちる、と評されていてねえ」と、笑いながら言われたのを今もよく覚えている。都々逸や扇歌に関心のなかった私はその一言に驚嘆したことを懐かしく思い出す。

2

さらにその足で筑波山の西の山麓にある常陸平氏《ひたちへいし》の平維幹《これもと》が本拠としていた水守《みもり》館跡を訪ねた時、のんびりした田園風景のなかを歩きながら、この地の様子を熱く説明をしてくださった先生の声が、いまだに耳の底に残っている。それが本書にはこう語られている。

水守《みもり》城跡の一角に立てば東北方に筑波《つくば》の峰がみごとな形姿をみせ、その手前、桜川の流れをこえたところに多気《たけ》山の丘陵がうずくまり、ふもとには筑波北条の町並がつづいている

（一二六ページ）

のが望まれる。

「大学紛争」の後遺症もあって、私は助手になっても研究に身が入らなかったのだが、その頃の先生は大学院生を相手に小早川氏の文書を読んでおられ、その成果が本書の「小早川の流れ（一）（二）」として結実している。これは荘園調査をいかに行うべきかの見本のようなものである。

当初、民俗学を志したという片鱗が、その聞き取り調査の手法からうかがえるばかりか、地元に残されている文書や絵図はもとより、地名や年中行事、伝説などあらゆる史料を自由自在に使いこなしている。これを読んで、私には荘園調査はとても無理であると思ったものである。またこんな経験もあった。

たまたま私が一人で旅行した時、土地で見聞したことを先生に報告すると、「そこに行ったのなら、××を見ましたか。見なかったの、次には是非見てきてごらんなさい」と、よく言われたものである。

先生の関心は、文献調査にとどまらず、考古学にも広がっていた。その一つが本書の「板碑は語る」の章にうかがえる。関東に多く存在する青石塔婆（板碑）が扱われているが、さらに発掘調査に注目するなかで、中世考古学に精通されるようになった。多くの中世の考古学遺跡を調べられ、本書の「埋もれていた戦国の城下町——朝倉氏の一乗谷」の章はその成果の一つである。

この遺跡は、備後の草戸千軒町遺跡と並んで中世遺跡の発掘例として先駆的なものであり、先生はこれらの調査のみならず保存にも尽力され、新たな研究の展開をそこで試みられたのである。

3

考古学とともに、力を注ぎはじめていたのが社会史的視点からの研究である。本書の各所で論じられている、武士の家の性格や武士身分、はたまた国衙《こくが》軍制など、武士をめぐる社会制度や意識を抉る研究を基礎にしつつ、新たな方向性を示してゆくようになった。このことは、「敵討とその周辺」の章と最後の「失われたもの、発見されるもの」の章によくうかがえる。

その特徴を一口でいえば、法制史と民俗学とを融合した法民俗学ともいうべきものであり、その研究はやがて網野善彦氏と並んで、中世社会史の研究をリードするように発展してゆくことになる。このことも関連して、私が本書から最も影響を受けたのは、「敵討《かたきうち》」の一文を導き出されてきた『曾我《そが》物語』を素材とする「曾我物語の世界」の章である。

文学作品を使って、こんなにも豊かな歴史的な世界を描くことができるのかと、思い知らされた。その時には、いつしかこうした方法に倣って、文学作品のみならず書物から歴史的世界を描いてみようと思ったのである。

それを行うためには、まず史料を吟味し、よい素材を探し出すことが肝要である。『曾我物語』でいえば、『真字本《まなぼん》曾我物語』である。次にテキスト批判をしつつ、徹底して読み込むこと。さらに作品が対象としている土地を訪れ、その景観をきちっと調べること。そして関連する史料を博捜して、位置づけること。こうした作業を地道に行わねばならない。不遜にもこれならば私にもできるし、やってみたい、と思ったのだが、それにとりかかるようになるのには、十年の時間を要した。

4

本書で扱われた武士論については、一時期、武士の否定的な評価の盛行するなか、研究の方向性を見失っていた研究者もいた。武士は軍事貴族のなれの果てとか、貴族の用心棒、単なる職能者の一群などと見る評価は、それなりに武士の一面を捉えてはいるものの、一面的に過ぎず、実は本書はそうした武士の存在をも含みこんで立論されているのであり、最近の武士の再評価とともに、改めてその業績の重要性が指摘できよう。

武士に関する研究を先生はさらに進められ、『鎌倉武士の実像』(平凡社選書)を著すなど、武士の多様な姿を明らかにされている。土地に根付いて営々と開発を進め、自然の脅威に立ち向かってそこでの暮らしを築いてきた武士たちの姿は、中世のみならず、近世・近代、そして今の日本人の姿と重なりあうものがある。

本書が文庫版として再刊されるにあたり、再読してみたところ、初めて読んだ時の新鮮な驚きと感動が再び蘇ってきた。本書を手にして、先生が歩いた現地を再び歩きたくなった。

しかし今や、その地は大きく変貌している。変わっていないとしても、果たして先生のような調査と描写ができるのであろうか。情熱と想像力にも欠ける私には無理に思えてならない。

もし全く景観が変わっていたとしたならば、本書はまさにその土地を物語る一級の史料となるであろう。本書は研究という範囲を超えて、土地の語り部の作品といった豊かさが備わっているのである。

（放送大学教授）

本書の原本は一九七四年、小学館より「日本の歴史」第十二巻『中世武士団』として刊行されました。講談社学術文庫収録にあたっては、同社より一九九〇年に刊行された「文庫判　日本史の社会集団」第三巻『中世武士団』を底本とし、二〇〇五年に山川出版社から刊行された「石井進の世界」第二巻『中世武士団』を参照しました。

石井　進（いしい　すすむ）

1931～2001。東京大学文学部国史学科卒業，同大学院人文科学研究科博士課程修了。1964年，文学博士（東京大学）。東京大学文学部教授，国立歴史民俗博物館館長を務める。専門は日本中世史。著書に『鎌倉幕府』『中世を読み解く』『日本中世国家史の研究』『中世の村を歩く』などのほか共編著多数。著作集として「石井進著作集」「石井進の世界」がある。

講談社学術文庫

定価はカバーに表示してあります。

中世《ちゅうせい》武《ぶ》士《し》団《だん》

石井《いしい》　進《すすむ》

2011年9月12日　第1刷発行
2020年10月26日　第4刷発行

発行者　渡瀬昌彦
発行所　株式会社講談社
東京都文京区音羽2-12-21 〒112-8001
電話　編集（03）5395-3512
販売（03）5395-4415
業務（03）5395-3615

装　幀　蟹江征治
印　刷　豊国印刷株式会社
製　本　株式会社国宝社
本文データ制作　講談社デジタル製作

ISBN978-4-06-292069-8

「講談社学術文庫」の刊行に当たって

これは、学術をポケットに入れることをモットーとして生まれた文庫である。学術は少年の心を養い、成年の心を満たす。その学術がポケットにはいる形で、万人のものになることは、生涯教育をうたう現代の理想である。

こうした考え方は、学術を巨大な城のように見る世間の常識に反するかもしれない。また、一部の人たちからは、学術の権威をおとすものと非難されるかもしれない。しかし、それはいずれも学術の新しい在り方を解しないものといわざるをえない。

学術は、まず魔術への挑戦から始まった。やがて、いわゆる常識をつぎつぎに改めていった。学術の権威は、幾百年、幾千年にわたる、苦しい戦いの成果である。こうしてきずきあげられた城が、一見して近づきがたいものにうつるのは、そのためである。しかし、学術の権威を、その形の上だけで判断してはならない。その生成のあとをかえりみれば、その根は常に人々の生活の中にあった。学術が大きな力たりうるのはそのためであって、生活をはなれた学術は、どこにもない。

開かれた社会といわれる現代にとって、これはまったく自明である。生活と学術との間に、もし距離があるとすれば、何をおいてもこれを埋めねばならない。もしこの距離が形の上の迷信からきているとすれば、その迷信をうち破らねばならぬ。

学術文庫は、内外の迷信を打破し、学術のために新しい天地をひらく意図をもって生まれた。文庫という小さい形と、学術という壮大な城とが、完全に両立するためには、なおいくらかの時を必要とするであろう。しかし、学術をポケットにした社会が、人間の生活にとってより豊かな社会であることは、たしかである。そうした社会の実現のために、文庫の世界に新しいジャンルを加えることができれば幸いである。

一九七六年六月　　　　野間省一

ピーター・ミルワード著／松本たま訳
ザビエルの見た日本
ザビエルの目に映った素晴しき日本と日本人。一五四九年ザビエルは「知識に飢えた異教徒の国」へ勇躍上陸し精力的に布教活動を行った。果して日本人はキリスト教を受け入れるのか。書簡で読むザビエルの心境。
1354

エドウィン・O・ライシャワー著／田村完誓訳
円仁《えんにん》 唐代中国への旅 『入唐求法巡礼行記』の研究
円仁の波瀾溢れる旅日記の価値と魅力を語る。九世紀唐代中国のさすらいと苦難と冒険の旅。世界三大旅行記の一つ『入唐求法巡礼行記』の内容を生き生きと描写し、歴史的意義と価値を論じるライシャワーの名著。
1379

大隅和雄著（解説・五味文彦）
愚管抄を読む 中世日本の歴史観
中世の僧慈円の主著に歴史思想の本質を問う。平清盛全盛の時代、比叡山に入り大僧正天台座主にまで昇りつめた慈円。摂関家出身で常に政治的立場をも意識せざるを得なかった慈円の目に映った歴史の道理とは？
1381

網野善彦・森　浩一著（解説・岩田　昴）
馬・船・常民 東西交流の日本列島史
日本列島の交流史を新視点から縦横に論じる。馬・海・女性という日本の歴史学から抜け落ちていた事柄を、考古学と日本中世史の権威が論じ合う。常識を打ち破り、日本の真の姿が立ち現われる刺激的な対論の書。
1400

門脇禎二著
葛城と古代国家 《付》河内王朝論批判
葛城の地に視点を据えたヤマト国家成立論。統一王朝大和朝廷はどのように形成されていったか。海外の新文化の流入路であり、大小多数の古墳が残る葛城——その支配の実態と大和との関係を系統的に解明する。
1429

鬼頭　宏著
人口から読む日本の歴史
歴史人口学が解明する日本人の生と死の歴史。増加と停滞を繰り返す四つの大きな波を経て、一万年にわたり増え続けた日本の人口。そのダイナミズムを分析し、変容を重ねた人びとの暮らしをいきいきと描き出す。
1430

日本の歴史・地理

平治物語　全訳注
谷口耕一・小番　達訳注

『平家物語』前夜、都を舞台にして源平が運命の大激突――。平治の乱を題材に、敗れゆく源氏の悲哀と再興の予兆を描いた物語世界を、流麗な原文、明快な現代語訳、詳細な注でくまなく楽しめる決定版！

2578

執権　北条氏と鎌倉幕府
細川重男著

なぜ北条氏は将軍にならなかったのか。なぜ鎌倉武士はあれほど抗争を繰り返したのか。執権への権力集中を成し遂げた義時と、得宗による独裁体制を築いた時宗。二人を軸にして鎌倉時代の政治史を明快に描く。

2581

天皇陵　「聖域」の歴史学
外池　昇著

二〇一九年、世界遺産に登録された百舌鳥・古市古墳群。巨大古墳はなぜ、仁徳陵とされたのか。幕末以降の「天皇陵決定」の歴史を解明し、近世・近代史研究の立場からあらゆる論点を検証。「歴代天皇陵一覧」を掲載。

2585

中世の罪と罰
網野善彦／石井　進／笠松宏至／勝俣鎮夫著（解説・桜井英治）

悪口は流罪、盗みは死罪……時に荒々しくも理不尽にも思える中世人の法意識とは？　十篇の珠玉の論考から、時の彼方に失われた不思議な中世日本の姿が見えてくる。稀代の歴史家たちによる伝説的名著！

2588

英雄伝説の日本史
関　幸彦著

平将門、蘆屋道満、菅原道真ら歴史の敗者は、いかに語り継がれ、時代を超えて蘇ったか。古典文学から近代の国定教科書まで、伝説の中に中世史の再発見を試みる。義経は、こうしてチンギスハンになった！

2592

日本憲法史
大石　眞著

憲法とは文言ではなく、国のあり方そのものである――。近代の日本が、時代ごとに必要としてきたものは何か？　開国、議会開設から敗戦・占領を経ての独立まで、憲法＝国家構造の変遷を厳密にひもとく。

2599